PHOENIX
aus der
FLAMME

Vom selben Autor erschienen:

Wicca: Die Alte Religion im Neuen Zeitalter.
(Edition Ananael 1993)

Vivianne Crowley

PHOENIX *aus der* FLAMME

Heidnische Spiritualität in der westlichen Welt

Aus dem Englischen
von
Ines Mullins

EDITION ANANAEL

Titel der englischen Originalausgabe:
PHOENIX FROM THE FLAME

Erschienen bei:
The Aquarian Press
An Imprint of HarperCollins*Publishers*
London W6 8JB.

Die Deutsche Bibliothek – CIP-Einheitsaufnahme

Crowley, Vivianne:
Phoenix aus der Flamme : heidnische Spiritualität in der westlichen Welt / Vivianne Crowley. Aus dem Engl. von Ines Mullins. – Dt. Erstausg. – Bad Ischl : Ed. Ananael, 1995
Einheitssacht.: Phoenix from the flame <dt.>
ISBN 3-901134-08-5

Deutsche Erstausgabe.

Erschienen bei:
EDITION ANANAEL, Verlag M. Sperlhofer, A-4820 Bad Ischl.
Redaktion, Umschlaggestaltung und Satz: Michael De Witt.
Gesamtherstellung: Wiener Verlag, Himberg.
Printed in Austria.

ISBN 3-901134-08-5

Für Chris, der mit mir geht;

für Gabriel, Janet O, Majorie und Ian,
den Lehrern, die mich dazu inspirierten,
meinem eigenen Weg zu folgen;

für die drei Merlins – Hans, Paul und Stein –
die die Flamme nach Osten und nach Norden trugen,
und für Kati-ma, die sie in ihrem Herzen trägt;

für die Mitglieder der Aurora Aurea,
die zu zahlreich sind, um sie hier zu nennen;

für Liz, die mich mit nach Sharpham nahm;

und für den Wind, der mich heim nach Irland trug
und von dort über ein weiteres Meer.

Zur Abtei unserer Herrin von Armorica,
Juni 1993:

Ave Ana, der Segen sei mit Euch!

Inhalt

Einleitung

Während wir uns dem Jahr 2000 nähern – dem Wechsel des Jahrtausends und dem Eintritt in das Wassermannzeitalter – stehen wir an der Schwelle zu einer Transformation des Bewußtseins. Im Westen haben wir erkannt, daß der Mensch nicht nur »vom Brot allein« lebt: Materialismus kann unsere tiefsten Bedürfnisse und das Verlangen des Herzens nicht befriedigen. Mitten im Überfluß empfinden wir einen inneren Mangel; in unseren überfüllten Städten erfahren wir Einsamkeit; auf dem Lande, das – angeblich zu unserem Besten – bis zur Zerstörung ausgebeutet wird, sehen wir die Harmonie der Natur gestört und unseren Planeten dem Rande einer Katastrophe entgegengehen.

Als Antwort auf unsere innere Verlassenheit ist in der westlichen Psyche eine spirituelle Strömung wiedererwacht, die über tausend Jahre im Schlaf gelegen hat: Der heidnische Glaube unserer Vorfahren hat sich aus den Flammen der Verfolgung und Unterdrückung erhoben. Wir haben die Rückkehr der alten Götter erlebt und – vielleicht noch wichtiger – die Rückkehr der Göttinnen, ohne die unsere Gesellschaft und unsere Weltsicht gefährlich aus dem Gleichgewicht geraten sind.

In der zweiten Hälfte des 20. Jahrhunderts gab es eine Flut von Büchern über heidnische Religionen – Bücher über Wicca oder Hexenkunst, Bücher über keltische und nordische Mythen, über die Lehren der eingeborenen amerikanischen Schamanen und deren westliche Interpretationen sowie Arbeiten über die westlichen Mysterien- und Magietraditionen. Viele davon konzentrieren sich auf bestimmte Pfade. Ziel dieses Buches ist es nicht, die Vielfalt all dieser unterschiedlichen Wege zu erklären, sondern die Philosophie, die ihnen gemeinsam ist, zusammenzufassen und die Fragen zu beantworten: Was glauben Heiden? Was heißt es, als Heide zu leben? Welchen Sinn haben die Anschauungen der Vergangenheit im 20. und 21. Jahrhundert?

Über Heidentum zu schreiben ist schwierig, weil es sich dabei nicht um ein einheitliches Ganzes handelt. Es gibt eine Vielzahl heidnischer Religionen, die zur Zeit in der westlichen Welt praktiziert werden, und sie unterscheiden sich voneinander genauso stark wie das Christentum vom Buddhismus. Die heidnischen Traditionen besitzen allerdings einige grundlegende Gemeinsamkeiten, und diese sind das Thema dieses Buches, nicht die Unterschiede zwischen den verschiedenen Zweigen des westlichen Heidentums. Um diese Gemeinsamkeiten zu erklären ist es nötig, die komplexen Philosophien und Praktiken dieser verschiedenen heidnischen Religionen zu vereinfachen. Das ist in einem Buch dieses Umfangs unvermeidlich, und es ist nicht beabsichtigt, jeden einzelnen Pfad und dessen wichtigste Gruppen vorzustellen.

Dieses Buch konzentriert sich auf die europäischen heidnischen Überlieferungen, die traditionellen Religionen Europas, doch gibt es diese Religionen nicht nur in Europa. Sie wurden durch Auswanderung und Besiedlung in den Westen, in die Neue Welt, nach Süden, nach Australien, nach Asien und in viele andere Teile der Welt getragen. Das Wiedererwachen des Heidentums ist nicht nur auf den Westen beschränkt. Überall beginnen jene, die ihre Traditionen zugunsten einer importierten Religion zurückgewiesen haben, ihre bisherigen Anschauungen über die Überlegenheit der moderneren Religionen und Kulturen zu hinterfragen und den Kontakt mit ihren eigenen alten Göttern wiederzubeleben. Die traditionelle Religion ist vor allem in Afrika stark gewachsen, wo ihre Stellung in vielerlei Hinsicht wesentlich fortgeschrittener ist. Die traditionelle Religion kann dort z.B. als Immatrikulationsarbeit in der Schule studiert werden. Es wird lange dauern, bis wir uns im Westen eines ähnlichen Vorrechts erfreuen können.

Dieses Buch enthält eine persönliche Sicht des Heidentums. Es will nicht für alle Heiden sprechen, sondern vertritt die Ansicht einer Person, die seit vielen Jahren praktizierender Heide ist. Um überhaupt schreiben zu können muß ich verallgemeinern, doch Heiden sind Individualisten, die eine große Vielfalt religiöser Meinungen vertreten. Die Reichhaltigkeit der verschiedenen Glaubensrichtungen in einem Band zusammenzufassen ist unmöglich, doch hoffe ich, daß es im kommenden Jahrhundert eine Blüte heidnischer Literatur geben wird. Dies könnte denen helfen, die den Weg der traditionellen europäischen Religion suchen, um den Weg zurück zu ihren alten Göttern zu finden, sowie jenen, die sich bereits auf diesem Weg befinden, die Ansichten anderer kennenzulernen, um so zu ihren eigenen Schlußfolgerungen zu gelangen.

Ein Buch zu beginnen ist immer schwierig. Vielleicht liegt es an meinem keltischen Erbe, daß immer mit einer Vision anfangen muß – denn alle Dinge kommen zuerst in Bildern zu mir, dann als Dichtung (was ist ein Gedicht, wenn nicht ein Bild in Worten?), danach durch das Verstehen, um schließlich wieder in die Worte der Prosa, in eine erklärende Sprache, gekleidet zu werden, was für mich immer das Schwierigste ist. Daher will ich mit dem beginnen, was für mich der Anfang war.

Als ich in meiner Kindheit am Fluß in den Wäldern spielte und meine Beine bis zu den Oberschenkeln in den weichen Schlamm eingrub und sie, auf dem Rücken am Ufer liegend und die Wolken über mir beobachtend, im Sonnenlicht trocknen ließ, bin ich ein wenig mit der Erde verschmolzen. Und als ich mir Kränze aus Efeu flocht und auf einen Baum kletterte, zum höchsten Punkt, der mein Gewicht noch tragen konnte, seine schwingenden Ästen umschlang und mit ihm auf dem Wind ritt, den Mysterien lauschend, die die raschelnden Blätter flüsterten, da vergaß ich für einen Augenblick, was der Baum war und was ich.

Ich hatte als Kind viel Freiheit; wesentlich mehr als heute vielen möglich ist. Seit ich sechs war verbrachte ich Stunde um Stunde in den Wäldern und kehrte nur zum Essen zurück, um den Erwachsenen die Gewißheit zu geben, daß alles in Ordnung sei, da ich wußte, daß sie diese brauchten. Manchmal war meine Freundin bei mir und wir nahmen unser Essen mit, um es in den Baumwipfeln zu essen; doch meistens konnte sie nicht kommen, da sie zu weit entfernt wohnte, und unsere nächste Nachbarin war eine Zigeunerin, die in einem Wohnwagen im Dickicht lebte, mit dreißig Katzen und einer Tochter, die noch wilder war als ich. Selbst ich spielte nicht mit ihr.

Wenn ich alleine war, dann wollte ich nicht gestört werden; und wenn Leute vorbeikamen, die im Wald spazieren gingen, dann versteckte ich mich, so daß sie mich nicht sehen konnten. Ich lernte lautlos zu laufen, mit Blatt und Baum eins zu werden und manchmal auch »mich selbst verschwinden zu lassen«, so daß ich mich fortbewegte ohne mich von der Stelle zu bewegen. Ein Schamane würde dies verstehen und einige, die mich kennen, haben es auch gesehen, doch kann ich es nicht wirklich so erklären, daß ich es anderen beibringen könnte; ich kann nur sagen, daß man zuerst an einem Ort ist und dann an einem anderen, ein Stück weiter entfernt, und irgend etwas ist sehr rasch durchs Gehirn geschnellt, wie zwei Pfeile, die sich im Flug kreuzen.

Ich habe auch gelernt zu sehen, und dies war eine andere Art des Sehens, die zuerst in der Nacht kam. Denn es schien mir, daß ich manchmal meinen Körper verließ und zurück in die Wälder ging, die nicht in ihre nächtliche Dunkelheit getaucht waren, sondern in ein goldenes Licht, und dort waren Wesen, die keine materielle Gestalt hatten, sondern mir wie die Präsenzen erschienen, die ich bei Tage wahrnahm, aber nicht sehen konnte. Nach einiger Zeit blieb die Erinnerung an dieses Sehen bei mir, und Blätter, Bäume und Blumen waren nicht länger fest, sondern Kristalle aus farbigem Licht, und wenn ich die rosafarbene wilde Robinie berührte, die am Rande der Marsch wuchs, dann fühlte ich, daß ich das Gewand des Universums berührte, und meine Finger kribbelten unter seiner Weichheit und Schönheit. So kam es, daß ich meine frühe Kindheit in einer Art Wachtraum verbrachte.

Aber einige Dinge durchdrangen den Traum und eines davon war dies: Ich kam eines Nachmittags aus den Wäldern zurück und lief den steilen Weg nach Hause zum Bauernhaus hinauf. Der Teer war so heiß, daß der Dunst auf der Straße schimmerte, und ich war müde. Dann sah ich etwas am Straßenrand glänzen, und ich nahm an, daß es ein Ei wäre. Ich blieb stehen, hob es auf und es lag warm und schwer in meiner Hand: Es war ein Stein. Ich drehte ihn um, und plötzlich blieben Zeit und Raum stehen, so wie es geschehen kann, wenn große Gefahr droht oder wir den, den wir lieben werden, zum ersten Mal sehen – denn auf der anderen Seite des Steins war das Gesicht einer Ziege! Ich nahm den Stein mit nach Hause und er erschien mir als heiliger Gegenstand, ein Gegenstand der Macht. Also errichtete ich in meinem Schlafzimmer einen Altar für ihn, bedeckte den Altar mit einem Tuch, stellte eine Vase mit wilden Blumen darauf, saß da und sah den Stein an, bis es Abend war.

Als ich neun war, versuchte ich ein Gedicht für einen Wettbewerb zu schreiben. Ein Hirsch erschien mir, der in seinem Geweih die Sonne trug, und er sah mich an, als ob er sprechen wollte, doch hatten wir keine gemeinsame Sprache, so daß es nicht klappte. Ich schrieb ein Gedicht und nannte ihn »Majestät«. Es war mein erstes Gedicht, das sich nicht reimte. Es war ein Mißerfolg und ich verlor es, denn ich konnte nicht in Worte fassen, was ich gesehen hatte.

Dann versuchte ich fünf Jahre lang den Mann zu verehren, der ein Gott war; bis ich eines Tages in einer Vision einen großen rothaarigen Häuptling mit einem goldenen Torques um den Hals und Gold auf seinen Brauen sah. Sein Mantel trug viele Farben, und er ritt über das Land auf einem weißen Pferd, dessen Zügel silbern glänzten. Der Bannerträger des Häuptlings ritt vor ihm, und sein Banner zeigte einen Adler auf grünem Feld, denn er verehrte die Grüne Frau der Wiesen. Doch später war sein Banner das schwarze Trauerbanner der Morrigan, denn er war ein Ausgestoßener seines eigenen Landes. Hinter dem Häuptling ritt eine Gruppe von Kriegern, die genauso farbenfroh gekleidet waren wie er. Sie trugen viele Kämpfe aus, um die Menschen des Landes von großer Unterdrückung zu befreien, und brachten die Hallen der Herrscher zu Fall, die ihre Macht mißbraucht hatten. Aber sie waren nicht sein Volk und er war ein Fremder unter ihnen, denn sie waren eine kleine dunkle Rasse. Er schien ihnen in seiner Erhabenheit ein Gott zu sein und sie verneigten sich vor ihm, als wollten sie ihn verehren. Aber das war es nicht, was er wollte:

»Ich bin kein Gott«, sagte er,
»Ich bin die Stimme meines Volkes
Und auch eure Stimme,
Wenn es euer Wille ist.
In euren Tempeln verehrt den Großen Geist,
Den Himmel und den Wind,
Die die Götter und die Menschen verbinden,
Verehrt nicht einen sterblichen König.«

So nahmen sie ihn zuerst als ihren König an und dann, als er starb, vergaßen sie, daß er kein Gott war, und verehrten ihn. Es schien mir, als wären er und der Hirsch ein und derselbe, und lange Zeit konnte ich nicht verstehen, was dies bedeutete. Dann wurde mir klar, daß kein Mensch verehrt werden sollte und daß ich meinen Gott nicht in Propheten finden würde. Später erschien mir im Traum eine Frau. Ihr Haar, das bis zur Taille herabhing, war schwarz und glatt, und ihre Augen spiegelten das Graugrün der See wider. Sie kam aus dem Norden über Wellen und Eisschollen zu mir gelaufen und ihre strahlenden Augen glitzerten fürchterlich. Als Göttin kam sie zu mir und ich fühlte Angst und Ehrfurcht.

Also war es der Gott, der zuerst zu mir gekommen war, und ich fand ihn in den Bäumen, dann im Stein, dann als Cernunnos, der Gehörnte, der aus der Wärme der südlichen Sonne kommt, schließlich als Mann und dann wieder als nichts von alledem. Denn danach war er für mich wie der Atem des Universums, der Raum zwischen den Dingen und das, was die Moleküle bindet und sie freisetzt. Zuletzt kam mein Gott als Geist, doch in der Welt war "er". Und sie, die aus der Kälte des Nordens kam, die Göttin der See, ich hörte ihre Stimme über den Wellen und im Schweigen, das von Klang widerhallt. Und noch immer, wenn ich auf etwas keine Antwort weiß, gehe ich hin und setze mich ans Ufer des Meeres, wo die Wellen die Antwort zu mir bringen.

All dies machte deutlich, daß die Alten Götter für mich erwacht waren, und ich habe mein ganzes Leben lang versucht ihre Wege zu verstehen. Und es scheint mir, daß auf dieser Reise des Geistes ich und viele andere noch immer diesen steilen Weg hinauflaufen, wo ich meinen ziegenköpfigen Stein gefunden habe. Wir erreichen den Gipfel, nur um zu entdecken, daß in der Ferne ein noch höherer Hügel ruft, und trotz aller Weisheit, die wir angesammelt haben, ist das Verständnis, daß wir erlangen, weniger als das eines Kindes. Und all unsere religiösen Gebäude, die uns zuerst als Stab dienen, um uns auf unserem Weg zu stützen, werden am Ende zu Krücken, die wir von uns werfen müssen. Denn im Blatt eines Baumes ist mehr Weisheit als in den Blättern von Büchern, die die Gedanken von Frauen oder Männern enthalten. Und die Lehren, für die wir eintreten und die wir lieben, sind nichts als glatte, glänzende Steine, die wir auf dem Weg aufheben und in unser Gepäck legen. Mit jedem neuen Dogma und jeder neuen Lehre wird das Gepäck schwerer, bis wir diese Kieselsteine wegwerfen, einen nach dem anderen, und sie am Wegrand zurücklassen, damit andere sie finden und ein Stück weiter tragen können. Am Ende brauchen wir weder Lehren noch Glaubensbekenntnisse, noch einen Namen für das, was wir verehren – denn es ist jenseits aller Bilder und Worte. Und wer, außer ein Narr, trägt Steine auf einen Berg?

Unmöglicher Widerspruch,
Wie sollen wir Dich nennen?
Unwissend, dennoch frohlockend,
Preisen wir Deine Größe und Deinen grenzenlosen Willen.
Tue was Du willst soll das ganze Gesetz sein,
Und Dein ist das Gesetz, dem wir gehorchen.
Oh Herrin der Nacht, höchst zeitlose,
Wir, Deine Kinder, suchen Dich immer,
Suchen nach Deinem flüchtigen Schatten
Durch den gewebten Traum der Materie,
Bis wir am Ende Du werden,
Ein Einssein bis in alle Ewigkeit.[1]

1. Aus: Vivianne Crowley, *Hymne an die Göttin*, Wintersonnenwende 1977.

Teil I

Was ist Heidentum?

1
Heidentum heute

Was ist Heidentum?

Sich als Heide zu bekennen kann eine Vielzahl von Reaktionen hervorrufen. Manche Leute glauben, daß du scherzt; andere denken, daß du keine Religion hast oder gegen das Christentum bist. Ursprünglich war »Heide« (engl. *pagan*) ein lateinisches Wort, daß »Landbewohner« bedeutete. Es unterstellte, daß du ein Bauerntölpel warst. Als sich das Christentum anfangs ausbreitete, war es eine Religion der Städte. Städtische Christen bezeichneten ihre Mitbürger, die ihre alten religiösen Wege weiterverfolgten, als Heiden. Heute ist Heidentum die Bezeichnung für eine Gruppe von Religionen, die die vorchristlichen Religionen Europas und andere zeitgenössische Religionen umfassen, die eine Gemeinsamkeit besitzen: Sie verehren keinen monotheistischen, männlichen Gott. Daher kann der Hinduismus als heidnische Religion bezeichnet werden, während der Islam nicht-heidnisch ist.

Heidentum ist nicht das Wort, das unsere Vorfahren benutzt hätten, um ihre Religion zu beschreiben. In vielerlei Hinsicht war es ein abfälliger Begriff. Außerhalb Europas lehnen Heiden diesen Begriff oft ab und betrachten ihn als Ausdruck der westlichen Kolonisation, die ihren traditionellen Glauben anschwärzt. In Westafrika z.B. bezeichnen die Anhänger der einheimischen Spiritualität diese als »traditionelle afrikanische Religion«. Im Westen wird der Begriff »traditionelle europäische Religion« ebenfalls verwendet, um die Glaubensformen unserer Vorfahren zu beschreiben, und irgendwann wird er vielleicht den Begriff »heidnisch«, der den heimischen Religionen von anderen auferlegt wurde, verdrängen. Die Begriffe »Älterer Glaube« und »Alte Religion« werden ebenfalls verwendet.

Mit dem Eintritt in das Wassermannzeitalter haben die heidnischen Religionen eine bisher nie dagewesene Wiederbelebung erfahren. Wassermann ist das Zeichen des Neuen, aber astrologisch gesehen ist es ein festes Zeichen, und Festigkeit ist eine Eigenschaft, die uns mit der Vergangenheit verbindet. Zu unserem Wohl müssen wir nicht nur das Wissen der Zukunft suchen, sondern auch die Weisheit unserer Ahnen, die Schätze des Verstandes und des Geistes, die aus der Vergangenheit bewahrt wurden. Diese werden uns den Weg in die Zukunft erhellen.

Religion unter dem Zeichen des Wassermanns beinhaltet die Rückkehr zu den ursprünglichen Wurzeln aller Religionen. Unter diesem Einfluß erleben wir heute ein Wiederaufleben alter spiritueller Traditionen. Heidnische Religionen werden in Europa, Nord- und Südamerika, Australien und Neuseeland praktiziert. In Island ist es eine offizielle Staatsreligion. Auch in Afrika und anderen Teilen der Welt kehren die Menschen wieder zu ihren heidnischen Wurzeln zurück. In der ganzen Welt weisen die Menschen fremde, importierte Religionen zurück und kehren zur Weisheit ihrer Vorfahren zurück: in Afrika zur traditionellen afrikanischen Religion, in Nordamerika zu den Pfaden der eingeborenen Amerikaner, und in der Karibik sowie in Latein- und Südamerika zu Traditionen wie Santeria und Umbanda.

Unter der Schirmherrschaft des Heidentums werden alle möglichen Gottheiten verehrt. Der gemeinsame Nenner ist, daß alle Heiden einer naturbezogenen Spiritualität folgen und die Alten Götter verehren, die vor den Monotheismen des Mittleren und Nahen Ostens existierten. Zeitgenössische westliche Heiden verehren die Gottheiten einer bestimmten Volksgruppe, wie die keltischen, nordisch-germanischen, finnischen oder baltischen Gottheiten. Sie verehren die Götter auch in Traditionen, die aus vielen Quellen schöpfen – die Große Göttin, die alle Göttinnen der Welt als verschiedene Aspekte einer Göttin verkörpert, oder die Große Göttin gemeinsam mit ihrem Gefährten, dem Herrn des Lebens und des Todes.

Viele Heiden gehen auf eklektische Weise an ihren Glauben heran, wobei sie es vorziehen, Material aus mehreren Quellen zu verwenden, um ihre eigene spirituelle Praxis zu entwickeln, anstatt sich einem bestimmten Pantheon zu verschreiben und sich auf rituelle Weise diesem anzunähern. Innerhalb des Heidentums gib es aber auch eigenständige Wege. Einige der am weitesten verbreiteten sind das Druidentum, in dem die keltischen Gottheiten verehrt werden, Asatru, in dem die nordischen Götter verehrt werden, und Wicca, die Religion der Hexen- oder Weisenkunst, in der die Große Göttin und der Gehörnte Gott verehrt werden. Es gibt auch Gruppen, die die Göttin verehren und auf verschiedene Arten anbeten, wobei sie Ideen benutzen, die sie aus dem Wicca, aus den griechischen, römischen, ägyptischen und anderen Mysterientraditionen oder aus Kombinationen all dieser verschiedenen Richtungen stammen. Zunehmend gibt es auch Männergruppen, die die alten männlichen Gottheiten verehren, oft in Treffen, die ein gewisses Stammesgefühl vermitteln. Ein anderer wichtiger Zweig des Heidentums ist der Schamanismus. Schamanismus ist eher eine Technik als eine Religion, doch steht diese im Mittelpunkt vieler traditioneller heidnischer Religionen. Jene, die Schamanismus betreiben, orientieren sich an der europäischen oder sibirischen Praxis, sowie in Nordamerika an der Spiritualität der eingeborenen Amerikaner. Für einige westliche Heiden ist ihr Heidentum moderner als die traditionellen Wege, so daß sie es vorziehen, sich als Neuheiden zu bezeichnen.

Einige betrachten das Heidentum als exoterischen Weg, der die gleichen Aufgaben wie andere Religionen erfüllt. Der exoterische oder äußere Aspekt der Religion ist dazu bestimmt, eine soziale Ordnung aufrechtzuerhalten und alle üblichen religiösen Bedürfnisse der Menschen von der Geburt bis zum Tod zu erfüllen. Einige Zweige des Asatru haben eine starke exoterische Struktur entwickelt. Manche Zweige des Druidentums versuchen ebenfalls dieses Bedürfnis zu erfüllen. Andere Druidengruppen sind eher mit den esoterischen Mysterientraditionen verwandt, wie den Eleusinischen Mysterien Griechenlands, die im wesentlichen für Erwachsene bestimmt waren, die eine spirituelle Entwicklung anstrebten. Ähnlich war auch Wicca ursprünglich eine Mysterientradition, die für erwachsene Initianten entwickelt worden war. Daraus hat sich ein offeneres Heidentum entwickelt, das man als wicca- oder göttinorientiertes Heidentum bezeichnen kann, dessen Hauptfunktion nicht die Praxis von Magie oder die Initiation in die Mysterien an sich ist.

Es gibt traditionelle Namen, unter denen bestimmte heidnische Pfade ihre Götter und Göttinnen verehren. Im Wicca sind die bekanntesten Namen für die Göttin Aradia oder Cerridwen. In der nordischen Tradition wird sie als Freya und Frigga verehrt. Für jene, die dem keltischen Weg folgen, mag sie Bride heißen. Für andere ist sie Isis oder Diana. Der Gott kann als Odin, Cernunnos, Herne, Lugh oder unter vielen anderen Namen bekannt sein. Einige Heiden ziehen es vor den Göttern keine Namen zu geben und sprechen von ihnen als »Göttin« und »Gott« oder »Herrin«

und »Herr«. Manchmal wird sie als »Sie, deren Name nicht ausgesprochen werden darf« bezeichnet, und er als »der verborgene Gott, der für immer währt«. Heiden können sich einem bestimmten Gott oder einer bestimmten Göttin widmen, oft verehren sie aber auch eine Vielzahl von Gottheiten. Diese Vielfalt kann für Außenstehende verwirrend erscheinen, doch in Wirklichkeit ist dem nicht so. Auch wenn Heiden ihre Götter unter verschiedenen Namen verehren, so betrachten sie die meisten doch als Aspekte der einen göttlichen Kraft – als verschiedene Facetten oder Persönlichkeiten der göttlichen Macht, die das Universum durchdringt.

Viele glauben, daß die Verehrung des Göttlichen als Göttin und Gott dem Geist des Wassermannzeitalters entspricht. Indem wir in das Zeichen des Wassermanns eintreten, treten wir in die Welt des Androgynen ein – der Verbindung des Männlichen und Weiblichen. Vor dem Zeitalter der patriarchalischen Götter lebten wir in einem Zeitalter der Mutter. Die Welt der Großen Mutter war die Welt der Traumzeit, in der wir mit der Anderswelt, dem Reich des Unbewußten, in Verbindung standen. Im Zeitalter des Vaters erwachte unsere Rationalität wie eine Schlange aus der Tiefe. Ich sage »Schlange«, denn der bewußte Geist besitzt sowohl die Fähigkeit zum Klettern wie auch ein großes Potential zum Betrügen. Indem wir unsere Rationalität erweckten, haben wir unseren Kontakt mit der Großen Mutter, der Ganzheit, verloren. Wir haben uns von der Traumzeit, der Welt der Nacht, abgewandt und uns auf die enge Welt des geradlinigen Denkens beschränkt. Wir haben den Kontakt zur großen schöpferischen Kraft, die schlafend in uns ruht, verloren und sind in die Welt des Vaters, die Welt des Kriegers, eingetreten. Wir haben Ehrenkodexe und die Gesetze des Königtums erlernt sowie unsere unvereinbaren Stämme unter einem Vatergott und väterlichen König vereint, aber was haben wir verloren?

Indem wir nach oben, nach draußen und nach Überherrschaft gestrebt haben, haben wir den Befehlen des bewußten Geistes gehorcht, aber die Lehren der Natur vergessen. Wir haben danach gestrebt, die Natur zu beherrschen und uns über sie zu erheben, aber das können wir nicht. Wir sind keine Engel, wir sind aus Lehm gemacht. Wir sind physische Wesen, die in einem physischen Körper leben. Wir haben die Umarmung der Mutter verloren und haben vergessen, daß wir Kinder der Erde sind, nicht die hellen und strahlenden Kinder der Sonne oder der Sterne. Dies zu vergessen führt zu Überheblichkeit und zum katastrophalen Flug des Ikarus, dessen Flügel schmolzen, als er den Strahlen der Sonne zu nahe kam. Um zu leben müssen wir atmen, wir müssen essen, wir brauchen

Brennstoffe, um uns zu wärmen, und doch haben wir in geistloser Verfolgung des rationalen Traums all die Dinge, die unser Erdenleben erhalten, fast zerstört.

Viele sehen die Welt heute an einer Überdosis Materialismus leiden. Wenn man es jedoch auf andere Art sieht, dann haben wir in der letzten 2000 Jahren eher an einer Überdosis Spiritualität gelitten. Wir haben nach dem Himmel gestrebt, um aus dem Rad der Wiedergeburt befreit zu werden, und indem wir dies getan haben, haben wir unsere Verantwortung vergessen, die Große Mutter, die Erde, die uns ernährt und die unser Zuhause ist, zu erhalten. Wir sind wie närrische Kinder, die immer nach dem Unerreichbaren streben und dabei vergessen, daß wir schon im Paradies leben. Als im jüdischen Mythos Adam und Eva von der Schlange dazu verführt wurden, von der verbotenen Frucht zu essen, begannen sie zu zerstören. Sie wurden aus dem Garten verbannt und begannen neue Bedürfnisse zu entwickeln. Adam und Evas Wunsch nach Bekleidung ist eine Metapher für all diese neuen, sehr menschlichen Bedürfnisse, die wir uns schaffen, um unser Leben zu erschweren, und zu leiden, wenn wir sie nicht besitzen.

All dies klingt verheerend, doch war es eine nötige Stufe, wenn sich die Menschheit entwickeln sollte, um ihr volles Potential zu entfalten. Jetzt müssen wir zu den Älteren Göttern zurückkehren, deren Botschaft wir in unserem intellektuellen Streben vergessen haben. Damit versuchen wir nicht nur uns selbst, sondern die gesamte Schöpfung zu retten. Um ein Leben in Harmonie mit der Erde zu leben müssen wir uns wieder der Energie der Göttin bewußt werden – der Macht der Großen Mutter, von der Carl Jung sagte:

> Sie ist voll von Fallstricken und Fußangeln, damit der Mensch zu Fall komme, die Erde erreiche, sich dort verwickle und daran hängen bleibe, damit das Leben gelebt werde.[1]

Wie ist das Heidentum organisiert?

Das Heidentum unterscheidet sich von den meisten anderen Religionen durch seine lockere Organisation und das Fehlen einer zentralen Autorität. Es gibt im Heidentum keine Päpste. Es gibt viele Organisationen, die für bestimmte Richtungen wie Druidentum, Wicca, Asatru oder die heidnischen Religionen bestimmter ethnischer Gruppen stehen. Es gibt auch eine Anzahl von Dachorganisationen, die den Bedürfnissen der heidnischen Gemeinschaft dienen. In der englischsprachigen Welt sind die *Pagan Federation*, *Circle Network*, die *Pagan Pacific Alliance*, *PaganLink* und das *Irish Pagan Movement* zu nennen. Diese Organisationen sind keine Kirchen, sondern informierende und vernetzende Körper, die Informationen über das Heidentum zur Verfügung stellen und Heiden miteinander in Kontakt bringen. Sie organisieren oft auch Konferenzen, Seminare, religiöse Treffen und geben Zeitschriften heraus. Sie sind darauf ausgerichtet, Menschen, die sich für das Heidentum interessieren, zu helfen, mehr darüber zu erfahren und andere zu treffen, die ebenfalls Heiden sind.

Werdende Heiden, die aus anderen religiösen Richtungen kommen, sind oft überrascht, daß diese Organisationen nicht versuchen, aktiv zu bekehren. Es wird zugelassen, daß die Leute ihren eigenen Weg in das Heidentum finden. Heiden glauben, daß Menschen den heidnischen Weg finden und ihm treu bleiben, wenn ihr innerer Geist und die Götter sie rufen. Die heidnischen Pfade sind keine missionierenden Religionen, die versuchen ihren Gott woanders hin zu exportieren. Die heidnischen Götter sind Götter der Natur, und da die Natur allgegenwärtig ist, kann man sie in allen Kulturen finden. Es ist nicht nötig, daß eine Kultur ihre Sichtweise einer anderen aufzwingt oder Menschen in anderen Teilen der Welt zu bekehrt. Jeder kann das Göttliche auf seine Weise verehren. Auch versuchen die heidnischen Pfade nicht, sich in einem Tag wieder zu etablieren. Die Alten Götter haben lange Zeit gewartet, daß wir sie »treffen, uns erinnern und sie wiedererkennen«, und jene, die ihnen folgen, sind damit zufrieden, darauf zu warten, daß sich die Leute an den Älteren Glauben erinnern und zu ihm zurückkehren, wenn die rechte Zeit gekommen ist.

Wo treffen sich Heiden, um ihre Götter zu verehren? In den Vereinigten Staaten und in Kanada haben die Steuergesetze und eine pluralistische Tradition die Gründung von heidnischen Kirchen unterstützt, doch in den meisten Ländern gibt es solche Institutionen zur Zeit nicht. Viele Heiden wären gegen ihre Existenz. Die meisten Heiden treffen sich zur Verehrung draußen in den Wäldern und Feldern, bei den Leuten zu Hause (solche Gruppen können dem ähnlich sein, was Christen »Hauskirchen« nennen) oder in gemieteten Sälen. In den Vereinigten Staaten und in Kanada bieten heidnische Kirchenorganisation öffentliche Gottesdienste an, zu denen jeder kommen kann. In Europa und Australien ist die Verehrung eher eine private Sache – obwohl sich dies sehr schnell ändern kann, um mit der wachsenden Zahl neuer Heiden zurechtzukommen.

Die Menschen kommen auf vielen Wegen zum Heidentum: durch das Lesen der Mythen unserer Vorfahren; durch das Erfahren eines Sinnes für das Göttliche in der Natur – ein Gefühl, daß in Bäumen, Wäldern, Feldern und Hügeln spirituelle Kräfte wohnen; durch ein Bewußtsein, daß ihr inneres Gefühl für das Göttliche nicht auf eine männliche, sondern auf eine weibliche Gottheit, die Große Göttin, bezogen ist; oder durch die (manchmal ganz zufällige) Teilnahme an einem heidnischen Fest, einer Zeremonie, einer Konferenz oder einem Seminar. Dies kann auf einem Treffen sein, das offiziell als heidnisch bezeichnet wird, oder auf einer anderen Veranstaltung, bei der sich spontan ein heidnisches Fest ergibt, wie z.B. bei Folkfestivals. Durch solche Treffen können wir entdecken, daß uns mit jenen, die sich als Heiden bezeichnen, eine gemeinsame Basis verbindet. Wir können uns entscheiden, einer Organisation beizutreten, oder uns mit anderen Gruppen regelmäßig treffen, aber niemand muß mit anderen eine Verbindung eingehen, um die Götter zu verehren oder seine heidnische Religion zu praktizieren. Einige Heiden gehören formal strukturierten Gruppen oder Organisationen an; andere treffen sich so, wie es sich ergibt. Die Verehrung mit anderen bringt viel Freude, hat viele Vorteile und kann ein tiefes spirituelles Bewußtsein bewirken, aber solch ein Bewußtsein kann auch aus der Stille, aus dem Alleinsein in einem ruhigen Raum oder draußen in der Natur entstehen.

Niemand kann uns zu Heiden machen. Wir sind Heiden, wenn unsere Glaubensauffassungen mit heidnischem Gedankengut übereinstimmen. Bestimmte heidnische Pfade gewähren einen Eintritt nur durch eine Weihezeremonie, durch Initiation oder die Adoption in eine Familie oder einen Stamm; doch bieten diese damit nur ein Tor zu ihren eigenen Pfaden an. Menschen können auch ohne diese Zeremonien Heiden sein.

Dogma

Das Heidentum lehrt, daß viele Antworten auf die Probleme der Gegenwart in der vergessenen Weisheit der Vergangenheit liegen, aber anders als die meisten westlichen Religionen behauptet das Heidentum nicht, ein Monopol auf die religiöse Wahrheit zu besitzen. Im Heidentum gibt es keine ein für allemal gültige Offenbarung des richtigen Weges, um sich dem Göttlichen zu nähern. Heiden sehen ihre Religion als eine von vielen im großen Angebot für den spirituell Suchenden an. Die Wahl des richtigen

Weges hängt von den Vorlieben des Konsumenten ab. Das Heidentum ist nicht intellektuell, und manchmal sogar anti-intellektuell. Für den Heiden wird Religion aus dem Herzen und aus der Inspiration geboren und ist eher ein tiefes, inneres Wissen als ein Nachplappern intellektueller Lehren. Die Aufgabe der Religion besteht nicht darin, das Universum zu kategorisieren und zu klassifizieren, um es verständlicher und weniger angsteinflößend erscheinen zu lassen, indem religiöse Glaubensvorstellungen geschaffen werden, die alles wegerklären, was im menschlichen Leben nicht willkommen ist. Die Aufgabe der Religion ist es vielmehr, uns zu befähigen das Universum zu erfahren, um so zu unserem eigenen Verständnis über seine Natur und seinen Sinn zu gelangen.

Die Offenheit des heidnischen Denkens kann für manche verwirrend und störend erscheinen. Jene, die an Religionen mit vorgegebenen Denkmustern gewöhnt sind, können das Fehlen von Grenzen verwirrend finden. Heiden wird oft vorgeworfen, unklare Glaubensvorstellungen und »für jeden etwas« zu haben, doch entsteht dieses Vorurteil aus der irrigen Annahme, daß sich Religion durch ein starres Dogma und Uniformität auszeichnen muß. Das Bedürfnis nach einem starren Dogma ist im Westen eher zu beobachten als im Osten, was auf die monotheistischen Philosophien zurückzuführen ist, die die westliche Gesellschaft während der letzten zwei Jahrtausende beherrscht haben. Anhänger des Hinduismus, die ihre Religion als *Sanatana Dharma* oder »Ewiges Gesetz« bezeichnen, haben keine Schwierigkeiten, mit einer Vielzahl von Göttern und Göttinnen und einer breiten Spanne von Glaubensvorstellungen umzugehen. Die verschiedenen Versionen der absoluten Wirklichkeit, wie sie von diversen spirituellen Lehren angeboten werden, werden nicht als separate Wahrheiten angesehen, sondern als verschiedene Aspekte der einen Wirklichkeit. So wie die Götter Myriaden von Facetten des einen göttlichen Geistes sind, so sind religiöse Lehren die vielen Pfade, auf denen Menschen an verschiedenen Orten und zu verschiedenen Zeiten versucht haben, mit den Göttern zu kommunizieren. Das westliche Heidentum ist mit dem Hinduismus verwandt, in dem viele Kulte als Bausteine eines religiösen Ganzen betrachtet werden können. Der Hinduismus umfaßt ein breites Spektrum religiöser Glaubensvorstellungen, einschließlich der Verehrung von Göttinnen und Göttern, Helden, Tieren, Pflanzen, heiligen Steinen und Geistern. Die absolute Wirklichkeit wird als jenseits der Grenzen und Dogmen der einzelnen Kulte liegend betrachtet. Westliche Heiden stimmen mit dieser hinduistischen Ansicht überein:

> Über die Religion (Dharana) eines anderen zu streiten ist das Zeichen eines engen Geistes. Oh Herr! Oh Großer Magier! Mit welchem Glauben oder Gefühl wir Dich auch immer anrufen, Du findest daran Gefallen.[2]

Das Heidentum lehrt religiöse Toleranz. Das Göttliche hat sich zu verschiedenen Zeiten auf verschiedene Arten manifestiert, um zu verschiedenen Völkern zu passen. Ein nordischer Priester, den die christlichen Missionare bekehren wollten, erklärte:

> Ich darf von meinem Glauben, an dem ich und meine Vorväter vor mir festgehalten haben, nicht abweichen, genauso wie ich mich auf der anderen Seite nicht dem entgegenstellen werde, daß ihr an den Gott glaubt, der euch am besten gefällt.[3]

Da es im Heidentum keine ein für allemal offenbarten Schriften gibt, gibt es wenig Dogma. Heiden glauben, daß sich die Wahrheit jedem von uns aus der Tiefe seines Selbst offenbart. Sie wird durch Meditation und innere Einkehr gefunden. Die Bilder, mit denen wir unsere Götter verehren, sind nur das, was sie sind – Bilder. Andere zu töten, zu verletzen und zu foltern, nur um uns davon zu überzeugen, daß unser von menschengeschaffenes Abbild der unendlichen Wirklichkeit anderen überlegen ist, ist offenkundig absurd.

Heidnische Religion beruht auf einem Kern von Mythen und Sagen, der seit Jahrtausenden das Erbe unserer Vorfahren ist. Mythen mögen in Mode und aus der Mode kommen, aber die Mythen, die überdauert haben, überliefern universelle und ewige Wahrheiten. Elsa-Brita Titchenell, die aus einer theosophischen Perspektive über die nordischen Eddas schreibt, kommentiert diese folgendermaßen:

> Es ist wahrhaftig ein Wunder, daß diese Lieder und Geschichten überhaupt weiterexistieren, wenn man bedenkt, wie wenige unserer Bestseller nicht einmal das Jahr ihrer Veröffentlichung überleben. Wenn Mythen nur alltägliche Begebenheiten festhielten, wirkliche oder ausgedachte, würden sie schon lange vergessen sein. Ihre Langlebigkeit muß auf einer eingebauten Fortdauer beruhen, die in einer tieferen Schicht der Wirklichkeit begründet ist, ziemlich unabhängig vom Klima und den regionalen Bedingungen, die den Geschichten ihre Färbung verleihen.[4]

Diese religiösen Mythen unserer Vorfahren sind von großer Wichtigkeit, weil sie die spirituelle Weisheit nicht eines Individuums, sondern vieler

Menschen über eine große Zeitspanne hindurch enthalten. In einer Veröffentlichung der nordischen Tradition wird erklärt, daß jede Religion in ihrer Entwicklung mythisch ist:

> Mythologie ist das Wissen, das die Alten vom Göttlichen hatten; es ist eine religiöse Wahrheit, die in poetischen Begriffen das Verlangen der Menschheit nach persönlichen und sichtbaren Göttern ausdrückt... Unsere Aufgabe muß es sein, mit Hilfe unserer Mythologie die Götter zu entdecken, die sich selbst in der Natur manifestieren: auf den Straßen, in den Bäumen und in den Steinen; in den fließenden Strömen und in der schweren Ähre des Korns; im Glanz der Sonne des Tages und am sternenübersäten Himmel der Nacht. Aber es ist nicht die Mythologie, an die Odinisten glauben, sondern es sind die Götter, die zu verstehen uns dieser Mythos uns hilft.[5]

Der Respekt, den Heiden vor den alten Mythen haben, ist von dem, den die Anhänger von Offenbarungsreligionen vor ihren Schriften haben, sehr verschieden, da sich diese im wesentlichen auf die zu einer bestimmten Zeit empfangenen Offenbarungen eines einzelnen Mannes (denn solche Propheten sind meist männlich) und deren Interpretationen durch seine Nachfolger verlassen. Diese Art des Glaubens vereinfacht zugunsten der allgemeinen Bequemlichkeit: Es ist leicht, zu wissen, was man tun, denken und glauben soll. Wie alle Vereinfachungen entspricht dies jedoch nicht der Wirklichkeit, die darin besteht, daß unser Verständnis für das Göttliche begrenzt ist.

Die Botschaften, die wir von unseren Göttern erhalten, werden durch die Schichten unserer Kultur und Persönlichkeit gefiltert. Indem wir abstrakte Wahrheiten in menschliche Gedanken übersetzen, kleiden wir sie in unsere eigenen Bilder, die wir aus unserer Erfahrung beziehen. So kann in einem Jahrhundert ein einfaches Bauernmädchen die Vision des weiblichen Göttlichen empfangen und denken, sie hätte die Jungfrau Maria gesehen. An einem anderen Ort und in einem anderen Jahrtausend hätte sie vielleicht Diana, die Jägerin, oder Cerridwen gesehen. Dies soll nicht heißen, daß ihre Vision falsch oder keine spirituelle Begegnung war, sondern daß wir uns, um zu verstehen, was wir gesehen haben, solchen Bildern und Mythen zuwenden, die uns bekannt sind. Wie anders sollten wir sie auch erklären?

Heidnische Wahrheiten werden in einer symbolischen Sprache ausgedrückt. Die Mythen sprechen eher die Intuition und das Gefühl als den Verstand an:

> Die Barden der Vergangenheit, die die mythischen Lieder sangen, waren Meister darin, erhabene Prachtstraßen von Gedanken zu vermitteln, ohne direkt eine Doktrin wiederzugeben, die in feste und zerbrechliche Meinungen zusammengefaßt werden könnte. Die Schönheit ihrer Geschichten liegt in den Flügen des Staunens, zu denen sie den Geist anspornen, und in den sich immer erweiternden Ausblicken, die sich hinter jedem größeren Verständnis eröffnen.[6]

Die Lehren der Kelten, Germanen und nordischen Völker wurden auf dem uralten Weg allen religiösen Lehrens durch Allegorien, Parabeln, Lieder und Dichtungen vermittelt. Ähnlich sagt ein heutiger Afrikaner über seine Religion:

> Es ist die Religion, die von den Vorfahren der heutigen Bewohner Afrikas von Generation zu Generation weitergegeben wurde. Es ist keine erstarrte Religion (ein Ding der Vergangenheit) sondern eine Religion, die die Afrikaner heute zu ihrer eigenen gemacht haben, indem sie sie gelebt und ausgeübt haben. Dies ist eine Religion, die keine geschriebene Literatur besitzt, und doch steht sie für jene, denen es der Mühe wert ist, sie zu erkennen und zu lesen, überall »geschrieben«. Sie ist hauptsächlich in den Mythen und volkstümlichen Geschichten der Leute zu finden, in ihren Liedern und Tänzen, in ihren Liturgien und Schreinen, in ihren Sprichwörtern und Redensarten. Sie ist eine Religion, deren historischer Begründer weder bekannt ist noch verehrt wird; Sie ist keine Religion, die zur Werbung von Anhängern neigt, und doch bietet sie eine beständige Faszination...
>
> Die europäische heidnische Tradition ist immer noch eine mündliche Überlieferung, die durch Mythen und Bilder weitergegeben wird. Die vielen Gottheiten, Mythen und Rituale können auf verschiedene Weise interpretiert werden, je nach der Ebene unseres Verstehens. Wir müssen unsere Mythen studieren, über sie meditieren und mit ihnen vertraut werden, um hinter ihren Verkleidungen als Epos und Märchen die ewigen Werte und Tugenden zu erkennen, die uns lehren zu leben.[7]

Macht und Autorität

In einigen heidnischen Traditionen gibt es eine Priesterschaft, die vom Hauptkörper der Gläubigen klar abgegrenzt ist: Alle Gruppen brauchen Menschen, deren größere Erfahrung anerkannt wird und die religiöse Zeremonien leiten können. In den meisten modernen heidnischen

Religionen wird die Priesterschaft jedoch nicht als geheiligt und abgegrenzt betrachtet, als religiöse Experten, deren Wort als Gesetz befolgt werden muß. Die meisten Heiden glauben, daß Priesterschaft ein Teil der Pflichten des Erwachsenen in der Gesellschaft ist. Wir müssen mit unseren Göttern arbeiten, sie verehren, über sie meditieren und den spirituellen Bedürfnissen unserer Mitmenschen dienen. Viele Heiden vertreten eine Ansicht, die jener ähnlich ist, wie sie Dion Fortune ausdrückt:

> Wisse, daß jeder Mann durch die Kraft seines Mannseins dazu fähig ist, Priester zu sein; und jede Frau durch die Kraft ihres Frauseins dazu fähig ist, Priesterin zu sein...[8]

Im Fischezeitalter waren wir damit zufrieden, der Stimme der Autorität zu folgen – Lehrern, die von den etablierten Kirchen anerkannt wurden. Wenn Leute etwas anderes glaubten als diese geheiligten Lehrer, waren sie im Unrecht und böse. Unter dem Zeichen des Wassermanns, einem Zeichen intellektueller Neugier und Herausforderung, sind wir nicht mehr damit zufrieden, den Gedanken anderer zu folgen. Wir müssen sie hinterfragen und tun es auch. Es ist dieser hinterfragende Geist, der das wissenschaftliche Zeitalter hervorgebracht hat. Für viele Heiden ist das Fehlen von aufgezwungenen Glaubensvorstellungen durch hierarchische Priesterschaften eine der Eigenschaften, die sie am Heidentum anzieht. Das Zurückweisen der Idee einer exklusiven Priesterschaft wird von vielen religiösen Denkern unserer Zeit geteilt. Der New-Age-Denker William Bloom glaubt, daß ein Hauptproblem der Zivilisation in der Unterdrükkung unserer wahren Spiritualität durch etablierte Religionen liegt:

> Wir waren der Religion und der Kirche untertan, die nur eine Art des Glaubens oder der Annäherung an das unbekannte Göttliche erlaubten... Das Phänomen des Neuen Zeitalters ist die sichtbare Spitze des Eisberges einer Massenbewegung, in der die Menschheit ihr Recht zurückverlangt, Spiritualität in völliger Freiheit zu erkunden. Die Zwänge religiöser und intellektueller Ideologie bestehen nicht mehr.[9]

Zunehmends beginnen wir die Grenzen der dogmatischen Ideen über das Unendliche und die starren Machtstrukturen, die solange das religiöse Denken beherrscht haben, zu erkennen. Fragen der Macht, der Kontrolle und der Herrschaft, die andere über Menschen ausüben, sind für Heiden sehr wichtig. Die Leute wollen nicht mehr, daß ihnen von einer auserwählten Machtgruppe gesagt wird, was sie denken und glauben sollen.

Zum Teil liegt dies an der Wirkung der Massenmedien. Unsere politischen, religiösen und sozialen Führer sind dem Blick der modernen Öffentlichkeit ausgesetzt und als mangelhaft befunden worden. Der durchschnittliche junge Mensch respektiert eher die Ansichten eines Rockstars als die des religiösen oder politischen Establishments. Wenn die Stimme der Autorität nicht respektiert wird, ist es schwierig, die Leute davon zu überzeugen den hierarchischen Führern zu folgen (obwohl einige junge konservative Anhänger von Frau Thatcher gefährlich nahe daran waren, die gesegnete Margaret anzubeten). Statt dessen müssen wir neue Quellen der Autorität finden, indem wir eine Beziehung zur Stimme unseres eigenen höheren Selbst aufbauen und die Weisheit zurückerlangen, die tief in uns verborgen liegt. Dies schwächt die Autorität der organisierten Religion und versetzt die Leute in eine unbestimmtere und weniger sichere Welt, was jedoch kein Nachteil sein muß. Michael Perry, Erzdiakon der Kathedrale von Durham, schreibt:

> Es spricht in jedem Falle etwas für die Sichtweise (die nicht allein auf Wicca beschränkt ist), daß jede Religion, die an der Macht ist, ipso facto eine minderwertige und gefährliche Religion ist. Wenn eine Religion einmal Macht erlangt hat, wird sie jene, mit denen sie nicht übereinstimmt, eher unterdrücken als zu widerlegen versuchen.[10]

Das Göttliche in allem

Das Zeitalter des Wassermanns ist ein Zeitalter der Individualität. Jeder Mensch findet seine eigene Interpretation des Göttlichen und ist damit zufrieden, mit anderen darüber zu diskutieren und zu debattieren, ohne zu versuchen dem anderen seinen Willen und seine Weltsicht aufzuzwingen. Macht und Autorität müssen im Inneren des Einzelnen wohnen und nicht von außen auferlegt werden. In der Lehre des Wicca gibt es den folgenden Spruch:

> Wenn du das, was du suchst, nicht in dir findest, wirst du es niemals außerhalb von dir finden, denn siehe, ich war von Anfang an bei dir, und ich bin das, was am Ende des Verlangens erreicht wird.[11]

Dies ist eine wichtige Aussage, die viele Ebenen der Bedeutung hat. Eine davon ist, daß spirituelles Wissen etwas ist, das sich aus uns selbst entwickelt, aus dem Zugang zu jener tieferen Schicht des Geistes, die das kollektive Unbewußte genannt wird und alles menschliche Wissen der Vergangenheit, der Gegenwart und dessen, was noch offenbart werden wird, enthält. Zugang zu diesem zeitlosen Bereich erlangt man durch das Erlernen von Meditationstechniken und durch das Finden einer inneren Stille, in der wir mit dem Göttlichen kommunizieren und die Stimme des Geistes durch den Schleier zwischen dem Bewußten und dem Unbewußten hören können. Das Herstellen dieser Verbindung zu den tieferen Schichten des göttlichen Selbst in uns ist die Wurzel unseres Heidentums.

Obwohl für moderne Heiden die Verwurzelung in der Vergangenheit wichtig ist, sind die Ideen, die Heiden inspirieren, auch moderne Ideen über das menschliche Potential, das spirituelle Wachstum des Menschen und die Suche nach dem Göttlichen in uns allen. Eine Gruppe der nordischen Tradition erklärt:

> Odinisten erkennen die Verwandtschaft des Menschen mit der Natur an: daß alles, was es in der größeren Welt gibt, in seiner Essenz auch in ihm vorhanden ist... So sind im Menschen die vier Elemente, das vegetative Leben der Pflanzen, ein ätherischer Körper – die göttliche Seele, die mit den Himmeln in Verbindung steht – die Sinne der Tiere, Spiritualität, Vernunft und Verständnis enthalten. Da der Mensch alle Teile der Welt in sich vereint, ist er so ein wahres Abbild der Götter.[12]

Diese Ideen konnte man in früheren Jahrhunderten in Religionen finden, die die Leute esoterisch nannten. Dies waren die Mysterienkulte der heidnischen Religion, über deren Tempelpforten die Worte »Erkenne Dich selbst« geschrieben standen. Ein Hauptziel der alten Mysterienreligionen war es, uns über uns selbst und über unsere wahre Verwandtschaft mit den Göttern zu unterrichten. Dieses Verständnis über unsere Stellung im Schema der Dinge befähigt uns dazu, als ganzer Mensch in der Gesellschaft zu funktionieren. Das Streben nach den Mysterien ist im Neuen Zeitalter wiederbelebt worden. Die individualistische und hinterfragende Natur des Wassermanns ist nicht nur nach außen gerichtet, um das Universum zu verstehen, sondern auch nach innen, um uns selbst zu verstehen:

> Die große Sonne, die sich durch die himmlische Häuser bewegt, hat das Zeichen der Fische verlassen um in das Zeichen der Wasserträgers einzutreten. Im kommenden Zeitalter wird die Menschheit heilig sein, und in der Vollkommenheit des Menschen werden wir das Humane finden. Bringe die Menschheit hinauf zur Gottheit, und bringe die

Gottheit hinab zur Menschheit. Dies soll der Tag sein, an dem Gott bei uns ist, denn Gott hat sich in der Natur manifestiert, und die Natur ist das, worin Gott sich selbst ausdrückt.[13]

Das Göttliche in anderen Menschen zu sehen ist nicht immer leicht. Es benötigt einen gewissen Optimismus in bezug auf die Menschheit, den zu bewahren schwer sein kann. Wenn wir uns heute in der Welt umsehen, kann man viel sehen, das leicht Verzweiflung auslösen kann – Krieg, Haß und Kampf zwischen den Völkern, Armut und wirtschaftlicher Abstieg. Die gesellschaftlichen Strukturen lösen sich auf, wenn Leute, die ohne zusammenhängenden, spirituellen oder philosophischen Glauben erzogen werden und denen durch Arbeitslosigkeit und das Fehlen des Verständnisses initiatorischer Prozesse in der Gesellschaft der Eintritt in die Erwachsenenwelt verwehrt wird, sich der Kriminalität und Gewalt zuwenden um ihre Bedürfnisse zu befriedigen. Heiden betrachten eine spirituelle Philosophie, die uns helfen kann, in uns selbst, in unserer Stellung in der Gesellschaft und im größeren Universum einen Sinn zu finden, als wesentlich für das menschliche Glück und Wohlbefinden. Einst lebten die einzelnen Gesellschaften isoliert, so daß ihnen von einer Machtgruppe eine Philosophie und ein Glaubensbekenntnis aufgezwungen werden konnten, die deren eigenen Interessen entgegenkamen. Doch sind wir nicht mehr isoliert. Die Ära der Massenkommunikation bringt es mit sich, daß wir beständig anderen Sichtweisen, Meinungen, anderen Rassen und anderen Glaubensbekenntnissen ausgesetzt sind. Jetzt muß das Individuum seine eigene Wahl treffen, welchem Weg es folgen will und was richtig oder falsch für es ist. Dies ist die Botschaft des Wasserträgers.

Viele Glaubenssysteme würden argumentieren, daß der Verfall der Gesellschaft darin begründet ist, daß die Leute die Botschaft ihrer jeweiligen Religion nicht beachten. Heiden würden argumentieren, daß die Probleme der Gesellschaft nicht daher rühren, daß die Form eines bestimmten Glaubenssystems nicht beachtet würde, sondern dessen zugrundeliegende Botschaft: daß wir nicht selbstsüchtig leben können und daß, wenn wir es dennoch tun, uns selbst zerstören werden; daß Menschen Herdentiere sind und es nur durch gegenseitige Hilfe möglich ist, die komplexe Gesellschaft, in der wir leben, zu erhalten. Darin sind sich alle Philosophien eher einig als unterschiedlicher Meinung. Jede versucht einen Weg der richtigen Ordnung und des richtigen Verhaltens zu lehren, einen Weg, auf dem Menschen in Liebe, Frieden, Vertrauen und Wahrheit miteinander leben können.

Der Welt als Ganzem ist am besten durch die Vereinigung ihrer Völker und durch die Anerkennung unserer gegenseitigen Unabhängigkeit geholfen. Das kann nur geschehen, wenn wir unsere jeweiligen Überzeugungen, Glaubensvorstellungen und unsere Individualität anerkennen und respektieren. Viele spirituelle Systeme betonen jedoch das Trennende und die Überlegenheit bestimmter Kulturen, Religionen und politischer Systeme. Statt dessen müssen wir einen gemeinsamen Kern der Ethik und des ehrenhaften Lebens finden, der uns helfen kann, uns gegenseitig und der Welt zu helfen. Das Heidentum lehrt, daß religiöse Unterschiede aus den Versuchen der Menschheit entstehen, die großen Wahrheiten zu erklären. Wir mögen uns darin unterscheiden, wie wir die Einzelheiten sehen, aber unter der Oberfläche der äußeren Form einer Religion gibt es eine wahre Spiritualität, die uns allen dienen kann. Es ist die Rückkehr zu dieser wahren und grundlegenden Religion, für die das Heidentum steht.

Die Erde ist unsere Mutter

Heiden verehren viele verschiedene Götter, aber ein gemeinsamer roter Faden, der das Heidentum von den meisten westlichen Religionen unterscheidet, ist der Platz, an den es seine Gottheiten setzt. In vielen Religionen sind die Götter von der Erde und der Menschheit losgelöst und entfernt. Sie leben »draußen« in irgendeinem unwirklichen jenseitigen Reich, ein himmlisches Reich, das die minderwertige Welt der Materie nicht berührt und von dieser nicht beschmutzt wird. Diese Religionen, die ihren Ursprung im Mittleren und Nahen Osten haben – Christentum, Islam und Judentum – stellten sich das Göttliche als anthropomorphes, männliches Wesen vor, das die Welt zu einem bestimmten Zeitpunkt erschaffen hat. Dies gibt dem Dualismus Auftrieb, daß das geschaffene Universum von seinem Schöpfer getrennt ist, der den Menschen die Herrschaft darüber gegeben hat, um es nach Herzenslust auszubeuten. Diese Religionen betonen auch eine Trennung von Geist und Körper, Seele und Materie.

Im Gegensatz dazu glauben die meisten Heiden, daß die göttliche Kraft immanent oder dem Universum innewohnend und mit der Seele der Natur verwandt ist:

> ...Ich, die ich die Schönheit der grünen Erde bin, und die weiße Mondin unter den Sternen ... und das Mysterium der Gewässer...[14]

Dies kann Pantheismus genannt werden. Alle Heiden respektieren die Erde und das Göttliche in der Natur. Einige Pantheisten glauben, daß das Göttliche sowohl in der materiellen Schöpfung präsent ist wie auch in einem transzendenten Reich jenseits des materiellen Universums existiert. Das Göttliche ist sowohl immanent als auch transzendent – es existiert in der Welt der Natur als auch jenseits davon. Es ist die Grundlage aller Dinge und kann daher auf allen Ebenen, an allen Orten, in allen Dingen und auf vielerlei Wegen erreicht werden.

Der Gedanke der Immanenz ist nicht immer einfach zu verstehen. Wie kann das Göttliche in der Materie existieren, wo wir es doch nicht sehen können? In den hinduistischen Schriften der *Chandogya Upanishad* wünscht sich Svetaketu, ein junger spirituell Suchender, die Natur der Wirklichkeit zu verstehen. Svetaketu wird von seinem Vater aufgetragen, einen Klumpen Salz in Wasser zu legen und am nächsten Morgen wiederzukommen. Es tut es und am nächsten Morgen sagt ihm sein Vater, daß er den Klumpen Salz wiederholen soll. Svetaketu antwortet, daß er dies nicht kann, weil er sich aufgelöst hat. Dann sagt ihm sein Vater, er solle das Wasser kosten. Svetaketu sagt ihm, daß es salzig ist. Sein Vater sagt ihm dann:

> Auf dieselbe Weise, wie sich das Salz im Wasser aufgelöst hat,
> Durchdringt eine unsichtbare und subtile Essenz das ganze Universum.
> Das ist Geist. Das ist Wirklichkeit.
> Das ist Wahrheit. Das bist du.[15]

Für Heiden ist die Erde in ihrer Substanz nicht vom Geist verschieden. Sie ist nur ein anderer Ausdruck der göttlichen Energie oder Lebenskraft:

> Der unwissende und unreine Mensch erblickt das Antlitz der Natur,
> Und es ist für ihn wie die Dunkelheit der Dunkelheit.
> Aber der eingeweihte und erleuchtete Mensch sieht es an
> Und erkennt darin die Gesichtszüge Gottes.
> Seid uns fern, oh ihr Profanen,
> Während wir Gott anbeten, der in der Natur manifest ist.[16]

Während die Religionen des Mittleren und Nahen Ostens den Dualismus betonen, sehen westliche Heiden das Leben als kontinuierliche Energie in verschiedenen Formen. Sie teilen eine Weltsicht, die jener der Hindus ähnlich ist: daß es keine Trennung zwischen Geist und Instinkt, Geist und Materie oder den Menschen und ihrer Umgebung gibt.

> Das Nicht-Duale, Formlose, Undefinierbare und Unnennbare manifestiert sich oder drückt sich selbst in seinem schöpferischen Spiel in diesem Universum auf verschiedenen Ebenen des Geistes oder der Psyche, des Leben und der Materie aus ... ein Geist manifestiert sich selbst auf diesen verschiedenen Ebenen; er allein existiert, und selbst in seinem manifestierten Stadium ist er trotz aller Unterschiede ein organisches Ganzes.[17]

In der Mystik vieler spiritueller Traditionen gibt es die Idee, daß es ein einzelnes immanentes Göttliches und eine vereinende Kraft im Zentrum aller Materie gibt. In den letzten Jahrhunderten findet man diese Idee öfters in den Lehren des Ostens, obwohl sie auch im Westen keineswegs unbekannt war. Viele moderne Wissenschaftler sind dazu gelangt, ähnliche Ansichten zu teilen. Margaret Stutley zeigt in ihrem Buch *Hinduism: The Eternal Law* auf, daß Molekularbiologen die zugrundeliegende Einheit aller Formen gefunden haben und daß die grundlegenden Moleküle des Kohls, der Fliege oder der Bakterie dieselben sind wie die des Menschen. In Indien haben die spirituelle Einsichten der Vergangenheit zu wissenschaftlichen Entdeckungen in der Gegenwart geführt. Der Nobelpreisträger Jayadish Chandra Bose hat seine wissenschaftlichen Untersuchungen auf der alten Lehre aufgebaut, daß das, was es in Mensch und Tier gibt, auch im pflanzlichen Leben zu finden ist. Der Kristallograph C. V. Raman, ebenfalls ein Nobelpreisträger, gründete seine Arbeit auf die Lehre, daß Steine mit der mysteriösen und lebensspendenden Kraft des Brahman erfüllt sind. Da alles Leben dem Prozeß der Schöpfung, des Wachstums und Zerfalls unterliegt, stellte er die mittlerweile bewiesene Hypothese auf, daß Kristalle, nachdem sie eine bestimmte Gestalt angenommen haben, vom Wachstum bis zum Verfall eine kontinuierliche Veränderung durchmachen.

Eine grüne Religion

Ein charakteristisches Merkmal des Heidentums ist seine Sorge um ökologische Fragen: Heidentum ist eine grüne Religion. Mit der Natur in Harmonie zu leben, anstatt sie zu beherrschen, ist eines der drei Prinzipien des Heidentums, denen viele Heiden folgen. Während die äußeren Formen der westlichen Religion die Erde oft mißhandelt haben, wurde die Wichtigkeit eines Lebens in Harmonie mit der Natur von den Mystikern aller

Glaubensrichtungen betont. Thomas Traherne preist den Planeten in seinem Buch *Centuries of Meditations*:

> Die Erde selbst ist besser als Gold,
> Da sie Früchte und Blumen hervorbringt...
> Du erfreust dich nicht richtig an der Welt,
> Solange nicht die See selbst in deinen Adern fließt,
> Solange du in die Himmel gekleidet bist
> Und mit den Sternen gekrönt bist...[19]

In der Hippie-Ära der späten 60er und 70er Jahre hat die Incredible String Band diese Worte wiederbelebt und zur Hymne für viele Blumenkinder gemacht, die sich wieder den alten religiösen Wegen zuwandten und die die Erde verehrten.

Für Heiden ist der Mensch keine überlegene Lebensform, die unbegrenzte Macht über alle anderen Lebensformen haben sollte, sondern ein Teil der Schöpfung der Göttin. Mit unserer überlegenen Intelligenz und unseren Fähigkeiten sind wir in der Lage, das Leben unserer Mitgeschöpfe, mit denen wir diesen Planeten teilen, zu zerstören. Wir haben bereits einen hohen Prozentsatz der Ozonschicht zerstört, jenes unschätzbar wertvollen Teils der Erdatmosphäre, der Tiere, Pflanzen und uns selbst vor den schädlichen Bestandteilen der Sonnenstrahlen schützt. Die Sonne ist für unser Überleben notwendig, aber wie alle Kräfte im Übermaß wird sie uns vernichten. Die Ozonschicht ist durch schädliche Chemikalien zerstört worden, die der Westen auf der Jagd nach materieller Bequemlichkeit und Reichtum hergestellt hat und die von Menschen in anderen Teilen der Welt übernommen wurden, die jetzt zögern sie aufzugeben. Die heidnische Schriftstellerin Marian Green gibt diesen Aufschrei des Herzen von sich:

> Menschen töten jeden Tag des Jahres Bäume und bewirken, daß andere Arten aussterben. Wir kennen nicht den Wert jedes kleinen Insektes, jedes Baumes, Busches, Krautes und jeder Ranke für die Heilung, für natürliche Empfängnisverhütung oder um Krebs zu besiegen, aber viele Pflanzen im tropischen Regenwald werden traditionell dazu benutzt. Einige Länder zerstören Stämme mächtiger Wale, Delphine und anderer Meeressäugetiere. Diese großen, warmblütigen und intelligenten Geschöpfe verdienen Besseres als dies.[20]

Die Herausforderung für uns besteht darin, nicht zu zerstören, sondern unsere Mutter Erde zu erhalten; Verantwortung für sie zu übernehmen und als ihre Verwalter zu agieren, zu unserem Nutzen, zu dem anderer Arten, und zum Nutzen derer, die nach uns kommen werden. Es gibt ein Lied, das oft bei heidnischen Versammlungen gesungen wird und das diese Einstellung widerspiegelt:

> Die Erde ist unsere Mutter,
> Wir werden für sie sorgen.
> Die Erde ist unsere Mutter,
> Sie wird für uns sorgen.

Die Zukunft unseres Planeten ist für alle Menschen wichtig (obwohl leider noch viel zu wenige Regierungen zu dieser Erkenntnis gelangt sind), für Heiden ist sie jedoch besonders wichtig. Die Erde ist für Heiden nicht nur das, was das physische Leben der menschlichen Rasse erhält, sie ist selbst ein lebendiges Wesen – Gaia, die Große Mutter. Das Göttliche ist überall – sowohl in uns als auch in der äußeren Welt. Sie durchdringt, befruchtet, weiht und heiligt die Erde und alle lebenden Wesen auf ihr. Die Große Göttin ist auch die See. Sie ist sowohl Mutter Ozean als auch Mutter Erde. Die See ist passiv und kann mißbraucht werden, wie es die Menschen zur Zeit durch die Verschmutzung und das Überfischen der Meere tun. Doch wenn sie nicht respektiert wird, wird sie sich letzten Endes erheben und uns überwältigen.

Die judäo-christliche Ethik, die in den letzten Jahrhunderten den Westen beherrscht hat, und die Gesellschaften, die der Westen seinerseits beherrscht hat, haben ihre guten Seiten, aber sie hatten auch katastrophale Auswirkungen auf unsere Umwelt. Michael Perry, Erzdiakon von Durham, stellt in seinem Buch *Gods Within: A Critical Guide to the New Age* fest, daß die biblische Ansicht, nach der dem Menschen die Herrschaft über die Erde gegeben wurde, dadurch zum »schrecklichsten Ergebnis geführt hat, daß wir uns dazu berechtigt gefühlt haben, die materielle Schöpfung auf diese Weise zu behandeln«:

> «Seid Fruchtbar und mehret euch und füllt die Erde auf, und macht sie euch untertan. Und herrscht über die Fische in der See, über die Vögel in der Luft und über jedes lebende Wesen«, hieß es in der King-James-Bibel, die unseren Vorvätern gut bekannt war. Wir hörten »untertan machen« und vergaßen das »Auffüllen«, wir hörten »herrschen« und vergaßen, daß jener, der Herrschaft ausübt, auch Verantwortung für seine Untertanen trägt. Das hat uns dazu ermächtigt, zu nehmen und zu nehmen ohne jemals zurückzugeben; die fossilen Überreste der

> Wälder zu verschwenden, die für ihr Entstehen Millionen von Jahren brauchten, und sie in einer Generation zu verbrennen; Weizenfelder in Dürregebiete und fruchtbaren Boden in Wüsten zu verwandeln; und zu glauben, daß es uns als Herren der Schöpfung nicht nur erlaubt, sondern sogar befohlen worden sei, so zu handeln.[21]

Heiden glauben nicht, daß die Menschen überlegen sind, sondern daß die Große Mutter sich an ihrer ganzen Schöpfung erfreut und daß jeder von uns – Menschen, Tiere und Pflanzen – seinen besonderen Platz und seine Rolle im Schema der Dinge zu spielen hat. Die anderen Formen der Schöpfung sind da, damit wir mit ihnen in Harmonie leben, nicht um sie auszubeuten. Diese Einstellung wurde lange von jenen Völkern vertreten, die in viel engerer Beziehung zur Erde lebten als die des modernen Westens. 1955 hielt der Indianer Häuptling Seattle eine Rede an Präsident Franklin Pearce, der vorschlug Land von den Stämmen zu kaufen:

> Wie könnt ihr den Himmel kaufen oder verkaufen,
> Die Wärme des Landes?
> Diese Idee ist uns fremd.
> Wir besitzen die Frische der Luft
> Und das Funkeln des Wassers nicht.
> Wie könnt ihr sie von uns kaufen?
> Jeder Teil dieser Erde ist meinem Volk heilig:
> Jede glänzende Fichtennadel,
> Jedes sandige Ufer,
> Jeder Dunst in den dunklen Wäldern,
> Jede Lichtung und jedes summende Insekt
> Ist heilig in der Erinnerung und Erfahrung meines Volkes.
> Wir wissen, daß der weiße Mann unsere Wege nicht versteht.
> Ein Teil des Landes ist für ihn wie der andere,
> Denn er ist ein Fremder, der in der Nacht kommt
> Und vom Land nimmt, was auch immer er braucht.
> Die Erde ist nicht sein Bruder sondern sein Feind,
> Und wenn er sie erobert hat, zieht er weiter...
> Seine Gier wird die Erde verschlingen
> Und nur Wüste zurücklassen.
> Der Anblick eurer Städte tut den Augen weh...
> Es gibt keinen ruhigen Ort in den Städten des weißen Mannes.
> Keinen Platz, um das Wogen des Frühlings zu hören
> Oder das Rascheln von Insektenflügeln...
> Und was ist das Leben,

Wenn man nicht den lieblichen Schrei der Nachtigall hören kann
Oder den Streit der Frösche um einen Teich in der Nacht?
Der Indianer zieht den weichen Klang des Windes vor,
Der über das Antlitz des Teiches streicht,
Und den Geruch des Windes selbst,
Gereinigt von einem Mittagsregen,
Oder nach der Pinienkiefer duftend.
Die Luft ist dem roten Mann wertvoll,
Denn alle Dinge teilen denselben Atem,
Die Tiere, die Bäume, die Menschen.
Der weiße Mann scheint die Luft, die er atmet, nicht zu bemerken.
Wie ein Mann, der viele Tage lang stirbt,
Ist er taub für den Geruch seines eigenen Gestankes...

Ich habe Tausende verrottende Büffel auf den Prärien gesehen,
Die sie dort liegenließen,
Nachdem sie sie aus dem fahrenden Zug geschossen haben.
Ich bin ein Wilder und verstehe nicht,
Wie das rauchende Eisenpferd wichtiger sein kann als der Büffel,
Den wir töten um zu leben.
Was ist der Mensch ohne die Tiere?
Wenn alle Tiere verschwunden wären,
Würden die Menschen an großer Einsamkeit des Geistes sterben,
Denn was auch immer den Tieren geschieht,
Geschieht auch dem Menschen.
Alle Dinge sind miteinander verbunden...
Eine Sache wissen wir, die der weiße Mann eines Tages entdecken mag,
Unser Gott ist derselbe Gott....
Diese Erde ist wertvoll für ihn
Und der Erde zu schaden,
Heißt Verachtung auf ihren Schöpfer zu laden...

Wenn der letzte rote Mann von der Erde verschwunden ist
Und die Erinnerung nur der Schatten einer Wolke ist,
Die über die Prärie zieht,
Werden an diesen Ufern und in diesen Wäldern
Immer noch die Geister meines Volkes wohnen,
Denn sie lieben die Erde
Wie das Neugeborene den Herzschlag seiner Mutter liebt.

Die Rede Häuptling Seattles begann mit dem Satz »Meine Worte sind wie die Sterne, sie gehen nicht unter.« So soll es sein.

In der eingeborenen amerikanischen Tradition war das Bedürfnis, mit den Tieren in Harmonie zu leben, sehr wichtig, weil viele indianische Stämme Jäger und Sammler waren, deren Überleben von wilden Tieren abhängig war. Ihre spirituelle Philosophie ermutigte sie, die Tiere, die ihre Welt bewohnten, als Brüder und Schwestern zu betrachten. Das eingeborene amerikanische Heidentum lehrt, daß der Große Geist in allen Dingen anwesend ist. Alles, was lebt, ist heilig:

Was ist Ewigkeit als ein Atemzug des Großen Geistes?
Der Plan des Universums ist nichts,
Und alle Zeit ist nur das Schnellen eines Pfeils
Vom Bogen des Großen Geistes.
Das Lied der Stämme der Pflanzen wurde gesungen.
Das Lied der Tiere wurde gesungen.
Das Lied der Stämme der Menschen wurde gesungen.
An jede Welt erinnert er sich im Lied,
Und keine Welt wurde vergessen.
Der Große Geist schläft
In allen benannten und unbenannten Dingen.[22]

Viele führende Denker des 20. Jahrhunderts glauben, daß eine Änderung der Einstellung zu unserem Planeten und eine Rückkehr zum Verständnis früherer Epochen notwendig ist, wenn wir den Herausforderungen des kommenden Jahrhunderts begegnen wollen. 1965 schrieb der Astronom Fred Hoyle in *Of Men and Galaxies*, daß unser spezielles Problem heute darin liegt, daß wir hauptsächlich primitive Geschöpfe sind, die verzweifelt darum kämpfen, sich einer Lebensweise anzupassen, die fast der gesamten bisherigen Geschichte unserer Spezies fremd ist. Wir befinden uns an jenem einzigartigen Punkt, an dem wir unser tierisches Bewußtsein, das uns in Harmonie mit der Erde leben ließ, verloren haben und noch nicht die Einsicht und Weisheit gewonnen haben, um das intellektuelle und wissenschaftliche Wissen, das im letzten Jahrhundert in unser Leben getreten ist, zu unserem Wohl zu gebrauchen. Das Leben hat sich in einer Geschwindigkeit verändert, die vor hundert Jahren undenkbar und vor zweihundert Jahren noch unglaublich gewesen wäre. Wir haben uns ausweglose Situationen geschaffen – wie den Besitz von Kräften, die unsere Welt auf Knopfdruck zerstören können – ohne die geringste Ahnung, wie wir unsere Welt davor schützen sollen. Die Welt ist außer Kontrolle geraten, und wie Fred Hoyle schrieb, »haben wir keinem echten Kontakt zu den Kräften, die die Zukunft gestalten«.[23]

Viele Leute kommen zum Heidentum, weil sie nicht darauf vertrauen, daß die gegenwärtigen westlichen Philosophien und spirituellen Systeme in der Lage sind, die Probleme, denen die Menschheit heute gegenübersteht, zu lösen. Michael Perry stellt fest, daß, während wir in »eine Katastrophe der blindwütigen Verschmutzung von See, Erde und Ozonschicht schlittern«, die gegenwärtige Pleite westlicher Technologie offensichtlich wird:

> Die Erde muß, genauso wie die Menschen auf ihr, bestätigt werden, um ihr volles Potential zu entfalten. Sie kann dies nicht durch industrielle Bewirtschaftung und den intensiven Gebrauch von chemischen Düngemitteln tun. Die Erde selbst muß geehrt und als heilig angesehen werden, als Göttin Gaia in ihrem eigenen Recht. New-Age-Anhänger glauben, daß die alten patriarchalischen Religionen dies nicht können. Wir müssen weiter zurückgehen, zu einer noch älteren Überlieferung, in der das Weibliche in der Gottheit bestätigt wird und die weiblichen Werte als Weg zur Erlösung der Erde und ihrer Völker angesehen werden. Daher gehen wir zurück zu den Religionen der mediterranen Welt, oder zu den Religionen der untergegangenen Zivilisationen, die wir herablassend die »primitive« Welt nennen, oder zum alten Glauben, der den Menschen dieses Landes beistand, bevor das Christentum zum herrschenden System wurde.[24]

Für jene, die die Erde verehren, ist ihre Heiligkeit nicht nur ein abstraktes mystisches Ideal. Viele Heiden übernehmen in Umweltschutzinitiativen eine aktive Rolle. Initiativen zum Schutz von Gegenden, die ökologisch oder geschichtlich wichtig sind, wurden von Heiden in aller Welt geleitet; manchmal unter einer heidnischen Flagge, oft aber auch in Zusammenarbeit mit anderen Gruppen wie *Greenpeace* und *Friends of the Earth*.

Die Vielen und die Eine

Die frühesten Heiden waren wahrscheinlich Polytheisten, die ihre vielen Götter nicht als allmächtig, sondern als übermächtige Wesen ansahen, die einige Aspekte der Natur und des Schicksals kontrollieren konnten, aber selbst auch dem Schicksal und oft höheren Göttern unterworfen waren. Für unsere Vorfahren war es selbstverständlich, eine Anzahl Gottheiten für verschiedene Zwecke zu verehren und jede um Vermittlung in ihrer bestimmten Sphäre zu bitten.

Einige moderne Heiden sind Polytheisten und betrachten die Götter als individuelle Wesenheiten – mächtige Wesen, die vor der Menschheit existierten. Andere zeigen die Vielfalt der Formen auf, in denen die Götter zu verschiedenen Zeiten und in verschiedenen Kulturen verehrt wurden, die aber oft ähnliche Eigenschaften wie die Götter anderer Zeiten, Orte und Völker besitzen. Für diese Heiden sind die Götter nicht sosehr individuelle Wesenheiten, sondern Aspekte einer göttlichen Kraft, die »allesdurchdringend, allmächtig, unveränderlich und ewig«[25] ist. »Alle Götter sind ein Gott und alle Göttinnen sind eine Göttin, und es gibt einen Initiator«[26] Das Wassermannzeitalter tendiert zur Synthese und zum Synkretismus – einem Zusammenführen entgegengesetzter Ideen und Gottheiten, um ihre zugrundeliegende Einheit zu erkennen:

> Der Tempel der Isis ist aus schwarzem Marmor erbaut
> Und mit Silber geschmückt.
> Sie selbst sitzt verschleiert in seinem Innersten.
> Sie ist alle Göttinnen, die die Herzen der Menschen verehrt haben,
> Denn diese sind nicht viele,
> Sondern eines in vielen Formen.[27]

Viele Heiden betrachten die Götter als Bilder, die eine grundlegende Wirklichkeit repräsentieren. Nicht die Bilder sind wichtig, sondern das Göttliche, für das sie stehen. Eine Veröffentlichung der nordischen Tradition erklärt:

> Ein Gott oder viele Götter, das spielt keine Rolle. Unsere wahren Götter werden von Völkern auf der ganzen Erde verehrt, die ihre eigenen Mythologien besitzen und ihre Verehrung an die lokalen Kulturen und Bedingungen anpassen.[28]

Ähnlich schrieb Mona McGregor Mathers im Vorwort zur 1926 erschienenen Ausgabe von S. L. McGregor Mathers Klassiker *The Qabalah Unveiled*:

> ... den Unterschied zwischen Monotheismus, Polytheismus und Pantheismus ... gibt es für den Eingeweihten kaum. Wahrhaftig, es gibt wenig Unterschied zwischen einem einzelnen Gott und einer Harmonie höchster Kräfte.[29]

Diese Sichtweise findet sich auch in anderen zeitgenössischen heidnischen Traditionen, wie etwa der traditionellen afrikanischen Religion. In *West*

African Traditional Religion [30] erklären J. Omosade Awolalu und P. Adelumo Dopamu, daß die afrikanische Religion nicht polytheistisch ist. Die verschiedenen Götter besitzen keine absolute Existenz, sondern leiten sich von einem göttlichen Wesen ab – dem verborgenen Gott, der doch immer offenbar ist: »Er, der sowohl das Innere als auch das Äußere des Menschen sieht, der Kenner der Herzen«. Er ist transzendent, aber zugleich auch immanent: »immer und überall anwesend, immer handelnd und aktiv«.

Wenn die Götter viele Aspekte einer grundlegenden Wirklichkeit sind, warum übernehmen die Heiden dann nicht den Monotheismus und verehren einen einzigen Gott? Für Heiden ist es ein Fehler, die Götter, die die Menschheit über Jahrtausende unterstützt haben, zurückzuweisen. Die Formen oder Archetypen, in denen wir die universelle göttliche Kraft verehren, sind Wege und Kanäle, über die der begrenzte menschliche Geist das Unendliche wahrnehmen und mit ihm kommunizieren kann. Die Götter können als Inkarnationen, Avatare oder Persönlichkeiten gedacht werden, durch die sich das Göttliche manifestiert, um uns zu helfen es zu verstehen und mit ihm zu kommunizieren. Diese Bilder sind eine gemeinsame Schöpfung der Gottheit und des Verehrenden. Unser menschlicher Geist, der in Worten und Bildern denkt, erhält die abstrakte Botschaft des Göttlichen und übersetzt sie in Bilder und Symbole, die unserem Wissen und unserer Erfahrung der Welt um uns entsprechen. Sie sind Manifestationen der zugrundeliegenden spirituellen Kraft, die sie hervorbringt – der große Geist, der alles durchdringt. Die Archetypen der Götter sind Mysterien, die Ebenen der Bedeutung und des Staunens eröffnen, die zu verstehen und zu entwirren uns viele Lebenszeiten kosten kann. In ihrem Mysterium liegt ihre Kraft begründet. Ein Hindu schreibt:

> Je verwirrender die Archetypen sind, desto näher sind wir dem Unbekannten, denn dies sagt uns etwas Wichtiges: Höre auf zu wissen.[31]

Die Archetypen sind uns dienlich, weil die wahre Wirklichkeit jenseits des Verständnisses des menschlichen Geistes liegt. Die esoterische Lehrerin Dion Fortune erklärte:

> Weil wir in der Welt der Form gefangen sind ...
> Können wir das Formlose nur soweit verstehen,
> Wie der Geist, der an Form gewöhnt ist, es sich vorstellen kann.
> Aber wir, die wir Frauen und Männer sind
> und die wir Gott kennenlernen wollen,
> wie er sich in der Natur manifestiert,

sehen das strahlende Antlitz der Ewigkeit
in den schönen Gestalten der Götter.
Auf diese Weise lernen wir mehr und können wir mehr bewirken,
als würden wir nach abstrakten und flüchtigen Essenzen streben.[32]

Die Idee, daß die Gestalten der Götter menschliche Abbilder der Wirklichkeit sind, und nicht die Wirklichkeit selbst, kann auf Menschen von großer Spiritualität oft bedrohlich wirken, da sie fürchten, daß die Religion auf einfache Psychologie reduziert werden könnte. Wie jeder weiß, der schon einmal mächtigen archetypischen Kräften gegenübergestanden hat, können die Götter jedoch nicht behandelt werden, als wären sie nicht wirklich. Wenn wir einmal von diesen Kräften ergriffen worden sind, wenn wir sie einmal erweckt haben und sie Interesse an uns gefunden haben, dann sind wir tatsächlich der Gnade von mysteriösen und unbeschreiblichen Wesen ausgeliefert, die viel stärker sind als wir selbst.

Die Archetypen der Götter entspringen jenem Gefäß von Bildern, das das kollektive Unbewußte der Menschheit ist. Sie sind überaus mächtig, aber nicht allmächtig. Viele unserer heidnischen Vorfahren glaubten, daß sie sterben würden, wenn sie die Götter nicht verehrten. Die traditionelle Hexenkunst lehrt: »Die Götter sind nicht allmächtig, Sie wünschen dem Menschen Gutes, aber um ihm zu helfen, brauchen sie seine Hilfe.«[33] Wie viele religiöse Aussagen hat dies mehrere Ebenen der Bedeutung. Eine davon ist, daß, wenn wir uns nicht für die Götter offen halten, wenn wir ihre Verehrung vernachlässigen oder sie vergessen, die Kanäle der Kommunikation zwischen uns und ihnen versiegen. Das heißt nicht, daß die Götter gestorben sind, aber unser Weg zu ihnen mag vergessen sein. Eine heidnische Anrufung des Gehörnten Gottes enthält die Bitte:

Schäfer der Ziegen, auf dem Weg des wilden Hügels,
Führe deine verlorene Herde aus der Dunkelheit zum Tag.
Vergessen sind die Wege von Schlaf und Nacht
Die Menschen, deren Augen das Licht verloren haben,
Suchen nach ihnen.
Öffne das Tor, das Tor das keinen Schlüssel hat,
Das Tor der Träume, durch das die Menschen zu dir kommen.[34]

Wir sind in Gefahr die Landkarten des Kosmos zu verlieren, die uns die Mythen unserer Vorfahren offenbart haben, so daß wir hinwegdriften, ziellos auf den sternenübersäten Meeren des Universums dahintreiben, als Waisenkinder der Götter.

Monotheistische Religionen waren die natürliche Folge einer wachsenden Rationalität in der menschlichen Psyche, obwohl sie selbst auf bestimmten irrationalen Voraussetzungen beruhen. Sie haben über Jahrhunderte ihrer Existenz Glaubensvorstellungen geschaffen, die weit von den Quellen der Inspiration, aus der ihre ursprünglichen Offenbarungen geboren wurden, entfernt waren. Sie verlangten von den Menschen, an das Irrationale zu glauben – das, was ihrer eigenen Erfahrung nach falsch war. Mythen und Allegorien wurden in den Rang von objektiven Tatsachen erhoben. Das moderne Heidentum hat sie neu bewertet, so wie es frühere religiöse Bewegungen getan haben, um die veralteten Gebäude niederzureißen und durch eine neue Sicht der ursprünglichen Quelle zu ersetzen. Die meisten Heiden nähern sich ihrem spirituellen Weg nicht auf intellektuelle Weise, sondern entwickeln ein intuitives, spirituelles Verständnis und eine Beziehung zu ihren Göttern, während sie es den Theologen und Philosophen überlassen, sich darüber zu streiten, wie viele Engel auf einer Stecknadelspitze Platz finden können. Um es anders auszudrücken:

> Alle Archetypen haben ihren Ursprung in derselben Quelle. Die Quelle ist wichtig... Gehe in die Quelle ein und werde sie.[35]

1. C. G. Jung, *Die Archetypen und das kollektive Unbewußte*, in: *Gesammelte Werke*, Bd. 9/1, *S. 36, § 56.*
2. Zitiert in J. M. Spiegelman and A. U. Vasavada, *Hinduism and Jungian Psychology*, S. 38.
3. The Odinist Committee, *This is Odinism: Guidelines for Survival*, S. 5.
4. Elsa-Brita Tichtenell, *The Masks of Odin: Wisdom of the Ancient Norse*, S. 4.
5. The Odinist Committee, *This is Odinism: Guidelines for Survival*, S. 5.
6. Elsa-Brita Tichtenell, *The Masks of Odin: Wisdom of the Ancient Norse*, S. 18.
7. J. O. Awolalu, »Sin and its Removal in African Traditional Religion« in: *Journal of the American Academy of Religion*, S. 275, 44(2), 1976.
8. Frei nach Dion Fortune, *The Sea Priestess*, S. 91.
9. William Bloom, wie zitiert in Michael Perry, *Gods Within: A Critical Guide to the New Age*, S. 21.
10. Michael Perry, *Gods Within: A Critical Guide to the New Age*, S. 68.
11. Aus dem Buch der Schatten, zitiert in Vivianne Crowley, *Wicca: Die Alte Religion im Neuen Zeitalter* (Edition Ananael 1993), S. 165.
12. The Odinist Committee, *This is Odinism: Guidelines for Survival*, S. 5.
13. Dion Fortune, *The Sea Priestess*, S. 173.
14. Aus dem Buch der Schatten, zitiert in Vivianne Crowley, *Wicca: Die Alte Religion im Neuen Zeitalter* (Edition Ananael 1993), S. 165.
15. Eknath Easwaran (Übers.), *The Upanishads*, »Chandogya Upanishad«, Kap. 6, Verse 13.1-13.3, S. 186 f.

16. Dion Fortune, *The Sea Priestess*, S. 124.
17. Arwind Vasavada in: J. M. Spiegelman and A. U. Vasavada, *Hinduism and Jungian Psychology*, S. 163.
18. Margaret Stutley, *Hinduism: The Eternal Law*, S. 11.
19. Michael Perry, *Gods Within: A Critical, Guide to the New Age*, S. 79.
20. Marian Green, *The Path Through the Labyrinth: The Quest for Initiation into the Western Mystery Tradition*, S. 165.
21. Michael Perry, *Gods Within: A Critical, Guide to the New Age*, S. 78.
22. Lynn V. Andrews, *Medicine Woman*, S. 96.
23. Fred Hoyle, *Of Men and Galaxies*, S. 65.
24. Michael Perry, *Gods Within: A Critical, Guide to the New Age*, S. 23.
25. Louis Bourne, *A Witch Amongst Us*, S. 205.
26. Dion Fortune, *The Sea Priestess*, S. 129.
27. Dion Fortune, *The Sea Priestess*, S. 121.
28. The Odinist Committee, *This is Odinism: Guidelines for Survival*, S. 5.
29. S. L. McGregor Mathers, *The Qabalah Unveiled*, S. x.
30. J. Osmosade Awolalu and P. Adelumo Dopamu, *West African Traditional Religion*, S. 12-33.
31. J. M. Spiegelman and A. U. Vasavada, *Hinduism and Jungian Psychology*, S. 21.
32. Dion Fortune, *The Sea Priestess*, S. 91.
33. Aus dem Buch der Schatten.
34. Aus einer Anrufung des Pan in Dion Fortune, *Moon Magic*, S. 176.
35. J. M. Spiegelman and A. U. Vasavada, *Hinduism and Jungian Psychology*, S. 21.

2

Die Wiederkehr der Heiden

In tiefen Höhlen schlafen die Alten Götter,
Doch die Bäume kennen noch ihren Herren,
Und es ist die Flöte des Pan,
Die das alte Lied erklingen läßt,
Im Zwielicht in den Wäldern.
Die Blätter tanzen zur Melodie des Ziegengottes
Und flüstern seinen Namen in den Wind.
Die Eiche träumt von einem Gott mit Hörnern,
Und weiß von keinem anderen König.[1]

Das Heidentum ist die Alte Religion. Es ist aber auch die älteste Religion. Seine Wurzeln liegen in den Anfängen der menschlichen Rasse. Wie können wir die Gedankengänge unserer paläolithischen Vorfahren verstehen? Können wir wissen, wie sie sich die spirituellen Kräfte, die dem Universum innewohnen, vorstellten? Auch wenn wir dies nie genau wissen werden, haben sie uns doch Hinweise auf ihr Gedankengut hinterlassen: Malereien und kunstvolle Zeichnungen von wilden Tieren, Figuren von fruchtbaren, schwangeren Frauen, und manchmal auch Bilder von Menschen und Gestalten, die an moderne Schamanen erinnern – Männer in Tierhäuten mit gehörntem Kopfschmuck. Unsere frühen Vorfahren waren sich der Kräfte, die die Natur bewegen, bewußt und wollten mit ihnen in Kontakt treten und sie beschwichtigen. Sie verehrten die Götter, die ihr Leben am meisten beeinflußten – die Götter der Jagd und der Felder. Als die Gesellschaft anspruchsvoller wurde, stellten sie sich komplexere Göttergesellschaften vor. Herrschergötter wurden von Göttern des Krieges, Göttern der Liebe, Göttern der Landwirtschaft und all den vielen Aspekten menschlichen und natürlichen Lebens unterschieden.

Wir wissen viel über diese komplexen Göttergesellschaften. Die Götter Ägyptens, Babylons, Griechenlands und Roms sind uns durch die Denkmäler, die uns ihre Verehrer hinterlassen haben – ihre Statuen, Bilder, Tempel, Mythen und Gebete – gut bekannt. Wir wissen, daß das religiöse Denken eine komplexe Evolution durchgemacht hat. Zuerst stellten sich die Menschen die verschiedenen Gestalten der Götter als eigenständige Wesenheiten vor. Dann, als den Menschen die Göttergesellschaften anderer Gemeinschaften bewußt wurden, begannen sie, die verschiedenen Götter als Ausdruck einer vielseitigen und komplexen spirituellen Kraft anzusehen. Die Stoiker und Neuplatoniker des klassischen Griechenland und heidnische Denker anderer Länder erkannten, daß die Mythen, die von ihren Vorfahren überliefert worden waren, nicht nur seltsame Geschichten aus ferner Zeit waren, sondern auch Allegorien, die die Natur des Lebens und der sterblichen Welt erklärten. In Europa konnte das griechische und römische Heidentum am besten überleben, da es geschriebene Aufzeichnungen seiner Glaubensvorstellungen und seiner Mythologie gab. Außer dem mediterranen Heidentum haben vor allem die Glaubensvorstellungen unserer nord- und westeuropäischen Vorfahren das heidnische Wiedererwachen beeinflußt.

Die heidnischen Glaubenssysteme gingen in der aufsteigenden Flut des Monotheismus, die im ersten Jahrtausend des Fischezeitalters aus dem Nahen und Mittleren Osten über Europa hereinbrach, verloren. Der Monotheismus erreichte einige Teile Europas früher als andere. Die skandinavischen Länder – Schweden, Dänemark, Norwegen und Island – sind zwischen 900 und 1100 n. Chr. christianisiert worden; die baltischen Staaten sogar noch später. Litauen z.B. wurde erst im 14. Jahrhundert christlich. In den baltischen Staaten bestanden die heidnischen Traditionen fort, und heute gibt es dort einige der aktivsten heidnischen Bewegungen Europas.

Heiden akzeptieren und tolerieren normalerweise die religiösen Glaubensvorstellungen anderer, aber sie glauben daß der Monotheismus eine fehlerhafte Sicht der spirituellen Wirklichkeit darstellt, die dazu geführt hat, daß die Menschheit beachtlich leiden mußte. In ihrem Buch *Die Blätter von Yggdrasil* kritisiert die nordische Völva oder Priesterin Freya Aswynn, was sie als »die Misere des Monotheismus« beschreibt, die durch den ägyptischen Pharao Echnaton eingeführt wurde. Echnatons Absichten waren die besten: Er wollte sich einer korrupten priesterlichen Hierarchie entledigen, auf ähnliche Weise wie Martin Luther gegen die Exzesse Roms rebellierte. Freya Aswynn wendet jedoch ein, daß es ein grundlegender Fehler war, daß dieser neue Monotheismus männlich ausgerichtet war. Dies führte zur Verdrängung des weiblichen Prinzips aus der Natur, »der verhängnisvollste Fehler in der Geschichte des menschlichen Denkens«[2]. Es besteht kein Zweifel, daß Echnaton einer ernsthaften religiösen Inspiration folgte, und seine Hymne an die Sonne wurde zu einem Teil der jüdischen Bibel; aber der Monotheismus ist per definitionem intolerant. Wenn es nur einen Gott gibt, dann sind die, die das Göttliche nicht auf dieselbe Weise sehen, die Feinde dieses Gottes. Sie sind böse, müssen bestraft und von ihren irrigen Ansichten abgebracht werden. Die Greuel der Inquisition waren eine logische Folge dieser Doktrin.

Die frühesten Götter waren Stammesgötter. Wenn Stämme und Völker aneinandergerieten, war es auch ein Krieg ihrer Götter. »Mein Gott ist größer als dein Gott«, war der Gedanke. Diese Art des Denkens ist aus vielen Mythen unserer Vorfahren und auch aus jüngeren geschichtlichen Aufzeichnungen ersichtlich. Die missionierenden Religionen wie Christentum und Islam griffen die heiligen Haine und Statuen derer an, die sie bekehren und erobern wollten, um den Leichtgläubigen die Übermacht ihrer eigenen Religion zu beweisen.

»Seht, wir haben eure Idole gestürzt und der Zorn eurer Götter ist nicht auf uns herabgekommen. Unser Gott ist daher mächtiger als eurer. Unser Gott ist der einzige wahre Gott.« Ein weiterer Grund für den Erfolg des Monotheismus war, daß er eine einfache Sicht des Universums anbietet, die über die Komplexität der Wirklichkeit, wie sie in den Mythen der früheren Glaubensformen dargestellt wird, hinweggeht. »Glaube an unseren Gott und all deine Probleme werden gelöst werden«, ist die Botschaft. Die heidnische Welt, der diese Monotheismen gegenüberstanden, enthielt viele große Lehren und mystische Geheimnisse; sie war aber auch eine Welt, in der jeder Baum, jeder Stein und jede andere natürliche Erscheinung von Wesenheiten bewohnt war. Für einige ließ dies die Natur heilig und geweiht erscheinen; für andere ließ es sie bedrohlich und fremdartig erscheinen, da die Menschen ihre inneren Ängste auf diese Wesen projizierten. Viele Geister wurden als hilfreich betrachtet, doch manche wurden auch als unheilstiftende und bösartige Kräfte angesehen, die abgewehrt werden mußten. Das Christentum und der Islam haben viele dieser Ängste weggenommen. Sie taten dies, indem sie die Welt des Geistes von der Welt der Materie trennten. Es gab keine dunklen Kräfte mehr in den Steinen und Bäumen. Es gab keine Vielzahl von Göttern mit unterschiedlichen Prioritäten mehr – ein Minenfeld, in dem es sein kann, daß einem Gott zu huldigen den anderen beleidigen kann. Im Monotheismus gab es Ordnung, Einfachheit und Sicherheit.

Der Monotheismus war zum Teil so erfolgreich, weil er den Leuten im Gegensatz zur Komplexität der Wirklichkeit Einfachheit anbot, aber auch deshalb, weil er tat, was andere Religionen nicht getan hatten – er betrieb eine konsequente Vermarktung des neuen Massenartikels Religion. Als Kaiser Konstantin im Jahre 324 n.Chr. das Christentum zur offiziellen Religion des römischen Reiches erklärte, hatte der neue Glaube ein leistungsstarkes Vertriebssystem für seine Ware gewonnen. Viele neue religiöse Bewegungen hatten sich mit den älteren Religionen auf relativ friedliche Weise geeinigt, nicht aber der Monotheismus. Denn für die intoleranten maskulinen Monotheismen konnte es keine Frage des gleichberechtigten Existierens neben älteren Religionen geben. Sie waren im Recht und alle anderen Interpretationen des Göttlichen waren falsch. Diese Einstellung war nicht kompromißfähig und frühe Christen wie Augustinus von Hippo predigten definitive Ansichten über die heidnischen Religionen: Die Verehrung der heidnischen Götter ist die Verehrung von Teufeln; der dreifaltige Gott der Christen ist der einzig wahre Gott; alle anderen Repräsentationen des Göttlichen, sowohl Göttinnen als auch Götter, sind böse.

Manchen Göttern und Göttinnen war das Schicksal freundlicher gesinnt als anderen. Oft wurden lokale Gottheiten in das neue System als »Heilige« integriert. Es war nicht mehr möglich, Apollo oder Bride zu opfern, aber die Leute konnten den Hl. Apollonius und die Hl. Brigit verehren. Andere Götter wurden in den Rang von Dämonen verwiesen. Die Götter der alten Religion wurden zu den Dämonen der neuen. Die Menschen durften ihre Verehrung nicht mehr unter freiem Himmel und im Wind darbringen, die die Menschen mit den Götter verbinden, sondern unter Dächern, die von Menschenhand geschaffen waren, und in Gebäuden, die durch die staatlich gebilligte Religion kontrolliert wurden.

In den folgenden 1100 Jahren wurde das Christentum allmählich die vorherrschende Religion Europas, während es in seinem ursprünglichen Herkunftsbereich, dem Nahen Osten, durch die Geburtswehen seines jüngeren monotheistischen Bruders, des Islam, an Einfluß verlor. In einigen Gegenden nahmen die Leute freiwillig den neuen Glauben an. In anderen war das nicht der Fall. Der neue Monotheismus setzte ein Beispiel für seinen Nachfolger Islam, die Bekehrung mit dem Schwert voranzutreiben.

In Skandinavien ließ St. Olaf seine Untertanen zwischen Bekehrung und Tod wählen. In Deutschland führte Karl der Große erzwungene Massentaufen von Sachsen durch, indem er sie mit dem Schwert durch Flüsse trieb, die flußaufwärts von seinen Bischöfen geweiht wurden. Natürlich konnte dieses erzwungene Bekenntnis nur oberflächlich gewesen sein. Andere, wie Rotwald, König der Ostsachsen, schlossen einen Kompromiß und behielten zwei Altäre, einen für den neuen Gott und einen für die alten Götter ihrer Vorfahren.

Viele der keltischen und der nordisch-germanischen Lehren sind verlorengegangen, obwohl die jüngsten Versionen der Mythen in christlicher Zeit aufgeschrieben wurden. Wir können jedoch etwas aus den Praktiken erfahren, die das Christentum für nötig befand, in Europa zu verbieten und zu unterdrücken. Die alten religiösen Wege starben nur langsam aus, und die Bischöfe brachten eine Flut von Büchern heraus, die das Heidentum verdammten. Im 7. Jahrhundert verurteilte Erzbischof Theodore von Canterbury alle, die das neue Jahr damit begingen, als Hirsch- oder Stiergott verkleidet den alten Göttern zu opfern und in heidnischen Tempeln zu feiern. Im 8. Jahrhundert verurteilte Erzbischof Egbert von York Opfer für die alten Götter, Hexerei, Wahrsagerei, das Schwören von Eiden bei Quellen, Bäumen oder Steinen und das Sammeln von Kräutern in Begleitung nichtchristlicher Gesänge. Im 10. Jahrhundert folgte König Edgar von England derselben Linie, indem er die Verehrung von Quellen und Menschen, Zauberei und den Verkehr mit Bäumen und Steinen verbot! Anscheinend wurden Bäume und Steine als besonders heidnisch und verdächtig angesehen. Diese Liste von Verboten ist sehr lehrreich. Es ist ersichtlich, daß die heidnischen Traditionen die Verehrung von Menschen beinhalteten, d.h. die Anbetung einer Gottheit, die zum Zwecke des Rituals in einem Priester oder einer Priesterin inkarniert ist, und die Verehrung des Göttlichen, das in der Natur immanent ist, besonders in bedeutungsvollen Objekten wie Quellen, Bäumen und freistehenden Steinen. Selbst die Kirche war gegen die Versuchungen des Heidentums nicht gefeit. Im späten 13. Jahrhundert wurde ein Priester in Inverkeithing, Schottland, vor seinen Bischof gebracht und beschuldigt, daß er seine Gemeinde in einem Fruchtbarkeitstanz um die phallische Statue eines heidnischen Gottes geführt hatte. Die Reaktion des Bischofs fiel eher mild aus, denn der Priester durfte seine Gemeinde behalten.

Obwohl die Kirche den heidnischen Götter argwöhnisch gegenüberstand, lebte die Erinnerung an die Götter des Mittelmeerraums in den klassischen Werken fort, die zunehmends von den gebildeten Menschen studiert wurden. Es waren dies dieselben Werke, die junge Männer zur Zeit des Heidentum studiert hatten, namentlich Plato, Sokrates, Plotin und Plinius. Ironischerweise waren die gebildetsten Menschen des Mittelalters die Kirchenmänner, und Gemälde heidnischer Gottheiten schmückten die Wände der Kardinals- und Papstpaläste. Es war der Schoß der Kirche selbst, in dem heidnisches Gedankengut geschätzt und genährt wurde, so daß es nicht aussterben konnte.

Das Wissen um heidnisches Gedankengut wurde auch durch die Kreuzzüge gefördert. Ironischerweise brachten diese Bemühungen, das Christentum im Osten zu verteidigen, viel östliches und klassisch-heidnisches Gedankengut in den Westen. Viele griechische Texte, die verloren gegangen oder durch die christliche Kirche zerstört worden waren, waren in den Bibliotheken islamischer Gelehrter erhalten geblieben. Dieses Wissen unterwanderte die westlichen Intellektuellen und inspirierte eine Renaissance oder Wiedergeburt der antiken westlichen Kultur. Vom 15. Jahrhundert an regte die Renaissance eine Entwicklung des intellektuellen Denkens an, die dazu führte, daß die Leute die Dogmen der Kirche hinterfragten. Dieser Prozeß wurde durch die Korruption, in dic die Kirche geschlittert war, zusätzlich beschleunigt. Für einige Unzufriedene bestand die Lösung darin, sich einer der aufkeimenden neuen Richtungen des Christentums anzuschließen, und angesichts der Exzesse des Katholizismus wurde Nordeuropa von der Reformation überschwemmt. Für andere, die nach etwas suchten, das das orthodoxe Christentum nicht bieten konnte, gab es andere Wege zu erforschen.

Das Studium magischer und heidnischer Texte war unter den Gelehrten der Renaissance durchaus verbreitet, und heidnische Ideen begannen zu erwachen. Einige dieser Ideen gingen jedoch für das eigene Wohl der Denker zu weit. Je nach der Perspektive, aus der man ihn betrachtet, war Giordano Bruno entweder einer der geistreichsten oder leichtsinnigsten Vertreter der heidnischen Wiedergeburt. Er entwickelte ein religiöses System auf der Grundlage der alten ägyptischen Religion, das, wie er glaubte, die Korruption, der das Christentum verfallen war, überwinden könnte. Mit einer an Irrsinn grenzenden Naivität versuchte Bruno, den Papst von den Vorzügen seiner neuen Ideen zu überzeugen und ihn als Oberhaupt der neuen Religion einzusetzen. Unter Folter widerrief er seine Ketzereien. Doch Giordano Bruno hatte einen widerspenstigen Zug von Starrsinn an sich. Als die Folter überstanden war, widerrief er seine Aussagen erneut, diesmal zugunsten des Heidentums. An der Wende zum 17. Jahrhundert, am 16. Februar 1600, zahlte Giordano Bruno den Preis für seinen Ungestüm und wurde als heidnischer Märtyrer öffentlich verbrannt.

Trotz der Aufmerksamkeit der Inquisition ging der Aufstieg der denkenden Schichten weiter. Die Kirche führte einen aussichtslosen Kampf, um die Entwicklungen des menschlichen Denkens aufzuhalten, die auf der einen Seite zur empirischen Erforschung unserer Umwelt – der modernen Wissenschaft – und auf der anderen Seite zu einem Hinterfragen der Dogmen des Christentums führte. Zur Zeit des 18. und 19. Jahrhunderts fand unter den gebildeten Schichten ein Wiedererwachen des Interesses an heidnischer Religion statt. Bis zum 17. Jahrhundert war Bildung das Vorrecht der Priester, Mönche und Nonnen gewesen. Die Aristokraten waren in den Kriegskünsten ausgebildet und konnten kaum ihre eigenen Namen lesen oder schreiben. Ihre Erben jedoch studierten Latein, Griechisch und Kunstgeschichte. Die heidnischen Göttergesellschaften gingen ins Allgemeinwissen der Gebildeten ein, und solche Studien führten unvermeidlich zu einer Neubewertung der Stellung des Christentums im Schema der Dinge. Dies wurde auch durch den zunehmenden Wohlstand unterstützt. Vom 18. Jahrhundert an bedeutete ein höherer Lebensstandard für die Reichen, daß die jungen Männer ausgedehnte Reisen in den Mittelmeerraum unternehmen konnten, um die Kultur der alten Griechen und Römer zu studieren. Von ihren Reisen brachten sie Statuen der klassischen Götter und Göttinnen mit, um die Gärten ihrer Landhäuser zu schmücken. Englische Winter auf dem Lande müssen für eine durchschnittliche römischen Gottheit ein ziemlicher Schock gewesen sein, und vielleicht ein noch größerer Schock für die ägyptische Göttin Sekhmet, deren antike Statuen im 19. Jahrhundert in den Gärten des englischen Adelssitzes Chatsworth House aufgestellt wurden. Das 19. Jahrhundert brachte auch die Eröffnung der großen Museen mit sich. In den Städten der westlichen Welt konnten die Leute nun selbst die Bilder der antiken Götter der heidnischen Welt betrachten.

Das 18. Jahrhundert erlebte auch ein Wiedererwachen des Interesses am Heidentum unserer nordeuropäischen Vorfahren. So wie sie es nicht schaffte, das heidnische Gedankengut zu unterdrücken, so schaffte es die Kirche auch nicht, die heidnische Landschaft zu zerstören. Obwohl ignorante Puritaner in England Sonntagsausflüge arrangierten, um die alten Steine zu zerschlagen, gab es über ganz Europa verstreut heilige Orte unserer Vorfahren, die auf frühere, verlorengegangene Glaubensformen hinwiesen. Monumente wie Carnac in der Bretagne, Avebury und Stonehenge in England, New Grange in Irland, die Externsteine in Deutschland und die durch Grabhügel und heilige Ruinen bedeckte Landschaft selbst wiesen auf eine Vergangenheit hin, in der unsere Vorfahren an die Heiligkeit von Steinen und Sternen und an die Mysterien der Erde geglaubt hatten. Diese Heiligtümer unter freiem Himmel erweckten ein Gefühl, das von dem in den Kirchen, die sie ersetzten, sehr verschieden war. Hier gab es keine Erhöhung einer Gottheit in menschlicher Gestalt, sondern eine Spiritualität, die von der Heiligkeit der natürlichen Welt sprach. Die Entwicklungen in der geschichtlichen Forschung und Archäologie waren für das Wiedererwachen des Heidentums von großer Bedeutung. Archäologische Entdeckungen und Fortschritte in der historischen Altersbestimmung führten zu den unvermeidlichen Schlußfolgerungen der Evolutionstheorie – nämlich, daß die christliche Version der Geschichte falsch war.

Im England des 18. Jahrhunderts begannen Studien über eines seiner berühmtesten Monumente: Stonehenge. Es gab eine neue Romantik in bezug auf die Vergangenheit Englands, und Zeichnungen von Stonehenge in seinem ursprünglichen Glanz waren in Umlauf. Man nahm an, daß diese berühmten Steine das Werk der Druiden waren, und begann Spekulationen über die Praktiken der Druiden anzustellen. Das Druidentum erweckte nicht nur in Wales Interesse, wo es Teil der Renaissance der walisischen Kultur war, sondern auch in England. Diese Druiden sahen sich nicht als Abtrünnige des Christentums, sondern glaubten, in den Arbeiten ihrer heidnischen Vorfahren Weisheit zu finden, und begannen die keltischen Mythen und Legenden zu übersetzen. Das wenige, das historisch über die Druiden belegt war, wurde leider durch romantisches Beiwerk des 17. und 18. Jahrhunderts ergänzt. Von den Druiden wurde gelegentlich gesagt, daß sie Stonehenge erbaut und die Universität von Cambridge gegründet hätten sowie daß sie chaldäische Magier gewesen seien. Obwohl sie sehr zweifelhaft sind, stehen diese romantisierenden Visionen für eine Sehnsucht nach echter heidnischer Spiritualität. Frauen spielten in diesem Wiedererwachen eine wichtige Rolle. Lady Charlotte Guest stellte als erste eine englische Übersetzung der walisisch- keltischen Mythen zusammen, die als *Mabinogion* bekannt sind. In Schottland begann Alexander Carmichael seine Sammlung schottisch-gälischer Folklore, die zur Jahrhundertwende als *Carmina Gaedelica* veröffentlicht wurde. Im Irland des 19. Jahrhunderts setzte ein ähnliches Wiedererwachen des

Interesses an nationaler Kultur ein. Dies geschah nicht nur unter jenen, die die irische Sprache beherrschten. Bekannte anglo-irische Familien, wie die W. B. Yeats' und Oscar Wildes waren führende Vertreter dieser Bewegung. Lady Wilde, Oscars extravagante irisch-nationalistische Mutter, stellte die Sammlung *Ancient Legends, Mystic Charms and Superstitions of Ireland* zusammen. Folklorebewegungen in anderen Teilen Europas – wie Skandinavien, Deutschland, den baltischen Ländern und dem Balkan, der unter dem Einfluß des österreichisch-ungarischen und des ottomanischen Reiches stand – begannen alte Mythen, Lehren und Überlieferungen, die der Überrest der heidnischen Religionen waren, zu sammeln und wiederzubeleben. Die gebildeten Kreise, die vorher damit zufrieden waren, sich in den internationalen Sprachen Englisch, Französisch, Deutsch oder Schwedisch zu unterhalten, begannen ihre ursprünglichen Sprachen zu erlernen und beeilten sich, ihre Mythen und Lehren aufzuschreiben, bevor sie die Veränderungen der europäischen Gesellschaft für immer hinwegfegen konnten. In der Mitte des 19. Jahrhunderts arbeitete in Amerika Thomas Bullfinch – kein Gelehrter, sondern ein Buchhalter in einer Bostoner Bank – nach seinem langen Arbeitstag im Büro an dem Versuch, einen der verständlichsten Überblicke über die Mythologie dieser Zeit – *Bullfinch's Mythologie* [5] – zusammenzustellen, der Tausende von Amerikanern mit dem kulturellen Erbe ihrer europäischen Vorfahren bekannt machte und der heute noch faszinierend zu lesen ist.

Die europäische Gesellschaft begegnete einer neuen Herausforderung, als die Kolonisation Europäer, im besonderen Engländer, nach Osten brachte. In Indien entdeckten die Europäer die reiche Kultur des Hinduismus, die inhaltsschwere Philosophie und das Verständnis der Psyche, die dort entwickelt worden waren und die durch die Lehren des Yoga und Tantra in den indischen Königreichen blühten. Die Begegnung von Ost und West brachte europäische Institutionen und Kultur nach Indien, doch war dies kein einseitiger Austausch. Viele Europäer wurden durch hinduistisches und buddhistisches Gedankengut beeinflußt und übernahmen durch die Theosophie und andere esoterische Systeme östliche Ideen in die westliche Kultur. In der zweiten Hälfte des 19. Jahrhunderts gründete Helena Petrowna Blavatsky eine einflußreiche Organisation, die Theosophische Gesellschaft. Die Theosophie verband buddhistisches und hinduistisches Gedankengut mit (meist neuplatonischen) Ideen aus dem klassischen Heidentum, um daraus eine eklektische spirituelle Synthese zu bilden, die die Ideen der Wiedergeburt und des Karma beinhaltete.

Das heutige europäisches Heidentum besitzt viele Ähnlichkeiten mit dem Hinduismus, der größten heidnischen Religion des Ostens. Dies resultiert zum Teil aus dem direkten Einfluß, den der Hinduismus auf die Entwicklung des modernen westlichen Denkens ausgeübt hat, und zum Teil aus zugrundeliegenden Gemeinsamkeiten, die unabhängig voneinander in diesen beiden Zweigen indoeuropäischer Kultur existieren. Denn obwohl der Hinduismus eine östliche Religion ist, kamen seine Schöpfer aus derselben indoeuropäischen Sprachgruppe wie die Germanen und Kelten. Die Göttergesellschaften und Mythen enthalten viele sich überschneidende Geschichten und Themen. Es gibt jedoch auch grundlegende Unterschiede zum westlichen Denken. Der westliche Geist ist extrovertierter als der östliche. Angesichts der extremen Schwierigkeiten, denen die Inder in ihrer materiellen Existenz ausgesetzt sind, ergibt es durchaus Sinn, eine introvertierte Art des Denkens zu entwickeln, die die Materie als Maya, Illusion, verneint und sich nach innen wendet, um in eine spirituelle Realität einzugehen. Das westliche Heidentum sucht ebenfalls die spirituelle Wirklichkeit, doch hat es nicht die Absicht, die natürliche Welt zu verlassen, sondern diese mit Spiritualität zu durchdringen – das Göttliche in der Materie zu manifestieren anstatt die materielle Existenz zu verleugnen.

Das moderne Wiedererwachen des Heidentums

In den letzten Jahren hat das Heidentum in der westlichen Welt eine gewaltige Wiederbelebung erfahren. Dies war Teil einer spirituellen Bewegung, die religiöse und spirituelle Antworten außerhalb und jenseits der etablierten Religionen zu finden versuchte. Einer der wichtigsten Anstöße dazu war das Bedürfnis nach einer göttinorientierten Religion. Seit dem 19. Jahrhundert haben viele spirituelle Denker darauf hingewiesen, daß die Gesellschaft an einer Überbewertung des Männlichen auf Kosten des Weiblichen leidet. Sie sahen dieses Ungleichgewicht durch das monotheistische, männlich orientierte Denken unterstützt, das die Weltsicht der westlichen Gesellschaft verzerrte. Vom späten 18. Jahrhundert an bewirkte die rasch voranschreitende Industrialisierung und die Vergewaltigung der natürlichen Landschaft Europas und seiner Bodenschätze, daß viele Leute empfanden, die Zeit sei aus der Kontrolle geraten und der gesunde Menschenverstand dem materiellen Fortschritt geopfert worden, der möglicherweise katastrophale Folgen hatte. Diese Gefühl verstärkte sich nach den Schrecken des Ersten Weltkrieges. Es gab die Sehnsucht, zur Verehrung der Natur zurückzukehren, die in den 30er Jahren durch eine wachsende Anhängerschaft der Naturistenbewegung, die Gründung von Wandervereinen und die Verbreitung von Pfadfinder- und Führerorganisationen offensichtlich wurde. All diese Gruppen brachten die Leute aus ihren schmutzigen Städten und trostlosen Vororten auf das Land, um mit der Natur in Kontakt zu treten und die Fertigkeiten der Holzarbeit und des Lebens im Freien zu erlernen, die für unsere Vorfahren selbstverständlich waren.

Die Rückkehr zur Natur führte unter vielen spirituellen Menschen zum Wunsch nach einer Religion, die sich mehr an der Natur orientierte. Eine ihrer Blüten war die göttinorientierte Religion der Hexenkunst oder des Wicca, die in den Überresten der traditionellen dörflichen Weisenkunst mit ihrer Betonung des Weiblichen eine Grundlage sah, auf der die höherentwickelten Blüten des heidnischen Denkens aufbauten, die im Studium des antiken Ägypten, Griechenland, Rom, der keltischen und nordischen Traditionen und der Weisheit des Ostens ihren Ursprung hatten. Die Folge daraus war Wicca, ein religiöses System, das auf der Initiation in eine Mysterientradition beruhte, die draußen im Freien, oft nackt oder naturistischer Kleidung, Rituale auf der Grundlage des Jahresrades durchführte und der weiblichen Seite des Göttlichen – der Göttin – die höchste Verehrung entgegenbrachte.

Das Druidentum und andere göttinorientierte Traditionen erfuhren ebenfalls eine Wiederbelebung. Die Spiritualität des Heidentums wurde durch Schriftsteller wie Dion Fortune, deren Romane die Religion der Großen Göttin und des Gehörnten Gottes beschreiben, an eine breite Öffentlichkeit gebracht. In der Zeit vor dem Zweiten Weltkrieg wuchs jedoch auch eine weniger wünschenswerte Form des Heidentums heran. In der deutschsprachigen Welt sahen die Nazis die Gelegenheit, ihre politischen Ideen durch religiöse Inhalte zu untermauern. Die »Zurück-zur-Natur«-Bewegung wurde in einen Kult der physischen Vollkommenheit verkehrt, und das Interesse deutscher Gelehrter an der nationalen Kultur und seiner traditionellen Religion wurde eingesetzt, um einem aggressiven Kriegerkult Berechtigung zu verleihen, der antike heidnische Symbole als Aushängeschild benutzte. Dieser Schatten der Nazis hat bis vor kurzem die Entwicklung eines wahren Verständnisses der nordisch-germanischen Götter und der Weisheit der Eddas blockiert.

Trotz dieses Rückschritts erlebte die Nachkriegszeit einen substantiellen Zuwachs des Heidentums. Es entstand ein Klima, in dem die Leute Autorität und einseitige politische und religiöse Systeme zu hinterfragen begannen. Der Westen sah seine Zukunft in Pluralität und Toleranz zwischen Rassen und Religionen. Einwanderer aus anderen Teilen der Welt veränderten das Gesicht der europäischen Gesellschaft bleibend. Die Isolation der weißen Rasse war vorüber. Andere Völker brachten ihre Religionen und Götter nach Europa. Europäische Städte waren nicht mehr ausschließlich das Reich der christlichen Kirchen. Moscheen und hinduistische Tempel schmückten nun die Straßen der Stadt. In diesem Klima änderte sich unweigerlich der Glaube, daß es nur eine Religion und eine Art Gott zu sehen gäbe. Die christlichen Kirchen selbst mußten sich anpassen. Da sie sich der rassistischen Schrecken bewußt waren, die die europäische Ethnozentrik freisetzen konnte, waren sie bemüht, die religiösen Ausdrucksformen der immigrierenden Rassen zu integrieren. Europa hatte jetzt eine multirassische und facettenreiche Gesellschaft. Jene, die in der Nachkriegszeit aufwuchsen, wurden in einem anderen religiösen Klima erzogen als ihre Eltern und Großeltern. Vergleichende Religionswissenschaft wurde an den Schulen gelehrt, und die Leute wurden sich zunehmends bewußt, daß die Zugehörigkeit zu einer Religion genauso eine Sache der Herkunft und des elterlichen Einflusses wie der göttlichen Inspiration ist. In einem Klima, in dem junge Leute lernten, die Weisheit ihrer Eltern zu hinterfragen, begannen viele ihre eigenen Formen religiösen Ausdrucks zu suchen.

Viele derer, die das Heidentum als ihren spirituellen Pfad gewählt haben, haben auch die östlichen Religionen und Kulte erkundet. In den 60er und 70er Jahren fand durch den modischen Einfluß von Popgruppen wie den Beatles, die Gurus besuchten, eine Hinwendung zur östlichen Mystik statt. Westliche Jugendliche unternahmen nicht mehr große Reisen in den Mittelmeerraum, sondern fuhren nach Indien, um zu Füßen des Maharishi Ji, des Maharishi Mahesh Yogi und des Bhagwan Shree Rajneesh zu sitzen. Europäische Städte füllten sich mit braungebrannten Jugendlichen, die, gerade aus Indien zurückgekehrt, orange Kleidung und als Anhänger das Porträt des Gurus um ihren Hals trugen. Die Mode des Guruismus war jedoch kurzlebig. Der westliche Geist ist nicht wirklich auf Gurus ausgerichtet, die Popkultur entwickelte sich weiter und, was wichtiger ist, es gab eine wachsende Desillusionierung über die Gurus, als den Leuten bewußt wurde, daß ihre Lehrer wie alle Menschen Füße aus Lehm hatten.

Die Lehren des westlichen Heidentums wurden nun ebenfalls leichter zugänglich. Das westliche Heidentum war zurückgeblieben, weil es im Gegensatz zum östlichen Heidentum weniger gut dokumentiert war. Als mehr Bücher veröffentlicht und heidnische Ideen bekannter wurden, begannen sich die Leute auf der Suche nach ihrer spirituellen Inspiration nach Westen zu wenden. Die Frauenbewegung hatte einen starken Einfluß auf die religiösen Glaubensvorstellungen von Frauen und Männern. Der Feminismus gab der Verehrung der Göttin neuen Auftrieb und viele Leute wandten sich als Reaktion auf das Patriarchat und im Verlangen nach einer Religion, die den weiblichen Idealen stärkeren Ausdruck verlieh, der göttinorientierten Spiritualität zu. Einige dieser Frauen bezeichneten sich als Hexe, was sie als Machtwort für Frauen und als Weg, latente weibliche Energie zu manifestieren, ansahen. Andere sahen sich selbst einfach als Verehrer der Göttin. Parallel dazu erwachten während der 60er, 70er und 80er Jahre auch andere heidnische Pfade, besonders die der keltischen und nordisch-germanischen Traditionen. Schriftsteller wie Caitlin und John Matthews, Elsa-Brita Titchenell, Freya Aswynn, Marian Green und Bob Stewart haben die keltische und nordisch-germanische Spiritualität bekannt gemacht, die zuvor nur Gelehrten und Mitgliedern spezieller historischer, mythologischer und spiritueller Gruppen zugänglich waren. In ganz Europa und Nordamerika trafen sich Menschen, um die Rituale des wiedererwachten Druidentums zu zelebrieren. Als die Angst vor den Nazis zurückging, gab es auch ein wachsendes Interesse an der Runenweisheit und den Lehren der nordisch-germanischen Tradition. Sowohl große Organisationen wie auch kleinere eklektische Gruppen wurden gegründet, um die Weisheit unserer Vorfahren zu erkunden und jahreszeitliche Rituale zu feiern. Ähnliche Organisationen wurden auch im sowjetbeherrschten Europa gegründet, die sich oft im Geheimen trafen und manchmal wegen ihrer Versuche, den alten Glauben wiederzubeleben, verfolgt und inhaftiert wurden. Das Heidentum trat aus der Vergangenheit hervor.

Heidentum im Neuen Zeitalter

Heiden verehren die Gottheiten der Vergangenheit, aber wir leben nicht in der Vergangenheit. Wir leben in der Gegenwart und unsere Religion muß unsere gegenwärtigen Bedürfnisse und die der Zukunft befriedigen – eine Zukunft, die viele das »Neue Zeitalter« (*New Age*) nennen. Dieses

Neue Zeitalter bezieht sich auf unseren Eintritt in einen neuen Monat des kosmischen Jahres. Einmal in rund 2000 Jahren scheint sich die Position der Tierkreiszeichen in Relation zur Erde zu verändern. Das heißt, daß das Zeichen, das zur Frühlingstagundnachtgleiche bei Sonnenaufgang am östlichen Horizont erscheint, nicht mehr der Widder ist, so wie es war, als unsere Vorfahren ihre ersten astrologischen Berechnungen anstellten. Die Tierkreiszeichen scheinen gegen den Uhrzeigersinn um die Erde zu wandern, und das Zeichen, das zur Frühlingstagundnachtgleiche bei Sonnenaufgang am Horizont erscheint, ist jetzt der Wassermann.

Viele Heiden sind mit dem Begriff New Age sehr vorsichtig, da sie die New-Age-Anhänger als exzentrische, weißlichtige Leute in türkisen Jogginganzügen sehen, die Kristalle schwingen und die die Ankunft eines neuen Messias verkünden, der all unsere Probleme lösen wird. Dies ist die veröffentlichte, schlechte Seite des New Age, doch steht die Spiritualität des Neuen Zeitalters für eine wesentlich tiefere und bezeichnendere Transformation als diese trivialen Manifestationen. Das Zeitalter, in das wir jetzt eintreten, das Zeitalter des Wassermanns, ist ein Zeitalter, das der Psychologe Carl Jung als Wendepunkt in der Entwicklung des Bewußtseins ansah. Alle Wechsel eines Zeitalters sind wichtig, aber der Wechsel zum Zeitalter des Wassermanns könnte doppelt so wichtig sein. Wassermann ist eines der wenigen Sternzeichen, das durch eine menschliche Gestalt symbolisiert wird – den Wasserträger. Es ist das Zeichen der Menschheit und auch der intellektuellen Herausforderung. Mit jedem Wechsel eines Zeitalters werden alte Ideen verworfen, doch unter dem Zeichen des Wassermann wird dies noch viel schneller und in einem höheren Maße geschehen. Carl Jung schrieb 1956:

> Wir leben im Kairos für den »Gestaltwandel der Götter«, das heißt der grundlegenden Prinzipien und Symbole. Dieses Anliegen unserer Zeit, welches wir wahrhaftig nicht selber bewußt gewählt haben, bildet den Ausdruck des sich wandelnden inneren und unbewußten Menschen. Von dieser folgenschweren Veränderung werden sich die kommenden Generationen Rechenschaft geben müssen, wenn die Menschheit sich vor der drohenden Selbstzerstörung durch die Macht ihrer Technik und Wissenschaft retten will.[6]

Der Wassermann hat einen neuen Äon hereingerufen und die Zeichen seines Einflusses sind überall sichtbar. Als wir uns Anfang des 19. Jahrhunderts auf den Wassermann zubewegten, erlebten wir den Aufstieg der

Wissenschaft und die Überwindung eines Weltbildes, das auf religiösem Wunschdenken beruhte und durch das Weltbild Darwins ersetzt wurde. Ein Wechsel des Zeitalters bringt auch eine Änderung der Archetypen, die unser kollektives Unbewußtes – den universellen Geist der Menschheit – beherrschen, mit sich. Auf der Smaragdtafel des Hermes Trismegistos standen die Worte »Wie oben, so unten, aber auf andere Weise« geschrieben. Wenn die Himmel sich zum Wassermann hinwenden, tut dies auch unsere Psyche und die Gesellschaft, die wir schaffen. Die Fische werden vom Herzen regiert, der Wassermann vom Kehlkopf-Chakra, der Quelle der inneren Inspiration und der inneren Stimme. Der Wassermann ist dem Element Luft zugeordnet, dem Element der Sprache; aber in sich trägt er das Element Wasser. Hier bedeutet das Wasser Wissen. Es ist ein Wissen, das in der Menschheit gefunden werden wird. Die Botschaft des Wassermanns ist, daß das Wissen, das wir suchen, tief in den Wassern unseres unbewußten Geistes verborgen liegt. Der herrschende Archetypus des Neuen Zeitalters ist jener des gekrönten und triumphierenden Sonnenkindes. In der Sprache des Unbewußten sind das Kind und die Sonne Symbole für das göttliche Selbst, unbefleckt von den Mängeln der Persönlichkeit. Das spirituelle Ideal des Wassermanns wird nicht ein äußerer Held, sondern der innere Held sein.

Veränderung bringt Gefahr und Aufruhr mit sich, sowohl in der äußeren Gesellschaft wie auch in uns selbst. Ein Wechsel des Zeitalters ist eine Zeit psychologischer Umwälzung, während der unsere geliebtesten Überzeugungen und Sicherheiten zerstört, neu überdacht und wiederaufgebaut werden müssen. Die Gesellschaft kann in einer solchen Zeit leben oder sterben, erfolgreich sein oder völlig versagen. Damit die Gesellschaft sich erfolgreich in die neue Ära bewegt, sah es Jung als wesentlich an, daß so viele Leute wie möglich mit der Änderung des Denkens und der Philosophie, die vom Übergang zum Wassermann gefordert werden, in Verbindung stehen und in der Lage sein sollten, das herzustellen, was er die »psychische Brücke zwischen Vergangenheit und Zukunft«[7] nannte. Um dies zu erreichen müssen wir die Dinge wiederentdecken, die wir verloren haben – unsere alten Götter und unsere alten Pfade – und wir müssen sie wieder in einem neuen religiösen System in unser Leben integrieren. An diesem Punkt wäre ein Wechsel der Religion zu erwarten. Das Christentum, die Religion des Fischers und der Fische, war der große Durchbruch im Denken des Fischezeitalters. Das Heidentum ist die Religion des Wassermannzeitalters:

> ... das Durchlaufen der Sonne durch den Sternengürtel des Tierkreises bewirkt die größte all dieser Gezeiten... und diese Tierkreisgezeiten... sind die Erleuchtungen des Schicksals. Und heute zieht die Sonne hinüber in den Wassermann ... und die Alten Götter kommen zurück und der Mensch findet Aphrodite und Ares und den großen Zeus in seinem eigenen Herzen: denn dies ist die Offenbarung des Zeitalters.[8]

1. Vivianne Crowley, *Wicca: Die Alte Religion im Neuen Zeitalter,* (Edition Ananael 1993), S. 191.
2. Freya Aswynn, *Die Blätter von Yggdrasil: Runen, Götter, Magie, Nordische Mythologie & Weibliche Mysterien,* (Edition Ananael, 1994²) S. 201.
3. Gantz, Jeffrey (Übers.), *The Mabinogion.*
4. Lady Wilde, *Ancient Legends, Mystic Charms, and Superstitions of Ireland,* S. 100 f.
5. Thomas Bullfinch, *Bullfinch's Mythology,* New York, o.J.
6. C. G. Jung, »Vergangenheit und Zukunft«, in: *Gesammelte Werke*, Bd. 10, *Zivilisation im Übergang,* S. 335, § 585.
7. James Hillmann, »Senex and Puer: An Aspect of the Historical and Psychological Present«, in Hillmann (Hrsg.), *Puer Papers,* S. 4.
8. Dion Fortune, *The Sea Priestess,* S. 92.

Teil II

Heidnische Pfade

3

Der Pfad der Kelten

In Frankreich, Süddeutschland und Österreich gibt es archäologische Spuren jener Völker, die als die Kelten bekannt sind. Ihre Kultur läßt sich bis 1200 v.Chr. zurückverfolgen und wurde wegen der Besonderheit, ihre sterblichen Überreste in Urnen beizusetzen, Urnenfeldkultur genannt. Während der folgenden 600 Jahre breitete sich diese Kultur nach Osten, nach Bulgarien und in die Türkei, nach Süden, in das heutige Spanien und Portugal, und nach Westen, auf die Britischen Inseln, aus. Dic Kelten waren Stammesvölker, die von einem Häuptling regiert wurden, der von den Verwandten des vorherigen Häuptlings gewählt wurde. In der englischsprachigen Welt ist der berühmteste dieser Stämme der Stamm der Iceni, der unter seiner Königin Boudicca einen der letzten gemeinsamen Aufstände gegen die einfallenden Römer führte. Der Aufstand scheiterte, und das keltische England wurde zum Großteil romanisiert. Der römische Einfluß endete jedoch am Hadrians Wall und reichte nicht bis nach Schottland; auch gelang es den Römern nie, Irland einzunehmen. In Südengland jedoch verbanden sich oft römische und keltische Gottheiten, und die Kelten übernahmen auch den Brauch, ihre Götter in Tempeln zu verehren, die von Menschen gebaut waren. Davor waren die heiligen Orte der Kelten die heiligen Haine der Bäume, deren Äste sich zu den Sternen erhoben. In diesen natürlichen Kathedralen führten sie ihre Verehrung aus. Das Wort Druide könnte gut vom Wort *drus*, Eiche, abstammen.

Keltische Religion

Wir wissen nicht, ob es keltische Schöpfungsmythen gab, obwohl es wahrscheinlich ist, daß es solche gab, da die Menschen zu allen Zeiten und an allen Orten versuchten, ihre Herkunft zu erklären. Leider haben keine keltischen Schöpfungsmythen überlebt. Wir besitzen nur flüchtige Kommentare römischer Schriftsteller wie den Strabos, der schrieb, daß die Druiden in Gallien glaubten, daß die menschliche Seele und das Universum unzerstörbar seien, obwohl eines Tages Feuer und Wasser über die Erde kommen würden[1]. Diese Sicht unterscheidet sich nicht sehr von jener, die durch die nordischen Mythen überliefert wurde, auf die ich später näher eingehen werde. Caesar spricht ebenfalls davon, daß die Kelten glaubten, die Seele würde den Körper überleben[2].

Obwohl unsere Informationen begrenzt sind, wissen wir, daß sich die Kelten in Irland das Universum als vier Reiche umfassend vorstellten. Sie wurden durch die vier Schätze Irlands symbolisiert, die von den hohen Göttern, den Tuatha de Danann, dorthin gebracht worden waren. Diese Reiche waren *Finias*, symbolisiert durch den Speer des Sieges, der für das himmlische Reich des Lichtes stand; *Gorias*, symbolisiert durch das Schwert des Lichtes, das das himmlische Reich der Hitze darstellte; *Falias*, symbolisiert durch den heiligen Stein, den *Lia Fail*, der für das Reich der Erde stand; und *Murias*, durch den Kessel des Dagda, den Kessel des Reichtums symbolisiert, der die wässrige Unterwelt repräsentierte. Man dachte, die Erde sei rund und flach, eine Scheibe statt eine Kugel, die auf den Wassern der großen See schwamm. Wasser war in der keltischen Religion wichtig und man schrieb ihm magische und heilende Kräfte zu. Verglichen mit einigen anderen europäischen Rassen der gleichen Zeit hatten die Kelten bemerkenswert fortschrittliche Ideen über körperliche Hygiene – d.h. sie wuschen sich. Die Landschaft der keltischen Welt – besonders in Irland und der Bretagne – ist übersät mit heiligen Quellen, die heute den gleichen Zweck wie in früheren Zeiten erfüllen – den Menschen die heiligen Wasser des Lebens zu spenden.

Quellen wurden als heilig betrachtet, nicht nur weil sie Heilung brachten, sie waren auch Eingänge in die Anderswelt. Man kann die Anderswelt auch von der See aus erreichen:

Wenn alles getan ist,
Wirst du mit mir in Pridwen segeln, mein Schiff?
Wirst du mit mir kommen
Zum silberumringten Schloß
Hinter dem Nordwind,
Wo Frieden zwischen den Sternen ist
Und die Apfelgärten wachsen?[3]

Die Kelten waren über die große Landmasse Mitteleuropas zur Westküste und auf die Britischen Inseln gelangt. Für sie war das Meer ein Graben rund um das Land. In Irland wird die Westküste immer noch der »Rand der westlichen Welt« genannt, und es scheint naheliegend, sich die Anderswelt als direkt hinter dem Horizont liegend vorzustellen. Niemand, der je in dieser ätherischen Landschaft war, wo graue Wellen in Dunst und der Dunst in den Himmel übergehen, kann von dem Gefühl, am Rande von Raum und Zeit zu stehen, unbeeindruckt bleiben. Es scheint ein Grenzland zu sein, wo es sehr leicht ist, aus der Alltagswelt in eine andere Wirklichkeit zu treten.

Das Konzept der Anderswelt, irisch *Tir na n'Og*, war für die keltischen Mythen sehr wichtig. Für die Kelten ist die Anderswelt ein schönes Reich der Wärme, der Natur im Überfluß, ein ewiger Frühsommer, berauschend durch den Duft der Blumen und Blüten, erfüllt vom Klang des Vogelgesangs und plätschernder Bäche. Es ist ein Land, in dem nichts alt wird und in dem es keine Krankheit gibt. In die Anderswelt zu gehen bedeutet in ein Paradies zu gehen – eine hellere und schönere Version der irdischen Welt. Im Gegensatz zur Mythologie anderer Völker betrachten die Kelten das Dasein auf freudige, oft ekstatische Weise. Es gibt kein Böses und kein Konzept der Sünde und Bestrafung. In der keltischen Mythologie gibt es nur ein paar Ungeheuer und Dämonen. Wenn der Geist in die Anderswelt eingeht, besteht kein Zweifel daran, daß er an einen besseren Ort geht. Am Tod gibt es nichts zu fürchten. Es scheint, daß man sich die Anderswelt als Ort dachte, aber auch als Bewußtseinszustand. Viele der keltischen Mythen, die sich auf die Anderswelt beziehen, scheinen einen Rest von schamanischen Ideen über andere Reiche aufzuweisen. Wie in Gesellschaften, in denen der Schamanismus noch ausgeübt wird, dachte man, daß die Seelen der jungen und der kranken Menschen in Gefahr wären, in die Anderswelt zu wandern und nie wiederzukehren. Es ist auch möglich, sich in Wesen der Anderswelt zu verlieben und weggelockt zu werden:

> Oh komm, mein Geliebter,
> Und trink mit mir den Geißblattwein.
> Oh komm, mein Geliebter, und wohne mit mir
> Unter der Geißblattranke.
> Ich werde dich zum König machen, mein Geliebter,
> Und ich will deine Königin sein,
> Wenn du mit mir kommst,
> Um unter den grünen Blättern zu wohnen.[4]

In der keltischen Folklore gibt es viele Geschichten über Leute, die für einige Zeit im Land der Feen lebten. Die schottische Geschichte von Tam Lin ist eine der bekannteren, da sie in den letzten Jahrzehnten durch Folkgruppen bekanntgemacht wurde. Tam Lin, ein weltlicher Ritter, wird von der Feenkönigin gefangen und ihr Gemahl in der Anderswelt. Er scheint in seiner Rolle ziemlich glücklich zu sein, bis er sich dem Ende seiner siebenjährigen Regierungszeit nähert, an dem er geopfert werden soll. Tam Lins Geliebte auf Erden ist Janet, deren Jungfernhäutchen er forderte, als sie unvorsichtig genug war, allein in die Wälder zu gehen. Die unternehmungslustige Janet wird schwanger und rettet Tam Lin vor seinem Schicksal, indem sie ihn vom Pferd zieht, als er mit der Feenkönigin und ihrem Gefolge ausreitet. Die wütende Königin verwandelt Tam Lin in eine Reihe furchterregender Geschöpfe, aber Janet weigert sich, ihn loszulassen. Sie hält ihn fest, bis die Feenkönigin aufgibt und ihn in seine eigene Gestalt zurückverwandelt – die eines nackten Mannes. Dann bringt sie ihn nach Hause, damit er seinen Pflichten als Ehemann nachkomme.

Die Götter und Göttinnen der Kelten werden sowohl von den modernen Druiden als auch von den Hexen verehrt. Obwohl sie im heidnischen Wiedererwachen große Verehrung genießen, ist wenig über sie bekannt. Wie andere Völker Nord- und Westeuropas verließen sich die Kelten in erster Linie auf eine mündliche Überlieferung ihrer heiligen Legenden und ihres Wissens, so daß viel verlorengegangen ist. Keltische Gottheiten lassen sich schwerer einteilen als die anderer heidnischer Völker. So weit wir wissen, haben die keltischen Götter keinen Prozeß des Rationalisierung durchgemacht, wie er uns von den griechischen, römischen und nordischen Göttergesellschaften bekannt ist, in denen männliche und weibliche Gottheiten in Paare aufgeteilt und andere Gottheiten zu ihren Kindern gemacht wurden. Es gibt einige Verwandtschaften zwischen den Göttern der keltischen Mythologie, doch eine zusammenhängende Geschichte der göttlichen Abstammung ist uns nicht überliefert. Dies wird dadurch erschwert, daß die Kelten keine einheitliche Nation waren, sondern eine Anzahl von Stämmen mit einer ähnlichen Sprache und Kultur, die über ganz Europa verteilt waren. Sie hatten viele Götter und wahrscheinlich gab es viele lokale Variationen. Die Identifikation der Götter wird durch die Tatsache, daß die Kelten ungern die wahren Namen ihrer Schutzgötter offenbarten, nicht leichter. Wenn man den Namen eines Gegenstands oder einer Person kennt, bedeutet dies im magischen Denken, daß man Macht darüber besitzt. Caitlin Matthews schreibt in *Elements of the Celtic Tradition*, daß sich die Kelten in jeder überlieferten Geschichte ihrer Tradition weigerten, ihre Götter beim Namen zu nennen. Sie sagten einfach:

> Ich schwöre bei den Göttern, bei denen mein Volk schwört...[5]

In einigen schriftlichen Sammlungen der keltischen Mythen und Legenden, wie dem walisischen *Mabinogion*, kommen die Götter als solche nicht vor. Die Geschichten beschreiben vorgeblich die Taten von Helden und Edlen; denn indem sie den Prozeß des Euhemerismus umkehrten, machten die christlichen Gelehrten die Gottheiten zu Menschen. Euhemerus war ein griechischer Philosoph, der behauptete, daß die Götter ursprünglich Männer und Frauen gewesen seien, die für ihre Taten vergöttlicht wurden. Es scheint, daß die christlichen Schriftgelehrten, die als erste diese Mythen aufschrieben, es vorzogen (oder sicherer fanden), die alten Götter als menschlich zu beschreiben, genauso wie der mittelalterliche isländische Gelehrte Snorri Sturluson Odin als Abkömmling von König Priamos von Troja beschreibt! Die Attribute und magischen Kräfte der legendären Gestalten verraten jedoch ihren göttlichen Ursprung.

Die irischen Götter können in drei Gruppen eingeteilt werden – die Tuatha de Danann, Stammes- und lokale Göttinnen und andere vielleicht ältere Gottheiten. Dana ist die Mutter der Tuatha de Danann und ihr Stamm oder Klan umfaßt einige der Hauptgottheiten Irlands. Der höchste Gott ist Dagda, der gute Gott. Wie Odin ist der Dagda als Allvater, *Eochaid Ollathair*, bekannt und wird für weise und wissend gehalten. Seine Waffe ist eine Keule und er besitzt auch einen magischen Kessel, der nie geleert werden kann. Es gibt Hinweise, daß das riesige Kreidebild einer phallischen Figur mit einem Stab, das sich auf einem Hügel in der Nähe des Dorfes *Cerne* (d.h. »Horn«) *Abbas* in Südwestengland befindet, ein Bild des Dagda oder seiner englischen Entsprechung ist, doch sind sich die modernen Gelehrten nicht sicher, ob das Bild tatsächlich authentisch ist. Eine andere wichtige Gottheit ist Lugh. Er ist der glänzende Gott mit vielen Fähigkeiten, dessen Waffe der Speer ist. Lugh rühmte sich, u.a. Harfenspieler, Held, Dichter, Heiler und Magier zu sein. Eines der keltischen Hochfeste trägt seinen Namen – Lughnasadh am Anfang des August.

Drei wichtige weibliche Gottheiten in Irland waren die Göttinnen des Schlachtfeldes – Morrigan, Badb und Nemain – oft gemeinsam als »die Morrigan« bezeichnet. Es ist vielleicht nicht verwunderlich, daß ihr Symbol die Krähe oder der Rabe ist, wenn man ihre Vorliebe für Aas bedenkt.

Von der Morrigan wird erzählt, daß sie sich jedes Jahr zu Samhain, am 31. Oktober, mit dem Dagda vermählt. Dies ist traditionell das Fest der Toten, an dem die Tore zwischen den Welten geöffnet sind und die Toten mit den Lebenden sprechen können.

Die Göttin Brigit ist eine weniger dunkle Göttin. Die Legende besagt, daß sie ihren Hauptschrein in Kildare hatte, wo ihr Wachfeuer unaufhörlich brannte, das von einer Gruppe unverheirateter Jungfrauen gehütet wurde, die als *Inghean an Daghda*, Töchter des Feuers, bekannt waren. Mit der Christianisierung Irlands wurde Brigit zu St.Brigit, und ihre heiligen Ämter wurden von Nonnen übernommen. Die Nonnen fuhren bis zum 13. Jahrhundert fort, das heilige Feuer zu hüten. Dann befahl der Bischof von Kildare, daß der Brauch abgeschafft werde, weil er heidnisch sei, was ja auch zutrifft. Brigit war die Schutzherrin des Lernens, der Dichtkunst und der Wahrsagerei, wie auch der Heilung und Schmiedekunst. In einem Wiccaritual erklärt sie:

Sie nennen mich Brigit
Und ich bringe drei Geschenke des Feuers:
Als erstes die Flamme der Inspiration,
Die Verzückung des Dichters und die Qual des Künstlers,
Und die Sehnsucht des Liebenden
Nach der Vereinigung mit der Geliebten;
Als zweites das helle Feuer der Schmiedekunst,
Durch dessen Prüfung alle gehen müssen;
Und als drittes das wertvollste von allen,
Das den Schmerz des zweiten lindert -
Die unsterbliche Wärme der Heilung,
Das letzte und größte Geschenk
Der immer wiederkehrenden Sonne.[6]

Oi-melc oder Imbolc am Anfang des Februar war ein wichtiges Fest in Schottland und Irland. Zu Imbolc wurde das erste Milchgeben der Schafe gefeiert – ein sehr willkommenes Ereignis auf dem Lande, das von den Schafen und ihrer Lammzeit abhängig war. Imbolc war auch der Brigit geweiht und die christliche Kirche machte es später zum St. Brigid's Day. Auf den westlichen Inseln Schottlands wurde das Fest der St. Brigit oder Bride bis vor einigen Jahren gefeiert, indem ein Bett neben dem Kamin errichtet wurde, so daß die Göttin dort schlafen konnte. Bride wurde als Beschützerin angesehen, und indem sie täglich Gebete an sie richteten, konnten ihre Verehrer vor Schaden bewahrt werden:

Jeden Tag und jede Nacht,
Die ich den Stammbaum der Bride aufsage,
Werde ich nicht getötet werden,
Werde ich nicht verwundet werden...
Kein Feuer, keine Sonne, kein Mond wird mich verbrennen,
Kein See, kein Wasser oder Meer wird mich ertränken.[7]

In den walisisch-keltischen Mythen ist eine der wichtigsten Göttinnen Rhiannon. Sie erscheint in glänzender, goldener Kleidung, auf einer weißen Stute reitend. Ihr Name kann mit »Göttliche Königin« übersetzt werden, und sie könnte dieselbe Göttin sein, die in Frankreich als die Pferdegöttin Epona verehrt wurde und von den römischen Soldaten, die an ihrer Verehrung teilnahmen, als »Regina« – Königin – begrüßt wurde. Arianrhod, oder »Silbernes Rad«, ist die Mutter der walisischen Entsprechung zum Gott Lugh. Caer Arianrhod, die Burg der Arianrhod, liegt in den nördlichen Himmeln. In einigen Traditionen des Wicca wird sie als der leuchtende Stern verehrt, der unser spirituelles Schicksal leitet und der in zahlreicher ritueller Prosa und Dichtung beschrieben wird.

Es gibt Hinweise darauf, daß sich einige keltische Mythen auf den Zyklus der Natur beziehen. Ein immer wiederkehrendes Thema in den walisischen Mythen ist das zweier gottähnlicher Gestalten, die um die Hand einer Frau kämpfen. So kämpften Pwyll und Gwawl um Rhiannon, Bran und Mallolwch um Branwen, und Owein und der schwarze Ritter um die Gräfin der Quelle. Es gibt Hinweise darauf [8], daß die beiden Rivalen den Gott des Sommers und den Gott des Winters darstellen, die um die ewige Göttin kämpfen. Das Thema taucht in der Erzählung von Gawain und dem Grünen Ritter in christlicher Zeit wieder auf, doch unter der neuen Religion widersteht Gawain der Belohnung durch die Göttin.

Er, der die Göttin gewinnt, hat die Herrschaft über das Land. Die Beziehung zwischen der Göttin des Landes und dem, der die weltlichen Macht in den Händen hält, dem König, ist ein wichtiges Thema in der keltischen Mythologie. Die irischen Texte weisen darauf hin, daß der König die Schutzgöttin des Stammes heiratet. Dies würde mit einer Priesterin oder sogar mit einem der Göttin geweihten Tier als Heilige Hochzeit gefeiert werden. Ronald Hutten von der Bristol University schreibt in seinem interessanten Buch *Pagan Religions of the Ancient British Isles* [9], daß Gerald von Wales im späten 12. Jahrhundert behauptete, daß die Könige von Donegal sich mit einer Stute vermählten, und weist darauf hin, daß die Anzahl der königlichen Ehemänner, die der Königin Maeve von Connaught zugeschrieben werden, nahelegt, daß sie eher eine Göttin als eine sterbliche Königin war. Wenn die Heilige Hochzeit vollzogen war, war die andauernde Gesundheit des Königs für den Stamm sehr wichtig. Viele Legenden berichten von Katastrophen, die das Land befielen, sobald der König verwundet wurde. In der irischen Mythologie war es wesentlich, daß der König nicht mißgestaltet oder verletzt war.

Ein anderer keltischer Gott ist Cernunnos, der gehörnte Herr der Tiere. Heute wird er hauptsächlich im Wicca verehrt. Als Herne oder Cern, alles Ableitungen des Wortes »Horn«, kommt sein Name in vielen britischen Ortsbezeichnungen vor. Im keltischen Europa erscheint der Gehörnte Gott in zwei Formen – zum einen als Cernunnos, der Hirschgott, und zum anderen als Gehörnter Gott mit Kuhhörnern. In Frankreich wurde der Kult des Gehörnten Gottes der Rinder von den christlichen Missionaren übernommen, die ihn als St. Cornelly oder Hl. Cornelius in seiner lateinischen Form verehrten. Diese Form des Gehörnten Gottes wird im Wicca manchmal Karnayna genannt. Der Kult des Hl. Cornelius ist in der Bretagne noch sehr verbreitet, am auffälligsten in Carnac, einer der berühmtesten heidnischen Kultstätten Europas. Bilder von gehörnten Tieren schmücken die Kirchen des Hl. Cornelius, und bis vor kurzem wurden noch Rinder in die Kirchen gebracht, um alljährlich vom Priester gesegnet zu werden. Wie es scheint, zögern die keltischen Christen, sich von ihren alten Göttern zu trennen.

Im modernen Wicca wird Cernunnos oft als der dunkle Gott angesehen, der Gott der Nacht. Auf einem der wenigen Bilder, die es von ihm in England gibt – einer silbernen Münze, die in Petersfield ausgegraben wurde – wird er als Hirschgott mit einem Sonnenrad zwischen seinem Geweih dargestellt. Das Bild eines Hirsches, der von der Sonne gekrönt ist, erscheint oft in den Träumen, Dichtungen und Mythen vieler Kulturen als Bild positiver männlicher Energie. Cernunnos wird in der keltischen Vorstellung auch als Reichtumsspender dargestellt, eine Eigenschaft, die oft mit Fruchtbarkeitsgöttern verbunden ist.

Die Verehrung der Sonne scheint unter den Kelten weit verbreitet gewesen zu sein. Das achtspeichige Rad, das von Druiden und Wiccas im 20. Jahrhundert als Symbol der jahreszeitlichen Feste übernommen wurde, erscheint oft über Altären und könnte für die Sonne stehen. Der christliche Missionar St. Patrick verurteilte »jene, die die Sonne anbeten« zu ewiger Verdammnis und bestand darauf, daß Christus die wahre Sonne sei. Eine

Anzahl keltischer Feste beinhalte den Gebrauch von Feuer, von dem man annahm, daß es durch einen heiligen Vogel – eine Schwalbe, einen Zaunkönig oder eine Taube – von der Sonne zu uns gebracht worden sei. Man dachte, die rote Zeichnung und der gespaltene Schwanz der Schwalbe seien die Folge der Verbrennung durch die Sonnenstrahlen. Feuer wurde auch als reinigendes Element verwendet. Zu Beltane, dem Fest des Bride-Feuers am Anfang des März, wurden in England alle Feuer gelöscht. Die heiligen Flammen wurden dann von den Druiden neu entzündet, die daraufhin eine Zeremonie ausführten, in der sie Rinder zwischen zwei Feuern hindurchtrieben, um sie vor Krankheiten zu schützen. Dieser Brauch, zu Beltane ein neues Feuer zu entzünden, bestand im gälischen Schottland bis ins 19. Jahrhundert fort, ebenso wie der Brauch, »die Sonne tanzen zu lassen«, ein Bild, das oft in der keltischen Dichtung auftaucht. Dies ging so vor sich, daß man eine Schüssel mit Wasser, in der sich das Licht der Sonne reflektierte, schüttelte, so daß sich das Wasser bewegte und das Sonnenlicht im Raum tanzte. So konnte das Licht der Sonne in die Dunkelheit einer Grabkammer gebracht werden. In einem keltischen Frühlingsritual sagt die Priesterin:

> Die Zeit des Frühlings ist gekommen,
> Wenn die Sonne tanzen wird,
> Wenn Wasser sich mit Feuer verbindet
> Und die Jungfrau zur Mutter wird.
> Im Namen der Zwei und des Einen,
> Wir werden das Mysterium der Einheit suchen.[10]

Man dachte, daß die Sonne tanzen zu sehen den Menschen Segen spendete. In der traditionellen Hexenkunst wurde ein Kessel voll Wasser oder ein Spiegel auf ähnliche Weise zum Herabziehen des Mondes in der Vollmondnacht benutzt.

Andere Einsichten zu heidnischen Gottheiten gibt das keltische *Lied von Amairgin,* das von den Söhnen des Mil nach Irland gebracht wurde. Die Söhne des Mil waren wohl einfallende Stämme, die die früheren Siedler, deren Götter die Tuatha de Danann waren, unterwarfen. Die früheren Siedler zogen sich in die Feenhügel zurück und wurden das »kleine Volk« der irischen Legenden. Als die Söhne des Mil zuerst versuchten, in Irland zu landen, sangen die Druiden der Tuatha de Danann Zauber gegen sie und beschworen einen magischen Wind, um sie weit auf die See hinauszutreiben; doch nach mehreren Versuchen schafften es die

Söhne des Mil dennoch zu landen. Amairgin wird von den christlichen Gelehrten des Mittelalters als Dichter, als Richter der Söhne des Mil und als Bruder des Königs beschrieben. Nach seiner Landung in Irland hält er jedoch eine Ansprache mit dreizehn Erklärungen und stellt sechs rituelle Fragen, die darauf hinweisen, daß er ein Gott war oder für einen Gott sprach:

Ich bin der Wind auf dem Meer,
Ich bin eine Welle auf dem Ozean,
Ich bin das Brüllen der See,
Ich bin der Ochse der sieben Schlachten,
Ich bin ein Falke über den Klippen,
Ich bin eine glänzende Träne der Sonne,
Ich bin die Schönheit der Blumen,
Ich bin die Tapferkeit des Ebers,
Ich bin der Lachs im Teich,
Ich bin ein See auf der Ebene,
Ich bin der Hügel der Dichtung,
Ich bin ein schlachterprobter Speer,
Ich bin er, der den Geist entflammt,
Wer außer mir weiß um das Mysterium des unbehauenen Steingrabes?
Wer außer mir weiß, wo die Sonne untergehen wird?
Wer außer mir kann die Phasen der Mondes voraussagen?
Wer ruft die Rinder aus dem Haus des Tethra?
Wen werden die Fische des lachenden Ozeans willkommen heißen?
Wessen ist die Truppe, für die der Gott-der-schafft Zaubersprüche,
Verzauberungen der Winde in die Speere ritzt?[11]

In Amairgin ist das Potential der gesamten Schöpfung enthalten und er ist fähig, alles zu tun. Alwyn und Brinley Rees stellen in *Celtic Heritage: Ancient Traditions in Ireland and Wales* fest, daß Amairgins Ausspruch dem des Hindugottes Krishna in der Bhagavad-Gita gleicht:

Ich bin die strahlende Sonne unter den Lichtspendern...
Ich bin der Mond unter den Sternen der Nacht...
Ich bin der Ozean unter den Gewässern...
Ich bin der Wind...
Ich bin das Würfelspiel der Geschicklichkeit,
Ich bin die Stärke der Starken...
Ich bin das Schweigen der Geheimnisse,
Ich bin das Wissen des Wissenden.[12]

Die Druiden

Wissen war in der keltischen Gesellschaft ein hochgeschätztes Gut und wurde von einer der höchsten Schichten der Gesellschaft, die aus den Druidenpriestern, den Vates oder Uates, die Magie und Wahrsagerei betrieben, und aus den Barden bestand, gelehrt. Es gab auch weibliche Wahrsagerinnen, die Priesterinnen bestimmter Göttinnen waren. Sie wurden von den Galliern Veledas oder Ueledas genannt und waren bei den Iren unter Titeln wie Banfili, »weibliche Seherin«, bekannt. Die Veledas wohnten oft in heiligen Hainen, ähnlich wie ihre griechischen Schwestern des Orakels von Delphi. Zu diesen heiligen Orten kamen Fragesteller aller Gesellschaftsschichten, um ihre Weisheit zu suchen. Die Veledas hatten einen beträchtlichen Einfluß und wurden später Ratgeberinnen an den Höfen der römischen Kaiser.

Die Druiden, Vates und Barden waren Lehrer, Historiker, Astronomen und Dichter. Sie überwachten das Rechtssystem, agierten als Richter und beaufsichtigten Exekutionen. In intellektueller Hinsicht waren die Druiden lebende Büchereien und wurden für ihr gewaltiges Gedächtnis bewundert und gerühmt. Die Kelten entwickelten den Gebrauch des Ogham-Alphabets, um Inschriften herzustellen, während sie, wie Caesar berichtet, das griechische Alphabet benutzten, um Briefe zu schreiben. Für heilige und poetische Gedanken jedoch verachteten die Druiden das geschriebene Wort. Von jedem Druiden wurde verlangt, daß er das gesamte Gesetz, die Lehren, Dichtungen, Geschichten und religiösen Übungen sowie das Wissen der Astronomie, Astrologie, Abstammungskunde und Stammesgeschichte auswendig lernte. Dies konnte bis zu zwanzig Jahren dauern. Ein Junge begann diese Lehre in seiner frühen Kindheit, und sie dauerte an, bis er Meisterschaft erlangte. Obwohl dies ein kraftvoller Weg ist, eine mündliche Tradition zu erhalten, führte es dazu, daß die meisten Lehren der Kelten mit der Unterdrückung der Druiden verlorengingen und ein großer Schatz westlicher Kultur zerstört wurde.

Die Druiden übten auch einige Techniken aus, die auf schamanische Ursprünge zurückzugehen scheinen. Um auf eine Frage eine Antwort zu erhalten, würden sie das rohe Fleisch eines Bullen essen, sein Blut trinken und seiner Haut eingewickelt schlafen. Die Antwort würde dann während des Schlafes kommen. Es gibt Hinweise darauf, daß die Kelten wußten, wie Körperhaltungen in Gebet und Meditation zu gebrauchen waren. Der

Gott Cernunnos ist auf dem Kessel von Gundestrup in einer meditativen Haltung abgebildet, die an jene des Buddha erinnert. In einer Hand hält er eine Schlange, die oft als Bild für die Energie steht, die vom Muladhara-Chakra, das in der Nähe des Steißbeins liegt, die Wirbelsäule hinaufsteigt. Der irische Text *The Cauldron of Poesy* aus dem 10. Jahrhundert beschreibt zwei unterstützende Haltungen für Gebete und eine für die rituelle Inkubation, wobei ein Barde in der Dunkelheit liegt, um poetische Inspiration zu erlangen. Dabei lag er flach auf dem Rücken, den Bauch mit Steinen beschwert, um jede Bewegung zu verhindern. Dieser Zustand der Dunkelheit und Ruhe bewirkte einen Sinnesentzug, in dem der Suchenden Träume und Visionen hatte.

Die Druiden hatten auch einen furchterregenden Ruf als Magier. Man glaubte, daß sie die Fähigkeit besitzen, Stürme, Winde und Nebel zu beschwören und die Sonne auf ihrer Bahn anzuhalten. Sie konnten durch Wahrsagerei die geheimen Namen der Götter ihrer Feinde herausfinden und sie in der Schlacht hinausrufen, um die gegnerischen Stämme vor Angst erzittern zu lassen.

Trotz aller intellektuellen Anforderungen, die gestellt wurden, um Druide werden zu können, hatte die Karriere viel für sich. Die Druiden wurden sowohl respektiert als auch gefürchtet. Mitten im Krieg konnten sie den gegnerischen Parteien befehlen, die Waffen niederzulegen. Wenn man die feurige Natur der Kelten in Betracht zieht, war das wahrscheinlich ein oft verlangter Dienst. Druiden, Vates und Barden waren selbst vom Militärdienst befreit und durften nicht angegriffen werden. Mord war für die keltische Gesellschaft nicht nur ein Schlag gegen den Getöteten, sondern auch gegen seine Familie und den Klan. Die Familie des Täters war verantwortlich für die Handlungen ihrer Mitglieder und für die Wiedergutmachung oder den Ehrenpreis, der den Verwandten des Opfers gezahlt werden mußte, wobei der Preis für Menschen von hohem sozialen Status sehr hoch war. Der irische Held Fionn sagt, nachdem er den Tod seines Vaters gerächt hatte, indem er den Mörder erschlug: »Er wagte nicht in Irland zu bleiben, es sei denn, er würde Dichter, denn er fürchtete die Söhne des Uirghriu und die Söhne des Morna.«[13] Als Barde wäre er relativ sicher. Der Ehrenpreis, den die Familie eines Barden- oder Druidenmörders zahlen mußte, war finanziell so vernichtend, daß dies praktisch einem völligen Verbot gleichkam. Wenn Druiden, Vates und Barden auch nicht gänzlich in Gold aufgewogen wurden, so kamen sie diesem Preis dennoch nahe.

Modernes Druidentum

Das Druidentum hat in der gesamten westlichen Welt, besonders aber auf den Britischen Inseln, in der Bretagne und in Nordamerika, ein starke Wiederbelebung erfahren. Nicht alle Druidenorden sind heidnisch. Einige sind den Freimaurern verwandt, andere sind christlich orientiert. Die Leute auf den Britischen Inseln kennen die Druidenorden am besten durch die Zeremonien im walisischen Eistedfodd, wo Barden in ihren blauen, Vates in grünen und Druiden in weißen Roben und Kopfbedeckungen erscheinen. In den letzten Jahren sind die Druiden auch durch ihre Treffen zu Mittsommer bei Stonehenge bekanntgeworden. Diese Zeremonie ist jedoch von der britischen Regierung verboten worden, da man Angst vor den großen Zuschauermengen hatte, die dadurch angezogen wurden.

Heute lehnen einige Druidengruppen den Gebrauch von weißen Roben ab, da sie glauben, daß diese auf dem Romantizismus des 18. Jahrhunderts zurückgehen. Vom praktischen Standpunkt paßt Weiß nicht gut in schlammige Dörfer voll strohgedeckter Hütten. Tatsächlich ist bekannt, daß farbige Kleidung ein wichtiges Zeichen des sozialen Status unter den Kelten war. Je höher der Status des Einzelnen war, desto mehr Farben trug er oder sie. Könige konnten bis zu zwölf Farben tragen, Druiden bis zu zehn. Die alltägliche Kleidung der Druiden war daher wahrscheinlich das keltische Plaid, ein buntes Umhangtuch aus Wolle. Es gab jedoch auch Unterschiede zwischen alltäglicher und ritueller Kleidung. Eine Anzahl unabhängiger Quellen von Plinius bis zu *The Tripartite Life of Saint Patrick*[14] geben an, daß die Druiden zu zeremoniellen Anlässen weiße Roben trugen. Wenn große Zeremonien ausgeführt wurden, dann wäre die weiße Kleidung ein unterscheidbarer und nützlicher Anhaltspunkt im Gegensatz zu den farbenfrohen Plaids der Edlen. Weiß wird oft bei religösen Anlässen verwendet, um Reinheit darzustellen. In *The Tripartite Life of Saint Patrick* wird uns auch gesagt, daß die Druiden eine Tonsur trugen, d.h. die Mitte des Kopfes war von der Stirn bis zum Hinterkopf rasiert. Oft wird angenommen, daß dies der Grund war, warum die Mönche der frühen keltischen Kirche eine andere Form der Tonsur hatten als die runde Glatze, wie sie uns aus der römischen Kirche bekannt ist. Ein sichtbares Zeichen der Priesterschaft, wie ein rasierter Kopf, ist in vielen Kulturen üblich und könnte auch das Zeichen der Druiden gewesen sein.

Die Praktiken der modernen Druiden sind in den verschiedenen Orden unterschiedlich. Einige lehren ein breites Curriculum esoterischer Lehren. Andere fördern die Entwicklung des spirituellen Verständnisses durch kreative Künste wie Musik und Dichtung. Die Druiden feiern einen jahreszeitlichen Zyklus von Festen, doch einige Druiden feiern nur Feste, die unbestreitbar keltischen Ursprungs sind, während andere dieselben acht Jahresfeste feiern wie die Hexen.

Geister des Ortes sind in vielen druidischen Traditionen wichtig. Druiden ziehen es meist vor, ihre Riten draußen im Freien, mit ihren Füßen auf der Erde stehend, zu feiern. Pilgerfahrten zu heiligen Orten, der Aufenthalt in der Natur und die Kommunikation mit ihr wird als Weg empfohlen, um mit dem Geist des Ortes in Kontakt zu treten und in Harmonie mit ihm zu leben.

> Wanderungen und Camping, Trekking in der Wildnis und der Aufenthalt von Individuen oder Gruppen an Orten großer Kraft und Schönheit geben uns allen einen Sinn des tiefen Friedens und verbinden uns mit der Nahrung, die zu uns kommt, wenn wir das Gefühl haben, als Kinder der Göttin in die Welt zu gehören.[15]

Wichtig ist auch der Geist der Zeit. Das Feiern des jahreszeitlichen Zyklus erlaubt den Druiden, ihr Leben mit der Natur in Einklang zu bringen. Philip Carr-Gomm, Oberhaupt des *Order of Bards, Ovates and Druids* schreibt, daß in der modernen Gesellschaft die Zeit oft als unser Feind angesehen wird. Wir leben ein hastiges Leben, in dem wir in einem fort mit der Zeit um die Wette rennen. Er schlägt vor, mit der Zeit Freundschaft zu schließen und sowohl zu lernen, die Zeit zu nutzen, als auch jeden Tag oder jede Woche Zeit zur Meditation und innerer Ruhe zu finden. Das ist keine Selbstverwöhnung, sondern hilft uns, uns auf die Bedürfnisse unserer Welt einzustellen. Die Einstimmung auf den Geist der Zeit wird als wichtig angesehen, weil sich das Druidentum nicht nur mit dem Dienst an der Erde und der Erhaltung der natürlichen Umwelt beschäftigt, sondern auch mit dem Dienst an der Menschheit. Jeder Phase der Geschichte liegt ein Plan zugrunde, der mit der Entwicklung des Bewußtseins in Beziehung steht. Bestimmte Menschen sind große Erneuerer und Urheber des Fortschritts der Menschheit geworden, »weil ihnen die Bedürfnisse der Zeit bewußt waren und sie mit Erfolg aussprachen, was bereits in der kollektiven Psyche heranreifte«[16]. Dies sollte auch unser Anliegen sein. Die Rolle der Druiden als Lehrer und spirituelle Ratgeber wird in einigen druidischen Traditionen wie auch im allgemeinen Ethos des westlichen Heidentums stark betont. Dies ermutigt uns, für jene, die die Weisheit der Götter suchen, dienstbar und offen zu sein. In einer Zeremonie der Druiden wird den Teilnehmern nahegelegt:

> Laß deinen Wahlspruch Einheit, Harmonie und Schönheit sein. Mögest du mit Überfluß an der Erleuchtung teilhaben. Sei bereit, die Stimme derer zu hören, die nach der Weisheit rufen. Lausche an den Toren – denn die Welt ist groß und viele suchen. Öffne ihnen die Tore, und Tor um Tor wird sich für dich öffnen.[17]

1. Siehe Tadhg MacCrossan, *The Sacred Cauldron: Secrets of the Druids*, S. 110.
2. Siehe Ronald B. Hutton, *Pagan Religions of the Ancient British Isles*, S. 183.
3. Susan Cooper, *The Dark is Rising Sequence*, S. 763.
4. Aus: Vivianne Crowley, *Fairy Song*, 1968.
5. Caitlin Matthews, *Elements of The Celtic Tradition*, S. 14.
6. Unveröffentlichtes Material aus Quellen der traditionellen Hexenkunst.
7. Aus der *Carmina Gaedelica* (Übers. Alexander Carmichael), Scottisch Academic Press, Edinburgh 1972, wie zitiert in Caitlin Matthews, *Elements of the Celtic Tradition*, S. 14.
8. Jeffrey Gantz (Übers.), *The Mabinogion*, S. 15 f.
9. Ronald B. Hutton, *Pagan Religions of the Ancient British Isles*, S. 172 f.
10. Unveröffentlichtes Material aus Quellen der traditionellen Hexenkunst.
11. Basierend auf der Übers. des *Lebor Gabala Erenn* von R. A. S. Macalister, V, S. 114-7.
12. Aus der *Bhagavad-Gita*, wie zitiert in Alwynn and Brinley Rees, *Celtic Heritage: Ancient Traditions in Ireland and Wales*, S. 99.
13. Aus: Daithi O-hogain, *Fionn Mac Cumhail*, Gill and Macmillan Dublin, 1988, wie zitiert in Caitlin Matthews, *Elements of the Celtic Tradition*, S. 14.
14. Ronald B. Hutton, *Pagan Religions of the Ancient British Isles*, S. 171.
15. Philip Carr-Gomm, *The Elements of the Druid Tradition*, S. 86.
16. Philip Carr-Gomm, *The Elements of the Druid Tradition*, S. 90.
17. Unveröffentlichtes Material aus druidischen Quellen.

4

Die nordisch-germanische Tradition

Die nordisch-germanischen Götter wurden in ganz Nord- und Westeuropa von den Vorfahren der skandinavischen, niederländischen, deutschen und englischen Völker verehrt. Ihre Götter wurden von den einfallenden Völkern aus dem Osten – den germanischen Stämmen der Angeln, Sachsen usw. – die sich in den Wirren der Jahre nach dem Abzug der römischen Truppen aus Westeuropa um ca. 400 n. Chr. in Britannien ansiedeln wollten, in das keltische Britannien gebracht. In den darauffolgenden Jahrhunderten wurden diese Götter durch die Wikinger – Abenteurer aus Skandinavien, die einen schnellen Weg zu Wohlstand und Ruhm suchten – auch in den Norden Englands und nach Ostschottland gebracht. Diese einfallenden Völker kamen zuerst mit Kriegern und Schwertern und brachten später ihre Familien mit, um sich auf der östlichen Seite Britanniens anzusiedeln und Ackerbau zu betreiben. Die nordisch-germanischen Völker erreichten auch weiter westlich gelegene Gegenden, und Historiker glauben heute, daß Siedler der Wikinger sogar bis nach Nordamerika gelangt sind.

Die nordisch-germanische Religion wird oft Asatru genannt, was soviel wie »Glaube an die Götter« oder »Treue zu den Aesir« bedeutet. Einige ziehen den Begriff Odinismus vor, während andere den Ausdruck Asatru verwenden, da sie nicht nur Odin verehren. Asatru wird in ganz Nordeuropa und auch in Nordamerika praktiziert. In Island ist Asatru in den letzten Jahren eine starke religiöse Bewegung geworden und stellt neben dem Christentum eine der beiden offiziellen Staatsreligionen dar. Island wurde erst 1000 n.Chr. christianisiert, und seine heidnische religiöse Geschichte ist den Menschen dort näher als in einigen anderen nordeuropäischen Ländern.

Wie in allen heidnischen Pfaden wird im Asatru betont, daß die Götter in der Natur manifest sind. Die Geschichte sagt uns, daß die germanischen Stämme in der Nähe des Rheins die Verehrung im Freien vorzogen, obwohl dies weiter nördlich im Winter oft auch anders praktiziert worden sein muß. Der römische Geschichtsschreiber Tacitus berichtet:

> Die Germanen glauben, es sei nicht mit der göttlichen Erhabenheit vereinbar, die Götter in Mauern einzusperren oder sie in menschlicher Gestalt darzustellen. Ihre heiligen Orte sind Wälder und Haine und mit den Namen der Götter bezeichnen sie eine verborgene Präsenz, die nur für das Auge des Verehrenden sichtbar ist.[1]

Diese Einstellung ist der jener Menschen ähnlich, die heute der nordisch-germanischen Tradition folgen. Eine odinistische Organisation drückt dies folgendermaßen aus:

> Indem sie die Essenz des Universums in sich selbst enthalten, sind die Götter überall und in allem.

Das Göttliche in der Natur wird im modernen Asatru in den jahreszeitlichen Festen verehrt. Asatru ist mehr am Männlichen orientiert als einige andere heidnische Religionen (aber weniger als die christliche Kirche), doch werden Asatru-Gruppen sowohl von Männern als auch Frauen geleitet und beide stehen religiösen Zeremonien vor. Der jahreszeitliche Zyklus beruht auf den Hauptfesten Jul (Wintersonnenwende), den beiden Tagundnachtgleichen und Mittsommer. Es können auch andere Feste, die für die nordisch-germanische Tradition wichtig sind, gefeiert werden. Jul wird als der letzte von zwölf Tagen angesehen. Jeder dieser Tage steht für einen Monat des kommenden Jahres (daher das Lied *The Twelve Days of Christmas*). Mittsommer wird als Fest der Sonne und als Sieg des Lichtes gefeiert. In Skandinavien wird es sowohl von Heiden als auch von Nichtheiden als offizieller Feiertag begangen, an dem im ganzen Land Feuer entzündet werden.

Unsere nordisch-germanischen Vorfahren verließen sich wie die Kelten auf eine mündliche Überlieferung. Ihre Mythen und religiösen Lehren wurden erst nach der Christianisierung niedergeschrieben, wenngleich auch früher als die keltischen Mythen, die mit christlichen, römischen und griechischen Einflüssen überlagert sind. Um rund 1200 n.Chr. schrieb der isländische Gelehrte Snorri Sturluson, darum bemüht die Tradition seines Volkes zu bewahren, alles, was er wußte, in einer Sammlung von

Schriften nieder, die als Prosa-Edda bekannt ist, um sie von der Lieder-Edda zu unterscheiden. Außer den Eddas gibt es noch andere religiöse Schriften der nordisch-germanischen Tradition, die jedoch in der englischsprachigen Welt weniger bekannt sind.

Aus den Eddas erfahren wir, daß die nordisch-germanischen Völker glaubten, das Universum bestehe aus neun Welten, die den Baum des Lebens, Yggdrasil, bilden. Ygg ist ein anderer Name für Odin und Yggdrasil bedeutet »Odins Roß«. Yggdrasil ist so riesig, daß sich seine Äste bis in den Himmel und seine Wurzeln bis tief die Erde erstrecken. Yggdrasil hat drei Wurzeln: Die erste reicht bis Asgard, das Heim der Hohen Götter, und sie wird vom Urdbrunnen getränkt, der der Brunnen des Schicksals ist. Am Urdbrunnen halten die Götter täglich ihren Rat ab. Die zweite Wurzel Yggdrasils reicht bis nach Jötunheim, das Heim der Riesen. Unter dieser Wurzel gibt es auch eine Quelle – die des Riesen Mimir – in der die Weisheit verborgen liegt. Die dritte Wurzel reicht nach Niflheim, Wolkenheim, und wird vom Brunnen Hvergelmir gewässert, der der Ursprung aller lebensspendenden Wasser ist. Es gibt eine Anzahl wichtiger Tiere, die auf dem Baum leben: Ratatosk, das Eichhörnchen läuft auf und ab, um zwischen dem Adler oder heiligen Hahn an der Krone und der Schlange Nidhögg, »Nager von unten«, an seiner Basis in Niflheim zu vermitteln. Das Eichhörnchen Ratatosk ist ein Bild für jemanden, der nach Wissen sucht: Er klettert in die Höhen des Bewußten und hinunter in die Tiefen des Unbewußten, um selbst Bewußtheit zu erlangen.

Der Hauptgott der Aesir oder Hohen Götter ist Odin im Nordischen oder Woden im Angelsächsischen. Er gab dem englischen *wednesday* (Mittwoch) seinen Namen, als die Angelsachsen das römische System der siebentägigen Woche übernahmen. Die Römer schreiben diesen Tag dem Merkur zu, der Gott der geistigen Beweglichkeit, und es gibt Aspekte von Merkur, die mit Odin verglichen werden können. Odin ist ein Gott der Weisheit, des Wissens und der Kommunikation. Elsa-Brita Titchenell setzt in *The Masks of Odin* Odins Namen mit *Odr* oder universeller Intelligenz gleich: »Die göttliche Wurzel jedes Wesens in allen Welten, die Essenz des Göttlichen, die in allen Lebensformen vorhanden ist, im kleinsten Teilchen wie auch im Kosmos selbst.« Odin besitzt einen magischen Ring, der in jeder neunten Nacht acht weitere Ringe gleicher Art hervorbringt. Diese können mit den Zyklen der Schöpfung verglichen werden: »immer wiederkehrende Bewegung, sowohl in der Zeit als auch im Raum – die Räder in den Rädern der biblischen Symbolik«. Titchenell zeigt auf, daß diese Spiralform bei Pflanzen und Tieren in der gesamten Natur zu finden ist, »von den atomaren Welten bis hin zu den großen, weitschweifenden Bewegungen der Sterne und Galaxien im Weltraum«[2].

Odins Gefährtin ist Frigga, die weise Mutter der Götter. Sie kann in die Zukunft sehen und wird als die beschrieben, »die das Schicksal aller Wesen kennt, aber selbst nicht spricht«[3]. Im Tarot wird diese Art von weiblicher Energie durch die Hohepriesterin dargestellt. Balder, der Schöne, ist Odins Sohn durch Frigga. Er ist weise und gnadenvoll und sein Tod markiert den Anfang des Zerfalls und der Zerstörung der Welt in Asgard. Balders Tod wird zu Mittsommer in Erinnerung gerufen, wenn die Sonne zu schwinden beginnt. Bragi, von dessen Name das englische Wort *to brag* (»angeben«) abgeleitet ist, ist der Gott der Dichtkunst. Tyr ist der Gott des Krieges. Heimdall wurde der »weiße Gott« genannt und es heißt, daß er der Sohn von sieben Jungfrauen ist. Er wohnt an der Regenbogenbrücke Bifröst. Loki war Odins Ziehbruder und der Sohn eines Riesen. Er bringt die Kräfte der Unordnung und des Chaos nach Asgard.

Wichtig in der nordisch-germanischen Mythologie sind auch die Schlachtgöttinnen – die Walküren – und die drei Schicksale oder Nornen, die das Netz des Wyrd weben. Obwohl Odin als Herr über die Hohen Götter angesehen wird, ist er letztlich durch die Fäden des Wyrd gebunden. Urd ist die Herrin der Nornen. Sie regiert über die Vergangenheit. Ihr Name bedeutet »Ursprung«. Dies ist die Ursache der Gegenwart und Vergangenheit. Die zweite Schwester ist Verdandi, deren Name »Werden« bedeutet. Sie steht für die Gegenwart – das, was gerade entsteht. Gemeinsam erschaffen sie die dritte Schwester, Skuld, deren Name »Schuld« bedeutet. Skuld steht für die Zukunft; sie ist der Idee des Karma verwandt und das Ergebnis der Handlungen der Vergangenheit und der Gegenwart. Skuld durchtrennt den Faden des Lebens, wenn die Zeit des Einzelnen gekommen ist. Sie wird mit einem Schleier dargestellt – die Vergangenheit und die Gegenwart sind bekannt, aber die Zukunft muß erst noch enthüllt werden. Zusammen spinnen die Schwestern des Wyrd das Netz des Schicksals, das alle Dinge beeinflußt – sowohl die Götter als auch die Menschen. In der *Völuspa* oder »Prophezeiung der Seherin« werden die Aufgaben der Nornen beschrieben:

> Von einer Esche weiß ich mit Namen Yggdrasil,
> Den hohen Baum netzt weißer Nebel,
> von dem der Tau tropft, der in die Tälern fließt.
> Immergrün steht er über dem Brunnen der Urd.

Von dort kommen Frauen, die viel wissen,
Drei aus dem Saale dort unter dem Wipfel:
Die eine heißt Urd, die zweite Werdandi,
Diese schnitten Stäbe, die dritte heißt Skuld.
Sie warfen Lose und bestimmten das Leben
Der Menschen, ihr Schicksal verkündend.[4]

Asgard, das Heim der Hohen Götter, bildet die erste der oberen Welten. Die anderen sind Vanaheim und Alfheim. Vanaheim ist das Heim der Vanir, der Götter des Friedens und des Wohlstands. Viele glauben, daß die Vanir die Götter der Bronzezeit waren, deren Anhänger gegen die einwandernden eisenzeitlichen Indoeuropäer und ihre kriegerischen Götter, die Aesir, Krieg führten. Die Mythen beschreiben, daß ein Krieg zwischen den Göttern der beiden Göttergeschlechter stattfand, der beigelegt wurde, als die beiden Parteien Geiseln austauschten. Freya und Njörd wurden nach Asgard geschickt, um dort zu wohnen, und Mimir und Hoenir gingen nach Vanaheim. Die gerissenen Aesir scheinen den besseren Teil des Geschäftes gemacht zu haben, denn die Vanir fanden heraus, das Hoenir nichts tun konnte ohne von Mimir Rat einzuholen. Wütend schnitten die Vanir Mimirs Kopf ab und schickten ihn nach Asgard zurück, wo Odin ihn benutzte, um verborgenes Wissen zu erlangen.

Die wichtigsten Götter der Vanir sind Freya und ihr Zwillingsbruder Frey. Freya und Frey bedeuten »Herrin« und »Herr«. Sie sind die Kinder von Njörd. Njörd ist der Gott des Meeres, der den Seefahrern die Winde schickt und sie auf ihren Reisen beschützt. Er wird auch mit dem Planeten Saturn assoziiert und kann als Vater der Zeit betrachtet werden. Freya ist die Herrin und Beschützerin der menschlichen Rasse. Im Tarot kann sie mit der Kaiserin, die die Herrin der Fruchtbarkeit ist, assoziiert werden, doch wird sie auch mit dem Meer in Verbindung gebracht. Einer von Freyas Namen ist Mardoll, abgeleitet vom Wort *Mar*, das Meer bedeutet. Freya Asywnn[5] merkt an, daß die nordisch-germanischen Göttinnen insofern eine wichtige Rolle spielen, als sie die Lücke füllen, die von anderen heidnischen Traditionen offen gelassen wird. Sie sieht zwei Hauptaspekte der Göttin im Wicca – den der Erdmutter und den der Mondgöttin. Sie glaubt, daß im Hexenkult eine dritte Strömung verborgen ist – die der Meeresgöttin und der Mysterien der See. Dafür könnte Freya, die Herrin der Vanir stehen.

Frauen spielten in der nordisch-germanischen Tradition als Völvas und Seidkonas eine wichtige Rolle. Das Wort Völva bedeutet »Seherin«.

Seidkonas hatten eine ähnliche Funktion und übten *Seidr* oder Magie aus. Freya war die die Schutzpatronin des Seidr und lehrte es Odin, obwohl Seidr hauptsächlich eine weibliche Kunst war. Die Praktiken der Völvas war vorwiegend schamanisch und beinhalteten den Eintritt in Trancen, um mit der Anderswelt in Verbindung zu treten. Die Rolle der Frauen als Seherinnen war jener der Veledas in der keltischen Gesellschaft ähnlich. Die Seherinnen reisten durch das Land und besuchten verschiedene Siedlungen, um durch ihren Rat und ihre Visionen zu helfen. Tacitus schreibt, daß die germanischen Stämme glaubten, daß »in den Frauen eine Art Heiligkeit und eine Gabe des Hellsehens wohnt, so daß man sie um ihren Rat fragte und diesen nicht leichtfertig mißachtete«[6].

Es wird gesagt, daß sowohl der Gott Frey als auch die dänische Göttin Nerthus in einem Zeremonialwagen über das Land fuhren. Nerthus könnte eine Göttin aus dem Geschlecht der Vanir gewesen sein. Tacitus[7] schreibt, daß Nerthus eine Fruchtbarkeitsgöttin war, und es gibt eine interessante Verbindung zwischen Nerthus und Njörd. Im Altnordischen entspricht der Name Njörd dem Namen Nerthus, so daß Nerthus und Njörd ursprünglich ein göttliches Zwillingspaar wie Freya und Frey gewesen sein könnten. Einige moderne Gelehrte haben nahegelegt[8], daß Nerthus eine Gemahlin des Njörd und so die Mutter von Frey und Freya gewesen sein könnte.

Die Rolle der fahrenden Seherinnen könnte mit jener der reisenden Gottheiten verbunden gewesen sein. Nerthus besuchte ihr Volk in ihrem heiligen Wagen, den niemand außer ihrem heiligen Priester berühren durfte. Der Priester wußte, daß die Göttin in ihrem Wagen anwesend war, wenn dieser schwer wurde, und fuhr dann mit dem Wagen, der von Ochsen gezogen wurde, los. Der Hinweis auf das Gewicht läßt darauf schließen, daß bei diesen Zeremonien eine Priesterin für die Göttin stand. Die Ankunft der Göttin wurde mit einer großen Zeremonie und mit der Beilegung aller Stammesfehden gefeiert, so daß »jede Waffe niedergelegt wurde«. Der Gott Frey scheint ebenfalls durch einen Priester verkörpert worden zu sein. Das *Flateyjarbok* [9] oder »Buch von Flatey« aus dem gleichnamigen Kloster in Irland sagt uns, daß König Erik von Schweden Freys Wagen zu einem bestimmten Ort brachte und dort wartete, daß er schwer wurde. Dies war das Zeichen, daß der Gott anwesend war. Der Wagen wurde dann in die Halle des Königs gefahren und König Erik begrüßte den Gott, trank ein Horn zu seinen Ehren und stellte ihm verschiedene Fragen.

Alfheim oder Elfenheim, auch bekannt als Ljössalfheim, Lichtelfenheim, ist die Welt der Lichtelfen, die für das Wachstum der Pflanzenwelt verantwortlich sind. Diese Welt wurde Frey als sein Zahngeschenk gegeben. Es ist die natürliche Welt der Fruchtbarkeit, der Pflanzen und Tiere und erinnert stark an das Reich der Devas in anderen Traditionen. Frey kann an seinem erigierten Phallus erkannt werden und besitzt Ähnlichkeiten mit anderen Naturgöttern wie Cernunnos, Pan und dem ägyptischen Bes. Zur Ragnarök, der Zeit des Untergangs der Götter, wird die Verbindung mit dem Gehörnten Gott wieder ersichtlich, als Frey gegen Surt, den Zerstörer, mit einem Hirschgeweih kämpft, nachdem er sein magisches Schwert als Teil eines Brautpreises von sich gegeben hatte.

Eine der drei mittleren Welten Yggdrasils ist Midgard, oder Mittelerde, als die sie den Lesern von Tolkiens *Herr der Ringe* bekannt sein dürfte. Dies ist die Welt der Menschen, und sie wird von Thor regiert, der ein Freund der Bauern und Arbeiter ist. Thor, oder Thunor im Angelsächsischen, dessen Name im englischen *thursday* und deutschen »Donnerstag« weiterlebt, ist Odins Sohn durch die Riesin Jörd, die die Erde repräsentiert. Thor ist sehr stark, und einer seiner größten Schätze ist sein Hammer Mjölnir, mit dem er Riesen erschlagen und Steine zerschmettern kann. Seine Verehrung war weit verbreitet, und als die Sachsen zum Christentum bekehrt wurden, war er einer der drei Götter, denen sie im besonderen abschwören mußten. Wie der keltische Gott Dagda hat Thor bestimmte erdige Eigenschaften. Er reist in einem Wagen, der von Ziegen gezogen wird. Er liebt das Leben und ist ein unersättlicher Esser und Trinker. Seine Gastgeber kann er regelrecht trockentrinken. Es ist möglich, daß Odin in den ursprünglichen Mythen nicht der höchste Gott der Aesir war. Snorri Sturluson erzählt uns in seinem Vorwort zu den Eddas, daß Thor der erste der Götter war und daß einer der Abkömmlinge von Thor »einen Sohn hatte, dessen Name Woden war; dieser ist es, den wir Odin nennen«[10]. Zu der Zeit, als die Mythen aufgeschrieben wurden, wurde Odin vielleicht in einem Versuch, die Verwandtschaftsverhältnisse der Götter zu rationalisieren, zum höchsten Gott gemacht.

Muspelheim, oder Feuerheim, ist das zweite der drei mittleren Reiche des Baumes. Dies ist die Welt des schöpferischen und zerstörerischen Feuers, eine Welt der reinen Energie, die sich in Expansion befindet. Sie wird von Surt regiert, der Zerstörer während der Ragnarök. Diese Welt wird durch Niflheim, Wolkenheim, ausgeglichen, das die Welt des schöpferischen und zerstörerischen Frostes und Eises ist. Sie wird durch die

Schlange Nidhögg beherrscht. Diese Welt, wo Wasserdampf gefriert und aus Dunst Eis wird, ist Energie, die sich in Kontraktion befindet. Von hier wird während der Ragnarök Naglfar, das Schiff der Toten, das aus den Finger- und Fußnägeln der Toten gebaut ist, mit Loki an seiner Spitze lossegeln. Niflheim kann mit Mulaprakrti, der Wurzelnatur in der hinduistischen Philosophie, gleichgesetzt werden: die »allererste undifferenzierte Substanz, aus der die Materie in ihrem gesamten Spektrum des Substantiellen und Materiellen abgeleitet ist.«[11]

Swartalfheim oder Schwarzelfenheim ist eine der drei unteren Welten, die Welt der Schwarzelfen oder Zwerge. Zwerge sind nützliche Wesen, aber sie sind habgierig, verräterisch und den Menschen nicht freundlich gesinnt. Sie beherrschen die Schätze der inneren Erde. Hel ist das Reich der Toten, doch besitzt dieser Name nicht jene negativen Eigenschaften, die ihm das Christentum später auferlegt hat. Diese Welt wird von der Göttin Hel, der Tochter des Loki, beherrscht, und sie besteht aus vielen Reichen, sowohl angenehmen als auch unangenehmen. Nach Hel zu gelangen war nicht das Schicksal aller Sterbenden. Krieger wurden in Asgard empfangen, um in Walhalla, der Halle der Gefallenen, zu wohnen und mit den Göttern zu feiern. Später wurde Walhalla als Ruheort derer, die sich Odin geweiht hatten, angesehen und nicht nur derer, die in der Schlacht gefallen waren. Snorri Sturluson berichtet uns, daß alle Toten, die nach der Schlacht verbrannt wurden, durch Odin empfangen wurden, der selbst diesen Ritus eingeführt hatte. Sowohl Frauen als auch Männer traten in Odins Halle ein. Man sah dem Eingehen in das Reich Odins mit großer Vorfreude entgegen. Der Häuptling Ragnor sagt vor seinem Tod:

Es freut mich zu wissen, daß Balders Vater
Die Bänke für das Festmahl vorbereitet hat.
Bald werden wir Äl aus krummen Hörnern trinken.
Der Krieger, der in Odins Wohnstatt kommt,
Bedauert nicht seinen Tod.
Ohne Worte der Angst auf meinen Lippen
Werde ich diese Halle betreten.
Die Aesir werden mich willkommen heißen.
Der Tod kommt ohne Klagen...
Ich bin begierig zu gehen...
Die Tage meines Lebens sind zu Ende
Und ich lache, während ich sterbe.[12]

Der Tod wurde nicht als endgültiges Ende angesehen, sondern als Übergang zu einem neuen Leben. Er könnte auch ein Ruheort zwischen zwei Leben sein. Als Odins Sohn Balder getötet wird, ist es möglich ihn wieder zum Leben zu erwecken, aber nur, wenn alles auf der Erde um ihn trauert. Der verschlagene Loki, der Balders Tod herbeigeführt hat, verkleidet sich als alte Frau und weigert sich zu trauern. So bleibt Balder im Reich der Toten.

Es gibt auch Hinweise, daß die nordisch-germanischen Menschen an die Wiedergeburt innerhalb der Blutlinie glaubten. Das *Flateyjarbok* berichtet uns, daß, als der christliche König Olaf geboren wurde, viel Aufregung herrschte, weil seine Mutter sehr lange in den Wehen lag. Die Geburt fand schließlich problemlos statt, als ein Schwert und ein Ring vom Grabhügel eines seiner Vorfahren, Olaf von Geistad, geholt wurden, um sie dem Kind zu überreichen. Olaf wurde später darüber befragt, als er an dem Grabhügel seines Vorfahren vorbeiritt:

> Sagt mir Herr, ... wart Ihr hier begraben?... Sie sagen, daß Ihr, als Ihr einst an diesen Ort kamt, sagtet: »Hier waren wir einmal und hier sind wir jetzt.«[13]

Olaf, der zum Christentum übergetreten war, stritt heftig ab, daß er je so etwas gesagt hätte.

Jötunheim, oder Riesenheim, ist ein feindliches Reich, das von den Riesen, den Kräften des Chaos, bewohnt wird. Es ist eine Welt in fortwährender Bewegung, die sich immer dem entgegenzustellen versucht, was ihr Widerstand entgegensetzt. Sie ist der Gegenpol zu den schöpferischen Kräften in Vanaheim. Die Rolle der Riesen in der nordisch-germanischen Mythologie ist sehr interessant. Die Götter werden oft als die höchste Form des Bewußten in der Existenz angesehen, während die Riesen als ihr Gegenteil betrachtet werden, als alles, was gegen den Vorstoß der Schöpfung arbeitet. »Sie materialisieren sich nur, wenn sie durch die Götter belebt und in Bewegung gesetzt werden, und sie hören auf zu existieren, wenn die Götter die Welt verlassen.«[14] Freya Aswynn glaubt, daß die Riesen einige der frühesten Götter Nordeuropas darstellen. Sie waren die Götter der Steinzeitvölker, die Nordeuropa vor den bronzezeitlichen Vanir bewohnten. Sie glaubt auch, daß die frühen Einwohner Nordeuropas eine animistische Weltsicht besaßen. Was sie nicht verstanden, wurde von ihnen entweder verehrt oder beschwichtigt, und so verehrten sie die Eisriesen, die Bergriesen und Feuerriesen als rohe Kräfte der Natur.

Für unsere nordisch-germanischen Vorfahren war der Mensch nur eines von vielen bewußten Geschöpfen im Universum. In Yggdrasil gibt es eine Anzahl bewußter Lebewesen, die die ineinandergreifenden und sich gegenseitig beeinflussenden Welten bewohnen. Alle verschiedenen Arten der Schöpfung sehen die Sonne, die Planeten und die Sterne und machen Erfahrungen im selben Universum oder Multiversum; doch sehen sie diese aus der Perspektive ihrer jeweiligen Welten. Ihre Sicht der Wirklichkeit ist nicht die gleiche. Im *Alvismal* oder »Lied von Allwiß« versucht der Zwerg Allwiß die Hand von Thors Tochter zu erlangen. Thor prüft das Wissen von Allwiß über alle Aspekte der Schöpfung, um herauszufinden, ob er seines Namens würdig ist. Thor fragt ihn:

> Wie heißt der Mond, den die Menschen sehen, in allen Welten?

Allwiß antwortet:

> Die Sterblichen sagen »Mond«, die Götter »Scheibe«,
> »Rollendes Rad« wird er in Hel genannt,
> Riesen sagen »der Eilende«, Zwerge nennen ihn »Schein«
> Die Elfen nennen ihn »Zähler der Zeit«.

Dann fragt Thor:

> Wie wird die Nacht, die Tochter der Dunkelheit, in allen Welten genannt?

Allwiß antwortet:

> Die Menschen sagen »Nacht«, die Götter »Nebel«,
> Die Asen nennen sie »Verkleider«,
> Die Riesen sagen »Unlicht«, die Elfen »Schlummerfreude«,
> Für die Zwerge heißt sie »Traumgenuß«.[15]

Wie in vielen Gedichten der Eddas geht es darum, die Zuhörer zu belehren. Sie erfahren, daß es eine Anzahl von Welten gibt, die für verschiedene Ordnungen des Seins und verschiedene Sichtweisen stehen. Das Lied hat auch eine andere heilsame Botschaft – daß es unweise ist, die Hand der Götter herauszufordern. Obwohl Allwiß Thors Fragen richtig beantwortet, ist Thor gerissener. Da er die Hand seiner Tochter nicht einem Zwerg geben will, bringt er ihn dazu, bis zum Morgengrauen zu reden, so daß ihn die Sonne zu Stein erstarren läßt.

Schöpfung und Zerstörung

Anders als in der keltischen Mythologie sind die Schöpfungsmythen unserer nordisch-germanischen Vorfahren erhalten geblieben. Aus den Eddas erfahren wir, daß das Universum, wie wir es kennen, durch das Zusammenwirken von kosmischen Kräften entsteht, aus dem die Schöpfung der neun Welten, die den Baum des Lebens bilden, resultiert. Am Anfang gibt es nur Dunkelheit und Schweigen, Ginnungagap oder »gähnende Leere«. Die Eddas nennen dies die Zeit des Fimbulwinter (»mächtiger Winter«), die lange kalte Nacht des Nichtseins. Während des Fimbulwinter ist das Nichts jedoch nicht vollkommen, denn es gibt zwei entgegengesetzte Pole. In der jüdischen Mythologie werden diese als Chokmah und Binah bezeichnet – Kraft und Form, Männlich und Weiblich, Same und Schoß. In der nordisch-germanischen Mythologie werden sie nicht vermenschlicht, sondern als Feuer und Eis dargestellt – Muspelheim, Feuerheim, und Niflheim, Wolkenheim. Die Materie wird dadurch erschaffen, daß diese beiden Pole zusammenwirken – die Hitze von Muspelheim schmilzt das Eis der kalten Welt Niflheim, und daraus entsteht Wasserdampf in Ginnungagap. Dieser Dampf ist Ymir, der Eisriese, aus dem die Götter unsere Welt, Mittelerde, erschaffen werden. Die Welt der Riesen ist eine Welt des Chaos. Sie erschaffen die Materie, aber sie wissen nicht, wie sie zu ordnen, einzuteilen und ein Ding vom anderen zu trennen ist. Sie sind blinde, unbewußte Kräfte. Ymir setzt den Prozeß der Schöpfung fort, aber dieses erste Stadium allein reicht nicht aus, um das manifestierte Universum aufzubauen. Es gibt weder Land noch Meer, weder Erde noch Himmel. Das Potential des Lebens ist geschaffen, aber nicht die Welt der Form, wie wir sie kennen:

> Die Sonne des Südens, Gefährtin des Mondes,
> Schlang ihren rechten Arm um des Himmels Rand.
> Sie wußte nicht, wo ihr Platz war,
> Noch kannte der Mond seine Macht,
> Und die Sterne wußten ihre Stätte nicht.[16]

Damit sich der Prozeß der Schöpfung entwickeln kann, ist das aktive Eingreifen bewußter Kräfte nötig. In diesem Stadium werden Buri, Bur und die Söhne des Bur geschaffen. Sie sind die Vorfahren der Aesir, der Hohen Götter, die die Kräfte der Ordnung sind. Sie haben die Macht, Ordnung in das Chaos zu bringen und Mittelerde – die Welt, wie wir sie kennen – aufzubauen.

Gähnender Abgrund und nirgendwo Gras
Bis Burs Söhne das Land erhoben
Und das mächtige Midgard schufen.
Vom Süden schien die Sonne auf das Gestein,
Da grünten die Gräser im Grunde.[17]

Aus dem weiteren Zusammenspiel von Ordnung und Chaos entsteht die Schöpfung. Beide sind nötig, eins kann nicht ohne das andere existieren. Jede Handlung bewirkt eine gleichwertige und entgegengesetzte Reaktion. Dieses Gleichgewicht entgegengesetzter Kräfte erinnert mehr an östliches als an modernes westliches Gedankengut. Man findet es in der östlichen Tradition auch im Zusammenspiel von Shiva und Vishnu und im Gleichgewicht von Yin und Yang. Der Ort, an den das Reich der Menschen gesetzt wird, ist ebenfalls interessant. Wir stehen in der Mitte – in Mittelerde – als Vermittler zwischen der Welt der Riesen, der Kräfte der Zerstörung, und der Welt der Schöpfergötter. Wir sind in der Rolle von Ratatosk, dem Eichhörnchen, mit der Fähigkeit, in die Höhen zu klettern oder in die Tiefen hinabzusteigen, ganz wie wir es wollen.

In den nordisch-germanischen Mythen sind die zerstörerischen Kräfte nicht im dualistischen Sinn böse. In allen esoterischen Lehren haben sowohl schöpferische, aufbauende Kräfte, als auch zerstörerische, abbauende Kräfte – Anabolismus und Katabolismus – ihre Rolle zu spielen. Interessanterweise wird die Schöpfung als atheistisch in seiner wahren Bedeutung angesehen, d.h. man glaubte nicht, daß das Universum von einem Gott in einem Augenblick erschaffen wurde. Die Welt entsteht als Ergebnis des Zusammenwirkens einer Anzahl kosmischer Kräfte. Die Rolle der Götter ist es, Ordnung zu schaffen, nachdem die Prozesse der Schöpfung im Gange sind. Hier sind die Götter mehr mit dem kabbalistischen Konzept der Erzengel verwandt – mächtige Kräfte, die bestimmte Aufgaben zu erfüllen haben und bestimmte Fähigkeiten besitzen.

Im zweiten Stadium der Schöpfung schaffen die Götter Ordnung und Rationalität, indem sie den himmlischen Kräften ihre Namen und Plätze zuweisen:

Die Hohen Götter versammelten sich zum Rate,
Und berieten sich im Saale des Gerichts.
Für Nacht und Neumond wählten sie Namen,
Benannten den Morgen und den Mittag,
Dämmerung und Abend zur Messung der Zeit.[18]

Die heidnische Mythologie unterscheidet sich von den judäo-christlichen Mythen. Die meisten Heiden glauben nicht, daß das Universum von einem einzigen Gott in einem kurzen Zeitraum geschaffen wurde, noch daß die Menschen die einzigen bewußten Geschöpfe im Universum oder wir und unser Planet der Gipfel der Schöpfung dieses Gottes sind. Diese Sichtweise ist offenkundig falsch. Wir bewohnen nur einen von vielen möglichen bewohnbaren Planeten, und es muß viele andere Lebensformen geben, die außer uns das Universum bewohnen. Die Schöpfung ist kein Ereignis, das ein für allemal stattfindet, sondern es besteht aus sich immer wieder erneuernden Zyklen und Spiralen der Entwicklung und des Werdens. Das Universum, das wir heute sehen, wird vorübergehen und verblassen, Wesen werden leben und sterben, Rassen werden kommen und gehen. Die Kräfte der Schöpfung und der Zerstörung sind immer am Werk. Die nordisch-germanischen Mythen sprechen nicht nur von der Schöpfung des Universums, sondern auch von seiner Zerstörung. Auf dieselbe Weise wie Kristalle entstehen und zerfallen erreicht auch unsere Welt, Mittelerde, einen Höhepunkt und beginnt dann von innen her zu zerfallen. Dies ist die Bestimmung aller Dinge – unseres Körpers, unserer Gesellschaft, unserer Religionen und des Planeten selbst.

Der Prozeß der ökologischen Erosion wird in den Mythen bildhaft vermittelt. Die Schlange Nidhögg nagt an der Wurzel von Yggdrasil, vier Hirsche fressen von den Blättern und zwei Ziegen von der Rinde, alle unterwandern und zerstören sie nach und nach. Trotz dieses andauernden Prozesses der Zerstörung ist die nordisch-germanische Weltsicht im Grunde optimistisch. Wagners Opernzyklus, »Der Ring der Nibelungen« hat den irreführenden Eindruck hinterlassen, daß die Eddas eine pessimistische religiöse Philosophie vermitteln, in der die Hohen Götter durch die Kräfte des Bösen besiegt werden. Die Mythen beschreiben das Ende der Welt, doch die Opern Wagners enden am Punkt der Zerstörung. Was sie nicht zeigen, ist das Nachspiel zur Ragnarök. Im *Vaftrudnismal* oder »Lied von Wafthrudnir« befragt Odin in seiner Verkleidung als Gagnrad (»gewinnbringender Rat«) den Riesen Vaftrudnir über das Ende der Welt. Interessanterweise werden die Riesen des Chaos so dargestellt, daß sie mehr über die Zukunft wissen als die Hohen Götter. Odin fragt Wafthrudnir, welche Menschen den Fimbulwinter überleben werden:

> Lif und Lifthrasir leben verborgen
> In Hoddmimirs Holz,

Morgentau ist all ihr Mahl,
Von ihnen kommt ein neues Geschlecht.

Odin fragt dann, was mit der Sonne passiert, »wenn der Fenriswolf diese verschlungen hat«:

Eine Tochter gebiert das Elfenrad,
Ehe der Fenrir es verschlingt,
Glänzend fährt nach der Götter Fall
Die Maid auf den Wegen der Mutter.

Elfenrad oder Alfrödul ist die Seele der Sonne. Ihre sichtbare Scheibe wird oft »Dvalins Spielzeug« genannt. Der Fenriswolf ist Lokis Sohn durch die Riesin Angrboda. Von Wafthrudnir erfahren wir, daß die Sonne in Form ihrer Tochter wiedererscheinen wird. Viele der Hohen Götter werden zerstört werden, aber einige werden überleben, um eine neue Dynastie zu begründen:

Widar und Wali walten der Weihestatt,
Wenn die Lohe des Surt ist erloschen.
Modi und Magni schwingen den Mjölnir,
Wenn Wingnirs Werke sind verwirkt.[19]

Surt ist der Zerstörer der Welten. Modi (Kraft) und Magni (Macht) sind die beiden Söhne des Wingnir, ein anderer Name für Thor. Mjölnir ist Thors Hammer. Die verbliebenen Götter beginnen gemeinsam mit einem Mann und einer Frau, Lif (»Leben«) und Lifthrasir (»Überleben«), die die Zerstörung überlebten, indem sie sich in den Ästen des Baumes des Lebens versteckten, eine neue Welt aufzubauen. In *Odens Korpgalder* oder »Lied von Odins Leichnam« wird uns vom Ende der Zerstörung erzählt. Wenn sich der Rauch der Ragnarök auflöst, werden die Kräfte der Zerstörung in ihre Höhlen zurückkehren und die überlebenden Götter werden sich erheben. Heimdall der Weiße, der Wächter der Götter, der an der Regenbogenbrücke Bifröst Wache hält, bläst das Horn zum Beginn der Ragnarök und ist auch da, um zu verkünden, daß die Phase der Zerstörung vorüber ist. Sein Hornstoß kündigt die Dämmerung eines neuen Tages an. In den heidnischen Mythen gibt es keine unumkehrbare Endgültigkeit. Der Kosmos hat Jahreszeiten und Zyklen, so wie der Planet auch. Der Phase der Zerstörung folgt eine Periode des Schlafes, der Fimbulwinter, und dann eine neue Manifestation.

1. Tacitus, *Germania*, 9.
2. Elsa-Brita Titchenell, *The Masks of Odin: Wisdom of the Ancient Norse*, S. 36.
3. Lieder-Edda, *Lokasenna* oder »Lokis Zankreden«, siehe Elsa-Brita Titchenell, *The Masks of Odin: Wisdom of the Ancient Norse*, S. 217.
4. Lieder-Edda, *Völuspa* oder »Die Prophezeiung der Seherin«, Verse 19-21 (Übers. frei nach K. Simrock)
5. Freya Aswynn, *Die Blätter von Yggdrasil: Runen, Götter, Magie, Nordische Mythologie & Weibliche Mysterien* (Edition Ananael, 1994²), S. 25.
6. Tacitus, *Germania*, 8.
7. Zitiert in Hilda R. Ellis Davidson, *Gods and Myths of Northern Europe*, S. 95.
8. Hilda R. Ellis Davidson, *Gods and Myths of Northern Europe*, S. 106.
9. Zitiert in Hilda R. Ellis Davidson, *Gods and Myths of Northern Europe*, S. 94.
10. Snorris Prolog, in: Diederichs (Hrsg.), *Germanische Götterlehre, Nach den Quellen der Lieder- und der Prosa-Edda.*.
11. Elsa-Brita Titchenell, *The Masks of Odin: Wisdom of the Ancient Norse*, S. 30.
12. Aus dem *Lodbrok*, dem Totenlied des Ragnar, zitiert in Hilda R. Ellis Davidson, *Gods and Myths of Northern Europe*, S. 150.
13. Zitiert in Hilda R. Ellis Davidson, *Gods and Myths of Northern Europe*, S. 155.
14. Elsa-Brita Titchenell, *The Masks of Odin: Wisdom of the Ancient Norse*, S. 33.
15. Lieder-Edda, *Alvismal* oder »Lied von Allwiß«, Verse 14-15 und 30-31 (Übers. frei nach K. Simrock).
16. Lieder-Edda, *Völuspa* oder »Die Prophezeiung der Seherin«, Vers 5 (Vgl. die Übers. von K. Simrock und F. Genzmers Version in: *Diederichs (Hrsg.), Germanische Götterlehre*.
17. Ibid. Verse 3 und 4.
18. Ibid. Vers 6.
19. Lieder-Edda, *Vaftrudnismal* oder »Lied von Wafthrudnir«, Verse 43-46, 49-50, (Siehe die Übersetzungen von W. Simrock und F. Genzmer.) Odin als Gagnrad (»gewinnbringender Rat«) befragt den Riesen Wafthrudnir in einem Dialog, der darauf abzielt, den Zuhörer zu belehren.
20. *Odens Korpgalder* oder »Lied von Odins Leichnam«, siehe Elsa-Brita Titchenell, *The Masks of Odin: Wisdom of the Ancient Norse*, S. 261-8.

5

Heidnische Traditionen in Nordosteuropa

Die Pfade der Finnen

Das finnische Heidentum hat seine Wurzeln im Schamanismus, und viele seiner Anschauungen sind denen der sibirischen und arktischen Völker ähnlich. Finnland erstreckt sich im Norden über den Polarkreis, und die freie Bewegung der nomadischen Sami oder Lappen aus Sibirien in den Norden Finnlands hat zu einem freien Austausch alter religiöser Ideen geführt. Der Lebensstil vieler nomadischer Völker hat sich bis in die letzten Jahrzehnte nicht verändert, und der Westen muß noch lernen, ihr reiches kulturelles, religiöses und spirituelles Leben vollständig zu verstehen.

In früheren Zeiten ist wenig über die Einwohner des jetzigen Finnland aufgeschrieben worden, aber ein Volk mit dem Namen Fenni[1], die anscheinend Lappen waren, wird von Tacitus als Gesellschaft einfacher Jäger und Sammler beschrieben, die Feuersteinpfeile als Waffen benutzten und wenig materielle Güter besaßen. Diese Menschen wurden nach Norden verdrängt und verschmolzen vom ersten Jahrhundert an zum Teil mit den Finnen, die keine Indoeuropäer waren. Die Finnen selbst sind aus Asien, aus einer Gegend zwischen Wolga und Ural während eines Zeitraums von zwei bis drei Jahrtausenden nach Westen gekommen. Ihre Nachkommen sind die Finnen, Ungarn, Estonier und einige Einwohner der angrenzenden Gebiete der früheren Sowjetunion.

Die finnische Mythologie wurde in zwei Arbeiten niedergeschrieben, in der *Kalevala* und der *Kanteletar*, die im frühen 19. Jahrhundert zusammengestellt wurden. Obwohl dies ein späterer Zeitpunkt als jener ist, zu dem die Eddas oder das Mabinogion niedergeschrieben wurden, ist dieser späte Zeitpunkt relativ. Finnland wurde erst sehr spät christianisiert und stand ungefähr dieselbe Zeit unter christlichem Einfluß wie Wales, als seine keltischen Legenden erstmals zu Papier gebracht wurden. Die *Kalevala*[2] wurde von Elias Löhnrot zusammengestellt und war die Hauptquelle der finnischen Mythologie in der englischsprachigen Welt. *Kalevala* bedeutet »Wohnort des Kaleva«, der ein verborgener Riesenahne der Menschheit war. Die Gedichte der *Kanteletar* sind zwar auf englisch erhältlich, aber wesentlich weniger bekannt. Die *Kalevala* ist eine mündliche Dichtung und darauf ausgerichtet, von zwei Personen vorgetragen oder gesungen zu werden. Die Erzähler arbeiten in Paaren, die sich oft gegenübersitzen, sich an den Händen halten und hin- und herschaukeln, während sie singen, um einen hypnotischen Effekt auf die Zuhörer auszuüben. Diese Art des Gesangs ist im Westen weitgehend unbekannt, obwohl es eine Form des bretonischen Gesangs für zwei weibliche Stimmen ohne Instrumentation gibt, die an diese Praxis erinnert. Manchmal wird sie von Mutter und Tochter gesungen. Die Struktur und der Rhythmus der *Kalevala* sind sehr charakteristisch und so beschaffen, daß sie den Erzählern helfen, die Zeilen im Gedächtnis zu behalten. Es gibt eine Anzahl wiederholter Zeilen oder Echozeilen, die es den Sängern ermöglichen, glatte Übergänge von einem Vortragenden zum anderen zu gewährleisten und das Gedächtnis des anderen zu stützen. Der Rhythmus wird einigen bekannt sein, da ihn der amerikanische Dichter Longfellow in seinem indianischen Gedicht *Hiawatha* benutzt hat. Dieser Rhythmus ist in der Übersetzung schwierig zu vermitteln, doch ist derselbe wie jener, der den Zeilen eines anderen Gedichtes zugrundeliegt:

> I am Fire and I am Water,
> I am that fair Witch-Queen's daughter.[3]

Finnland war seit dem 12. Jahrhundert schwedische Provinz und wurde Anfang des 19. Jahrhunderts von Rußland annektiert. Die *Kalevala* erschien zu einer Zeit, als die Finnen an ihre Unabhängigkeit zu denken begannen, und sie war eine große Stimulation für den finnischen Nationalismus und das Wiederaufleben der finnischen Sprache, die die höheren Gesellschaftsschichten hin und wieder benutzten. Eines der Ziele, warum Elias Löhnrot die *Kalevala* zusammenstellte, war es, bei den Finnen einen Sinn für ihre Identität wiederzuerwecken, der durch die Herrschaft der Nachbarstaaten unterdrückt worden war. Darin war er offensichtlich erfolgreich, denn Kalevala-Tag am 28. Februar ist jetzt ein Staatsfeiertag.

In den finnischen Mythen wird das Universum von der Göttin Ilmater (»Lufttochter«) geschaffen. Am Anfang gibt es keine Erde, nur Luft und Wasser. Für viele Äonen schwebt Ilmater jungfräulich über den Wassern, doch fühlt sie sich in den leeren Weiten einsam. Sie beschließt, auf die Wasseroberfläche herabzusteigen, worauf der Wind schäumende Wellen aufwirft, die sie schwängern. Lufttochter ist keine jungfräuliche Göttin mehr. Sie ist jetzt die Wassermutter. Ilmater schwimmt 700 Jahre oder neun Menschenalter lang schwanger in den Wassern, aber ihr Kind wird nicht geboren. In den Wehen schlägt sie in nach allen Richtungen um sich, bis sie den Gott Ukko, den Gott des Himmels um Hilfe anfleht. Ukko schickt der Wassermutter Ilmater eine urzeitliche Ente, eine Bergente oder möglicherweise eine Krickente. Diese landet auf ihrem Knie, das sie für einen grünen Hügel hält, baut ein Nest darauf und legt sieben Eier. Eines der Eier ist aus Eisen, die anderen sechs sind aus Gold. Obwohl Eisen eine relativ neue Entdeckung ist, ist der Mythos der Schöpfung, die aus einem Ei entspringt, sehr alt, und man findet ihn in Ägypten und in den Mysterien des Orpheus und Mithras. Dion Fortune schreibt über die Schöpferin:

> Die Große Göttin ist sogar älter
> Als die Götter, die die Götter erschufen,
> Denn die Menschen kannten die Aufgabe der Mutter
> Lange bevor sie die Rolle des Vaters verstanden,
> Und sie verehrten den Vogel des Alls, der das Urei legte,
> lange bevor sie die Sonne als den Befruchter verehrten.[4]

Nach einiger Zeit schlüpfen drei der Eier in Ilmaters Nest aus. Dann beginnt das Nest Ilmater zu ärgern, und sie zuckt mit ihrem Knie. Die übrigen Eier fallen ins Wasser und die Schale des eisernen Eis zerbricht. Ilmater benutzt es, um unsere Welt zu erschaffen. Die obere Schale formt den Himmel und die untere die Erde. Der Dotter wird die Sonne und das Eiweiß wird der Mond. Andere Teile des Eis werden die Sterne und die Wolken. Nach neun weiteren Jahren beginnt Ilmater mit der Schöpfung. Sie hebt ihre Hand und ordnet die Landzungen an. Sie formt Hügel, Inseln, unter Wasser liegende Höhlen, Steine und Riffe. Nach weiteren 30 Sommern beginnt Ilmaters Kind, sich aus ihrem Schoß zu kämpfen. Die Erde ist geschaffen, ebenso wie die Bedingungen, die für sein Überleben notwendig sind. Das Kind, das geboren wird, ist Väinämöinen, der erste Schamane und unsterbliche Barde. Väinämöinen ist schon vor seiner

Geburt alt und sehr weise. Er vervollständigt das Schöpfungswerk seiner Mutter und unterrichtet den jungen Gott Sampsa Pellervoinen (»Starkes Feld«), die Welt zu besäen.

Die finno-ugrischen Völker hatten einige religiöse Ideen, die jenen der nordischen Völker ähnlich waren, so daß beide auf einen gemeinsamen Ursprung zurückgehen könnten. In der finnischen Kosmologie gibt es drei Reiche: die Oberwelt, die Unterwelt und die Welt des alltäglichen Bewußtseins, die Mittelerde entspricht. Die Unterwelt und das Heim der Toten ist Tuonola oder Manala. Tuoni ist der Herr der Toten und sein Heim Tuonola liegt auf der anderen Seite des Flusses Tuoni, auf dem der Schwan des Tuonala schwimmt. Die Idee eines Weltenbaums, ähnlich dem nordisch-germanischen Yggdrasil, gibt es ebenfalls in der finno-ugrischen Religion. Einige finno-ugrische Völker glaubten, daß sich die Seelen der Ungeborenen in den Ästen des Weltenbaums versammeln und daß unsere Schicksale auf seinen Blättern geschrieben stehen. Wenn ein Blatt fällt, stirbt ein Mensch. Der Himmel wird von vier Säulen getragen. Im Zentrum steht der Polarstern. Er ist der Nagel, an dem das Himmelszelt hängt.

Finnland ist in eine Anzahl Provinzen aufgeteilt. Der östliche Teil, der an Rußland grenzt, hat andere Gottheiten als der westliche Teil, aber sie sind sich darin ähnlich, daß sie Gottheiten eines Volkes des nördlichen Klimas sind, das zum Teil Ackerbau betreibt, aber hauptsächlich jagt. Die erste Liste finnischer Gottheiten wurde erst sehr spät, in der Mitte des 16. Jahrhunderts zusammengestellt – einige Jahrhunderte nach der Einführung des Christentums. Sie wurde vom christlichen Bischof Mikael Agricola auf den Seiten eines Psalters niedergeschrieben. Andere Götter und Göttinnen sind uns aus der *Kalevala* bekannt. Nach diesen beiden Quellen ist Ukko, der Gott des Himmels und des Donners, einer der bekanntesten finnischen Götter. Die Jäger rufen ihn an, wenn sie Bären jagen, damit er ihnen Schnee schickt, um die Spuren zu finden. Ukko wird auch bei Heilungen um Hilfe angerufen. Ukkos Frau ist Rauni, die Göttin des Blitzes und der Winde, aber auch die Göttin der Erde. Die Sami, das Volk der Lappen, nennen sie Raunda, was »unfruchtbar« bedeutet, denn sie konnte keinen Nachwuchs bekommen. Die Eberesche ist ihr heilig und es wird gesagt, daß sie Blitze abwehrt.

Gottheiten des Waldes waren ebenfalls sehr wichtig. Zwei der meistverehrten Gottheiten im modernen finnischen Heidentum sind die Göttin Mielikki und der Gott Tapio. Mielikki ist sehr schön. Sie trägt einen blauen Mantel und wird »die Goldene« oder »die Ziehmutter des Bären«

genannt, da sie den Bären aus einem Knäuel Wolle erschuf. Das Wort Mielikki stammt von *mieli*, Geist, ab, und sie wird mit der Intelligenz oder dem Geist des Waldes gleichgesetzt. Kati-ma Koppana beschreibt Mielikki in *The Finnish Gods*[5] als »goldenen Sommer, als Wald, der nach Harz duftet, einem süßen, weihrauchartigen Geruch, als Wald voller Blaubeeren, wilder Pilze und Himbeeren, die am Waldrand und auf den Lichtungen wachsen«. Sie ist die Essenz, die die Sinne bewegt, trunken macht und erfreut. Mielikki besitzt die Schlüssel zur Speisekammer des Waldes und läßt die Tiere hinaus, wenn die Jäger sie anrufen und die richtigen Opfer darbringen. Steine mit einer Vertiefung in ihrer Mitte für Opfer von Milch oder Honig werden in Finnland noch immer gefunden.

Tapio wird »alter Mann des Waldes« genannt, »Herr des Hügels«, »Geschenkegeber« und »Starker Gott«. Tapio herrscht über die Jagd. Er trägt Tiere an seinem Gürtel, und wenn die Jäger ihn auf die richtige Weise anrufen, dann läßt er die Tiere zu ihnen. Tapio trägt einen Mantel aus Moos, einen Hut aus Tannenzweigen oder Fichtennadeln und goldene Verzierungen an seiner Brust. Er sichert das Ziel des Jägers und gibt Rat, wo Tiere zu finden sind. Die Bilder Mielikkis und Tapios sind denen von Tom Bombadil und Goldberry in J. R. R.Tolkiens *Herr der Ringe* sehr ähnlich. Tolkien kannte Mielikki und Tapio, da er die *Kalevala* gelesen hat, und sie könnten seine Figuren im *Herrn der Ringe* beeinflußt haben. Tapio erinnert auch an Tolkiens Ents. So wie er Macht über die Tiere hat, ist er auch verantwortlich für das Wachstum des Waldes. Er hat viele Attribute, die jenen der Devas oder Dryaden ähnlich sind. Es wird gesagt, daß Tapio sehr an einen alten Baum erinnert. Dusty Miller, ein bekannter heidnischer Waldbewohner, beschreibt die Dryaden:

> Nicht jeder Baum hat eine Dryade, genauso wenig wie wir eine Seele oder ein höheres Selbst haben. Es ist vielmehr umgekehrt: Genauso wie unser höheres Selbst einen physischen Körper hat, so hat eine Dryade eine Gruppe von Bäumen, die ihren physischen Körper bilden. Da sie ein Gruppenwesen ist, ist es für eine Dryade völlig normal, einen Hain, einen ganzen Wald oder eine Gruppe von Bäumen als vielfache Teile ihres physischen Körpers zu haben.[6]

Dusty Miller fährt fort, daß jedes Baumvolk oder jede Baumart ihre eigene Dryade hat. In Finnland gibt es eine Anzahl weiblicher Helferinnen von Mielikki, die Sinipiikat oder »Blaue Jungfrauen« genannt werden und die diese Funktion erfüllen. Pihlajatar z.B. ist die Sinipiika der Eberesche.

Studien über die Stämme der finno-ugrischen Völker, die ihre heidnische Religion bis in dieses Jahrhundert praktiziert haben, lassen erkennen, daß die religiösen Feiern von Schamanen, die sowohl Frauen als auch Männer sein konnten, oder von den Leuten selbst durchgeführt wurden. Das Hauptfest des finnischen Jahreszyklus ist *Ukon Vakat* oder Ukkos Tag am 4. April. Zu Ukkos Tag wird das Ende des Frühlingspflügens gefeiert, ein Ereignis, das in Finnland viel später stattfindet als in Westeuropa. Dies war ein festlicher Anlaß, eine Zeit, in der man sich nach der ersten harten Arbeit des Frühlings und vor dem Beginn des Säens ausruhte. Diese Feiern beinhalteten exzessiven Biergenuß und sexuelle Ausgelassenheit.

Einige Riten, die denen des mediterranen Heidentums ähnlich sind, findet man in Verbindung mit den landwirtschaftlichen Gottheiten. Es gibt in der *Kalevala* Hinweise auf einen Vegetationsgott, der dem ägyptischen Osiris gleicht. In den finnischen Mythen wird Lemminkäinen durch Märkähattu in Stücke geschnitten, und sein Körper wird in einen Fluß geworfen. Er wird wiederbelebt, als seine Mutter seine Überreste findet und sie wieder zusammensetzt. Sie ruft dann die Biene an, um Honig zu bringen und ihn wiederherzustellen. Die Heilige Hochzeit wurde in der finnischen Religion vollzogen, um das Wachstum der Felder zu unterstützen. Sampsa Pellervoinen ist der Gott, der den Finnen als erster die Landwirtschaft brachte, nachdem es ihm Väinämöinen, der erste Schamane, aufgetragen hatte. Sampsas Geschichte wurde an Ukkos Tag gesungen, um eine gute Ernte zu sichern. Im Frühling liegt er bei seiner Mutter, der Erde, um Fruchtbarkeit zu bringen. Einige Quellen beschreiben, daß Sampsa auf einem Wagen voll Korn zur Zeremonie kommt[7]. Interessanterweise wird jedoch auch beschrieben, daß er in einem Boot voll Korn kommt[8], was nahelegt, daß das Wissen um den Ackerbau und die darüber herrschende Gottheit durch Einwanderer aus südlicheren Ländern nach Finnland gebracht worden sind.

Es gibt aber auch andere finnische Feste. Zur Zeit des christlichen Palmsonntag gibt es in Westfinnland ein Fest, das dem amerikanischen und keltischen Halloween ähnelt. Kinder verkleiden sich als Hexen und besuchen am Morgen die Häuser des Dorfes. Sie tragen einen Korb voller Weidenzweige, der mit bunten Federn geschmückt ist. Diese Zweige werden vor den Häusern hin- und hergeschwungen, und ein Zauber wird über sie gesprochen, bevor sie dem Haus als Segen überreicht werden. Danach erhalten die Kinder Süßigkeiten.

Moderne Heiden in Finnland haben ihren eigenen Jahreszyklus entwickelt, der Ukkos Tag beinhaltet. Die Riten sind einfach und werden oft im Freien abgehalten, sogar bei Schnee. In den letzten Jahren hat sich Wicca mit der finnischen Tradition verbunden, um eine finnische Synthese der Religion der Göttin und des Gottes zu bilden, in der Mielikki und Tapio die Hauptgötter sind.

Die Götter der Balten

Die baltischen Länder Litauen, Lettland und Estland liegen im Nordosten Europas, in einem Gebiet, das früher ein Teil der Sowjetunion war. Ihre Völker haben diese Gegend seit rund 4000 Jahre bewohnt. Es gibt viele Ähnlichkeiten zwischen den litauischen und den lettischen Gottheiten, die alle indoeuropäischen Ursprungs sind. Die indoeuropäischen Wurzeln der Völker sind besonders in Litauen offensichtlich, wo die Sprache viele Worte aus dem Sanskrit in fast unveränderter Form enthält. Die estonischen Gottheiten sind anders. Estland liegt genau gegenüber von Finnland auf der anderen Seite des Finnischen Meerbusens, und beide Völker haben gemeinsame Sprachwurzeln. Seine Götter gleichen eher den finnischen Göttern und seine Mythen sind in der *Kalevipoeg* aufgeschrieben, die der finnischen *Kalevala* ähnlich ist.

Das baltische Heidentum ist eine der aktivsten und lebendigsten Traditionen des europäischen Heidentums. Das Christentum kam erst sehr spät in die baltischen Länder. Seine Völker sind stolz auf ihr heidnisches Erbe, und sie betonen, daß sie die letzte Gegend Europas waren, die christianisiert wurde. Heute ziehen heidnische Versammlungen Tausende von Menschen an, die glauben, daß die Teilnahme an den Riten ihrer Vorfahren ein wichtiger Teil ihres kulturellen Erbes ist. In Litauen gibt es eine starke heidnische Kirche und eine Organisation namens *Romuva*, die das litauische Heidentum vertritt und auch in den Vereinigten Staaten aktiv ist. Eine ähnliche Organisation gibt es auch in Lettland.

Die baltischen Völker waren Ackerbauern und ihre Gottheiten spiegeln dies wider. Die Götter der Balten, ihre Mythologie und ihre Feste zeichnen sich durch eine Freude am irdische Leben und die Liebe zur Lebenskraft aus. Man nimmt oft an, daß die Gottheiten Bauernhöfe auf heiligen Hügeln oder himmlischen Bergen bewohnen. Die Götter sind arbeitsam, bewirtschaften ihre Höfe und pflegen die Gärten und Felder.

In der baltischen Religion gibt es einige mächtige Göttinnen. Wie in den meisten indoeuropäischen Religionen ist die Sonne weiblich. In Litauen wird sie Saule genannt, was »Sonne« heißt. Sie wird als schöne Frau mit goldenem Haar, seidener Kleidung, einem goldenen Wollschal, einer goldenen Krone und goldenen Ringen dargestellt. Sie ist eine gütige und schützende Göttin, die angerufen wird, um Menschen in Not zu helfen und die Kranken zu heilen. Sie ist auch eine Fruchtbarkeitsgöttin, eine Schutzpatronin der Frauen, und sie wird angerufen, um Hochzeiten zu segnen. Während des Tages fährt sie in einem prachtvollen Wagen über den Himmel, wobei der Weg, den sie nimmt, die Länge des Tages bestimmt. In der Nacht sinkt sie in das Meer.

Saule liegt bei ihrem Bruder, dem Mondgott Meness. Er hat zwei Pferde, den Morgen- und den Abendstern. Die litauische und lettische Mythologie kennt auch einen Himmelsgott, der im Lettischen Dievs und im Litauischen Dievas genannt wird. Dieses Wort besitzt einen ähnlichen Ursprung wie Zeus. Dievas trägt einen silbernen Mantel und einen grünen Hut, die an Odin erinnern. Wie Odin besucht er die Leute, die ihm auf seinen Reisen begegnen. Er hilft auch dabei, die Felder zu bestellen.

In der litauischen Mythologie ist die Erdgöttin Zemyna oder Zemynele die Schöpferin der Welt. Im Lettischen wird sie Zemes Mate, Erdmutter genannt. Sie gibt und erhält das Leben und bringt Gesundheit und Wachstum. Sie nimmt auch die Toten auf und wandelt den Tod in neues Leben.

Die Verehrung der Göttin hielt bis in zum 17. Jahrhundert an. Opfergaben wie Bier und Ferkel wurden dargebracht, und das Erntefest wurde von einer Priesterin geleitet. Im Frühling wurde sie als die schwangere Mutter verehrt, und viele Rituale für Zemyna begleiteten die Aussaat im Frühling. Im baltischen Heidentum, in dem die gesamte Natur als heilig betrachtet wird, ist die Erdgöttin Zemyna die universale Mutter. Man durfte nicht über sie scherzen oder auf sie spucken. Die Erde wurde oft geküßt, bevor man mit der Arbeit anfing oder zu Bett ging. Sie wurde auch von jenen angerufen, die einen Eid schworen oder Gerechtigkeit suchten. Ihr werden täglich wie auch zu den Festen Geschenke dargebracht.

Ähnlich wie in der keltischen Religion und anderen indoeuropäischen Traditionen werden Wasser und Feuer als heilige Elemente angesehen. Beide spielen eine große Rolle in den jahreszeitlichen Festen.

Das Schicksal wird in der litauischen und lettischen Mythologie als dreifache Göttin, Laima Dalia Giltine, verehrt. Laima wird entweder als Frau oder als Vogel dargestellt. In ihrer Erscheinungsform als Frau wird sie als schön und hell beschrieben. Sie ist in feine Gewänder gekleidet und trägt silberne Broschen und Blumen in ihrem Haar. Sie bestimmt den Lebensweg des neugeborenen Kindes bei seiner Geburt. Opfergaben aus geflochtenen Zöpfen und Wollfäden werden ihr dargebracht. Zu Hochzeiten gewährt sie den Frischverheirateten ein gutes Leben. Sie bestimmt auch die Stunde des Todes. Die Leute opferten Laima auf Steinen, die Fußabdrücke aufwiesen. Diese werden »Stühle der Laima« genannt. Dalia bestimmt Gesundheit und Wachstum sowie das Schicksal des Einzelnen. Giltine ist die Göttin des Todes. Sie wird als alte Frau mit blauem Gesicht und grauweißen Haaren beschrieben. Wie bei der nordisch-germanischen Göttin Hel ist Blau hier die Farbe des Todes. Giltine reist unbemerkt von allen durch die Welt, außer von Sterbenden und Hunden, die psychisch empfänglich genug sind, um ihre Anwesenheit wahrzunehmen.

Die Veles sind die Schatten der Vorfahren. Sie werden am Schrein des Hauses geehrt, der in ländlichen Gegenden für Hunderte von Jahren in derselben Familie blieb. Die Veles können auch Bäume bewohnen.

Die Balten haben einen Jahreszyklus von acht Feiertagen. Die Sonnenwenden und Tagundnachtgleichen werden neben vier anderen Festen gefeiert, die für das landwirtschaftliche Jahr wichtig sind, aber nicht genau dieselben wie im westlichen Europa sind. Die Vorbereitungen für die Wintersonnenwende beginnen an dem Tag, an dem die Bären ihren Winterschlaf beginnen. Dieser wird – statt der Sonnenwende – als erster Wintertag betrachtet. Die Wintersonnenwende ist die Zeit, zu der sich die Gezeiten des Todes und des Lebens wenden. Am ersten Tag des Winters wird ein Kirschzweig in Wasser gestellt, so daß der Zweig zur Sonnenwende Wurzeln schlägt, um die Hoffnung auf neues Leben zu symbolisieren.

Die Wintersonnenwende wird durch zwei eintägige Feste markiert – Kucios und Kaledos. Kucios ist ein Fest für die Veles oder Ahnen, die Frühling und Sommer in den Feldern verbringen, wo sie die Ernte beschützen und segnen. Nach der Herbsternte kommen sie nach Hause. Zu Kucios wird ein Hain aus hölzernen Vögeln und Strohvögeln mit einer Sonne aus Stroh hergestellt, um das Haus zu schmücken. Kerzen werden entzündet und eine Tafel für die Veles hergerichtet, mit Brot, Salz und Kucia-Brot, das traditionell aus dreizehn verschiedenen Zutaten besteht, die die lunaren Monate repräsentieren. Darin enthalten sind Korn, Erbsen, Bohnen, Nüsse und Honig. Mit dem Wechsel zum Sonnenkalender wurden die Lebensmittel auf zwölf reduziert. Die Lebenden sitzen an der Tafel, die mit Heu und einem Tischtuch bedeckt ist. Die Feiern beginnen, wenn der Abendstern am Himmel erscheint. Um sich für die Feier vorzubereiten, baden alle und jeder Streit wird beigelegt. Der älteste Anwesende spricht dann die Anrufung der Erdmutter und bricht das Kucia-Brot:

> Zemepatis, wir danken dir
> Für das gute Brot, das du uns gegeben hast.
> Hilf uns die Felder zu bestellen, während wir dich segnen,
> So daß Zemynele uns weiterhin deine guten Gaben gibt.[9]

Bier wird getrunken und ein Trankopfer für die Veles ausgegossen. Dann gibt es ein Festmahl aus Preiselbeermarmelade, heißer Beetesuppe, Pilzknödel, Kohl und Fisch. Fleisch und Milchprodukte dürfen nicht gegessen werden. Am Ende des Festmahls wird Korn in den Herd geschüttet und ein Ast, der das alte Jahr repräsentiert, wird verbrannt.

Zu Kaledos, dem nächsten Fest, wird die Wiedergeburt von Saule Motule, Mutter Sonne, gefeiert. Die Leute tragen Bilder der Sonne durch die Felder und Dörfer und wünschen jedem Wohlergehen. Dies ist auch die Zeit des alten Mannes Kaled, der dem Weihnachtsmann ähnelt. Traditionell gehen Prozessionen von Menschen in Tierhäuten – als Ziegen, Bullen, Pferde und Kraniche verkleidet – durch die Dörfer. Dieser Brauch ist insofern interessant, als er dasselbe Neujahrsfest ist, das früher in Europa verboten wurde, z.B. Ende des 7. Jahrhunderts durch Theodore, Erzbischof von Canterbury, der sagte, daß sie »das neue Jahr feiern, indem sie sich als Stier- oder Hirschgott verkleiden und den alten Göttern opfern«[10]. Dies geschah in Litauen ein Jahrtausend später immer noch. So werden derlei Dinge erhalten.

Frühlingsmorgen in Litauen ist ein Fest der Lebenskraft. Verbas werden hergestellt, die den Birkenzweigen ähneln, die als Teil einer Saunabehandlung dazu verwendet werden, um die Haut zu schlagen. Verbas werden aus Wacholder-, Weiden- oder auch Birkenzweigen gebunden und mit Blumen und buntem Papier verwoben, um die Lebenskraft zu symbolisieren. Am Morgen der Frühlingstagundnachtgleiche versucht jeder, so früh wie möglich aufzustehen, um die anderen Mitglieder der Familie wachzuschlagen! Man glaubt, daß diese überraschende Alternative zum Wecker gute Gesundheit bringt. Der »Einschläger« wird mit einem bunt bemaltem Ei belohnt, das »Margutis« genannt wird und für das neue Leben steht. Das Ei symbolisiert das kosmische Ei, aus dem die Schlange Gyvate kam, um Leben und Fruchtbarkeit zu bringen. Die Erde wird ebenfalls geschlagen, um die Lebenskraft aus ihrem Winterschlaf zu wecken.

Zur Frühlingstagundnachtgleiche gibt es auch Feuerzeremonien. Der Winterherd wird gelöscht, und ein neues Feuer wird im Freien mit einem Feuerstein entzündet. Junge Leute gehen von Haus zu Haus, musizieren und teilen Eier als Glücksbringer aus.

Der Bruder der Erdgöttin Zemyna ist Zemepatis, der Beschützer des Hofes und Haushalts. Er ist der Schutzpatron des Sambariai-Rituals, das Ende Mai gefeiert wird, um das Ende des Frühlingsaussaat zu markieren. Sambariai war mehr ein Fest des einzelnen Haushalts als der Gemeinschaft. Die Familie und die Arbeiter des Bauernhofes versammeln sich in den Feldern, essen, trinken und singen heilige Lieder, die *Dainos* genannt werden, sowie Kanons, die *Sutartines* heißen. Der Kanon, bei dem eine Gruppe von Leuten nach der anderen eine Zeile eines einfachen Liedes oder Gesanges beginnt, wird im heidnischen Ritual oft benutzt, um den ewigen Zyklus der Lebenskraft zu symbolisieren. Dainos haben einen ähnlichen poetischen Rhythmus wie die *Kalevala*. Fleisch wird gegessen und ein besonderes Bier wird für den Anlaß gebraut. Zum Segen wird getrunken, um allen eine gute Ernte zu wünschen, und ein Trankopfer aus Bier wird auf den Boden gegossen, um Zemepatis zu ehren:

> Sternengott, wir flehen dich an
> Auf Korn, Felder, Blumen und Tiere
> Gnadenreich und hell zu scheinen.

Das Fest wird mit einer Prozession um die Felder abgeschlossen, wobei die langen Dainos von einer Gruppe gesungen und dann von einer anderen Gruppe wiederholt werden. Die Lieder sollen die Felder segnen, um das Wachstum zu fördern und die Ernte zu schützen.

Mittsommer ist Fest des *Rasa*, des Taus. Man glaubt, daß der frühe Morgentau der Sonnenwende große Heilkräfte besitzt, und wenn man sich nackt darin wäscht, soll dies die Schönheit erhöhen. In der Nacht werden Tücher über die Felder gezogen, so daß der Tau darin hängenbleibt und zur Heilung benutzt werden kann. Eine Stange, die *Kupole*, wird für das Fest aufgestellt, um den Weltenbaum darzustellen. An der Spitze befindet sich ein dreigeteilter Ast, der in einigen Teilen Litauens für die drei Äste des Weltenbaumes steht, die die Sonne, den Mond und die Sterne aufgehen lassen. Die Stange ist dem Maibaum ähnlich, und viele der Mittsommerbräuche sind den Maibräuchen in den wärmeren Ländern Europas ähnlich. Am Mittsommermorgen flechten die Frauen Blumenkränze und die Männer tragen Eichenkränze, die in Westeuropa als »Krone des Grünen Mannes« bekannt sind. Im Südwesten Litauens wird der Baum mit Blumengirlanden und Bändern geschmückt. Unverheiratete Mädchen stehen mit dem Rücken zur Stange, werfen Blumenkränze über ihre Köpfe und versuchen, sie über die Äste des Baumes zu werfen. Die Anzahl der nötigen Versuche, bis sie es schaffen, wird als Zahl der Jahre gedeutet, die bis zu ihrer Hochzeit vergehen werden. In anderen Teilen der baltischen Länder werden die Blumenkränze der Frauen mit den Eichenkränzen der Männer auf die Wasseroberfläche gelegt. Wenn zwei Kränze zueinander schwimmen, wird dies als Omen für eine Hochzeit angesehen.

Zu Mittsommer wird das Herdfeuer wieder gelöscht, und zu den *Aukuras* oder Opferfeuern wird ein neues Feuer entzündet. Paare springen über das Feuer, und wenn sie sich dabei nicht loslassen, soll dies eine erfolgreiche Beziehung bringen. Neuverheiratete Paare bringen die Asche des Opferfeuers in ihr Haus, um ein harmonisches Eheleben zu sichern. Strohpuppen, die alles Alte repräsentieren, werden verbrannt und brennende Räder werden hügelabwärts gerollt, um die Sonne willkommen zu heißen. Während der Nacht gibt es eine Wache, um den Morgen zu begrüßen. Die Leute laufen durch die Felder, um die wachsende Ernte zu grüßen, und essen dann eine besondere Mahlzeit aus Käse, Eiern und Bier, die auf ein Tuch mit Kräutern gelegt wird.

Sowohl die finnische Tradition als auch die der baltischen Länder sind für die Leute in den nordöstlichen Regionen Europas am passendsten, aber sie haben auch anderen Heiden viel zu erzählen, da sie für einige der in jüngster Zeit praktizierten heidnischen Traditionen stehen. Durch die Öffnung des Kontaktes zwischen den baltischen Ländern und der westlichen Welt haben wir die Gelegenheit, mehr über diese blühenden Traditionen des Heidentums zu erfahren.

1. Tacitus, *Germania*, 46, in: *The Agricola and The Germania*, S. 141.
2. Elias Löhnrot, *The Kalevala*, K. Bosley (Übers.).
3. »Ich bin Feuer und ich bin Wasser; Ich bin die schöne Tochter der Hexenkönigin.«
4. Dion Fortune, *The Sea Priestess*, S. 93.
5. Kati-ma Koppana, *The Finnish Gods*, S. 18.
6. Dusty Miller, in: *Moonshine Magazine*, S. 23, Birmingham, 1990.
7. *Starlight Magazine*, S. 24, Helsinki, 1989.
8. Kati-ma Koppana, *Snakefat and Knotted Threads: A Short Introduction to Finnish Magic*, S. 37.
9. Siehe *Romuva USA*, No. 2, Wintersonnenwende 1990.
10. *Liber Penitentialis* von Theodore, Erzbischof von Canterbury.

6

Wicca

Wicca ist die Religion der Hexenkunst, die oft auch »Weisenkunst« oder einfach »die Kunst« (engl.: *craft*) genannt wird. Wicca ist einer der lebendigsten Zweige des heidnischen Wiedererwachens, und das Wort Hexenkunst hat nicht mehr nur die Bedeutung einer bestimmten Form der Magie, in der Gesänge und Zaubersprüche benutzt werden, sondern die eines ganzen Systems heidnischer Philosophie und religiösen Glaubens.

Das Wort Hexe ist ein schwieriger Begriff, da es mit der negativen Bedeutung von ausschweifenden Orgien und schwarzer Magie beladen ist. Jenen, die Hexen aus Märchen oder aus Shakespeares *Macbeth* kennen – alte Frauen mit langen Nasen, die auf windigen Heiden im Kessel rühren, schwarze Katzen streicheln und auf Besen reiten – mag es seltsam vorkommen, Hexerei als Religion anzusehen. Dennoch ist die Hexenkunst heute eine heidnische Religion und wird oft die »Alte Religion« genannt. Hexen verehren nicht den christlichen Teufel, wie es bestimmte sensationslüsterne, christlich-fundamentalistische Zeitungen, die nichts besseres zu drukken haben, gerne hätten, sondern zwei der ältesten Formen des Göttlichen – die große Muttergöttin und ihren Gefährten, den Gehörnten Gott.

Die Arbeit der Anthropologin Margaret Murray hat das Wiedererwachen des Wicca und des eklektischen Heidentums im 20. Jahrhundert stark beeinflußt. 1921 veröffentlichte sie ihr berühmtes Werk *The Witch-Cult in Western Europe: A Study in Anthropology* [1]. Darin analysiert sie die Hexenverfolgungen des 16. und 17. Jahrhunderts, und sie argumentiert, daß die Inquisitoren nicht Satansanbeter oder unbeliebte alte Frauen verfolgten, sondern eine heidnisch-religiöse Untergrundbewegung bekämpften, die den Gehörnten Gott verehrte. Für Margaret Murray waren die Anhänger der Alten Religion jene, die den älteren Glauben während der

Jahrhunderte christlicher Verfolgung im Geheimen bewahrt hatten. In entlegenen Dörfern trafen sich Leute in kleinen Gruppen (Covens), praktizierten die Riten ihrer Vorfahren und bewahrten das Wissen um Kräuter und Pflanzen, was die traditionelle Kunst der dörflichen weisen Frauen und wissenden Männer war.

Magaret Murrays Buch war eine von mehreren Arbeiten, die im 19. und frühen 20. Jahrhundert veröffentlicht wurden und die europäischen Hexenverfolgungen neu bewerteten. Wenn wir in den englischsprachigen Ländern von Margaret Murray sprechen, dann denken wir an sie als die erste, die in der Hexenkunst die letzten Überreste europäischen Heidentums sah, doch waren die ersten, die diese Theorie aufstellten, deutsche Gelehrte des 19. Jahrhunderts. Karl Ernst Jarcke, ein Professor für Kriminalrecht an der Universität von Berlin, schließt aus seinem Studium der Protokolle eines deutschen Hexenprozesses des 16. Jahrhunderts, daß die Hexenkunst eine Naturreligion war, die einen Überrest der vorchristlichen, heidnischen Glaubensformen darstellte. Eine etwas komplexere Theorie vertrat Franz Josef Mone, Direktor der Archive zu Baden. Man hatte zu dieser Zeit wenig Verständnis für die europäische heidnische Tradition, und die Gelehrten nahmen meist an, daß jeder halbwegs ausgereifte Glaube seinen Ursprung in Griechenland oder Rom gehabt haben muß. Mone erklärte die ekstatischen Praktiken, die er in den Darstellungen der Hexenprozesse gefunden hatte, damit, daß sie durch Kontakte zu germanischen Stämmen, die die Nordküste des Schwarzen Meeres bewohnten, aus den griechischen Kulten der Hekate und des Dionysos hervorgegangen seien. Diese Stämme hatten das, was wir heute schamanische Praktiken nennen würden, und den Glauben an einen Kult übernommen, in dem der Gehörnte Gott verehrt und Magie ausübt wurde. Eine französische Sicht, die auf mittelalterlichen Darstellungen der Verehrung der Göttin Herodias in Frankreich beruhte, wurde durch den Historiker Jules Michelet in seinem 1862 erschienenen Buch *La Sorciere* vermittelt.

Die Religion, die von Margaret Murray, Jarcke, Mone, Michelet und anderen beschrieben wurde, traf bei einer großen Anzahl von Menschen in Europa auf reges Interesse. Es lag eine immense psychologische Anziehungskraft in der Idee, daß Leute in entlegenen Dörfern über Jahrhunderte hinweg ein Heidentum praktizierten, das den Leuten Macht verlieh und auch im Geheimen von Adligen und Angehörigen der Königshäuser ausgeübt wurde. Das Interesse an der Hexenkunst als Alte Religion entwickelte sich in der englischsprachigen Welt von 1950 an, inspiriert durch die

Veröffentlichung der Bücher von Gerald Brousseau Gardner in den späten 40er und frühen 50er Jahren. Durch seine Kontakte mit dem *Rosicrucian Theatre* in Christchurch traf Gardner in den 30er Jahren eine Gruppe von Hexen aus New Forest. Dies waren keine einfachen Dorfhexen, sondern gebildete Leute mit einer Ausbildung in ritueller Magie, die Kontakte zu traditionellen Hexengruppen unterhielten. 1939 wurde Gerald Gardner in den Wicca-Kult eingeweiht. Seine Mithexen wollten die Kunst nicht bekanntmachen, doch Gardner veröffentlichte seine Informationen verschlüsselt unter seinem Hexennamen *Scire* (d.h.»wissen«) in seinem Roman *High Magic's Aid* [2], dem später zwei nicht-fiktive Arbeiten – *Witchcraft Today* [3] und *The Meaning of Witchcraft* [4] – folgten. Dies waren die ersten Darstellungen der modernen Hexenkunst.

Gerald Gardners Büchern folgte in den 50er und 60er Jahren eine Flut von Veröffentlichungen, Artikeln und Büchern von und über andere führende Vertreter des Wicca wie Alex und Maxine Sanders, Pat und Arnold Crowther und Doreen Valiente. Die Religion des Wicca mit ihrer Betonung der Göttin schien eine Bewegung zu sein, für die die Zeit reif war. Wicca verbreitete sich schnell, zuerst in den Vereinigten Staaten und in anderen englischsprachigen Ländern, dann im nicht-englischsprachigen Europa und in jüngerer Zeit auch in anderen Teilen der Welt. Die Verbreitung der Kunst erhielt in den 70er und 80er Jahren durch die Arbeiten von Janet und Stewart Farrar, Marian Green, Starhawk, Scott Cunningham und meine eigenen Arbeiten ein weiterer Anstoß.

Es gibt einige Ähnlichkeiten zwischen Wicca und dem Druidentum. Philip Carr-Gomm, Oberhaupt des *Order of Bards, Ovates and Druids*, sieht sie als »Bruder und Schwester«, die »aus derselben Familie stammen und daher familiäre Eigenschaften teilen, aber auch eigenständig sind, mit Eigenschaften, die nur für sie charakteristisch sind«[5]. Beide Pfade betonen die Entwicklung einer engen Beziehung zur Natur, und ihre Riten finden oft im Freien statt. Beide betonen auch die Wichtigkeit der Sorge um die Erde. Die magischen Praktiken der Hexen zielen oft auf den Schutz der heiligen Orte ab. Ein Unterschied ist jedoch, daß das Druidentum im Gegensatz zum Wicca rein keltisch ist. Ein anderer Unterschied ist der, daß das Druidentum mehr auf die Sonne ausgerichtet ist und Wicca eher auf den Mond. Die Rituale der Druiden finden normalerweise bei Tage oder am Morgen statt. Die Rituale des Wicca werden im Mondlicht ausgeführt. Das Druidentum ist mehr auf den Gott bezogen und Wicca eher auf die Göttin.

Traditionen des Wicca

In der Welt gibt es vier Hauptzweige der Kunst. Diese sind als »traditionelles«, »vererbtes«, »gardnerisches« und »alexandrisches« Wicca bekannt. Die traditionellen Gruppen umfassen eine Anzahl verschiedener örtlich getrennter Traditionen, die auch Außenstehende aufgenommen haben, von denen einige die Tradition in andere Länder, mehrere tausend Meilen von ihrem ursprünglichen Herkunftsort entfernt, gebracht haben. Obwohl diese Traditionen verschieden sind, sind ihre Gottheiten, die Form der Verehrung, ihre Sprache, ihr Symbolismus und ihre Philiosophie ähnlich genug, um sie als verschiedene Formen einer Religion erkennen zu können. Vererbte Traditionen sind ähnlich, werden aber nur durch die Blutlinie und manchmal auch durch die Ehe weitergegeben. Gardnerisches und alexandrisches Wicca gehen zum Großteil auf eine Tradition zurück, die in der Gegend von New Forest im Süden Englands ihren Ursprung hat, obwohl sie auch durch den Kontakt mit anderen britischen Traditionen befruchtet wurde. Der Begriff Wicca wird in der alexandrischen und gardnerischen Tradition häufiger benutzt als in anderen Traditionen, und vererbte Hexen ziehen es vor, ihre Religion einfach »die Kunst« zu nennen. Der Einfachheit halber verwende ich beide Begriffe austauschbar.

Wicca besitzt keine zentrale Autorität, sondern besteht im Prinzip aus autonomen Covens, die von den Ältesten geleitet werden. Obwohl die Covens mit dem Elterncoven, aus denen die Ältesten kamen, in Kontakt stehen, gleicht die Struktur eher einem losen Netz als einer hierarchischen Pyramide. Es gibt auch Hexen, die lieber allein die Götter verehren und ihre Kunst ausüben. Sie können von einer anderen, allein arbeitenden Hexe unterrichtet worden sein oder ihre eigene Praxis entwickelt haben, die auf den veröffentlichten Quellen und ihrer eigenen Inspiration beruht.

Die Gottheiten der Hexen

Im Wicca wird das Göttliche in jenen Formen verehrt, die auch von einigen unserer frühesten Vorfahren verwendet wurden – als die dreifache Göttin, deren Aspekte Jungfrau, Mutter und Greisin mit der zunehmenden, vollen und abnehmenden Phase des Mondes assoziiert werden, und den Gehörnten Gott. Die Namen, die verwendet werden um den Gott zu verehren, sind Cernunnos oder Herne, von denen beide »Gehörnter« bedeuten.

Herne ist seinem Ursprung nach keltisch, im Wicca hat er jedoch einige Eigenschaften angenommen, die auf den Odin unserer nordisch-germanischen Vorfahren zurückgehen. Zu Samhain etwa, dem Fest der Toten, wird der Gott als »Gehörnter Führer der Heerscharen der Luft« angerufen. Dies ist ein Hinweis auf Odin als Anführer der Wilden Jagd. Diese Synthese war vor allem auf den Britischen Inseln natürlich, wo aufeinanderfolgende Wellen der Einwanderung ähnliche und sich überschneidende Gottheiten mit sich brachten. Die Göttin wird oft mit den Namen keltischer Göttinnen angerufen, aber der am häufigsten benutzte Name ist Aradia. Dies ist die italienische Version der klassischen Göttin Herodias, die, wie einige mittelalterliche Texte behaupten, in Südeuropa verbreitet bis ins Mittelalter hinein verehrt wurde. Durch *Aradia: The Gospel of the Witches*[6] kam der Name ins Englische. Dies ist eine Sammlung von Überlieferungen und Legenden toskanischer Hexen, die Ende des 19. Jahrhunderts durch Charles Leland, einen amerikanischen Volkskundeforscher, gesammelt wurden. Einige andere Namen wird ebenfalls benutzt. In Nordeuropa ziehen manche Hexen für die Göttin und den Gott die Namen der Vanir-Gottheiten Freya und Frey vor. In Finnland sind die vorstehenden Götter oft die Waldgöttin und Waldgott, Mielikki und Tapio. Covens können bestimmte Schutzgötter haben. Andere Gottheiten können zu bestimmten Festen angerufen werden. So ist Imbolc in einigen Covens der Bride geweiht. Diese Vielfalt von Namen besagt nicht, daß Hexen eine Vielzahl von Göttern verehren. Die vielen Namen werden als verschiedene Beinamen der großen Muttergöttin und des Vatergottes gesehen, die in allen Kulturen und zu allen Zeiten anzutreffen sind. Sie können unter einer Vielzahl von Namen bekannt sein, wie auch ein Katholik die Jungfrau Maria als »Elfenbeinturm«, »Stern des Meeres« usw. ehren kann.

Für Wicca grundlegend ist die Idee, daß, obwohl das Göttliche letztlich eine Einheit ist, wir in ihm eine Dualität sehen. Das Göttliche ist Energie. Energie ist Bewegung und Veränderung. Wo es Bewegung und Veränderung gibt, da gibt es Aktion und Reaktion, Übermittler und Empfänger, Passiv und Aktiv, Ebbe und Flut. Das Göttliche wird daher als männlich und weiblich angesehen. Während die Betonung des Gottes oder der Göttin in den verschiedenen Gruppen, Traditionen und Gegenden unterschiedlich ist, glaubt man im Wicca, daß das Bild des Göttlichen, um eine Ganzheit zu bilden, sowohl weiblich als auch männlich sein muß. Nur einen Aspekt zu verehren bewirkt eine spirituelle Unausgeglichenheit, sowohl für den Einzelnen als auch für die Gesellschaft.

So wie das Bild der Göttin als dreifache Mondgöttin gesehen wird, so wird sie auch als die große Erdmutter, als die dunkle Göttin der Nacht und als die Göttin der Sonne verehrt. Der Gott wird hauptsächlich als zweifach wahrgenommen – als Gott des Sommers und als Gott des Winters. In seinem Sommeraspekt wird er als der Grüne Mann, der Sonnenkönig und der Kornkönig geehrt; in seinem Winteraspekt als der Jäger, der Schäfer und der Herr der Unterwelt. Zur Wintersonnenwende wird er auch als Kind der Hoffnung, die wiedergeborene Sonne, verehrt.

Lehren und Überlieferungen

Ein Unterschied von Wicca zu anderen Religionen ist, daß es nicht nur eine Religion ist, sondern auch ein Handwerk. Das Handwerk, das ausgeübt wird, ist Magie. Hexen glauben, daß der menschliche Geist die Fähigkeit besitzt, Veränderungen herbeizuführen. Außer der Verehrung ihrer Gottheiten führen die Hexen auch Heilungszauber durch oder helfen Leuten mit allgemeinen Lebensproblemen. Dies ist ein wesentlicher Teil der Arbeit einer Hexe.

Wicca ist zum Großteil eine mündliche Überlieferung, obwohl in jüngerer Zeit viel aufgeschrieben und veröffentlicht worden ist. Zusätzlich zu dem, was mündlich gelehrt wird, besitzen die meisten Hexen, seit das Schreiben vom späten 18. und frühen 19. Jahrhundert an größere Verbreitung erlangte, ein Buch der Zauber, Überlieferungen und Rituale, das »Buch der Schatten« oder »Schwarzes Buch« genannt wird. Jede Tradition verfügt über einen Kern an Material, der weitergegeben wird. Das Buch der Schatten wird normalerweise von jeder Hexe mit der Hand von ihrem Initiator abgeschrieben. Aber das Buch jeder Hexe entwickelt sich auch während ihrer Lebenszeit weiter. Traditionell werden Schwarze Bücher von ihren Besitzern hoch geschätzt und eifersüchtig bewacht. Dies war nicht nur wegen ihres magischen Inhalts nötig, sondern auch, weil alle Bücher rar und wertvoll waren. Magisches Wissen wurde auf dieselbe Weise gehütet wie jedes andere Handwerk seine Geheimnisse bewahrte, und Köche großer Haushalte bewahrten und bewachten ihre Rezeptbücher eifersüchtig. Die Schwarzen Bücher waren Teil des Grundkapitals der Hexe und oft ein Mittel, um sich ihren Lebensunterhalt zu verdienen. In *Snakefat and Knotted Threads* druckt Kati-ma Koppana Auszüge eines

Interviews mit Juha Kellokoski, einem finnischen Tietäjä aus der Mitte des 19. Jahrhunderts, der dazu überredet wurde, sich von seinem Schwarzen Buch zu trennen, um es einem Volkskundeforscher zu überlassen. Im Interview erklärt Kellokoski, daß er seine Magie meist an fließenden Gewässern praktiziert – an den Stromschnellen, wo sein Familiargeist lebt. Das Faksimile einer Seite dieses Buches ist in *Snakefat and Knotted Threads* abgedruckt. Es ist in roter Tinte auf schwarzem Papier geschrieben und enthält einen Zauber, um Alpträume loszuwerden.

Schwarze Bücher sind eher Zauberbücher als theologische Abhandlungen, und es ist sehr wenig über die Weltsicht der traditionellen Hexen aufgeschrieben worden. In *Aradia: The Gospel of the Witches*[7] ist jedoch der Schöpfungsmythos der italienischen Hexen enthalten. Er berichtet von der Göttin Diana als erstes Prinzip dieser Welt: »Die erste, geschaffen vor aller Schöpfung; in der alle Dinge waren; aus sich selbst, die erste Dunkelheit, teilte sie sich; in Dunkelheit und Licht wurde sie geteilt.« Uns wird gesagt:

> Alle Dinge wurden von Diana gemacht:
> Die großen Geister der Sterne,
> Die Menschen in ihrer Zeit und an ihrem Ort,
> Die Riesen, die es seit alters her gab,
> Die Zwerge, die in den Felsen wohnen
> Und sie einmal im Monat mit Kuchen verehren.[8]

Es gibt jedoch auch andere mysteriöse Gestalten – Wesen, die vor der Schöpfung der Welt existierten. Sie sind nicht Teil der Schöpfung, denn Diana »ist die erste Geschaffene«, sondern Wesen einer anderen Ebene, die sowohl männlich als auch weiblich sind. Diese werden als »die Väter des Anbeginns« und als »die Mütter, die Geister, die vor den ersten Geistern waren« beschrieben.

In der italienischen Tradition ist man der Ansicht, daß die nicht-physische Welt zwei Polaritäten umfaßt – männlich und weiblich. Im Gegensatz dazu ist in der Feentradition der Hexerei, in die Starhawk initiiert wurde, das, was vor der Schöpfung war, weiblich:

> Allein, ehrfurchtsgebietend, in sich ruhend
> Flutete die Göttin – Sie, deren Name unaussprechlich ist –
> In den Abgrund der äußeren Finsternis,
> Vor dem Anbeginn aller Dinge.
> Und als sie in den gewölbten Spiegel des schwarzen Raums sah,

Erkannte sie darin ihr strahlendes Bildnis
Und verliebte sich in dieses.
Durch die ihr innewohnende Kraft zog sie es hervor,
Vereinigte sich in Liebe mit ihm
Und nannte es »Miria, die Wunderbare«.
Ihre Ekstase brach hervor
Als Lied über alles, was ist
Und war und sein wird,
Und mit dem Gesang kam Bewegung,
Wellen, die hervorsprudelten und
Zu den Sphären und Kreisen aller Welten wurden.
Die Göttin war von Liebe erfüllt,
Sie ward rund und warm vor Liebe
Und sie gebar einen Regen leuchtender Geister
Die die Welten erfüllten und zu allen Dingen wurden.[9]

Ein anderer Schöpfungsmythos entstammt englischen Quellen der Hexenkunst. Er beschreibt die Schöpfung der Göttin und des Gottes, doch das erste Prinzip ist geschlechtslos und neutral:

Ehe die Zeit begann,
Blickte das Eine, das alles ist,
Nach innen auf sich selbst,
Es erschaute sich selbst wie ein Spiegelbild in einem Teich,
Und wurde sich so seiner selbst bewußt.
Und indem es sich seiner selbst bewußt wurde,
Wurde das Eine zu Zweien,
Subjekt und Objekt
Das Sehende und das, was gesehen wird,
Von sich selbst getrennt.
Und so wie das Eine zu Zweien wurde,
So trennte sich das Männliche und das Weibliche...[10]

In anderen Schöpfungsmythen des Wicca ist das kosmische Prinzip dualistisch. Die Polarität von Licht und Dunkelheit, Männlich und Weiblich, wird für das Universum, wie wir es kennen, als grundlegend angesehen. Am Anfang sind diese getrennt und alles ist starr. Nichts kann sich manifestieren, bis Licht und Dunkelheit zusammenwirken. Dies ist der Rolle, die Feuer und Frost in der nordisch-germanischen Tradition spielen, sehr ähnlich. Die chinesische Philosophie des Tao klingt darin ebenfalls an, doch ist hier das Licht weiblich und die Dunkelheit männlich.

Die Weiße Göttin, das reine Licht,
Stand eines Tages in der Mitte eines magischen Kreises,
Und badete sich in ihrem eigenen Strahlen,
Als ein Schatten erschien:
Der Dunkle Herr kam zu ihr.
Er stand außerhalb der Grenzen des Kreises,
Die ihm den Weg versperrten
Und er bat sie, ihn einzulassen.
Aber die Göttin fürchtete ihn,
Denn er war groß und mächtig,
Seine Kraft war viel größer als die ihre.
Er würde sie vergewaltigen und ihr weh tun,
Und er würde versuchen, sie seinem Willen zu unterwerfen.
Sie war Licht und er war Finsternis;
Sein Böses würde ihr Gutes überwältigen.
Sie fürchtete ihn,
Und sie würde ihm keinen Einlaß gewähren.
Da flehte er sie an:
»Ich mag groß und bedrohlich erscheinen,
Aber nur, weil du mich nicht kennst.«
Er wollte nur bei ihr sein
Und sie lieben und beschützen.
Er war ihre Stärke.
Sie brauchte ihn,
So wie er ihre Liebe brauchte.
Dann kniete der Dunkle Herr, der so voller Stolz war,
Vor ihr nieder und weinte.
Seine Schwäche schmolz das kalte Herz
Der Göttin des Himmels,
Sie, die über allem schwebt,
Die sich um keines Menschen Not kümmert,
Sie fühlte einen Stich des Schmerzes,
Eine helle Dunkelheit im Weiß ihrer Seele,
Sie verspürte Mitleid und Liebe und ließ ihn ein,
Und sie wurden zu Einem vereint.
Als die Kraft der Dunkelheit in sie strömte,
Erfuhr die Göttin des Lichts eine Glückseligkeit,
Die sie noch nie zuvor erlebt hatte.
Der Kern ihres Seins dehnte sich aus
Und erstreckte sich bis in die vier Ecken des Universums
Und sie gebar die Planeten und die Sterne.
Die Weiße Göttin wurde die Mutter allen Lebens,

Und es war Liebe, die sie dazu gemacht hatte
Die Liebe eines anderen, der für sie litt.[11]

Die Botschaft dieses Schöpfungsmythos ist, daß Trennung Leid bewirkt: Die Göttin allein ist unfruchtbar und der Gott allein ist verloren. Nur wenn sich das Männliche und das Weibliche vereinigen, wird die Göttin schwanger und die Schöpfung kann ihr entspringen.

Die Essenz der Philosophie des Wicca wird auch in den Worten der Offenbarung der Großen Mutter (*Great Mother Charge*) vermittelt, die jeder neu Initiierte bei seiner Initiation hört:

Höret die Worte der Großen Mutter, die seit alters her den Menschen auch als Artemis, Dione, Melusine, Aphrodite, Cerridwen, Diana, Arianrhod, Bride und unter vielen anderen Namen bekannt ist:

Wann immer ihr etwas braucht,
Einmal im Monat,
Und am besten wenn die Mondin voll ist,
Dann sollt ihr euch an einem geheimen Ort versammeln
Und meinen Geist anbeten,
Die ich die Königin aller Hexerei bin.
Dort sollt ihr euch versammeln,
Die ihr alle Zauberei erlernen wollt
Und noch nicht ihre tiefsten Geheimnisse ergründet habt:
Ich werde euch all die Dinge lehren, die noch unbekannt sind.
Und ihr sollt frei sein von Sklaverei,
Und als Zeichen, daß ihr wahrhaftig frei seid,
Sollt ihr bei euren Riten nackt sein,
Und ihr sollt tanzen, singen, feiern,
Und musizieren und euch lieben
Alles zu meinen Ehren.
Denn mein ist die Ekstase des Geistes,
Und mein ist auch die Freude auf Erden.
Denn mein Gesetz ist die Liebe zu allen Dingen.
Halte rein dein höchstes Ideal,
Strebe immer nach ihm,
Laß nichts dich aufhalten oder davon abbringen,
Denn mein ist das Geheimnis,
Das das Tor zur Jugend öffnet,
Und mein ist der Kelch, der den Wein des Lebens enthält,
Und der Kessel der Cerridwen,
Der der heilige Gral der Unsterblichkeit ist.

Ich bin die gütige Göttin,
Die das Geschenk der Freude in das Herz der Menschen legt.
Der Erde gebe ich das Wissen um den ewigen Geist,
Und nach dem Tod gebe ich Frieden und Freiheit
Und die Wiedervereinigung mit jenen, die von uns gegangen sind.
Und ich verlange keine Opfer, denn siehe,
Ich bin die Mutter allen Lebens,
Und meine Liebe ergießt sich über die Erde.

Höret nun die Worte der Sternengöttin. Sie, der die Heerscharen des Himmels im Staub zu ihren Füßen liegen, sie, deren Körper das Universum umfaßt:

Ich, die ich die Schönheit der grünen Erde bin
Und die weiße Mondin unter den Sternen,
Und das Mysterium der Gewässer,
Und das Verlangen in den Herzen der Frauen und Männer,
Rufe deine Seele,
Sich zu erheben und zu mir zu kommen.
Denn ich bin die Seele der Natur,
Die dem Universum Leben gibt.
Von mir kommen alle Dinge
Und zu mir müssen sie zurückkehren.
Und in meinem Angesicht,
Das von Göttern und Menschen geliebt wird,
Soll dein innerstes göttliches Selbst
In den Taumel des Unendlichen gehüllt sein.
Laß meine Verehrung voll Freude des Herzens sein,
Denn siehe, alle Handlungen der Liebe und der Freude sind meine Rituale,
Und deshalb sollen in dir Schönheit und Kraft,
Macht und Mitleid,
Ehre und Bescheidenheit,
Freude und Verehrung sein.
Und du, der du daran denkst, mich zu suchen,
Wisse, daß all dein Suchen und Sehnen dir nicht helfen wird,
Es sei denn, du kennst das Mysterium:
Daß, wenn du das, was du suchst,
Nicht in dir findest,
Du es niemals außerhalb von dir finden wirst.
Denn siehe, ich war bei dir von Anfang an,
Und ich bin das, was am Ende des Verlangens erreicht wird.[12]

Da die Göttin innerhalb der Welt ist – als die Schönheit der Erde, der Mondin und der See, hat Wicca eine sehr positive Einstellung zur manifestierten Schöpfung. Die Götter sind in der Materie immanent, daher ist die gesamte materielle Schöpfung – die Erde selbst und die Lebensformen, die sie bewohnen – geweiht und heilig. Dies schließt den menschlichen Körper mit ein: Das Göttliche ist in uns selbst präsent.

Gebet zur Verehrung der Göttin

Gesegnet sei die Große Mutter,
Ohne Anfang und ohne Ende,
Gesegnet sei ihr Tempel aus reinem weißen Marmor,
Gesegnet sei die Ruhe ihres heiligen Ortes.
Gesegnet sei das Kind, das nach ihr schreit,
Gesegnet sei das Wild, das seinen Kopf zu ihr erhebt,
Gesegnet seien die Vögel, die für sie über den Himmel fliegen,
Gesegnet seien die Bäume, die sich für sie schütteln und seufzen,
Gesegnet sei das Blatt, das für sie fällt und den Boden nährt.
Gesegnet sei die Welle, die den Strand für sie liebkost,
Gesegnet sei der Sand, der sich ihrer Umarmung hingibt,
Gesegnet sei die Muschel, die von ihr hochgespült wird,
Gesegnet sei Sie, die Mutter der Perle.
Gesegnet seien die Sterne, die wie Juwelen für sie glitzern,
Gesegnet sei die Mondin, in der wir ihr Gesicht sehen,
Gesegnet sei mein Geist, der für sie in die Höhen fliegt,
Gesegnet sei meine Seele, die sich in Freude für sie ausdehnt,
Gesegnet sei mein Körper, der Tempel ihres Seins.[13]

Weit davon entfernt, diesen als unrein zu betrachten, ist der Körper (für Frauen ist dies besonders wichtig) heilig und geweiht, ein Geschenk der Götter, das Gefährt unseres göttlichen Selbst.

Wicca hat eine sehr positive Einstellung zu Frauen, die im Wicca eine wichtige Rolle spielen. Frauen sind in der Priesterschaft von großer Bedeutung. Da sich das Göttliche als männlich und weiblich ausdrückt, glaubt man im Wicca, daß den Göttern am besten durch eine Priesterin und einen Priester gedient wird. Normalerweise werden die Riten von Paaren durchgeführt, die als die Verkörperung der beiden göttlichen Aspekte angesehen werden. Obwohl der populäre Stereotyp der Hexe weiblich ist und sich viele Frauen, besonders in den Vereinigten Staaten, in feministischen Gruppen der Hexenkunst als Mittel des religiösen Ausdrucks zugewandt haben, war die Mehrzahl der Hexen in Europa bis vor ungefähr fünfzehn Jahren interessanterweise männlich. Erst vor kurzem hat sich das Verhältnis der Geschlechter ausgeglichen.

Feste

Die positive Einstellung, die Wicca der materiellen Schöpfung gegenüber hat, wird auf die Einstellung zur religiösen Handlung übertragen, die als Fest gesehen wird. Hexen folgen einem jahreszeitlichen Zyklus von acht Festen. Sie verehren die Götter auch an den dreizehn Vollmonden jedes Jahres. Die Mondriten werden Esbate genannt. Das Wort Esbat kommt von einem französischen Wort, das Ausgelassenheit bedeutet, und sowohl Sabbate als auch Esbate sind fröhliche Anlässe. Obwohl die Achtung der Götter wichtig ist, wird auch bedacht, daß die Götter an Freude und Feiern Gefallen finden. Im gardnerischen Buch der Schatten werden Hexen unterrichtet, daß »die Götter das Wohlbehagen der Menschen fühlen können. Die Götter lieben den Menschen und finden Gefallen daran, daß er glücklich ist.« Hexen glauben, daß ihre Götter wollen, daß sich die Menschen der Freude des Lebens und nicht der Sündhaftigkeit und Unwürdigkeit des Menschseins hingeben sollten. Religion sollte freudvoll, nicht traurig sein und ihre Anhänger lehren, die positive Seite der menschlichen Natur zu nähren, anstatt lauthals in Selbsterniedrigung zu schwelgen.

Die Lehre des Wicca besagt, daß der Geist nach dem Tod wiedergeboren wird. Wicca unterscheidet sich von vielen der Weltreligionen in seiner Einstellung zur materiellen Ebene. Für Hexen ist die Natur eine Manifestation des Göttlichen, und das Leben auf der Erde ist eine Freude und ein Geschenk. Es ist nicht etwas, dem die Menschheit zu entfliehen versuchen sollte, sondern etwas, das die Menschen feiern sollten und für das sie dankbar sein sollten. Die Lehre des Wicca, die sich mit Leben und Tod befaßt, wird in der *Legende der Göttin* vermittelt. Diese hat zwei Ebenen der Bedeutung. Auf der einen Seite beschreibt die Legende einen Initiationsprozeß und wird in dieser Funktion als Teil der Initiationszeremonie benutzt; sie beschreibt aber auch, was mit dem Geist nach dem Tode geschieht. Wie in vielen Mysterienreligionen wird den Initianten die Lehre vom Schicksal des Geistes nach dem Tod vermittelt, um sie während der Beschwerlichkeiten des Lebens zu unterstützen. Die Botschaft ist die, die überall im Heidentum gefunden werden kann – daß der Tod zu neuem Leben führt.

Die Legende der Göttin besitzt Parallelen zur Geschichte der Vanir-Göttin Freya. Im Wicca tragen die weiblichen Hexen eine Kette, die entweder aus Bernstein oder aus abwechselnden Perlen aus Bernstein und Jett besteht. Der Gebrauch von Bernstein ist interessant. In der europäischen Tradition wurde er wegen seiner organischen Natur lange als Stein der Göttin angesehen. In der traditionellen Hexenkunst steht Bernstein für Leben und Jett für den Tod. Die Kette ist der Göttin heilig, und die abwechselnden Perlen aus Bernstein und Jett stehen für ihre Macht über Leben und Tod. In der nordisch-germanischen Tradition gewinnt Freya die magische Kette Brisingamen, indem sie in die Unterwelt hinabsteigt, um sie von den vier Zwergen, die sie hergestellt haben, zurückzuholen. In der Legende der Göttin steigt die Göttin in die Unterwelt hinab, um das Geheimnis des Todes zu ergründen und den Gott zu fragen: »Warum läßt du alle Dinge, die ich liebe, vergehen und sterben?« Der Gott erklärt ihr, daß er keine Macht hat, den Prozeß des Alterns und des Todes aufzuhalten, denn »Alter bewirkt, daß alle Dinge welken, aber wenn die Menschen am Ende ihrer Zeit sterben, gebe ich ihnen Ruhe, Frieden und Kraft, so daß sie zurückkehren können.« Die Göttin lernt die Unvermeidbarkeit des Todes für die materielle Schöpfung zu akzeptieren, und im Tausch gibt ihr der Gott den Kreis der Wiedergeburt. »Und er lehrte sie all seine Mysterien und gab ihr die Kette, die der Kreis der Wiedergeburt ist, und sie lehrte ihn das Mysterium des heiligen Kelches, der der Kessel der Wiedergeburt ist.«

In der Legende des Wicca erscheint die Muttergöttin oft als Vermittlerin zwischen der Menschheit und einem strengeren Vatergott. Die Legende der Göttin lehrt: »In alten Zeiten war unser Herr, der Gehörnte Gott, der Tröster, der er immer noch ist, aber die Menschen kannten ihn als den furchtbaren Herrn der Schatten, einsam, ernst und gerecht.« Die Göttin jedoch, wird gesagt, »ist immer der Liebe, der Freude und dem Glück zugeneigt« und »bewacht und liebt ihre verborgenen Kinder im Leben und Tod«. Das Konzept der Göttin als Beschützerin der Menschen und als Lehrerin der verborgenen Weisheit ist auch in *The Gospel of the Witches* zu finden. Hier, in der frühesten bekannten Form der Offenbarung der Großen Mutter, erklärt Aradia ihre Rolle und ermutigt ihre Anhänger auch, sie bei Vollmond zu verehren.

> Wenn ich von dieser Welt gegangen bin,
> Wann immer ihr etwas braucht,

Einmal im Monat und wenn die Mondin voll ist,
Sollt ihr euch an einem einsamen Ort versammeln,
Oder in einem Wald alle vereint sein,
Um den mächtigen Geist eurer Königin,
Meiner Mutter, der Großen Diana, anzubeten.
Euch, die ihr alle Zauberei erlernen wollt,
Und noch nicht ihre tiefsten Geheimnisse ergründet habt,
Wird meine Mutter lehren,
In Wahrheit alle Dinge, die noch unbekannt sind...[14]

Die Mysterien des Gottes und der Göttin sind für die Hexen auf mehreren Ebenen wichtig. Man ist der Ansicht, daß sie uns über die Natur der Götter belehren, die auch die Natur des Kosmos ist. Sie lehren uns auch, uns selbst und die Mysterien, die über uns alle Macht haben – Geburt, Sexualität, Heirat, Elternschaft und Tod – zu verstehen. Starhawk schreibt in *Der Hexenkult als Urreligion der Großen Göttin*:

> Das Dasein wird erhalten durch das pulsierende Auf und Ab, den wechselnden Strom der beiden Kräfte im vollkommenen Gleichgewicht. Unkontrolliert ist die Lebenskraft ein Krebsgeschwür. Ungezügelt ist die Todeskraft Krieg und Völkermord. Zusammen aber stützen sie einander in lebenserhaltender Harmonie, in dem vollkommenen Kreislauf, der im Wandel der Jahreszeiten zu beobachten ist, im ökologischen Gleichgewicht der natürlichen Welt und im Ablauf des Lebens von der Geburt über die Zeit der Reife und des Alterns bis zum Tod – und dann zur Wiedergeburt.[15]

Wiccaorientiertes Heidentum

Die meisten Traditionen des Wicca stehen nicht allen offen; sie sind nur für jene zugänglich, die in sie initiiert wurden. Alle Initianten werden als Teil der Priesterschaft angesehen. Eine Frau wird als Priesterin und Hexe initiiert und ein Mann als Priester und Hexe. Wicca als initiatorischer Weg ist in vielen kleinen Gruppen ausgeübt worden, die auf einer intensiven Ebene arbeiten und eine Hingabe verlangen, die nur einige wenige aufbringen können. In letzter Zeit ist jedoch mehr über Wicca veröffentlicht worden. Während die Kerntradition bleibt und blüht, hat sich eine offenere Form des Wicca entwickelt, besonders durch die feministischen Bewegungen in den Vereinigten Staaten und gemischte Gruppen in

Europa. Dies kann als wicca- oder göttinorientiertes Heidentum bezeichnet werden. Das göttinorientierte Heidentum ist in seinem Ansatz meist eklektischer als das traditionelles Wicca. In den Vereinigten Staaten z.B. wurde Wicca mit den spirituelle Praktiken der eingeborenen amerikanischen Tradition verbunden. Diese Verbindung mag seltsam erscheinen, doch gibt es viele Aspekte in beiden Systemen, die gut zusammenpassen.

Beide arbeiten in einem magischen Kreis, in dem die Kraft der vier Kardinalpunkte – die Vier Viertel in der Terminologie des Wicca- angerufen wird. Beide nehmen das Göttliche als in der Natur immanent wahr, und die Erde ist heilig. Das Leben in Harmonie mit der Erde wird in beiden Traditionen betont. Das Trommeln und die Gesänge, die in den Stammesriten verwendet werden, lassen sich leicht auch auf die Feiern des Wicca übertragen. Jene, die aus dem Umfeld des Hinduismus oder Buddhismus zum westlichen Heidentum gekommen sind, haben in ähnlicher Weise die Konzepte und Praktiken der östlichen Religion mitgebracht. Diese beinhalten Puja-Zeremonien, um den Göttern Verehrung entgegenzubringen, und Meditationstechniken, bei denen Mantras verwendet werden. Diese Art des Heidentums ist nicht nur eklektischer, sondern entwickelte sich zu einer offeneren Variante des Wicca. Initiation wird als nicht notwendig angesehen, und alle können an den Riten teilnehmen, um die Götter zu verehren. Viele Erwachsene, die Wicca ausüben, erziehen ihre Kinder in dieser exoterischen Form des göttinorientierten Heidentums.

1. Margaret Murray, *The Witch-Cult in Western Europe: A Study in Anthropology.*
2. Gerald B. Gardner, *High Magick's Aid*, London 1949.
3. Gerald B. Gardner, *Witchcraft Today*, London 1954.
4. Gerald B. Gardner, *The Meaning of Witchcraft,* Wellingborough 1959.
5. Philip Carr-Gomm in: Prudence Jones und Caitlin Matthews (Hrsg.), *Voices from the Circle*, S. 63
6. Charles G. Leland, *Aradia: The Gospel of the Witches.*
7. Charles G. Leland, *Aradia: The Gospel of the Witches*, S. 18.
8. Charles G. Leland, *Aradia: The Gospel of the Witches*, S. 121.
9. Starhawk, *Der Hexenkult als Ur-Religion der Großen Göttin: Magische Übungen, Rituale und Anrufungen*, S. 33.
10. Vivianne Crowley, *Wicca: Die Alte Religion im Neuen Zeitalter*, (Edition Ananael 1993), S. 232.
11. Eine andere Version ist in Vivianne Crowley, *Wicca: Die Alte Religion im Neuen Zeitalter*, S. 234 f., enthalten.

12. Eine etwas andere Version ist in Vivianne Crowley, *Wicca: Die Alte Religion im Neuen Zeitalter*, S. 164 f. enthalten.
13. Aus dem Buch der Schatten, zitiert in Vivianne Crowley, *Wicca: Die Alte Religion im Neuen Zeitalter*, S. 160 f.
14. Charles G. Leland, *Aradia: The Gospel of the Witches*, S. 6.
15. Starhawk: *Der Hexenkult als Ur-Religion der Großen Göttin: Magische Übungen, Rituale und Anrufungen*, S. 48.

7

Der Pfad der Göttin und des Gottes

Die Anerkennung der historischen Ursprünge unserer Gottheiten ist für Heiden wichtig, aber wenn unsere Verehrung der heidnischen Götter eine Bedeutung haben soll, muß sie auf die Bedürfnisse der Menschen in der modernen Welt abgestimmt sein. Wir müssen auch erkennen, daß sich unsere Ideen über das Göttliche entwickelt haben und die Beziehung, die wir heute zu unserer Göttin und unserem Gott haben, nicht genau dieselbe wie die eines Wikingerkriegers, keltischen Barden oder sibirischen Schamanen ist. Wie sehen wir die Göttin und den Gott heute?

Der Pfad der Göttin

> Die Göttin erwacht in zahllosen Gestalten und tausend Verkleidungen.
> Sie ist dort, wo wir sie am wenigsten erwarten, erscheint aus dem Nichts
> und ist überall, um ein offenes Herz zu erleuchten.[1]

Heiden verehren sowohl die Göttin als auch den Gott, doch wird der Göttin im Heidentum eine größere Bedeutung beigemessen als in den meisten anderen Religionen. Einige Heiden verehren nur die Göttin und ziehen die Verehrung der Muttergöttin jener der entrückteren Vatergötter vor. Indem wir die Göttin wiederentdecken, kehren wir zur Verehrung der Großen Mutter zurück, die eine der frühesten Formen des religiösen Ausdrucks ist. Für das Kind ist die Mutter allmächtig und allesgebend. Sie ist es, die uns gebiert und ernährt. Für unsere Vorfahren war es selbstverständlich, das Göttliche als weiblich und die Natur, die uns das Leben gibt, als Göttin zu verehren. Viele Heiden betrachten das höchste Prinzip des Universums heute als weiblich: »Durch das Erwachen der

Göttin strömt die kosmische Energie hervor, durch die die Götter, die Welten und alle Geschöpfe entstehen.« Sie ist das manifestierte Universum, das aus dem Urmeer des Unmanifestierten entspringt:

> Von den Menschen wird sie unter vielen Namen angerufen,
> Aber für alle ist sie die Große Göttin -
> Raum und Erde und Wasser.
> Als Raum wird sie *Ea* genannt,
> Die Mutter der Götter, die alle Götter schuf.
> Sie ist älter als die Zeit,
> Sie ist die Matrix der Materie,
> Die Wurzelsubstanz allen Seins,
> Undifferenziert und rein...
> Gleichermaßen wird sie *Ge* genannt,
> Denn sie ist die älteste Erde,
> Die erste, die in der Formlosigkeit Gestalt annahm...
> Sie ist auch die große Tiefe, aus der sich alles Leben erhob.
> Sie ist alle uralten, vergessenen Dinge,
> In denen unsere Wurzeln liegen.[2]

Die Rolle der Göttin und der Frauen ist besonders im Wicca und der Hexenkunst sehr wichtig, doch wird auch in den meisten anderen heidnischen Pfaden der Göttin eine große Bedeutung beigemessen. Selbst im Asatru, in dem ein Anzahl von Göttern verehrt wird, die wesentlich patriarchalischer als die Götter anderer heidnischen Traditionen sind, ist die Rolle der Göttin und der Priesterin – der Völva oder Seidkona – von wachsender Bedeutung. Es gibt auch Gruppen, die sich ausschließlich der Verehrung der Göttin geweiht haben. Die *Fellowship of Isis*, die sowohl Frauen als auch Männern offensteht, ist eine der größten dieser Gruppen und weiht beide Geschlechter als Priesterinnen und Priester der Göttin.

Einige göttinverehrende Pfade sind nur für Frauen zugänglich. Einer der wichtigsten unter ihnen, besonders in den Vereinigten Staaten, ist die Dianische Bewegung, die nach der Göttin Diana benannt und rein matriarchalisch ausgerichtet ist. Viele dianische Gruppen schließen Männer aus und sehen ihre Tradition als Schwesternschaft, als *wimmin's religion* (Frauenreligion). Andere dianische Gruppen arbeiten auch mit Männern, doch sehen sie die Rolle der Männer als unwichtiger denn die der Frauen an. Es gibt auch viele Frauengruppen, die sich auf einer weniger formellen Basis treffen und die Inspiration für ihre Riten aus einer Vielfalt von Quellen beziehen. Einige orientieren sich am Wicca, andere Gruppen sind schamanischer ausgerichtet und wieder andere haben Aspekte des klassischen Heidentums, der eingeborenen amerikanischen Tradition und anderer Traditionen verbunden, um eine eklektische Verehrung der Großen Göttin zu schaffen, die auf die modernen Bedürfnisse abgestimmt ist.

Die Frauenbewegung hat der Verehrung der Göttin einen starken Impuls gegeben und viele Frauen dazu inspiriert, die religiösen Formen, mit denen sie seit ihrer Kindheit vertraut waren, zurückzuweisen und sich von dem Bild eines patriarchalischen Gottes abzuwenden, hin zu neuen spirituellen Wegen. Nicht nur Frauen waren um das Fehlen der Göttin in der westlichen Religion besorgt. Der kanadische Schriftsteller Robertson Davies läßt in seinem Roman *The Rebel Angels* einen männlichen Akademiker sagen:

> Ich mag Frauen, und das Fehlen einer weiblichen Präsenz im Christentum hat mich lange besorgt. Oh, ich bin mit all den Ausflüchten, die zu diesem Punkt vorgebracht werden, vertraut: Ich weiß, daß Christus Frauen unter seinen Anhängern hatte, daß er gern mit Frauen sprach, und daß seine Ergebenen, die am Fuße des Kreuzes bei ihm geblieben waren, zum größten Teil Frauen waren. Aber was auch immer Christus geglaubt haben mag, das komplizierte doktrinäre Gebäude, das wir Kirche nennen, bietet keiner Frau Autorität – nur eine ausgedachte Dreiheit, um es profan zu sagen, von zwei Männern und einem Vogel – und selbst die verspäteten Wiedergutmachungen an Maria durch die römische Kirche machen das Übel nicht wieder gut.[3]

Die negative Einstellung des Christentums zu Frauen geht zum Großteil auf seine negative Einstellungen zur Sexualität zurück. Indem das Zölibat als höchstes Gut betrachtet wurde, und die Sexualität als etwas, das nur zur Fortpflanzung dient, wurden die Frauen gefürchtet und verschmäht. Wenn Sex sündig ist, dann ist das, was sexuelles Verlangen hervorruft, ebenfalls sündig. Für Männer sind es die Frauen, die am stärksten ihre Sexualität erwecken – daher sind Frauen sündig. Es ist die Frau, die Männer vom Weg abbringt – daher sind Frauen böse. Die Männer können sich am besten vor den Frauen schützen, wenn sie sie von sich trennen und fern halten. Leider verschärft das nur das Problem. In sexuell getrennten Gesellschaften hat jede Begegnung von Frauen und Männern, die nicht Verwandte sind, sexuelle Untertöne. Ein Zusammentreffen von Frauen und Männern auf freundschaftlicher Basis wird unmöglich. Dies kann nur zur spirituellen Verarmung beider Geschlechter und damit auch der Gesellschaft führen. Solche Gesellschaften sind Wüsten der Trockenheit.

Wenn die Sexualität unterdrückt wird, wird die Frau als Versucherin gesehen. Sie ist Circe, die Zauberin, die die Männer zu ihrer heiligen Insel lockt und sie durch ihr Wissen gefangenhält. Sie weckt ihr physisches Verlangen und verwandelt sie in Schweine. Das Bild der Frau als Verführerin ist mit einem anderen angsteinflößenden Bild verbunden – dem Bild der Frau als Hexe oder Frau der Macht. Indem sie durch die Frauenbewegung einen Sinn für ihre innere Kraft entwickelt haben, haben sich viele Frauen der Religion der Göttin zugewandt, um das uralte Wissen über die angeborenen Kräfte des Frauseins wiederzuentdecken. Dieses verlorene Wissen ist der Pfad der Weisenkunst – die Kräfte, die traditionell mit dem assoziiert werden, was in der westlichen Gesellschaft als Hexe, in anderen Gesellschaften jedoch als weise Frau oder Priesterin bezeichnet wird. Hexen glauben, daß Menschen angeborene Kräfte besitzen, um Veränderungen zu bewirken, indem sie den Geist und die Energiefelder des Körpers benutzen. Sie glauben auch, daß das Bewußtsein nicht durch den physischen Bereich und die Gesetze der Zeit begrenzt ist, sondern daß es vorwärts und rückwärts reisen kann, um in die Vergangenheit und in die Zukunft zu blicken. Dieses Bewußtsein kommt oft zuerst im Traum, es kann aber auch durch psychisches Training entwickelt werden. Es wird oft angenommen, daß Frauen in dieser Hinsicht besonders begabt sind, und viele Frauen, die sich mehr auf ihre eigene Psyche und ihren Energiefluß eingestellt haben, haben entdeckt, daß sie diese Kräfte entwickeln können.

In früheren Gesellschaften war es den Menschen bewußt, daß die Zyklen der Frauen von psychischen und psychologischen Veränderungen begleitet waren. Menstruierende Frauen wurden als gefährlich angesehen. Hexen wissen, daß menstruierende Frauen ein hohes Potential an psychokinetischer Energie besitzen – die Energie, die Poltergeister und andere magische Manifestationen bewirkt. Zu anderen Zeiten des Menstruationszyklus ist die Psyche offener für die Traumwelt. Durch das Einstimmen auf ihre inneren Zyklen und Zeiten sind den Frauen ihre psychischen Gezeiten bewußt geworden und sie lernen zu wissen, wann große Träume kommen werden, Träume, die Botschaften bringen, welche über die Grenzen des normalen Bewußtseins hinausgehen.

Es war für die Frauen nicht leicht, ihre Kräfte der Weisenkunst in der jüngeren westlichen Gesellschaft auszuüben. Der Gebrauch von magischen Kräften durch Frauen ist von der männlichen Kirche unterdrückt und verboten worden. Selbst die traditionelle Rolle der Frau als Heilerin und Hebamme ist durch ein männlich dominiertes medizinisches

Establishment abgelöst worden. Dennoch gibt das Bild der Hexe, das eng mit dem Bild des Schamanen in Verbindung steht, den Frauen die Möglichkeit, sich diese Kräfte verfügbar zu machen und auf eine positive Weise zu nutzen, die der Menschheit zugute kommt – um zu heilen und das zu verändern, was verändert werden sollte. Es gibt ein Lied, das oft in göttinorientierten Gruppen gesungen wird:

> Sie verändert alles was Sie berührt
> Alles, was Sie berührt, verändert sich.[4]

Dies wird über die Göttin gesagt, aber es spricht viele Frauen und ihre eigenen inneren Kräfte an. Die Kraft der Göttin wird als Erbe jeder Frau angesehen. Starhawk gibt in ihrem Buch *Der Hexenkult als Ur-Religion der Großen Göttin* eine Gruppenübung an, die ein Gesang aus dem Schoß ist:

> Beginne mit dem Atmen als Gruppe und dem Gesang der Kraft. Beim Atmen stellst du dir vor, daß du über deinen Schoß atmest. Du siehst ihn wie den silbernen Mond aufleuchten, während du die Kraft einatmest. Nun glüht er blutig rot in schöpferischem Feuer. Spüre die schöpferische Kraft des Schoßes, nicht nur des physischen, sondern auch des geistig-seelischen Schoßes, der Ideen und Visionen gebiert. Laß deinen Atem zu einem Klang werden, der im Schoß widerhallt.
>
> Spüre die Kraft eines jeden Atemzuges – fühle die Frau oder den Mann neben dir – fühle ihre oder seine Kraft – fühle, wie wir miteinander verbunden sind, wie stark wir in unserer Verbundenheit sind – atme die Kraft der Vision – atme die schöpferische Kraft des Schoßes – und laß deine Stimme diese Kraft tragen...[5]

Frauen, die die Göttin verehren, sind sich auch der Kraft in einem anderen Sinne bewußt geworden. Die Frauen, die sich vom Heidentum angezogen fühlen und aus der Frauenbewegung kommen, unterscheiden sich in mancher Hinsicht von ihren Schwestern und Brüdern, die früher zum heidnischen Pfad gekommen sind. Sie sind oft politisch bewußter. Viele kommen aus einem Umfeld radikaler Bewegungen und haben eine politische Note in ihr Heidentum gebracht, die anti-materialistisch und umweltschutzbetont ist. Hexen in den Vereinigten Staaten und in Europa waren in einigen der wichtigsten Antikriegs- und Umweltschutzkampagnen der letzten Jahre an vorderster Front aktiv.

Indem sie radikale politische Aktionen zur Verteidigung ökologischer Grundsätze durchführten, entdeckten viele Frauen – vielleicht zum ersten Mal – einen Sinn für ihre eigene kollektive Kraft, eine Kraft, sich gegen das männlich dominierte Establishment zu wehren. Starhawk beschreibt, wie sie und 600 Frauen gefangengenommen wurden, nachdem sie den Zugang zu einem Waffenlabor blockiert hatten. Die Wachen versuchten, eine der Frauen zu entfernen:

> Die Frau taucht in unsere Gruppe, und wir umringen sie instinktiv, indem wir ihre Arme und Beine ergreifen und sie mit unseren Körpern abschirmen. Die Wachen greifen ihre Beine und ziehen, wir leisten Widerstand und halten fest. Die Wachen und die Frauen schreien, und ich weiß, daß jeden Moment die Stöcke auf Nieren und Köpfe herabsausen werden ... Und dann fängt jemand an zu singen.
>
> Der Gesang ist ohne Worte, ein tiefes Summen, das anschwillt und mit offenen Konsonanten wächst, als wären wir zur kollektiven Stimme eines uralten Tieres geworden, das knurrt und singt...
>
> »Setz dich«, flüstert eine Frau. Wir werden zu einer Ebene, wir sitzen und halten die Frau, als ob wir sie mit unseren Stimmen und unserer Magie heilen wollten. Die Konfrontation ist zu einem Handauflegen geworden.
>
> Die Wachen stehen wie hohe, isolierte Säulen. Sie sehen verwirrt aus... Sie wissen nicht, was sie tun sollen.
>
> Und so ziehen sie sich nach einem kurzen Augenblick zurück. Der Gesang ebbt ab. Es ist vorbei. Für einen Moment hat das Mysterium die Autorität besiegt.[6]

Viele Leute, die durch das Heidentum angezogen werden, sind Individualisten, die es ablehnen, daß eine männliche Priesterhierarchie die Kontrolle der religiösen Funktionen an sich reißt. Dieser Punkt ist besonders für heidnische Schwesternschaften wichtig. Da sich Frauen durch die Strukturen der patriarchalischen Gesellschaft unterdrückt fühlten, waren sie darauf bedacht, diese Strukturen in ihren eigenen religiösen Bewegungen nicht zu wiederholen. Die Frauentraditionen sind daher oft eklektisch und locker strukturiert. Kreativität und Spontaneität werden ebenso gefördert wie der freie Ausdruck von Gefühlen. Die Betonung liegt in den Frauengruppen auf immanenter Kraft – der Kraft von innen.

> In der Hexenreligion ist Macht oder Kraft ein anderer Begriff für Energie, der feine Kräftestrom, der die Wirklichkeit gestaltet. Eine kraftvolle Persönlichkeit trägt Energie in die Gruppe hinein. Die Fähigkeit, Kraft zu kanalisieren, hängt von der persönlichen Integrität, von Mut und Ganzheit ab. Sie kann nicht angenommen, ererbt, übertragen oder für selbstverständlich gehalten werden, und sie verleiht auch nicht das Recht, andere zu kontrollieren. Die Kraft im Inneren

> entwickelt sich aus der Fähigkeit, sich selbst zu beherrschen, seine eigenen Ängste und Grenzen zu erkennen, Verpflichtungen zu erfüllen und ehrlich zu sein. Die Kraft eines Menschen mindert nicht die eines anderen. Im Gegenteil, wenn jedes Konventmitglied seine Kraft in sich erfährt, nimmt die Kraft der Gruppe zu.[7]

Das Bild der Frau als Priesterin und Hexe ist wichtig und gibt den Frauen Macht. Jüngere Gesellschaften haben gelehrt, daß die Frau passiv ist, eine Gebärmutter um Kinder auszutragen, das Feld, das den Pflug erwartet, um durch Männer und die männliche Gesellschaft geschwängert und kontrolliert zu werden. Das Bild der Göttin in der westlichen Gesellschaft hat diese Attribute übernommen. Die Jungfrau Maria der christlichen Religion ist die Magd Gottes, und die Rolle der Frau in der Religion ist seit Jahrhunderten die der Anhängerin und Untergebenen eines männlichen Priesters gewesen. Im Christentum war es den Frauen erlaubt, Gott als Nonne zu dienen, aber erst seit kurzer Zeit wird über die Zulassung von Frauen zur Priesterschaft diskutiert. Im Heidentum ist das Bild der Göttin eines der Kraft und der Macht. Die Frau wird als Priesterin, weise Frau und Frau der Macht geehrt. Frauen werden dazu ermutigt, nicht passive Gefäße zur Verfügung der Männer zu sein, sondern Frauen, die ihr eigenes Schicksal kontrollieren: »Priesterinnen in ihrem eigenen Recht, stark und stolz, mit ihren eigenen Ansichten.«[8]

Heiden glauben, daß Religionen, die das Göttliche nur als männlich darstellen, für Frauen schädlich sind. In ihrem Buch *Jung and Feminism, Liberating Archetypes*, zeigt Demaris Wehr auf:

> Symbole haben sowohl psychologische als auch politische Auswirkungen, weil sie innere Bedingungen schaffen... die Menschen dazu bringen, sich mit den sozialen und politischen Gegebenheiten, die zu dem Symbolsystem gehören, wohl zu fühlen oder sie zu akzeptieren.[9]

Indem sie die Göttin verehren, nehmen Frauen die Qualitäten, die mit der Göttin assoziiert werden, in sich auf und lernen, die sozialen und politischen Philosophien und Systeme, die Frauen unterdrücken, zurückzuweisen. Sie lernen, soziale Rollen zu suchen, durch die sie als ganze Menschen funktionieren können, und alle, nicht nur einen Teil ihrer inneren Qualitäten zu realisieren. Die Göttin wird als in der Natur manifest, wie auch jenseits der Natur, und in jeder einzelnen Frau verehrt. Oft beinhaltet das Ritual kraftvolle Selbstbestätigungen und die Bestätigung durch andere:

> Ich bin die Göttin und du bist die Göttin.
> In mir und außerhalb von mir ist Sie,
> Ewig und doch immer werdend,
> Und in allem Frausein sehen wir ihr Gesicht.[10]

In jüngeren Interpretationen der Mythologie wird die Göttin oft als die Erde gesehen, das passive Prinzip der Natur, die durch die warmen Strahlen der männlichen Sonne aktiviert wird. Jedoch ist es ein Fehler anzunehmen, daß in allen Kulturen die Erde als weiblich angesehen wurde und der Himmel als männlich. In der alten ägyptischen Religion, die eine der hochentwickeltsten Blüten des Heidentums darstellte, ist die Erde Geb, der Gemahl und Geliebte der Himmelsgöttin Nut, der Königin des Himmels, deren Körper sich schützend über ihn wölbt. In der indoeuropäischen Tradition ist die Göttin aktiv. Sie ist die Sonne und Feuer. Freya Aswynn schreibt:

> Wie alle primitiven Völker betrachteten die alten nordischen Völker die Sonne als lebensspendende Kraft. Dazu muß jedoch gesagt werden, daß sie die Sonne als weiblich ansahen. Im Deutschen ist das grammatische Geschlecht des Wortes »Sonne« noch immer weiblich... Die Idee, daß die Sonne weiblich ist, ist erwiesenermaßen sehr alt und könnte auf eine wesentlich ältere magische Tradition zurückgehen, die matriarchalisch ausgerichtet war. Diese Annahme wird auch dadurch unterstützt, daß etwa im Shinto, der alten Religion Japans, und in den ältesten ägyptischen Überlieferungen die Sonne ebenfalls als Göttin betrachtet wurde.[11]

Die Göttin zu verehren, bringt uns zu einer Sicht des Universums, die sich von den Philosophien, die auf dem patriarchalischen Monotheismus beruhen, unterscheidet. Viele Zweige des westlichen Heidentums teilen eine Ansicht, die dem hinduistischen Gedankengut ähnlich ist. Alle Manifestation, ob Bewußtsein oder Materie ist Shakti – die Große Mutter allen Seins. Shakti ist Energie und Kraft, aber Energie und Kraft müssen Gestalt oder Form annehmen. Das ist Shiva – der Große Vater allen Seins. Diese Sichtweise steht im Gegensatz zu jener, die wir in der mystischen Tradition der jüdischen Kabbalah finden, in der die Große Mutter Binah, die Mutter der Form, und der Vatergott Chokmah, Kraft, ist. Im hinduistischen Gedankengut wird die Polarität von männlicher und weiblicher Kraft als überall manifest angesehen, einschließlich in uns selbst. Selbst wenn es kein Universum gibt, existiert sie potentiell noch immer, wenn auch im Ruhezustand.

Im westlichen Heidentum ist die Göttin nicht passiv, sondern eine aktive, energetisierende Kraft. Sie ist die Schöpferin, die Dynamik, die das Universum aktiviert. Sie ist die Kraft, die die Macht des Gottes zu sich ruft und in dieser Bewegung beginnt der Prozeß der Schöpfung.

Die Goldene Aphrodite kommt nicht als die Jungfrau, das Opfer,
Sondern als die Erweckerin, die Verlangende.
Als die äußere Leere ruft sie,
Und der Allvater beginnt das Freien.
Sie erweckt das Verlangen in ihm und die Welten werden geschaffen...
Wie mächtig sie ist, Goldene Aphrodite,
Die Erweckerin der Männlichkeit![13]

Dieses heidnische Bild der Göttin ist sehr weit von dem geschlechtslosen Bild, das von den semitischen Religionen der unfruchtbaren Wüste gezeichnet wird, entfernt. Die Göttin ist Fruchtbarkeit im Überfluß, und die Schöpfung der Erde selbst wird als Akt der Sexualität zwischen zwei dynamischen Kräften innerhalb des Universums gesehen. Dieses energiespendende Bild des Weiblichen ist im Heidentum sehr wichtig. Frauen reagieren nicht, sie agieren. Das Heidentum bietet einen spirituellen Weg an, in dem Frauen den weiblichen Aspekt des Göttlichen ehren und eine vollwertige Rolle als Priesterinnen und Zelebrantinnen der Mysterien der Göttin spielen können. Dies lehrt die Frauen, die Eigenschaften der Göttin in sich aufzunehmen, statt sich einer männlichen Priesterschaft unterzuordnen und einem männlichen Gott zu dienen. Die Macht, die angeboten wird, ist nicht eine Macht über andere, sondern Macht im Sinne von innerer Energie und Kraft – Macht von innen. Indem sie die Rolle der Priesterin übernimmt, demonstriert sich eine Frau selbst ihre eigene innere Macht und bietet anderen Frauen die vielbenötigte Rolle einer starken Frauenschaft an, auf die sie hinarbeiten können. Wenn sie dieses Gefühl der Kraft erfahren hat, kann sie sich vorwärtsbewegen. Es gibt ein Lied, das oft bei heidnischen Versammlungen gesungen wird:

Wir sind ein altes Volk,
Wir sind ein neues Volk,
Wir sind dasselbe Volk,
Stärker als zuvor.
Ich bin eine starke Frau,
Ich bin eine Märchenfrau,
Ich bin eine Heilerin,
Meine Seele wird niemals sterben.[14]

Für Viele, die einen Weg suchen, durch den sie ihre innere Spiritualität ausdrücken können, hat die Göttin, die der Natur innewohnt, die uns alle umgibt und deren Essenz die Liebe ist, eine starke Anziehungskraft. Diese Anziehungskraft wirkt nicht nur auf Frauen, sondern auch auf Männer. Vor zweitausend Jahren schrieb Lucius Apuleius nach seiner Einweihung in die Isis-Mysterien das folgende Gebet:

Heiligste der Heiligen,
Immerwährender Trost der Menschheit,
Du, deren offenherzige Güte die ganze Welt ernährt,
Deren Herz sich all jenen zuwendet,
Die in Sorge und Not sind,
Wie eine Mutter zu ihren Kindern,
Du, die Du weder bei Nacht
Noch am Tage ruhst,
Sondern immer da bist,
Um die Bekümmerten zu beruhigen.
Auf dem Lande und zur See
Zerstreust Du die Böen, die sie schütteln.
Deine Hand allein
Kann die verworrenen Fäden des Schicksals entwirren,
Jedes Unwetter beenden
Und die Sterne davon abhalten,
In unheilvolle Konjunktionen zu treten.
Die Götter hoch oben bewundern Dich,
Die Götter unten zollen Dir Anerkennung,
Du versetzt das Gewölbe des Himmels
In Drehung um die Pole,
Du gibst der Sonne Licht,
Du regierst das Universum,
Du stampfst die Mächte der Hölle nieder,
Auf Deine Stimme
Bewegen sich die Sterne,
Die Jahreszeiten kehren wieder,
Die Geister der Erde erfreuen sich,
Die Elemente gehorchen dir.
Auf ein Nicken von Dir
Wehen die Winde,
Wolken gießen heilenden Regen auf die Erde,
Samen keimen,
Knospen schwellen.
Vögel, die durch die Luft fliegen,

Tiere, die auf dem Berg umherziehen,
Schlangen, die sich im Staube winden,
Sie alle erschauern in alleiniger Ehrfurcht vor Dir...[15]

Viele Männer haben sich der Verehrung der Göttin zugewandt, um dort dieselbe Schönheit und innere Wahrheit zu finden, die Männer bereits Jahrtausende zuvor in ihr gefunden haben.

Der Pfad des Gottes

Alle Extreme im religiösen, politischen und spirituellen Denken bewirken eine gleichwertige entgegengesetzte Reaktion. Die Dominanz unseres religiösen Lebens durch eine sterile Männlichkeit ließ viele zur Verehrung der Großen Göttin zurückkehren. Eine Unausgeglichenheit in der äußeren Gesellschaft, die daraus entstand, daß nur männliches Handeln und das männliche Geschlecht für wertvoll gehalten wurden, hat den Feminismus hervorgebracht und viele, sowohl Frauen als auch Männer, ermutigt, das Weibliche in sich selbst zu entwickeln. Dies war für die Männer sehr wertvoll, weil es sie zu einem Teil ihrer selbst zurückführte, der durch die westliche Gesellschaft unterdrückt und verdrängt worden war. Dieser Teil war männliche Fürsorglichkeit, schöpferische Kraft und Freude. Dies ist jedoch nur eine Seite der verlorenen Männlichkeit, die die heidnische Religion wiederentdecken mußte. Der Mann ist auch Jäger und Krieger. Dies ist nicht ungerichtete, ziellose Gewalt oder Töten um des Tötens willen, sondern der Gebrauch der männlichen Stärke, die schützt, nährt, den Schwachen hilft und die Mächtigen davon abhält, die Machtlosen zu unterdrücken. Nachdem sie sich mit der Göttin auseinandergesetzt haben, wünschen viele Männer jetzt mit ihrer eigenen männlichen Energie ins Reine zu kommen. Sie suchen den Gott.

In den 80er Jahren gab das Konzept des »neuen Mannes«. Er wechselte Windeln, weinte im Kino Eimer voller Tränen und wurde nie ärgerlich. Er trug einen immerwährenden Schuldkomplex mit sich, weil sein Geschlechtsorgan herabhing und ihres nicht, und er nahm die Sünden der männlichen Welt auf sich. Es waren Männer, die die Frauen verfolgt, sie auf dem Scheiterhaufen verbrannt und die Kriegshunde entfesselt hatten. Wenn seine Vorfahren dies getan hatten, dann hatte es auch er getan. Er war von Geburt an schuldig. Viele mitfühlende Männer traten aus dieser Phase heraus, frustriert, weil sie sich durch die Herabsetzung ihrer

Männlichkeit nicht selbst gefunden hatten. Die Männer hatten ihre innere Weiblichkeit gefunden. Sie mögen die stereotype männliche Rolle, zu der sie erzogen worden waren, zurückgewiesen haben und andere Lebensweisen oder Verhaltensmuster gefunden haben, aber irgend etwas fehlte immer noch. Indem der judäo-christliche Gott abgelehnt wurde, war alle männliche Göttlichkeit erloschen. Zu dieser Zeit geschah es, daß die Götter der Heiden sowohl für Männer als auch für Frauen erwachten, um ihnen zu sagen: »Du hast den Gott zurückgewiesen, weil du falsche Idole verehrt hast. Verehre nicht die Götter der Wüste. Verehre die Götter der Felder und der Bäume, der Tiere und der Pflanzen, der Sonne und des Mondes. Verehre die Kräfte des Lebens und nicht den Gott des Todes!«

Um ihre Rolle in der Gesellschaft spielen zu können, müssen Männer zu einem Verständnis kommen, wie sie ihre männliche Energie vorteilhaft nützen können. Das Ziel der heidnischen Religion ist es nicht, Männer zu schaffen, die wie Frauen denken, sondern Männer, die in Kontakt mit ihrer Männlichkeit stehen. Dafür ist die Verehrung des Gottes genauso wichtig wie die der Göttin. Chris Crowley schreibt in *Wicca: Die Alte Religion im Neuen Zeitalter*[16], daß sich Männer von Wicca oft angezogen fühlen, weil es das Weibliche und die Göttin betont. Dadurch, daß die Rolle der Priesterin in vielen göttinorientierten Gruppen sehr wichtig ist, mögen viele Männer zuerst damit zufrieden sein, eine unterstützende Rolle zu spielen. Dies kann ein notwendiges Gegengift zur männlich dominierten westlichen Kultur sein. Es gibt den Männern auch die Gelegenheit, die weibliche Seite ihrer Psyche zu erforschen. Chris Crowley betont jedoch, daß, obwohl die Achtung vor dem weiblichen Prinzip und der inneren Weiblichkeit nie abnimmt, es wichtig ist, daß dieses nicht überbetont und das Männliche verneint wird.

In unserer modernen Zeit haben sowohl Männer als auch Frauen unter den falschen Vorstellungen von dem, was sie sein sollten, gelitten. Sie haben aber auch unter den falschen männlichen Göttern gelitten. Bob Stewart schreibt in *Choirs of the God: Revisioning Masculinity*:

> Der äußere Gott war für rund 1500 Jahre stark auf ein monosexuelles und unausgeglichenes Bild beschränkt. Der »Dämon Jehova«, der zornige Vater, der Schöpfer des Schmerzes, des Leidens, der Ungleichheit, der Einengung, des Eilitedenkens, des Elends usw. Dieses furchtbare Bild wurde durch das des Jesus ein wenig gemildert, aber Leiden und Schmerz sind ebenfalls Züge dieses göttlichen Sohnes in den meisten

christlich-orthodoxen Sekten oder religiösen Richtungen. Das Problem der Rivalität und des Schmerzes zwischen Vater und Sohn oder älterem und jüngerem Mann scheint in den etablierten Religionen von zentraler Bedeutung zu sein, besonders in jenen, die wie das Christentum ihren Ursprung im Nahen Osten haben.[17]

Der christliche Gott bietet Männern das Bild des Zölibats. Er verleugnet seine tierhafte Natur und versucht ihn zu entmannen. Dies hat viele Männer dazu gebracht, Inspiration bei den heidnischen Göttern zu suchen. Hauptsächlich haben Männer ihre heidnische Spiritualität in den gemischtgeschlechtlichen Gruppen, die den traditionellen heidnischen Pfaden folgen, und in neueren heidnischen Synthesen gesucht und gefunden. In den letzten Jahren gab es auch ein Wiederbelebung der männlichen Mysterientraditionen. Diese beinhalten Einweihungstraditionen, die uns aus der griechisch-römischen Welt bekannt sind (obwohl viele ihren Ursprung weiter östlich hatten), wie etwa die des Orpheus und des Mithras, deren Verehrung unter den römischen Soldaten weit verbreitet war. Andere haben sich der Kriegerspiritualität der nordisch-germanischen Berserker und in Nordamerika der indianischen Tradition zugewandt, deren Völker bis in die heutige Zeit als Jäger und Krieger leben. Wie wir gesehen haben, verehren Heiden ihre Götter auf vielerlei Arten. Einige haben sich Odin, dem Allvater, geweiht. Andere haben sich der frühesten Form einer männlichen Gottheit zugewandt, dem Gehörnten Gott, dessen Ursprünge weit in die Vergangenheit zurückreichen, als unsere Vorfahren noch Jäger und Sammler waren, die in Harmonie mit dem Wild lebten und den jahreszeitlichen Wanderungen der Tiere folgten, von denen sie ihre Nahrung bezogen und von denen sie nur nahmen, was sie auch brauchten, denn sie wußten, daß, wenn die Tiere starben, von denen sie abhängig waren, auch sie sterben würden.

Der Gehörnte Gott ist ein Bild großer Macht, das in der menschlichen Psyche über Jahrhunderte der Verdrängung hindurch überdauert hat. Obwohl neuere Götter aufgekommen sind, hat der Gehörnte Gott überlebt. Als Pan der Griechen und Cernunnos der Kelten war er bis zum christlichen Zeitalter eine dominante Kraft. Mit der Ankunft des Christentums wurde der Gehörnte Gott größtenteils unterdrückt. Er wurde als bedrohlich, sexuell und animalisch angesehen. Sein Bild wurde mit dem des christlichen Teufels identifiziert. Das Heidentum des 20. Jahrhunderts brachte jedoch eine Wiedergeburt und Rehabilitation des Gehörnten Gottes mit sich. Starhawk schreibt:

> Im Hexenglauben ist die Vorstellung vom Gehörnten Gott vollkommen anders als das Bild der Männlichkeit in unserer Kultur. Deshalb ist sie schwer zu begreifen, denn er paßt in keines der gewohnten Klischees, weder in das des »Macho«-Mannes, noch in das umgekehrte Bild derer, die bewußt eine Verweiblichung anstreben. Er ist sanft, zärtlich und liebevoll, aber er ist auch der Jäger. Er ist der sterbende Gott – aber sein Tod geschieht immer im Dienste der Lebenskraft. Er ist ungebändigte Sexualität – aber Sexualität als eine tiefe, heilige, bindende Kraft. Er ist die Kraft des Gefühls und das Urbild dessen, was Männer sein könnten, wären sie von den Zwängen der patriarchalischen Kultur befreit.[18]

Der Gehörnte Gott ist nicht kopflastig und zölibatär, sondern der phallische Jägergott der Wälder und Hügel. Der Gehörnte Gott ist der Herr der Tiere. Sein Körper ist der eines Mannes, aber seine Füße sind Hufe, und sein Geweih oder seine Hörner reichen bis zum Himmel hinauf, um die Kraft der Sonne einzufangen. Er ist stark und mächtig, aber er ist auch der Schäfer, der liebevolle und beschützende Vater. Der Gott ist alt und jung zugleich, stark und beständig, aber auch Licht, Energie, Bewegung und schöpferische Kraft:

> Ich bin so alt wie die Zeit,
> Denn ich entsprang dem ersten Atemzug.
> Dennoch bin ich nicht gealtert,
> Denn ich werde mit jedem Windstoß wiedergeboren,
> Und mit jedem sanften Hauch.
>
> Die Blätter tanzen in den Bäumen,
> Stille Wasser kräuseln sich in schweigender Freude,
> Und verraten mein Vorübergehen.
> Schnellen Fußes auf geflügelten Fersen bin ich der Bote,
> Mit Worten, die ihr alle hören sollt,
> Die von meiner silbernen Zunge herabfallen.
> Ich bin Quecksilber,
> Ich bringe Heilung durch meine magische Berührung.
> Ich bin der Wind,
> Der Atem des Lebens,
> Ich bin Er.[19]

Wissen ist das spirituelle Ziel vieler heidnischer Pfade. Dies ist kein Wissen im Sinne von Fakten und Daten, sondern ein intuitives Verstehen, das bewußt sein kann oder auch nicht. In vielen heidnischen Traditionen wird diese Suche nach Verstehen durch die Feiern des Jahreszyklus vermittelt, die von der Suche des Gottes nach Wissen erzählen. In *Wicca: Die Alte Religion im Neuen Zeitalter* [20] erklärt Chris Crowley die Reise des Gottes in Begriffen einer Entwicklung von der Freiheit und triebhaften Natur der Jugend über Liebe, Menschlichkeit und Königtum bis hin zu Elternschaft, Opfer und Tod. Dies geschieht durch die Begegnung mit der weiblichen Kraft der Göttin und das Akzeptieren des Flusses der Zeit und der unausweichlichen Veränderung. Der jahreszeitliche Zyklus beinhaltet eine Botschaft, die im Mittelpunkt der männlichen Initiation steht. Wenden wir uns also der männlichen und weiblichen Initiation zu.

Einweihung in das Erwachsenenalter

Eine der Aufgaben der Religion besteht darin, uns zu helfen wichtige Übergänge im menschlichen Lebenszyklus zu markieren. Geburt, Erwachsensein, Hochzeit und Tod verlangen von uns, neue Rollen und Verantwortungen zu übernehmen. Es ist eine der Aufgaben des religiösen Rituals, uns zu zeigen, wie diese Anforderungen bewältigt werden können. Rituale helfen uns, Sinn in den wichtigsten Übergängen unseres Lebens zu finden – im Übergang vom Kind zum Jugendlichen, vom Jugendlichen zum Erwachsenen, von der Lebensmitte zu den Jahren des Alters, in denen uns unsere physische Stärke zu verlassen beginnt und wir uns der Nähe des Todes bewußt werden. Diese Übergänge werden oft durch bestimmte Riten des Übergangs bewältigt, aber sie werden auch auf weniger direkte Weise angegangen. Botschaften darüber, wie wir unsere sozialen Rollen erfüllen sollen, können auch in den jahreszeitlichen und anderen heidnischen Mythen gefunden werden.

Nicht alle dieser Übergänge werden, wenn überhaupt, in der modernen freien Gesellschaft befriedigend bewältigt. Die Einweihung in das Erwachsenenalter ist im besonderen ein Thema, welches viele Menschen in der westlichen Gesellschaft zu beschäftigen beginnt, nicht nur Heiden. Das Interesse an diesem Punkt ist gewachsen, weil wir erkennen, daß es uns nicht möglich ist, unseren jungen Leuten zu helfen, einen glatten Übergang zwischen der Welt der Kindheit und jener des Erwachsenseins zu finden. Oft gibt es Unstimmigkeiten darüber, was von einem Erwachsenen oder einem erwachsenen Mann und einer erwachsenen Frau verlangt wird. Dieses Problem verschlimmert sich zunehmends, da es jede Generation unterläßt, die erforderlichen Lehren weiterzugeben, so daß uns mehr und mehr Mysterien des Mann- und Frauseins verlorengehen. Uns fehlt die Führung auf dem Einweihungsprozeß in das Erwachsensein, und dies zu einer Zeit, in der die Reise in das Erwachsenenalter schwieriger ist als jemals zuvor. In vielerlei Hinsicht haben wir mehr Freiheit. Wir können uns aussuchen, welchen Beruf wir ausüben und ob wir Eltern werden wollen. Diese Dinge werden nicht mehr von unseren Familien und Dorfältesten oder dem Staat für uns entschieden. Es mag sowohl psychologischen als auch materiellen Druck geben, sich anzupassen, aber wir haben heute mehr Freiheiten als je eine Generation zuvor. Dennoch fehlt uns eine gewisse Führung. Die Großfamilie ist aufgebrochen, so daß es keine Generation von Ältesten unseres eigenen Geschlechts mehr gibt, an die wir uns um Rat und Weisheit wenden könnten. Die Väter sind oft nicht anwesend oder gar nicht vorhanden, und viele Frauen und Männer verfügen über keine positiven männlichen Rollenmodelle mehr, von denen sie lernen könnten.

Das Heidentum erkennt diese Lücke, und viele Frauen und Männer sind zu den heidnischen Mysterien gekommen, um von ihren Mythen und Einweihungsprozessen ein positives Modell der Weiblichkeit und Männlichkeit vermittelt zu bekommen. Zu diesem Zweck wählen manchmal Gruppen ihres eigenen Geschlechts oder auch heidnische Pfade, in denen sowohl die Rolle der Göttin als auch die des Gottes positiv und stark ist. Für Heiden sind die religiösen Mythen und Rituale Ausdruck der Wirklichkeit der göttlichen Kraft und Allegorien für ihre Interaktion mit der Welt. Sie sind auch Schablonen, die unser Verhalten in der Gesellschaft leiten. Das Bild der Göttin lehrt eine Frau, was es heißt, weiblich zu sein, und das Bild des Gottes lehrt einen Mann, was es heißt, männlich zu sein. Gemeinsam lehren sie die Natur der Verantwortung beider Geschlechter in der Gesellschaft und wie wir unsere individuellen Bedürfnisse und Wünsche mit denen der Gemeinschaft in Einklang bringen können. Sie lehren einen Weg der Ganzheit und zeigen auf, wie diese Ganzheit alle Aspekte des Lebenszyklus umfaßt – Gut und Böse, Jugend und Alter, Schmerz und Freude, Leben und Tod.

In seinem Buch *Iron John: A Book about Men* schreibt Robert Bly, daß eine Rückkehr zum Einweihungsprozeß, der ein wesentlicher Teil früherer Stammesgesellschaften war, für das Überleben der westlichen Welt von entscheidender Bedeutung ist. Viele von Blys Ideen über Stammesgesellschaften zeichnen ein romantisierendes Bild, aber sie sind dennoch wichtig. Bly stellt fest, daß seine eigene Kultur, die der Vereinigten Staaten, seit den 50er Jahren einen nicht zu leugnenden Abstieg erlebt hat. Er sieht die Einweihung als dritten Weg zwischen den Gefahren des ungezügelten Individualismus und der Egoinflation, die durch unsere materialistische Kultur gefördert werden, und dem Weg der Depression und des Versagens, der der einzige Weg für jene ist, die den Anforderungen der Gesellschaft nicht gewachsen sind:

> Wir haben den grandiosen Weg, den Aktienschwindler, Hochstapler, und Besitzer von Privatflugzeugen gehen; und wir haben den Weg, den einige Langzeit-Alkoholiker ... Cracksüchtige und vaterlose Männer gehen... Einen dritten Weg bietet schließlich die alte Praxis der Initiation, die in unserer genetischen Struktur noch sehr lebendig ist...[21]

Andere, wie der jungsche Psychologe James Hillman[22], vertreten ähnliche Ansichten. Hillman hat intensiv die Mythen studiert, die sich mit der Initiation des *puer* oder Knaben durch den *senex* oder älteren Weisen beschäftigen. Er behauptet, daß die Initiation eine notwendige Brücke zwischen der Welt der Phantasie und der harten Welt der Realität schlägt – eine Brücke, die die Realität erträglich machen kann. Er ist der Ansicht, daß die Initiation die Wirklichkeit weicher macht, da sie diese mit einer Hintergrundebene aus mythologischen Perspektiven unterlegt. Hillmann glaubt, daß dies der Härte der Wirklichkeit Sinn verleiht, sie erträglicher und zugleich auch unzerstörbar macht.

Robert Bly behauptet, daß der Einweihungsprozeß in das Erwachsenenalter für Frauen leichter als für Männer ist:

> Ein Mädchen verändert sich von selbst zur Frau, wobei die körperlichen Entwicklungen die Veränderungen markieren. Alte Frauen erzählen ihr Geschichten, singen Lieder und halten Feiern ab. Bei den Knaben jedoch gibt es keine alten Männer, keine Veränderung.[23]

Dies mag zwar für Stammesgesellschaften gegolten haben, doch heute gilt es nicht mehr. In der modernen Gesellschaft fehlt leider auch die Einweihung in die traditionellen weiblichen Mysterien, so daß viele Frauen nicht nur über das in Unwissenheit belassen werden, was es in spirituellen Begriffen bedeutet eine Frau zu sein, sondern auch über ihren eigenen Körper, ihre Hormonzyklen und die Mysterien der Fruchtbarkeit und Fortpflanzung. Eine Rückkehr zur Rolle der Frau als Hebamme und Heilerin und zu natürlichen Wegen der Empfängnisverhütung und Geburt waren deshalb naheliegende Forderungen von Frauen, die die Macht des

Weiblichen zurückerobern wollten. Das Fehlen der Einweihungserfahrung durch ältere Frauen, die sich mit den Anforderungen der heutigen Gesellschaft auseinandergesetzt haben, bedeutet auch, daß sich Frauen über ihre Rolle im unklaren sind. Die Frauen heute werden durch die Medien mit Bildern einer Superfrau bombardiert, die alles kann und hat – Schönheit, Gesundheit, Ehemann, Kinder, Karriere, materiellen Erfolg, innere Erfüllung, Glück und Ruhm. Angesichts dieses unrealistischen Bildes können sich selbst erfolgreiche Frauen als Versager fühlen. Um realistische Erwartungen dessen zu schaffen, was wir tun, sein und erreichen können, bedarf es Frauen, die Frauen lehren. Viele Frauen, die heidnische Gruppen mit nur weiblichen Mitgliedern gebildet haben, sehen ihre göttinorientierte Religion als Schwesternschaft an, in der ältere Frauen jüngeren Frauen die uralten Geheimnisse der Weisenkunst und der Wege des Frauseins lehren.

In der Stammesgesellschaft war die Rolle der Männer klar – die meisten wurden gebraucht, um Jäger und Krieger zu werden. In der heutigen Gesellschaft hat dieses Bedürfnis jedoch abgenommen, so daß männliche Gewalt, die gegen die Ziele der Gesellschaft gerichtet ist, zu einem Hauptproblem geworden ist. Wie sind die Einweihungsprozesse zu handhaben und worin weihen wir unsere Männer ein, was sollen sie werden? Robert Bly geht dem nach, was seiner Meinung nach in den Vereinigten Staaten geschieht oder eher nicht geschieht. Bly glaubt, daß man nicht von selbst zum Mann wird. Was nötig ist, ist das aktive Eingreifen älterer Männer, um jüngere Männer in der uralten, mythologisierten und instinktiven männlichen Welt willkommen zu heißen[24].

> Das entscheidende Urteil ist jenes, das in Neu Guinea von Männern und Frauen aus rund achtzig Stämmen akzeptiert wird: »Ein Junge kann sich nicht ohne das aktive Eingreifen der älteren Männer in einen Mann verwandeln.«[25]

In den heidnischen Stammesgesellschaften wurden diese Punkte sorgfältig gehandhabt und bildeten einen wesentlichen Teil der Erziehung junger Männer. Oft wurde der Jugendliche von seinen Eltern getrennt und in die Wildnis geschickt, um für sich selbst zu sorgen und oder ein Symbol oder Tier mitzubringen, das bezeugt, daß er eine Handlung des Mutes vollbracht hat. Diese Art der Einweihung ist heute schwierig zu erlangen, und einige Männer, die diesen Mangel ebenfalls verspüren, hat es zu den heidnischen Göttern hingezogen, die ihnen ganzheitliche Bilder vermitteln, mit denen sie sich identifizieren können.

Der Mann und die Göttin

Blys Arbeit beruht auf der Analyse eines Märchens – dem des Iron John. Die Geschichte beschreibt die Begegnung eines jungen Prinzen mit einem wilden Mann, der den Jungen von Zuhause fortnimmt und in die Welt entläßt, wo er für seinen Unterhalt sorgen muß. Er findet Arbeit im Palast des benachbarten Königreiches, beweist danach seine Tapferkeit im Krieg und wird schließlich belohnt, indem er die Tochter des Königs zur Frau erhält. Aus der Struktur dieser Geschichte folgert Bly, daß tief in der Psyche jedes Mannes ein uralter Mann verborgen ist, dessen Körper behaart ist und den er den »Wilden Mann« nennt. Es gibt einige Parallelen zwischen diesem Wilden Mann und dem Gehörnten Gott. Bly behauptet, daß der moderne Mann, um sich dem Prozeß der männlichen Einweihung zu unterziehen, mit dem Wilden Mann in Verbindung treten muß.

Obwohl Blys Arbeit wertvoll ist, hatte sie auch einige weniger erfreuliche Auswirkungen. Dadurch, daß der männliche Pfad neu bewertet wurde, bestand die Gefahr, daß das Pendel zum anderen Extrem hin ausschwingt. Scharen von Seminarteilnehmern sind auf den Wagen des Wilden Mannes aufgesprungen, und amerikanische Mittelklassemänner pilgern jetzt in die Männercamps, um nach ihren lange vermißten Vätern zu rufen und den Wilden Mann in sich zu finden. Wie der Psychologe John Rowan in seinem Buch *The Horned God* [26] darstellt, ist das nichts Schlechtes, vorausgesetzt sie kommen auch mit dem Weiblichen in Kontakt. Ansonsten ist es nur eine Einladung zu »unkonstruktivem männlichen Chauvinismus«, da der Wilde Mann leicht zu einer Rechtfertigung für männliche Aggression werden kann.

Robert Bly vertritt die Ansicht, daß die Initiation von Männern etwas ist, das von Männern durchgeführt werden muß. Dies ist sowohl wahr als auch unwahr. Das Heidentum lehrt, daß Einweihung kein einmaliges Ereignis ist, sondern ein Prozeß mit vielen Stufen. In den Einweihungsriten der Isis war die erste Initiation eine der Göttin, die zweite eine des Gottes, und die dritte wieder eine der Göttin. Dieses Schema kann auch in den Mysterien des Wicca gefunden werden, in denen die Parallelen zum Lebenszyklus stärker ausgeprägt sind. Was Bly beschreibt, ist jenes Stadium des Einweihungsprozesses, in dem der junge Erwachsene auf die Reise des Lebens geschickt wird. Wir befinden uns in den Lehrjahren unseres Lebens und müssen uns erst als ganze Erwachsene in der Gesellschaft beweisen. Diese Einweihung muß von den älteren Erwachsenen gleichen Geschlechts gegeben werden, da nur sie einem Mann erklären können, was es bedeutet den männlichen Weg zu gehen. Auf ähnliche Weise können nur Frauen anderen Frauen erklären, was es bedeutet eine Frau zu sein, Kinder zu bekommen, und wie dies in der heutigen Gesellschaft mit anderen Bedürfnissen, die eine Frau haben kann, in Einklang gebracht werden kann.

Das Problem der Geschichte vom Iron John liegt darin, daß es, außer als Randfiguren, keine Frauengestalten gibt. Der junge Mann in der Geschichte lernt mit dem Wilden Mann zu leben, und dies ist eine wertvolle Erfahrung, aber die Geschichte ist zu Ende, als der junge Mann die Prinzessin heiratet. Er hat ein Stadium des Einweihungsprozesses erfüllt – er ist vom Jugendlichen zum Mann geworden. Worüber wir jedoch nichts erfahren, ist ein weiterer Einweihungsprozeß – jener des Mannes durch die Frau. In diesem Stadium müssen wir uns an die Älteren des anderen Geschlechts wenden, um von ihnen zu lernen. Dies bedeutet nicht, daß Frauen den Mann lehren müssen, ein neuer Mann zu sein und weibliche Eigenschaften zu entwickeln, sondern daß Frauen die Männer lehren müssen, ihre männlichen Eigenschaften zum Wohl der Gemeinschaft zu nutzen, um sie zu beschützen und ihr zu dienen. Dies geht auf die keltische Idee zurück, daß ein junger Mann im letzten Teil seiner Ausbildung zum Krieger bei einer weiblichen Kriegerin lernen muß. In der nordischen Tradition werden Frauen ebenfalls als wichtige Lehrerinnen der Männer gesehen. Freya Aswynn schreibt:

> ...daß es die Aufgabe der weisen Frauen war, die Männer in magischen Techniken zu unterrichten und sie in ethischen Fragen zu beraten. Dies erinnert an die ältere kontinentale Traditionen, nach der Frauen in Rechtsstreitigkeiten Urteile fällten und in Kriegsversammlungen als Beraterinnen wirkten.[27]

Das Heidentum betont Harmonie und Ausgleich, sowohl im äußeren Leben als auch in unserer Psyche. Eine der grundlegenden Dualitäten in uns selbst, wie auch in der Gesellschaft, ist die des Männlichen und Weiblichen. Viele Heiden glauben, daß uns unsere heutigen sozialen und spirituellen Systeme aus dem Gleichgewicht gebracht haben, da sie männlich dominiert sind. Viele würden dies als Patriarchat bezeichnen, doch Robert Bly behauptet, daß die Gesellschaft, in der wir leben – obwohl sie männlich dominiert ist – kein wahres Patriarchat ist:

> Das echte Patriarchat zieht durch den heiligen König die Sonne in jede Frau und in jeden Mann der Kultur herab; und das echte Matriarchat

zieht durch die heilige Königin den Mond in jede Frau und in jeden Mann der Kultur herab. Der Tod des heiligen Königs und der heiligen Königin bedeutet, daß wir gegenwärtig in einem System der industriellen Herrschaft leben, die kein Patriarchat ist.[28]

Bly glaubt, daß unsere heutigen sozialen und ökonomischen Systeme weder die männliche noch die weiblichen Arten zu fühlen ehren. Das System der industriellen Herrschaft setzt fest, wie wir zu leben haben, und alles wird materiellen Zielen geopfert: »Es gibt weder König noch Königin.« Die Gesellschaft braucht sowohl Weiblichkeit als auch Männlichkeit, denn nur wenn die männlichen und weiblichen Energien in uns in Einklang gebracht werden, kann die Kreativität fließen:

... der heilige König oder Sonnenkönig ist das Prinzip der Ordnung und des Raums. Wenn der König anwesend ist, schafft dies einen geweihten Raum abseits des Chaos, oder einfacher gesagt, wo er ist, ist Ordnung... Die Macht der Königin ist ebenfalls groß. Manchmal führt sie, manchmal er. Wenn er und die Königin im richtigen Raum zusammen sind, blüht der Feigenbaum, die Apfelbäume tragen Früchte im Übermaß und die Flüsse führen Milch und Honig.[29]

Kreativität ist ein Ergebnis des Zustandekommens eines inneren Dialogs zwischen dem Männlichen und dem Weiblichen, die uns allen innewohnen. Der Psychologe Carl Jung gab der andersgeschlechtlichen Seiten in uns einen Namen: Das Männliche in der Frau wird Animus genannt und das Weibliche im Mann Anima. Um seine Natur vollständig zu verstehen und zu erfüllen, muß ein Mann nicht nur mit seiner Männlichkeit in die richtige Beziehung treten, sondern auch ein Verständnis über seine innere Weiblichkeit, seine Anima, erlangen. Der hinduistische Psychologe Arwind Vasavada glaubt, daß die Göttin für Männer eine Rolle spielt, die jener der Anima in der Jungschen Psychologie ähnlich ist:

Sie stört einen Mann in seinem Zustand der Leichtigkeit und Bequemlichkeit auf, erweckt seine Emotionen und all die grundlegenden, instinktiven Schattenseiten seines Lebens, und zieht ihn auf das offene Schlachtfeld des Lebens, so daß er sein Schicksal erfüllen kann, vor dem er jedoch immer zurückscheut. Sie erscheint sowohl als positive wie auch als negative Mutter, mitfühlend oder grausam, je nach dem Entwicklungsstand des Einzelnen.[30]

Dion Fortune beschreibt in ihrem Roman *The Sea Priestess* die Rolle der Göttin ebenfalls als Anima. Die Rolle der Göttin ist nicht die des passiven

Prinzips. Sie ist die Muse, die das Bewußtsein des Mannes zur Kreativität erweckt:

> Im Inneren ist sie allmächtig.
> Sie ist die Königin im Reich des Schlafes.
> Alle unsichtbaren Werke sind die ihren
> Und sie beherrscht alle Dinge, bevor sie geboren werden.
> So wie durch ihren Gefährten Osiris die Erde grün wird,
> So wird der Geist des Mannes durch ihre Kraft befruchtet.[31]

Die Frau und der Gott

Und wie sieht es mit dem Gott und den Frauen aus? Die Rolle des Gottes ist für Frauen wichtig, aber sie entspricht nicht genau jener Bedeutung, die die Göttin für Männer hat. Lange Zeit ist das Weibliche in unserer Gesellschaft in weltlichen Begriffen unterbewertet worden. Die Frau wurde ins Schlafzimmer und in die Küche verbannt oder in himmlische Höhen erhoben, doch im alltäglichen Leben wurde ihr keine Stimme zugebilligt – »Männersache«. Den Frauen wurde ein Teil ihrer selbst versagt, jener Teil, der stark ist, entscheidet, denkt und konstruktiv ist. Die Frauen wurden gelehrt, diese Eigenschaften in ihren Ehemännern zu suchen und nicht in sich selbst zu entwickeln. Für Frauen ist es eine Herausforderung, diese Eigenschaften als ihre eigenen zurückzufordern, und deshalb müssen sie die Eigenschaften der Göttin verstehen, denn in ihr werden all diese Dinge gefunden.

Frauen brauchen den Gott, um eine Beziehung zu Männern finden zu können. Viele Frauen sind durch Männer geschädigt worden und können sich keine Vorstellung davon machen, was eine positive männliche Kraft sein kann. Das Bild des Gehörnten Gottes ist das einer Männlichkeit, die stark und mächtig ist, wild, sanft und liebend, und die sich um Dinge kümmert, die jenseits der eigenen Bedürfnisse und Belange liegen. Frauen müssen die Möglichkeiten dessen, was richtiges männliches Verhalten sein kann, für sich selbst erkennen, damit sie es an ihre Söhne weitergeben können. Denn welch romantische Vorstellungen über Stammesgesellschaften wir auch haben mögen, wie ein angemessenes männliches Verhalten auszusehen hat, lernen die meisten Jungen immer noch von ihren frühesten Lehrern – ihren Müttern.

Sowohl der Gott als auch die Göttin sind für uns notwendig, wenn wir das Mysterium des Göttlichen verstehen wollen. Beide Mysterien sind wichtig und wertvoll, wenn wir uns selbst verstehen und eine ganzheitliche Rolle in der Gesellschaft spielen wollen. Indem wir sowohl das Weibliche als auch das Männliche, Göttin und Gott, ehren, bringen wir uns selbst und unsere Vorstellungen in die richtige Harmonie. Wir können ganz wir selbst sein, nicht unsere Männlichkeit oder Weiblichkeit verneinen, sondern werden, was und wer wir wirklich sind.

1. Starhawk: *Der Hexenkult als Ur-Religion der Großen Göttin: Magische Übungen, Rituale und Anrufungen*, S. 296.
2. Dion Fortune, *The Sea Priestess*, S. 121.
3. Robertson Davies, *The Rebel Angels*, S. 241.
4. Lauren Liebling und Starhawk.
5. Starhawk: *Der Hexenkult als Ur-Religion der Großen Göttin: Magische Übungen, Rituale und Anrufungen*, S. 196.
6. Starhawk, *Truth or Dare: Encounters with Power, Authority and Mystery*, S. 4 f.
7. Starhawk: *Der Hexenkult als Ur-Religion der Großen Göttin: Magische Übungen, Rituale und Anrufungen*, S. 61.
8. The Pagan Federation, *The Pagan Federation Information Pack*, S. 10.
9. Demaris Wehr, *Jung and Feminism: Liberating Archetypes*, S. 22.
10. Vivianne Crowley, unveröffentlichtes Frauenmaterial.
11. Freya Aswynn, *Die Blätter von Yggdrasil: Runen Götter, Magie, Nordische Mythologie & Weibliche Mysterien* (Edition Ananael, 1994²) S. 88.
12. Marvin Spiegelman in: Spiegelman and A. U. Vasavada, *Hinduism and Jungian Psychology*, S. 30.
13. Dion Fortune, *The Sea Priestess*, S. 158.
14. Will Shepardson und die Frauen vom Greenham Common Peace Camp, England.
15. Lucius Apuleius, *Der goldene Esel*, Kapitel XI.
16. Chris Crowley, »Der Gott: Wicca und das Männliche« in: Vivianne Crowley, *Wicca: Die Alte Religion im Neuen Zeitalter* (Edition Ananael 1993), S. 188.
17. R. J. Stewart, »The God in Western Magical Arts«, in John Matthews (Hrsg.), *Choirs of the God: Revisioning Masculinity*, S. 123.
18. Starhawk: *Der Hexenkult als Ur-Religion der Großen Göttin: Magische Übungen, Rituale und Anrufungen*, Seite 144.
19. Chris Crowley, unveröffentlichtes Material, 1985.
20. Chris Crowley, »Der Gott: Wicca und das Männliche« in: Vivianne Crowley, *Wicca: Die Alte Religion im Neuen Zeitalter* (Edition Ananael 1993), S. 191-206.
21. Robert Bly, *Iron John: A Book about Men*, S. 35 f.
22. James Hillmann, »Senex and Puer: An Aspekt of the Historical and Psychological Present«, in James Hillman (Hrsg.), *Puer Papers*, S. 29.
23. Robert Bly, *Iron John: A Book about Men*, S. 86 f.
24. Robert Bly, *Iron John: A Book about Men*, S. 15.
25. Robert Bly, *Iron John: A Book about Men*, S. 86 f.
26. John Rowan, *The Horned God: Feminism and Men and Wounding and Healing*, S. 111.

27. Freya Aswynn, *Die Blätter von Yggdrasil: Runen, Götter, Magie, Nordische Mythologie & Weibliche Mysterien* (Edition Ananael, 1994²), S. 229.
28. Robert Bly, *Iron John: A Book about Men*, S. 98.
29. Robert Bly, *Iron John: A Book about Men*, S. 98.
30. Arwind Vasavada in J. M. Spiegelman and A. U. Vasavada, *Hinduism and Jungian Psychology*, S. 158.
31. Dion Fortune, *The Sea Priestess*, S. 123.

Teil III

Leben als Heide

8
Rituale des Übergangs: Vom Sinn des Lebenszyklus

Neben dem Eintritt in das Erwachsenenalter gibt es noch weitere Hauptphasen des Lebenszyklus, die von uns eine Änderung der sozialen Rollen verlangen: Ehe, Elternschaft, die Anpassung an die dritte Lebensphase, und als letztes der größte Übergang von allen, in dem wir die materielle Welt transzendieren – der Tod. Eine Aufgabe der Religion ist es, uns zu helfen, den Weg zu ebnen, die Psyche für die Anpassungen, die wir machen müssen, vorzubereiten und uns die nötige innere Stärke und das Verständnis von uns selbst und anderen zu geben, um mit diesen Herausforderungen zurechtzukommen, indem sie uns darin, wie wir diese Anforderungen erfüllen sollen, Führung in Gestalt der Mythen und Symbole bietet.

Ehe und Elternschaft

Das frühe Erwachsensein führt zu Beziehungen und normalerweise zur Ehe oder einer anderen festen Beziehung. Im modernen Heidentum wird die Hochzeit oft *Handfasting* (»Verbindung der Hände«) genannt. In einigen Traditionen wird keine ewige Bindung anerkannt. Handfasting gilt für ein Jahr und einen Tag, danach muß das Paar seinen Schwur erneuern. In anderen Traditionen gibt es eine Ehe, die für ewig geplant ist, doch ist auch Scheidung erlaubt. Die Ehe ist eine Sache des gemeinsamen Versprechens und der Ehre. Wenn die Menschen nicht länger in der Lage sind, das Versprechen zu halten, müssen sie ehrlich sein und ehrenhafte Schritte unternehmen, um den Vertrag zu lösen. Einige Traditionen kennen einen Eheschwur, der zwei Ebenen umfaßt – die eines weltlichen Vertrages und die einer länger gültigen Vereinbarung, die normalerweise geschlossen wird, wenn das Paar für einige Zeit in einer Beziehung gelebt hat und einen Eid auf Lebenszeit schwören will. Dieser Eid kann auch über eine einzelne Lebensspanne hinausgehen.

Bei Leben, bei Liebe,
Bei meinem Herzen, bei meiner Treue,
Ich nehme dich an meine Hand
Bis zum letzten Sonnenuntergang,
Und dem letzten Aufgang der Sterne.[1]

Die Einstellung zur Ehe und der Platz, den die Sexualität darin einnimmt, werden im folgenden Handfasting-Segen vermittelt. Der Zelebrant nimmt die Ringe des Paares und legt ihre Hände darauf:

Über euch sind die Sterne,
Unter euch sind die Steine,
Und wenn die Zeit vergeht – erinnert euch:
Wie ein Stern soll eure Liebe währen,
Wie ein Stein soll eure Liebe fest sein.
Seid eng verbunden, doch nicht zu eng.
Besitzt einander, aber seid verständnisvoll.
Habt jeder mit dem anderen Geduld,
Denn Stürme werden kommen, und schnell auch wieder gehen.
Seid frei, Gefühl und Wärme zu geben,
Macht oft Liebe und seid sinnlich miteinander.
Habt keine Angst und laßt euch nicht beirren
Durch die Wege oder Worte derer, die nicht erleuchtet sind,
Denn die Göttin und der Gott sind bei euch, jetzt und immer.[2]

In den meisten Traditionen ist die Hauptanforderung an die Ehe, daß die Kinder versorgt und gut beschützt werden. Das Geschenk, Kinder zu haben, wird als heiliges Vertrauen der Götter angesehen, und ihr Wohlergehen ist von größter Bedeutung. Die Tatsache, daß Kinder als Geschenk der Göttin betrachtet werden, heißt nicht, daß Heiden die romantische und naive Sicht einiger humanistischer Psychologen teilen, daß Kinder gut geboren werden. Noch glauben Heiden an das christliche Konzept der Erbsünde, nämlich daß Kinder böse geboren werden. Kinder werden mit dem selben Gleichgewicht aus positiven und negativen Eigenschaften geboren, die uns allen anhaften. Sie besitzen Impulse zur Fürsorge, zum Teilen und zum Altruismus, und Impulse zur Selbstsucht, zu Grausamkeit,

Ärger und Haß. Die Aufgabe der Eltern ist es, das Kind innerhalb ihrer eigenen Grenzen, so gut sie können, zu Handlungen, Gedanken und Gefühlen zu führen, die kreativ und positiv sind sowie dem Kind und anderen gut tun. In unserer komplexen und materialistischen Welt kann dies eine beängstigende Aufgabe sein!

Da Heiden nicht an die Erbsünde glauben, gibt es kein Bedürfnis nach einer auf die Geburt folgenden Zeremonie, um den Teufel auszutreiben und das Kind für eine bestimmte Sekte zu weihen. Allerdings möchten viele Heiden die Geburt ihres Kindes mit einer Zeremonie der Namensgebung feiern. Dies ist ein Anlaß, bei dem sich Familie und Freunde treffen, um mit den Eltern die Freude über ein neues Mitglied der Menschheit zu teilen und das Kind in der Welt willkommen zu heißen. Das Ritual hat oft den Zweck des Schutzes: um das Kind unter den Schutz der Familiengottheiten zu stellen und ihren Segen zu erbitten. Die Zeremonien sind einfach und bestehen oft aus der Namensgebung, einer Weihe (mit ungiftigem Öl), der Segnung des Kindes und einem öffentlichen Versprechen der Eltern, das Kind zu erziehen und für es zu sorgen. Dieses Ritual kann von der Mutter und dem Vater oder von einem Priester und einer Priesterin vollzogen werden.

Die Mutter oder Priesterin weiht das Kind mit Öl:

Ich weihe deine Füße,
Die dich auf unsere Wege brachten.
Ich weihe deine Hände,
Auf daß sie für das Rechte und Wahre arbeiten werden.
Ich weihe dein Herz,
Auf daß es in Stärke und Liebe schlägt.
Ich weihe deine Lippen,
Auf daß sie nichts Böses sprechen und die Wahrheit sagen werden.
Ich weihe deine Stirn,
Auf daß dein Geist Weisheit und Erleuchtung suchen möge.

Die Mutter wendet sich an die Göttin:

Oh liebliche und gütige Königin des Lebenslichtes,
Du, deren Versprechen es ist,
Daß wir nach dem Tode zurückkehren werden,
Um bei unseren Leuten zu sein,
Und daß wir uns erkennen und lieben
Und uns wieder an sie erinnern.
Segne dieses Kind, das wieder zu den Seinen zurückgekehrt ist.

Der Priester oder der Vater nimmt das Kind und wendet sich an den Gott:

Oh Gehörnter, Macht des Schlafes und der Nacht,
Gewähre diesem Kind Stärke und Segen.
Umhülle es mit dem Mantel deines Schutzes
Und wache über es auf der Reise des Lebens.

Die Eltern sagen dann:

Ich/wir leisten den Eid,
Unseren Sohn/unsere Tochter (Name),
Der/die uns im Vertrauen
Von der Mutter und dem Vater aller Dinge
Als heiliges Geschenk gegeben wurde,
Zu erziehen, zu beschützen und zu lehren,
Bis er/sie alt genug ist,
Die Verantwortung für sein/ihr eigenes Leben zu übernehmen.
Wir werden die Wege unserer Mütter und Väter lehren:
Liebe, Sanftheit, gutes Beispiel und Stärke
Werden wir geben, wenn sie erforderlich sind.
Sei gesegnet (Name) und sei willkommen in der Welt!

Zeremonien der Namensgebung beinhalten normalerweise keine »Eintragung« der Zugehörigkeit des Kindes zu einem bestimmten religiösen Pfad. Die Eltern bemühen sich zwar, ihren Kindern den heidnischen Ethos sowie die Verhaltensregeln, Mythen und Legenden der heidnischen Götter zu vermitteln, aber die Wahl der Religion wird häufig als etwas betrachtet, das nur in der Jugend oder im Erwachsenenalter stattfinden kann, wenn wir ein bewußtes Verständnis darüber erlangen, was Religion ist. In einigen heidnischen Pfaden gibt es Zeremonien der religiösen Zulassung, Berufung oder Weihe, die im jugendlichen Alter stattfinden. Diese werden abgehalten, wenn der junge Mensch reif genug ist, um zu entscheiden, daß der heidnische Weg für ihn der richtige ist. Die Zulassung zu einem bestimmten Pfad kann aber auch erst später im Leben erfolgen.

Sich zurückzuhalten und keine religiöse Wahl für sein Kind zu treffen ist schwer. Wenn wir einem religiösen oder spirituellen Weg folgen, den wir lieben, wie können wir diese Freude dann nicht mit unseren Kindern teilen wollen? Die heidnische Ethik tendiert zur freien Entscheidung und zur Liebe. Liebe ist ein Wort, das viel mißbraucht wird. Oft sprechen die

Menschen von Liebe, wenn sie ein Bedürfnis oder das Verlangen nach Herrschaft meinen. Was in der Elternschaft gebraucht wird, ist das liebende Verständnis, das manchmal »bewußte Liebe« genannt wird – eine Liebe, die mit Bewußtheit und Einsicht verbunden ist:

> Bewußte Liebe ist »der Wunsch, daß das Objekt seine eigene Vervollkommnung erreiche, ohne die Konsequenzen für den Liebenden zu berücksichtigen«. Diese Art von gebender Liebe beinhaltet Willen. Sie ist die Freude darüber, daß etwas oder jemand tatsächlich aus seinem eigenen Recht heraus existiert.[3]

Wahre oder vollkommene Liebe ist ein Sorgen für andere, das aus dem Wunsch entsteht, sie wachsen und ihr eigenes Potential entfalten zu sehen. Sie bedeutet nicht, ihnen unseren Glauben aufzuzwingen oder darauf zu bestehen, daß sie einem religiösen Pfad folgen, der nicht zu ihnen paßt.

Viele heidnische Eltern akzeptieren, daß sich die spirituellen Bedürfnisse und religiösen Ansichten ihrer Kinder anders als ihre eigenen entwickeln können, auch wenn sie ihnen ihren Glauben und die Prinzipien, an denen sie festhalten, zu vermitteln versuchen. Andere Heiden glauben, daß es in der komplexen Welt, in der wir leben, wichtig ist, daß den Kindern eine starke religiöse Lehre mitgegeben wird, nach der sie ihr Leben ausrichten können. Man ist der Ansicht, daß, wenn man den Kindern dies verwehrt, man sie von einem wesentlichen Teil der elterlichen Verantwortung ausschließt – der Übertragung der Werte, Traditionen und Glaubensvorstellungen, die wir für die besten und einzig wahren halten. Diese heidnischen Eltern erziehen ihre Kinder in religiösen Belangen auf dieselbe Weise wie die Mitglieder anderer Glaubensrichtungen. Was auch immer wir tun wollen, wir müssen daran denken, daß wir nicht versuchen dürfen, unsere Sicht der Wirklichkeit und unsere eigenen Glaubensvorstellungen und Dogmen anderen aufzuzwingen. Statt dessen müssen wir sie unterstützen, ihre eigenen inneren Wahrheiten zu suchen und ihren Geist für die Wichtigkeit dieser Suche zu öffnen. Dies erfordert keine autoritäre Erziehung, sondern Sanftheit – eine Sanftheit, die durch eine gewisse Unnachgiebigkeit gestützt wird. Die Rolle der Eltern ist zum Teil eine lehrende. Ein Professor in Robert Davies' Roman *The Rebel Angels* spricht von seiner Rolle:

> Um zu lehren benötigt man Energie, und um fast nur Schweigen zu bewahren, aber wachsam und hilfreich zu sein, während die Schüler

> von sich selbst lernen, benötigt man noch mehr Energie. Jemanden fallen zu sehen (was ihn lehren wird, nicht noch einmal zu fallen), wenn ein Wort von dir ihn auf den Füßen halten könnte, ihn aber im Unwissen über eine wichtige Gefahr lassen würde, ist eine der Aufgaben des Lehrers, die besonders viel Energie braucht, weil sich zurückzuhalten mehr erfordert als aufzuschreien.[4]

Elternschaft ist nicht nur die Verantwortung der körperlichen Eltern. Um unsere vollständige Rolle als Erwachsene in der Gesellschaft zu erfüllen, müssen wir auch Verantwortung für die Erziehung jener übernehmen, die nach uns kommen werden – unsere Nachfolger. Für einige heißt dies, die Verantwortung einer körperlichen Elternschaft auf sich zu nehmen, doch in unserer überfüllten Welt ist dies eine Wahl, die heute viele ausschlagen. Dies bedeutet aber nicht, daß wir davon ausgenommen sind, die nachfolgenden Generationen mit erziehen zu helfen, sondern daß unsere Rolle eine andere als die der körperlichen Eltern sein kann – die des Lehrers oder Initiators in die Welt des Erwachsenseins. Die Aufgabe des Initiators ist es, dem werdenden Erwachsenen jenen Teil seiner selbst zu enthüllen, der hinter den Grenzen des Alltagslebens und des bewußten Geistes liegt. Das bedeutet, dem Initianten eine Ahnung von jenem weiteren, tieferen, älteren und weiseren Teil von uns zu geben, der unser wahres Selbst ist. Robert Bly kommentiert:

> Die Aufgabe des Initiators, ob Frau oder Mann, ist es, dem Jungen oder Mädchen zu beweisen, daß er oder sie mehr als nur Fleisch und Blut ist. Ein Mann ist keine Maschine, die nur schützt, jagt und reproduziert, und eine Frau ist keine Maschine, die nur schützt, sammelt und reproduziert, sondern jeder hat Wünsche, die weit über das hinausgehen, was zum physischen Überleben notwendig ist.[5]

Um in die Erwachsenenwelt einzutreten, müssen wir zu einem Verständnis über unseren Platz im Schema der Dinge gelangt sein. Dies bedeutet, von jenen, die schon in das Erwachsenenalter eingetreten sind, gelehrt zu werden und von ihnen Hilfe und Führung zu erhalten, um uns zu helfen, unsere religiösen und kulturellen Überlieferungen und die Mythen, die unseren jeweiligen religiösen Pfad begleiten, zu verstehen. Das Ziel eines solchen Lehrens ist es, im Jugendlichen einen Sinn für sein Erbe zu erwecken – ein Erbe, das Verantwortung für seine Götter, seine Mitmenschen, seine Schöpfung und sein Land fordert. Dies gibt ihm einen ungebrochenen Sinn für die geschichtliche Kontinuität – einen Sinn für die Zeit, den Raum und den Zusammenhang, in dem er leben soll.

Das letzte Stadium der Elternschaft ist das Loslassen. Es kommt eine Zeit, in der sich der Jugendliche selbst als Erwachsener beweisen will und nicht länger dem Regelbuch der Eltern folgen will. Wir müssen den Mut und die Kraft haben, das Kind auf seinen eigenen Füßen stehen zu lassen. Die Eltern müssen nun sagen: »Du bist erwachsen und für dich selbst verantwortlich. Meine Hilfe und Unterstützung sind dir sicher, wenn du sie brauchst, aber meine Verantwortung für dich ist zu Ende.« An diesem Punkt brauchen Teenager ihren eigenen Raum, in dem sie durch Versuch und Irrtum die Wege der Erwachsenenwelt erkunden können. In einigen Gesellschaften leben Teenager in getrennten männlichen und weiblichen Gruppen, in denen sie lernen müssen, mit jungen Leuten ihres eigenen Geschlechts zu überleben. Es war die Pflicht der Eltern, die Jugendlichen dafür zu entlassen. Danach war ihr Kind in die Erwachsenenwelt eingetreten und nicht länger der Aufsicht und Führung der Eltern unterstellt, sondern unabhängig und gleichberechtigt.

Diese formelle Trennung zwischen Jugend und Erwachsenenalter macht den Übergang für das Kind wie auch für die Eltern leichter. In den glücklichen 60er und 70er Jahren folgten viele junge Leute diesem Beispiel. Sie gingen auf die Straße oder wandten sich nach Osten, um eine lange Reise mit begrenzten Mitteln als Weg zu benutzen, sich in die Welt zu stürzen – und zu schwimmen oder unterzugehen – eine Idee, die viele entnervte Eltern heute willkommen heißen würden. Diese Reisen wurden zu Ritualen des Übergangs und des Einweihungsprozesses, die den Übergang zwischen Jugend und Erwachsenenalter markierten.

Im heutigen Heidentum markieren Rituale des Übergangs, die Zeremonien der Initiation und Berufung, mit denen wir uns auf einen bestimmten heidnischen Pfad begeben, wie auch die Zeremonien, die den Eintritt ins Frauen- oder Mannesalter markieren, den Übergang in das Erwachsenenleben. Die letzteren wurden zum größten Teil in den Vereinigten Staaten entwickelt, in denen man sich von allen Ländern in der westlichen Welt am meisten mit dieser Frage beschäftigt hat. Bekanntmachungen der Eltern über die Rituale des Übergangs ihres Sohnes oder ihrer Tochter sind in den Gesellschaftskolumnen der heidnischen Presse in den Vereinigten Staaten sehr häufig.

Altern

Viele Leute halten ihre Kinder fest und zögern, sie aus dem Nest fliegen zu lassen, weil sie sich durch die Anerkennung des Erwachsenseins ihrer Kinder auch mit der unwillkommenen Tatsache ihres eigenen Alters auseinandersetzen müssen. Wenn ihre Kinder junge Erwachsene sind, dann müssen sie im mittleren Alter sein. Die frühen Stadien des Erwachsenseins sind willkommen. Sie bringen Freiheit von der elterlichen Kontrolle und die Möglichkeit, die Welt zu erkunden. Die letzten Stadien werden oft gefürchtet. Viele von uns fürchten den Tod. Wir fürchten aber auch das Alter. Wir haben Angst, unsere Kontrolle über die Welt zu verlieren. Die Versuchung ist groß, an dem festzuhalten, was wir erreicht haben, und uns zu weigern, vorwärts zu gehen. Wir können dies an der Art sehen, wie einige Leute an ihren Kindern festhalten, und auch an der Art, wie Leute an materiellem Erfolg und Karriere festhalten. Chris Crowley schreibt über die Mythologie des Wicca und wie dieses Lebensstadium in der Reise des Gottes um das Jahresrad erreicht wird:

> Die Königswürde wird erlangt, wenn sich der Gott im besten Alter befindet, die Hälfte des Kreises umrundet hat und in der Mitte seines Lebens steht. Er ist am Höhepunkt seiner Macht und seines materiellen Erfolges angelangt. In Bezug auf den Fortschritt des Gottes wie auch den der meisten Männer scheint es, als würde dies an sich bereits zu einem Dilemma führen, da es in Anbetracht des erreichten materiellen Erfolges so aussehen kann, als würde es nicht mehr weiter bergauf gehen. Macht an ihrem Höhepunkt kann, wenn auch sehr langsam, nur noch schwinden, und vom Standpunkt der höchsten Machtposition aus gesehen branden ständig Wogen neuer Herausforderungen durch jüngere Männer heran, die alle danach trachten, ihre Bestimmung zu erfüllen und den Platz des Königs einzunehmen.[6]

Wir leben in einer Gesellschaft, die sich schnell verändert und in der die Weisheit unserer Ältesten bedeutungslos oder veraltet erscheinen mag. Dieses Fehlen des Respekts für die älteren Mitglieder der Gesellschaft wird durch unsere Medien unterstützt, die idealisierte Bilder der physischen Vollkommenheit, ewigen Jugend und sexuellen Anziehungskraft zeigen, die in der Realität nur wenige von uns erreichen können. Die Beschränkung auf den Kult der Jugend ist ein großer Verlust für die Gesellschaft. Jugend ist von großem Wert. Sie ist kraftvoll und idealistisch. Sie weist ausgediente Formen und falsche Autoritäten zurück; aber sie kann auch intolerant, selbstsüchtig und arrogant sein, und ihr fehlt die weltliche Weisheit, die sie braucht, um die Ideale, für die sie eintritt, umsetzen zu können. Die Höhen und Tiefen des Lebens und die Übernahme der Verantwortung für uns und andere können uns sanftere Wege lehren und uns eine Weisheit bringen, die wertvoll genug ist, um sie an nachfolgende Generationen weiterzugeben. Das soll nicht heißen, daß alle älteren Leute Quellen mystischer Weisheit sind – viele sind es nicht; aber die Gesellschaft verliert etwas, wenn es keinen ehrenvollen Platz des Respekts für jene gibt, die uns gedient haben.

In den heidnischen Traditionen werden alle Phasen des Lebenszyklus geehrt. Viele Traditionen halten besondere Zeremonien für ihre älteren Mitglieder ab, die von einer gesellschaftlich führenden Position zu der eines Ratgebers und weisen Beraters wechseln. Die frühen und mittleren Jahre werden als Zeit angesehen, in der wir uns in der Welt etablieren, in der wir Fähigkeiten entwickeln, die uns in die Lage versetzen, unseren Lebensunterhalt zu verdienen und Status und Respekt zu erlangen, und in der wir lernen, andere zu erziehen, gute angepaßte Erwachsene in der Gesellschaft zu werden. Der dritte Lebensabschnitt wird als Zeit angesehen, in der das Wissen, das wir erlangt haben, gefestigt wird. Es ist eine Zeit der Rückkehr zum Lernen und des Lernens jener Dinge, die wir für unsere weitere spirituelle Reise brauchen. Starhawk schreibt:

> Im Hexenglauben ist das Alter ein natürlicher und hochgeachteter Abschnitt im Lebenszyklus, die Zeit höchster Weisheit und größten Verstehens. Natürlich verursacht Krankheit Elend, doch muß sie nicht unvermeidlich hingenommen werden. In der Praxis war die Hexenreligion immer mit der Heilkunst, der Kräutermedizin und der Geburtshilfe verbunden. Auch ist der Tod nicht schrecklich. Er bedeutet einfach die Auflösung der physischen Gestalt, die dem Geist ermöglicht, sich auf ein neues Leben vorzubereiten.[7]

Es gibt äußere Kräfte, die uns helfen können, den Nutzen dieses Übergangs zu verstehen. Wenn wir Eltern sind, werden unsere Kinder erwachsen und sind nicht mehr von uns abhängig. Indem wir von ihnen frei werden, gewinnen wir Zeit und Raum, uns wieder um unsere eigenen Bedürfnisse zu kümmern. Diese Bedürfnisse, etwas Neues zu lernen oder nach spiritueller Weiterentwicklung, die wir begraben und unterdrücken mußten, um unsere elterliche Rolle zu erfüllen, können jetzt wieder hervorgeholt werden. Wir können uns – wie es im Osten üblich ist – auf das spirituelle

Abenteuer einer inneren Suche begeben. Viele Menschen wenden sich in diesem Lebensstadium tatsächlich dem heidnischen Pfad zu, da sie frei geworden sind, ihre eigene spirituelle Entwicklung zu verfolgen.

Heiden beginnen das Bedürfnis nach Einweihungsprozessen anzuerkennen, die uns weiter bringen als jene, die uns in das Erwachsenenalter führen. In einigen östlichen Gesellschaften ziehen sich die Menschen, die ihre sozialen Anforderungen erfüllt haben, indem sie für sich selbst und ihre Familien gesorgt haben, in ein Kloster zurück, um zu studieren, zu lernen, nachzudenken und Zeit für sich selbst zu haben. Wenn wir auf die späte Lebensmitte zugehen, müssen wir unsere Rolle neu bewerten und vielleicht unser Leben in diese Richtung verändern. Einige heidnische Gruppen führen spezielle Riten durch, die »Altersweihe« (engl.: *croning*) genannt werden. Diese Zeremonien erkennen das Älterwerden als positiven Übergang an, in dem wir die Gelegenheit haben, unsere Verpflichtungen niederzulegen, uns selbst an erste Stelle zu setzen und zu sagen: »Ich habe meinen Teil getan. Jetzt ist jemand anderer dran. Ich werde mich auf meine eigene Entwicklung konzentrieren und darauf, meinen Göttern näher zu kommen.«

Tod

Im Heidentum wirken die Feiern des Jahresrades auf vielen Ebenen. Einerseits sind sie Danksagungen für den sich ewig erneuernden Zyklus der Natur. Es gibt aber auch eine andere Ebene der Bedeutung: Die jahreszeitlichen Mythen spiegeln den menschlichen Lebenszyklus wie auch den kosmischen Zyklus wider – den Zyklus von Befruchtung, Geburt, Reife, Verfall und Zerstörung. Der Jahreszyklus sagt uns, daß das Leben weitergeht, doch sich immer verändert.

Es gibt zwei Täuschungen, die viel menschliches Leiden hervorrufen: Die Täuschung der Getrenntheit und die Täuschung der Richtigkeit. Es gibt auch eine dritte: die Täuschung der Stasis. Immer wollen Menschen die Zeit anhalten und daran festhalten, was ausgedient und seinen Nutzen verloren hat; doch an der Stasis festzuhalten bedeutet, an Illusionen festzuhalten – denn die Botschaft des Kosmos ist Veränderung. Heute leben viele von uns von der Welt der Natur getrennt, die nicht mehr draußen vor der Tür der Hütte ist, um uns die Gesetze des Lebens und des Todes zu lehren. Wenn wir von der Natur getrennt sind, entwickeln wir Illusionen. Wir vergessen die Botschaft der Veränderung, die zur Transmutation führt. Unsere eigenen Probleme nehmen überwältigende Ausmaße an, obwohl sie in Begriffen der Millenien, in denen die Natur wirkt, wie ein Nichts sind. Wenn unsere Probleme zu groß erscheinen, können wir zu einem hochgelegenen Ort auf dem Lande gehen und dort, wo die Schreie der Tiere in den Feldern unter uns in den Vogelgesang am Himmel über uns übergehen, können wir sehen, wie klein unser individuelles Selbst im Vergleich zu dem größeren Ganzen ist, und so klein sind auch unsere Probleme und Prüfungen, die uns unweigerlich auf unserer Reise durch die Manifestation begegnen. Die Art und Weise, die unsere Vorfahren wählten, um mit den Realitäten des Daseins klar zu kommen, bestand darin, die Mysterien des Lebens und des Todes zu feiern, so wie sie in der Natur beobachtet werden können. Denn teilweise verstehen wir durch die Beobachtung des Zyklus von Geburt, Tod und Wiedergeburt, daß dies auch unser Schicksal ist – geboren zu werden, zu sterben und wieder zu leben.

> Wir wissen, wie in jedem Frühling auf der Erde der Fluß der Kräfte jeden Zweig und jedes Blatt mit wachsender Kraft erfüllt und den Blüten Schönheit und Perfektion verleiht, die mit der Zeit zu Früchten heranreifen, welche die Samen für zukünftige Bäume tragen; und wie, wenn das Jahr zu Ende geht, sich der Saft in das Wurzelsystem zurückzieht, es nährt und ein weiteres Fundament für das Wachstum im nächsten Jahr legt... Die Schichten des Kosmos breiten sich von innen her aus, verzweigen sich in alle Formen der Materie, bis die Grenze für diese Phase der Entwicklung erreicht ist, worauf sich die Lebenskraft wieder in die spirituellen Reiche zurückzieht, so wie die göttliche Wurzel die Essenz oder das Aroma der Erfahrung in sich zurückzieht.[8]

Die jahreszeitlichen Feiern sind für Heiden ein Nachvollziehen der Zyklen der Schöpfung und Zerstörung auf mikrokosmischer und makrokosmischer Ebene. Indem wir an diesen Ritualen teilnehmen, gelangen wir zu einem Verständnis der Prozesse des Alterns und des Todes, und wir erkennen, daß sie nur ein Teil des Lebensprozesses sind, der selbst ewig ist. Der folgende Text wurde vor vielen Jahren zu Lammas geschrieben, als gerade die Tochter eines heidnischen Freundes gestorben war:

> Im Kreis hatte ich zum ersten Mal einen Sinn für den Lebens- und Todesaspekt von Lammas. Der Tod schien wahrhaftig präsent. Wir sangen ein Lied für Hekate und für den Geist des Kindes, der frei im Todeszustand schwebte. Ich sah die Größe des menschlichen Geistes: wie unser Leben weniger ist als das eines Schmetterlings im

Fluß der Zeit; wie wir die Sicht der Götter besitzen, aber in den Körpern von Tieren gefangen sind; und wie groß unser Triumph und unsere Tragödie sind.

Der Sommerkönig kommt zu unserer Herrin der Felder,
Und wir singen unsere Lieder und erzählen Geschichten,
Und es kümmert uns nicht, ob wir leben oder sterben,
Nur daß der Tanz der Lebens weitergeht.[9]

Was wir durch die Teilnahme am Kreislauf der jahreszeitlichen Rituale erfahren, ist Transzendenz – ein Greifen hinter die Grenzen der Zeit, des Raums und der materiellen Welt. Carl Jung schrieb, daß es diese Transzendenz war, die in den alten heidnischen Mysterientraditionen gelehrt wurde:

Mit dem Begriff der »Transzendenz des Lebens« meine ich jene ... Erfahrungen, welche der Myste durch Teilnahme an einer heiligen Handlung macht und welche ihm die unbeschränkte Fortdauer des Lebens durch Wandlung und Erneuerung dartun. Im Mysteriendrama wird die Transzendenz des Lebens gegenüber dessen jeweiligen konkreten Erscheinungsformen meist durch die Wandlungsschicksale – Tod und Wiedergeburt – eines Gottes oder göttlichen Helden dargestellt. Der Myste ist daher entweder bloß Zeuge des Vorganges oder ein Mithandelnder oder Ergriffener des göttlichen Dramas, oder er wird durch die rituelle Handlung mit dem Gotte identifiziert... Der Myste, der die Tötung, Zerstückelung und Zerstreuung des Osiris und sodann dessen Wiederauferstehung rituell miterlebt, erfährt dadurch die Permanenz und Kontinuität des Lebens, welches alle Veränderungen der Erscheinungsformen überdauert und stets als Phönix aus der eigenen Asche wieder ersteht.[10]

Die Jahresfeste helfen uns, unsere persönlichen Ängste, Verzweiflungen und Sorgen über die Schwierigkeiten des Lebens zu überwinden, indem sie uns zeigen, daß wir ein Teil einer größeren Ordnung sind, die unseren individuellen Schmerz transzendiert:

Wenn all die Sorgen der Vergangenheit
In der Wärme der Sommersonne
Wie der Morgentau hinweggeschmolzen sind,
Dann werden wir einen helleren Morgen sehen,
An dem Liebe, Hoffnung und Schönheit wiedergeboren werden.[11]

Wir müssen die Zeit der Nacht und die dunklen Dinge des Lebens annehmen. Sie sind ein Teil des Erbes unserer Inkarnationen, und es ist nutzlos, etwas anderes vorzutäuschen. Aber wir können es im Wissen, daß nach der Dunkelheit wieder das Licht kommt, umarmen und annehmen:

> Meine dunklen Augen sehen in die Nacht,
> In der Hoffnung auf die Morgendämmerung.
> Worauf hoffst du,
> Der du den Tag zum Vater und zur Mutter hast,
> Wenn der Tag zu Ende ist?[12]

Die große Dunkelheit, der wir uns alle stellen müssen, ist unsere eigene Sterblichkeit. Heiden sind der Natur gegenüber nicht sentimental. Sie hat viele Gesichter: die milde Wärme eines mediterranen Frühlings, die strenge Hitze der Wüstensonne, die Milde des englischen Herbstes, die kalte Unfruchtbarkeit der arktischen Nacht. Die Göttin ist sowohl wohltätig als auch grausam: Sie gibt, aber sie nimmt auch. Diese Dualität innerhalb der Göttin steht für die wahre Natur des Universums – ein andauernder Kampf zwischen Leben und Tod, Dunkelheit und Licht. Für einen hinduistischen Schriftsteller steht sie für »die Schöpfung und den Glanz des Lebens, mit seinem immer vorhandenen Prozeß der Auflösung und des Todes«[13]. Die Göttin hat zwei Aspekte: Einer ist mitfühlend, sanft und liebend; der andere ist heftig, grausam, gewalttätig und dunkel, voller Zerstörung:

> Dennoch schützt sie sogar in ihrem heftigen Aspekt jene ihrer Anhänger, die ihre Ängste vor den Schrecken des unvermeidbaren Prozesses einer ewigen Veränderung und des Verfalls, für den sie steht, überwinden können, um auch ihre transzendente Schönheit und die ewige Glückseligkeit, die sie ihren Verehrern am Ende gibt, zu sehen.[14]

Die Göttin wird im Heidentum als schöne Jungfrau und freigiebige Mutter gesehen. In vielen heidnischen Traditionen ist die Göttin auch die Königin der Nacht, die Herrin der Unterwelt und die Aufbahrerin der Toten:

> Ich bin die verschleierte Isis im Schatten des Heiligtums.
> Ich bin Sie, die sich wie Schatten bewegt
> Hinter den Gezeiten von Tod und Geburt.
> Ich bin Sie, die in der Nacht hervorkommt,
> Und kein Mensch sieht mein Gesicht.
> Ich bin älter als die Zeit und von den Göttern vergessen.
> Kein Mensch darf mein Gesicht sehen und leben,
> Denn in der Stunde, da er meinen Schleier teilt, stirbt er.

Dieser dritte Aspekt der Göttin ist einer der Dunkelheit. Es ist ein Aspekt, den wir annehmen müssen, doch den wir oft fürchten und von dem wir uns abwenden:

Dunkle Mutter

An der Regenbogenbrücke über den Abgrund
Im Schatten des Baumes Yggdrasil
Am Brunnen des Ursprungs aller Dinge
Sah ich sie zu mir kommen:
Zuerst als die Jungfrau, so blaß wie der Tod,
Als Haar trug sie ein Leichentuch;
Dann als die Mutter mit einem Kind an ihrer Brust,
Doch war da keine Milch der Freundlichkeit;
Und dann als die verschleierte, tiefschwarze Alte,
Deren Augen wie kalter Obsidian waren,
In denen sich die Sternenwirbel reflektierten
Wie in schweigenden Spiegeln des Vergessens.[16]

Das heidnische Ritual ruft oft diese dunkle Seite der Göttin an. Als Morrigan oder Hekate ist sie die Trägerin der Sichel, die den Kornkönig niedermäht. Die Göttin steht für Schöpfung, Fruchtbarkeit und das Schaffen neuen Lebens; aber auch für die kontinuierlichen Prozesse der Zerstörung, des Verfalls und des Todes. Sowohl Anabolismus als auch Katabolismus gehören zu ihr. Wenn wir beide Seiten der Natur der Göttin annehmen können, brauchen wir die Prüfungen des Lebens, denen niemand entgehen kann, nicht mehr zu fürchten. Der körperliche Tod wird in keiner heidnischen Glaubensvorstellung als Ende der Existenz betrachtet. Leben und Tod sind ein zyklischer Prozeß, durch den wir viele Stadien des Daseins erfahren, sowohl materielle als auch spirituelle. Der Tod ist Teil des natürlichen und unaufhörlichen Kreislaufs der Schöpfung und Zerstörung. Starhawk schreibt:

> Der Tod ist kein Ende. Er ist ein Stadium in dem Kreislauf, der zur Wiedergeburt führt. Nach dem Tod bleibt die menschliche Seele in »Sommerland«, im Land der ewigen Jugend, wo sie erneuert und verjüngt und auf die Wiedergeburt vorbereitet wird. Die Wiedergeburt wird aber nicht wie in den östlichen Religionen als Verdammung zu einem endlosen erschreckenden Kreislauf des Leidens betrachtet. Sie wird vielmehr als große Gnade der Göttin angesehen, die in der dinglichen Welt manifest ist.[17]

Der Tod ist ein Meilenstein auf der Reise unseres eigenen individuellen Entwicklungsprozesses. Er ist nicht das Ende des Lebens, sondern eine Zeit des Friedens und der Ruhe. So wie das Universum Zyklen und Jahreszeiten durchläuft – Sein, Verfall, Zerstörung, Schlaf und Wiedererwachen – so tun es auch die Zyklen der Natur und die Zyklen von Frau und Mann. Der Tod ist eine Zeit der Verjüngung, Erneuerung und Wiedervereinigung mit jenen, die bereits von uns gegangen sind. Zu Samhain, dem Fest der Toten, invoziert eine Wiccapriesterin den Gott als schrecklichen Herrn der Schatten:

Schrecklicher Herr der Schatten,
Gott des Lebens, Spender des Lebens,
Das Wissen um Dich
Ist das Wissen um den Tod.
Öffne die Tore weit, wir flehen Dich an,
Die Tore, durch die wir alle gehen müssen.
Laß unsere Lieben, die von uns gegangen sind,
In dieser Nacht zurückkehren, um mit uns zu feiern.
Und wenn unsere Zeit, wie es sein muß, kommt,
Oh Du, mein Tröster und Erquicker,
Der du Frieden und Ruhe spendest,
Werden wir froh und furchtlos Dein Reich betreten...[18]

Sowohl die keltischen als auch die nordisch-germanischen Glaubensrichtungen lehrten, daß die Seele nach dem Tod des Körpers weiterlebt, und ihre Mythen beschreiben die Reiche des Todes. In der nordischen Tradition geht der Geist des Verstorbenen auf eine Reise ins Reich der Hel, der Königin der Toten. Hel ist die Tochter des Zwietracht säenden Gottes Loki. Sie wird zur Hälfte blau dargestellt. Dies bedeutet, daß sie halb tot und halb lebendig ist. Der Geist wird vom Allvater Odin gerichtet, der sich jedoch von der Norne Urd, die für die Vergangenheit steht, beraten läßt. Dann geht der Geist zu seinem ihm zugewiesenen Wohnort in Hel. Für die, die es aufgrund ihrer vergangenen Taten verdient haben, kann dies ein sehr angenehmer Ort sein, doch für jene, die es nicht verdient haben, kann es auch ein äußerst unangenehmer Ort sein.

Die hinduistischen Schriften der Upanischaden teilen uns mit: »Wie ein Mensch ein altes Kleidungsstück zurückläßt und eine neues anzieht, so verläßt der Geist seinen sterblichen Körper und zieht einen neuen an.«[19] Viele Heiden teilen mit der östlichen Philosophie den Glauben an die Reinkarnation. Im Wicca werden die Beziehungen zwischen Individuen als wichtig angesehen, und diese Beziehungen werden uns leiten, um jene wiederzutreffen, die wir in zukünftigen Leben lieben werden. Der Initiant wird gelehrt:

Wir wissen, daß wir,
Wenn wir ausgeruht und erfrischt sind,
Unter unseren Lieben
Wiedergeboren werden
Durch Deine Gnade und die Gnade der Großen Mutter.
Laß es an demselben Ort geschehen
Und zur selben Zeit wie unsere Lieben,
Und mögen wir sie treffen und erkennen,
Und uns erinnern und sie wieder lieben.[20]

Reinkarnation wird oft als rein östliche Lehre angesehen, doch ist das nicht der Fall. Die Druiden glaubten an Seelenwanderung, d.h. daß die Seele nach dem Tode wieder inkarniert. Einige nordisch-germanische Traditionen glauben, daß wir nur einmal geboren werden. Andere glauben, daß Individuen, die durch Bande des Blutes und der Liebe verbunden sind, wiedergeboren werden, um sich wieder zu treffen:

Es ist ein nordischer Glaube, daß wir im selben Stamm oder sogar in derselben Familie wiedergeboren werden. Dies steht mit der spirituellen Idee der Weiterentwicklung des Individuums innerhalb des Rahmens einer kollektiven Einheit in Verbindung, von der es selbst ein Teil ist.[21]

Diese Betonung von persönlichen Bindungen verdeutlicht den Unterschied zwischen der westlichen und der östlichen Einstellung zur Reinkarnation. Die östliche Philosophie lehrt Loslösung, eine Befreiung von den Bindungen der persönlichen Liebe. Die westliche Philosophie hingegen lehrt, daß wir lernen können das Göttliche zu lieben, indem wir uns gegenseitig lieben:

Erfahre nun das Geheimnis des Netzes,
Das zwischen Licht und Dunkelheit gewoben ist,
Dessen Kette die Entwicklung des Lebens in Zeit und Raum ist,
Und dessen Gewebe aus den Leben der Menschen gesponnen ist.
Siehe, wir erheben uns mit dem Morgengrauen der Zeit
Aus der grauen dunstigen See
Und sinken mit der Dämmerung in den westlichen Ozean.
Und unsere Leben sind wie Perlen,
Aufgefädelt am Faden unseres Geistes,

Und auf unserer Reise gehen wir niemals allein,
Denn das, was einzeln ist, ist unfruchtbar.[22]

Die östlichen Religionen besitzen oft eine negative Einstellung zum materiellen Sein. Die erste Wahrheit des Buddhismus besagt, daß alles Leben Leid ist. Als er es endlich geschafft hatte, in die Welt hinaus zu gehen, nachdem ihn sein Vater im Palast eingeschlossen gehalten hatte, kam Prinz Siddhartha, der später als der Buddha bekannt wurde, zu dem Schluß, daß das Leben nur Leid mit sich bringt und daß man es am besten meidet. Der Mythos erzählt uns, daß er nie die Wirklichkeit des Alters, der Krankheit oder des Todes erfahren hatte. Als er dann mit ihnen konfrontiert wurde, verzweifelte er an der materiellen Existenz und wandte sich vom körperlichen Leben ab. Er verließ seinen goldenen Palast, um als Mönch ein asketisches Leben zu führen.

In der hinduistischen Lehre versucht man ebenfalls, aus der materiellen Existenz befreit zu werden. Das innere Selbst besteht aus der Seele (Atman) und dem Geist (Brahman). Atman ist an das Rad der Wiedergeburt gebunden und kann nur dadurch erlöst werden, daß es sich mit der spirituellen Welt des Brahman identifiziert. Die Menschen haben keine Wahl. Sie müssen solange inkarnieren, bis sie genug Weisheit erlangt haben, um sich von den weltlichen Bedürfnissen, die sie an die irdische Ebene binden, zu befreien. Diese irdischen Bindungen beinhalten sowohl das Verlangen Gutes zu tun, als auch das Falsches zu tun. Befreiung entsteht aus der Entwicklung von Losgelöstheit und selbstloser Liebe.

Im westlichen Heidentum ist die Welt kein negativer Ort, dem wir entfliehen müssen, sondern zumindest potentiell ein Ort großer Freude und Schönheit, an dem die Möglichkeit besteht, von der Natur über die Mysterien des Lebens, des Todes und der Götter zu lernen. Wiedergeburt wird von der Göttin versprochen und willkommen geheißen:

Ich war es, die dich gebar,
Und in den Tiefen meiner Erde
Sollst du Ruhe und Wiedergeburt finden.
Und ich werde dich wieder entspringen lassen,
Als frischer grüner Sproß.[23]

Das westliche Heidentum lehrt ebenfalls, daß wir vom Rad der Wiedergeburt befreit werden können, doch wird dies nicht angestrebt, weil die materielle Existenz leidvoll ist, sondern weil die Seele alle Erfahrungen gemacht hat, die sie in ihren irdischen Inkarnation zu durchlaufen hatte, und sich nun neuen Erfahrungen in anderen Reichen zuwendet. Der Punkt, an dem wir das Rad der Wiedergeburt verlassen, wird im Wicca im Ritual der Herbsttagundnachtgleiche veranschaulicht. Nachdem der Gott zu Lammas niedergemäht wurde, erhebt er sich wieder, doch nicht um sein altes Leben weiterzuführen, denn dieses ist endgültig vorbei. Er hat seine Göttlichkeit erlangt und verläßt die Welt der Menschen, um zu einem anderen Ort zu reisen. Sein Reich ist jetzt das Reich der Götter, in dem wir unsere Getrenntheit transzendieren und in die unitive Realität eintreten. Wir sind mit der göttlichen Quelle, miteinander und mit dem Kosmos selbst eins. Wenn wir alles, was wir auf der Reise des Lebens lernen können, gelernt haben, hört das Rad der Wiedergeburt auf sich zu drehen. In dieser letzten Auflösung unseres Seins kehren wir zur unendlichen Quelle aller Dinge zurück.

Der Tanz der Elemente

Er stieg aus seinem sterblichen Körper,
Verbeugte sich einmal in seiner Richtung,
Um den weltlichen Tempels seines Seins zu ehren,
Und begann den Tanz der Elemente.
Er tanzte auf den Wellen der See
Und sprang über die Wolken des Himmels.
Er landete auf der Erde,
Und tanzte beim Licht des Mondes und der Sonne.
Er tanzte das Leuchten des Blitzes
Und das Fallen einer Schneeflocke
Und die Reise eines Blattes auf dem Wind
Und den Tanz des Regens,
Und er kam nicht zurück.
Denn am Ende des Tanzes der Elemente
Breitete er die Arme aus, um das Universum zu umarmen
Und er wartete mit der Pirouette bis zum Ende,
Auf Zehenspitzen drehte er sich schneller,
Schneller und schneller,
Bis er nicht mehr zu sehen war.
Aber trauere nicht,
Oh, trauere nicht,
Denn hinter dem Schleier der Materie
Wird er weitertanzen,
Zwischen den Molekülen wirbelnd
Mit den Atomen lachend

Und die Elektronen jagend,
Durch den Kosmos zu den Sternen.
Und er wird in Ekstase sein,
Und er wird sein,
Er wird,
Er alles,
Alles er,
Ain soph aur,
Ain soph,
Ain -
Nein, er wird nicht wieder zurückkehren.[24]

1. Aus einem unveröffentlichten Handfasting-Ritual.
2. Bearbeitet nach Herman Slater, *A Book of Pagan Rituals*, S. 45.
3. Jean Hardy, *A Psychology with a Soul: Psychosynthesis in Evolutionary Context*, S. 43.
4. Robertson Davies, *The Rebel Angels*, S. 92.
5. Robert Bly, *Iron John: A Book about Men*, S. 55.
6. Chris Crowley in: Vivianne Crowley, *Wicca: Die Alte Religion im Neuen Zeitalter.* (Edition Ananael 1993), S. 201.
7. Starhawk: *Der Hexenkult als Ur-Religion der Großen Göttin: Magische Übungen, Rituale und Anrufungen*, S. 48 f.
8. Elsa-Brita Titchenell, *The Masks of Odin: Wisdom of the Ancient Norse*, S. 31.
9. Vivianne Crowley, Lammas 1982.
10. C. G. Jung, *Gesammelte Werke,* Band 9/1: *Die Archetypen und das kollektive Unbewußte*, S. 131 f., § 208.
11. Vivianne Crowley, 1977.
12. Vivianne Crowley, 1976.
13. Margaret Stutley, *Hinduism: The Eternal Law*, S. 46 f.
14. Ibid.
15. Dion Fortune, *The Sea Priestess*, S. 124.
16. Vivianne Crowley, Lammas 1990.
17. Starhawk: *Der Hexenkult als Ur-Religion der Großen Göttin: Magische Übungen, Rituale und Anrufungen*, S. 48.
18. Aus dem Buch der Schatten, zitiert in Janet and Stewart Farrar, *Eight Sabbats for Witches*, S. 133.
19. *Bhagavad-Gita*, wie zitiert in David Lorimer, *Whole in One: The Near-Death Experience and the Ethic of Interconnectedness*, S. 125.
20. Aus dem Buch der Schatten, wie zitiert in Janet and Steward Farrar, *Eight Sabbats for Witches*, S. 133.
21. Freya Aswynn: *Die Blätter von Yggdrasil: Runen Götter, Magie, Nordische Mythologie & Weibliche Mysterien*. (Edition Ananael 1994^2), S. 108.
22. Bearbeitet nach Dion Fortune, *The Sea Priestess*, S. 123.
23. Vivianne Crowley, Beltane 1982.
24. Vivianne Crowley für Alex Sanders, Beltane 1988.

9
Füge keinem Schaden zu: Wie Heiden leben

Heidentum und Gesellschaft

Das Heidentum mag zwar kein komplexes System von Geboten haben, aber die soziale Ethik wird in vielen heidnischen Traditionen stark betont. Die Lehren der nordischen Eddas ergehen sich geradezu darin. Die Lieder und Geschichten der Eddas bildeten einen Teil der mündlichen Überlieferung. Sie wurden in der Gemeinschaftshalle gesungen oder erzählt und waren den Leuten von ihrer Kindheit an bekannt. Diese oft wiederholten höchsten Gebote schufen ein moralisches Gebäude, nach dem die Leute ihr alltägliches Leben ausrichten konnten. Sie wurden nicht ernsthaft gelehrt, sondern mit Witz und Anmut vermittelt.

Viele Lehren der Eddas wurden aufgestellt, um die Räder des gemeinschaftlichen Lebens zu ölen. Eine Anzahl davon ist im *Havamal* oder »Lied des Hohen«[1] gesammelt. Odin ist der Hohe:

> Nicht so gut, als mancher glaubt, ist Äl den Erdensöhnen,
> Denn um so minder, je mehr man trinkt, ist man seiner Sinne mächtig.
>
> Die Herde kennt die Zeit zur Heimkehr und verläßt die Weiden,
> Allein der Unkluge weiß nicht, wieviel sein Magen faßt.
>
> Gib nicht mit deiner Schlauheit an und hüte deine Zunge,
> Wer beim Wirte weise und wortkarg ist, der schadet sich selten,
> Denn niemand hat einen besseren Freund als guten Verstand.

Andere Lehren hatten eine tiefere Bedeutung und vermittelten die untereinander bestehenden Abhängigkeiten der Menschen in der Gruppe und die Verpflichtungen, die jeder seiner Familie und der Gesellschaft gegenüber hatte. In jeder Stammesgesellschaft wird dem Beitrag des Einzelnen zu dieser Gesellschaft große Bedeutung beigemessen, doch stießen frühere heidnische Gesellschaften jene, deren Beitrag geringer war als der anderer, nicht aus. Die Ehre verlangte, daß die Schwachen geschützt wurden, und es war die Pflicht der Starken, dies zu tun. Jeder hatte seinen Platz und alle konnten auf ihre Weise mitarbeiten:

> Ein lahmer Mann kann reiten,
> Einer Handloser kann Rinder hüten,
> Ein Tauber kann ein guter Krieger sein.
> Lieber blind als auf dem Scheiterhaufen brennen,
> Denn keinem nützt ein Toter.[2]

Die hinterfragende Einstellung und der Individualismus des Wassermannzeitalters haben Vorteile mit sich gebracht, aber auch Gefahren. In positiver Hinsicht fällt es uns leichter, uns nicht der Tyrannei anderer unterzuordnen, da wir lernen können, unserem eigenen Urteil zu vertrauen. In negativer Hinsicht unterlassen wir es aber auch oft, die Leute darüber aufzuklären, daß die Gesellschaft nicht nur dazu da ist, ihre Bedürfnisse zu erfüllen. Sie sind ebenfalls ein Teil dieser Gesellschaft und müssen ihre Energie mit einbringen und anderen gegenüber Verpflichtungen übernehmen. Wenn wir es unterlassen, den Leuten klarzumachen, daß das Leben ein gegenseitiger Austausch ist, bringen wir Generationen hervor, die keinen Respekt vor den ethischen und moralischen Werten haben, die unsere Gesellschaft zusammenzuhalten.

In der Vergangenheit wurde der Sinn für diese Verpflichtung durch das Bewußtsein genährt, daß Wohlstand, Gesundheit und Stärke alle vergänglich sind, wie stark und mächtig wir auch immer sein mögen. Die Idee, daß das Leben gefährlich und unsicher ist, wird im Havamal vermittelt:

> Volle Speicher hatten die Söhne der Reichen,
> Jetzt gehen sie am Bettelstab.
> Reichtum währt nur einen Augenblick,
> Denn er ist der launischste Freund.[3]

Es war auch wichtig, den schwächeren Mitgliedern der Gesellschaft zu helfen, denn wenn man es unterließ, den Bedürftigen zu geben, verhielt man sich unehrenvoll. Die Einstellung zur Gastfreundschaft und Großzügigkeit, die in der heidnischen Gesellschaft gefördert wurde, war für das Wohlergehen der Gemeinschaft, aber auch für die spirituelle

Entwicklung des Gebenden wichtig. Das Verhaftetsein an materiellen Besitz bindet uns an die Welt des Vergänglichen. Diese Dinge konnten erfahren und genossen werden, aber man sollte nicht an ihnen festhalten, denn am Ende geht alles vorüber und alles verändert sich. Das Heidentum lehrt:

> Daß es in der dunkelsten Zeit
> Hoffnung auf einen neuen Tag gibt;
> Daß wir in der Zeit des Leidens
> Die Erlösung erlangen werden;
> Daß alle Schönheit vergänglich ist,
> Und obwohl wir sie in ihrer Blüte ehren,
> Lassen wir dem größere Ehre zuteil werden,
> Was überdauert und besteht:
> Liebe, Ehre, Weisheit, Wahrheit, Mut und Mitleid.

In der Stammesgesellschaft ist das Verteilen von Geschenken durch die Reichen eine wichtige soziale Handlung, die die Gemeinschaft zusammenhält. Ein moderner Druide, Tadhg MacCrossan, schreibt in *The Sacred Cauldron: Secrets of the Druids* [4], daß das Geben eine Form des Opfers ist, das von allen ausgeführt werden muß, und daß alles, was wir tun, auf irgend eine Art ein Opfer ist. Geben ist eine Art, ein Opfer darzubringen, und Nehmen eine Art, ein solches zu erhalten. Das Geben und Nehmen von Geschenken schafft Bindungen der Liebe und Freundschaft. Es ist auch eine Art, sich gegenseitigen Respekt zu zeigen. Das Ziel besteht darin, bedingungslos zu geben, »nicht aus selbstsüchtigen Gründen, sondern aus dem Wunsch, alles für jeden Menschen und alle Dinge besser zu machen«. Die Gesellschaft hilft uns, schützt uns und gibt uns ihre Geschenke. Als Gegengabe müssen wir die Gesellschaft schützen und ihr helfen. Freya Aswynn beschreibt die Einstellung der nordischen Völker:

> Wenn ein Geschenk gemacht wurde, so war dies immer mit einer festgelegten Verpflichtung verbunden. Der Austausch von Geschenken war daher eine ernste Angelegenheit. Das beste Beispiel für diese Haltung war das Recht des Königs, Ringe zu verleihen, was von seiten des Empfängers das Einverständnis voraussetzte, wenn nötig auf dem Schlachtfeld sein Leben für den König zu lassen.[5]

Das religiöse Geben, die Opfer, waren ebenfalls sehr wichtig. Sie standen für eine Unterordnung der Interessen und der Habgier des Einzelnen unter die Gemeinschaft und die Götter. Religiöse Opfer verlangten das Geben von Schwertern, Schilden und Schmuck, wie auch Tieropfer. Die Gegenstände, die als Opfer gegeben wurden, wurden als so heilig angesehen, daß wertvolle Waffen und Schmuckstücke, die in der Landschaft abgelegt oder in heilige Flüsse und Quellen geworfen wurden, dort völlig unberührt blieben. Niemand hätte gewagt, sie zu stehlen. Eine solche Situation ist heute nicht mehr vorstellbar. Für die Kelten war es eine der größten Strafen, die einem Schuldigen auferlegt werden konnten, ihn von den Opfern auszuschließen. Soziale Verbannung war das Ergebnis. Julius Caesar schrieb, daß ein Stamm oder Individuen, die unter solch einem Bann standen, als ungläubige Schufte behandelt wurden, die man auf alle Fälle meiden mußte. Sie hatten keine Rechte und konnten keine offizielle Stellung einnehmen. Man glaubte, daß sie Unglück bringen und der Kontakt zu ihnen ein schlechtes Schicksal bewirke.

Eine andere soziale Strafmaßnahme war der Verlust des Rufes, was ein mächtiges Abschreckungsmittel gegen unehrenhafte Handlungen war. Für die Krieger des keltischen und germanischen Europa war die Ehre, die ein Mann genoß – sowohl für ihn selbst während seiner Lebenszeit, als auch für seine Familie nach seinem Tode – von großer Bedeutung:

> Vieh stirbt und Verwandte sterben,
> Jeder Mensch ist todgeweiht,
> Doch niemals stirbt der gute Ruf
> Von dem, der recht gehandelt hat.[6]

Die Zungen der Barden in der keltischen Gesellschaft, wie auch die ihrer nordischen Entsprechungen, der Skalden, konnten den Ruf eines Menschen zerstören, weshalb sie sehr gefürchtet waren. Gemeine oder schändliche Taten wurden satirisch dargestellt und würden in den Methallen für Generationen widerhallen.

In unseren riesigen Gesellschaften, in denen wir unsere Nachbarn nicht mehr kennen, haben solche Strafmaßnahmen keine Wirkung mehr, da die westliche Gesellschaft in den letzten Jahren den Individualismus stark betont hat, der, wenn er ins Extrem geführt wird, viel Schaden anrichten kann. Die Täuschung, daß wir auf uns selbst gestellt sind, ohne die Unterstützung anderer, und ihnen straflos Schaden zufügen können, ist ein Gedanke, der im Heidentum fremd ist. Er hinterläßt eine gierige und rücksichtslose »Ich-zuerst«-Gesellschaft, in der die Starken unter der Täuschung der Getrenntheit die Schwachen niedertreten. Wir sind wie Wellen auf dem Ozean des Seins, der großen See des kollektiven Unbewußten der Menschheit. Wir sehen uns selbst als abgetrennt und einzeln, doch ist es das Meer, das uns trägt und uns Gestalt gibt. Eine einzige Welle verschwindet, um vom Sand aufgesogen und vom Wind und der Sonne getrocknet zu werden. Gemeinsam sind wir stark, mächtig und ewig.

Freundschaftliche Bindungen waren in der keltischen, germanischen und nordischen Gesellschaft sehr wichtig und beinhalteten die feste Verpflichtung, einander zu helfen und zu verteidigen. So wie der Ruf wichtig war, so war es auch wichtig, gute Freunde zu haben, auf die man sich verlassen konnte:

> Der Baum verdorrt, der allein auf dem Berge steht,
> Ihn schützt weder Blatt noch Borke.
> So ist das Schicksal des Mannes, der keine Freunde hat.
> Warum sollte er lange leben?
>
> Der Weg für einen treulosen Freund ist lang,
> Obwohl sein Haus an der Straße steht.
> Für einen guten Freund gibt es viele Abkürzungen,
> Auch wenn er fern von dir lebt.[7]

Ehre beinhaltet Selbstlosigkeit und den Schutz der Schwachen durch die Starken. Sie beinhaltet aber auch Integrität. Wir können Integrität nur erlangen, wenn wir auch ehrlich sind. In der Stammeswelt beruht die gegenseitige Hilfe auf Freundschaft und Freundschaft auf Vertrauen:

> Die Freundschaft ist ein festes Band,
> Wenn einer frei zum andern sprechen kann.
> Nichts ist schlimmer als ein launischer Geist.
> Er, der immer schmeichelt, ist kein Freund.[8]

In der keltischen Gesellschaft dachte man, das es dem Land wohlergehen würde, wenn der König Ehrlichkeit bewies. Von König Cormac mac Airt wird erzählt:

> Es ging Irland zur Zeit dieses Königs gut:
> Es war nicht möglich, das Wasser der Flüsse zu trinken,
> Wegen der überreichen Brut der Fische.
> Es war nicht möglich, unbeschwert in den Wäldern zu reisen,
> Wegen der Menge ihrer Früchte.

Es war nicht leicht, auf den Ebenen zu reisen,
Wegen der Menge des Honigs.
All dies wurde ihm vom Himmel gegeben,
Durch die Wahrheit seines Prinzentums.[9]

Lüge, Betrug und Diebstahl schaffen Mißtrauen und Verrat, die das Gewebe der Gesellschaft zerstören. Die Schlange wird in der Mythologie oft als »Zauberer der Lügen« dargestellt. In der nordischen Tradition ist es die Schlange Nidhögg, die an den Wurzeln des Lebensbaumes nagt, ihn dadurch untergräbt und zerstört. Täuschung untergräbt auch unsere innere Stärke – unseren Willen. Die amerikanische Hexe Starhawk beschreibt den Willen als dem ähnlich, was viktorianische Schulmeister Charakter nannten: Ehrlichkeit, Selbstdisziplin, Verpflichtung und Hingabe.

> Wer Magie ausüben möchte, muß in seinem persönlichen Leben absolut aufrichtig sein. In gewissem Sinn beruht Magie auf dem Grundsatz: »Es ist so, weil ich sage, daß es so ist.« Ein Säckchen mit Kräutern erhält seine Heilkraft, weil ich dies sage....
>
> Wenn ich meine Nächsten gewohnheitsmäßig belüge, meinen Chef bestehle, im Supermarkt klaue oder einfach meine Versprechen nicht halte, fehlt mir diese Überzeugung.[10]

In der keltischen Gesellschaft war auch das Wort des Einzelnen wichtig. In *The Elements of the Celtic Tradition* zitiert Caitlin Matthews einen berühmten gallischen Eid:

Wenn ich dein Vertrauen breche,
Mögen die Himmel auf mich fallen,
Mögen die Meere mich ertränken,
Möge die Erde sich erheben und mich verschlucken.[11]

Einen Eid zu schwören ist eine ernste Angelegenheit, weil unsere Rechtschaffenheit auf dem Spiel steht – das, was uns ganz macht, und das, was wir sind. In *Colloquy of the Ancients* wird Caolite mac Ronan von St. Patrick gefragt, welche die Eigenschaften es sind, die von den heidnischen Iren am höchsten geschätzt werden. Er erzählt St. Patrick, daß es die Wahrheit in ihren Herzen, die Stärke in ihren Armen und die Erfüllung ihrer Versprechen sind. Diese Ideale sind auch heute noch gültig. Es ist nur schade, daß viele unserer Politiker nicht mehr an ihnen festhalten.

Gesellschaft und Sexualität

Viele Religionen beinhalten komplexe sexuelle Tabus. Dies gilt nicht für das Heidentum, in dem die sexuelle Moral auf der sozialen Ebene sehr einfach ist. In der Sicht des Heidentums hat der Körper das Verlangen, seine physischen Funktionen zu erfüllen – zu essen, zu schlafen, sich von Schmutz zu reinigen und sich zu paaren. Diese Dinge werden nicht an sich als gut oder böse angesehen. Sie sind natürliche Funktionen, die notwendig sind, um unseren Körper und unsere Rasse zu erhalten. In früheren, animalistischen Gesellschaften wurden diese Dränge unbewußt, auf dem einfachsten und leichtesten Wege erfüllt. Wir aßen, was da war (daher sind Menschen natürliche Allesfresser), und hatten Sex mit dem nächsten verfügbaren Mitglied des anderen Geschlechts. Als sich unsere Denkfunktion entwickelte, wurden wir diskriminierender. Wir lernten zu würdigen, daß manche Lebensmittel besser schmecken als andere, wir lernten zu kochen und wir entwickelten die Kunst des Festessens. In einigen Fällen entwickelten wir moralische Ansichten über unser Essen, die verlangten, daß wir uns in einer Weise ernähren, die anderen am wenigsten schadet – daher vegetarische Ernährung. Essen wurde zu einer ästhetischen Erfahrung, zu einem gesellschaftlichen Ritual und möglicherweise auch zu einer moralischen Entscheidung. Die Sexualität wurde ebenfalls komplexer. Sie entwickelte sich zu einer ästhetischen und emotionalen Erfahrung. Wir lernten, zwischen verschiedenen Partnern zu unterscheiden, und fanden heraus, daß wir einige Partner anderen vorzogen. Wir entdeckten, daß Sex zu Liebe und zu einer tiefen emotionalen Bindung führen kann.

Religion und Spiritualität werden oft mit sexueller Moral verwechselt. Gesetze über das sexuelle Verhalten sind nicht von den Göttern verfügt, sondern die Schöpfung der menschlichen Gesellschaft. Die frühen Gesellschaften, die in enger Verbindung mit der Natur lebten, kannten sehr wenige sexuelle Regeln. Die Hauptsache war es, sicherzustellen, daß so viele Frauen wie möglich schwanger wurden. Dies konnte am besten dadurch erreicht werden, daß die Frauen mit möglichst vielen Männern schliefen, um ihre Chancen zu verbessern. Religiöse Riten förderten dies oft. Besonders in isolierten Gesellschaften konnte es Gesetze geben, die vor Inzucht schützten, indem man z. B. nicht die eigenen Kinder oder Mitglieder des eigenen Klans heiraten durfte. Es konnte aber auch Bräuche geben, die zum Gegenteil – der Vergrößerung des Genpools – ermutigten, indem die Frauen z.B. mit männlichen Reisenden schliefen.

Als die Gesellschaften komplexer wurden, wurden Gesetze aufgestellt, die die Sexualität regelten und den Umgang mit sexuellen Partnern begrenzten. Oft wurden diese Gesetze erlassen, um Besitz zu schützen und um sicherzustellen, daß das Erbe nur an die eigenen Söhne des Mannes und nicht an die eines anderen weitergegeben wurde. Im Westen ist die Sexualität in letzter Zeit durch den judäo-christlichen Sexualethos beherrscht worden. Dieser beinhaltet Monogamie, sexuelle Abstinenz außerhalb der Ehe und komplizierte Scheidungsgesetze, die in der Vergangenheit nur von Reichen und politisch Privilegierten in Anspruch genommen werden konnten. Das Christentum zeichnet sich auch durch eine sehr negative Einstellung zum Körper aus. Mit der Übernahme der Idee, daß die Materie schlecht sei, mußte der Körper ebenfalls als schlecht angesehen werden, und alle Formen der Sexualität, außer zum Zweck der Fortpflanzung, wurden verdammt. Das zölibatäre Leben wurde als höchstes Gut angesehen. Obwohl diese Ethik bewundernswert wäre, um den Planeten zu bewahren, indem die menschliche Bevölkerung klein gehalten würde, war sie in vielen Sekten mit einem Verbot der Empfängnisverhütung für die sexuell Aktiven verbunden.

Für moderne Heiden gibt es wenige sexuelle Tabus als solche. Sexualität wird als etwas gesehen, das zwischen Erwachsenen, die sich darüber einig sind, stattfinden kann, vorausgesetzt es schadet nicht ihnen selbst oder anderen. Dies bedeutet, daß es falsch wäre, mit jemandem Sex zu haben, während man vertraglich – nach öffentlichem Recht oder nicht – durch eine monogame Beziehung an eine andere Person gebunden ist. Dies wäre eine unehrliche Handlung, die allen Beteiligten schaden würde. Wenn wir unser Versprechen nicht mehr halten können, müssen wir dies sagen und den Vertrag auflösen. Für Heiden ist Sexualität eine positive Kraft. Sie ist die Kraft der Schöpfung, die alle Dinge entstehen läßt. Für ungebundene Erwachsene gibt es keine Grenzen in der sexuellen Aktivität mit anderen ungebundenen Erwachsenen, doch wird von uns erwartet, daß wir die Konsequenzen unserer Handlungen bedenken, um sicherzustellen, daß wir keine unerwünschte Schwangerschaft bewirken, Geschlechtskrankheiten übertragen oder andere über die Tiefe unserer Hingabe in der Beziehung in die Irre führen. Sexualität außerhalb einer verpflichtenden Beziehung wird akzeptiert, vorausgesetzt sie folgt der Ethik des Grundsatzes »Füge keinem Schaden zu«. Sexuelle Beziehungen, die anderen weh tun, die Zwang ausüben oder ihnen schaden, sind für Heiden völlig unakzeptabel. Daher ist Sexualität zwischen Erwachsenen und Kindern, oder erzwungener Sex zwischen Erwachsenen ohne das Einverständnis beider Partner ein Greuel. In den meisten heidnischen Traditionen gibt es keine Einschränkungen in bezug auf Homosexualität. Bestimmte Gruppen innerhalb der verschiedenen Traditionen können dazu jedoch unterschiedliche Ansichten vertreten. Einige Gruppen in der nordisch-germanischen Tradition mißbilligen sexuelle Beziehungen zwischen Menschen desselben Geschlechts. Pfade wie Wicca, die die Polarität zwischen Göttin und Gott oder Priesterin und Priester betonen, mögen für einige, die nicht heterosexuell sind, unattraktiv erscheinen, doch gibt es in den Wiccagruppen Menschen aller sexuellen Ausrichtungen.

Füge keinem Schaden zu

Eines der drei Prinzipien des Heidentums, denen viele Heiden folgen, ist der Grundsatz: »Füge keinem Schaden zu, tue was du willst.« Diese Ethik ist eine sehr einfache, und viele würden behaupten, daß sie nicht auf alle Umstände anwendbar ist. »Was ist mit Hitler?« fragen die Leute. »Sicherlich hätte es ihm geschadet, ihn zu ermorden, doch hätte es viele Millionen andere gerettet.« Keine Formel, wie komplex oder einfach sie auch sein mag, kann alle Situationen abdecken. Je mehr wir versuchen, Regeln zu entwickeln, die alle Möglichkeiten abdecken, desto mechanischer und unrealistischer werden unsere moralischen Ideen. Einfache Vorgaben bieten eine moralische Führung, an die wir uns wenden können, um die bestmögliche Entscheidung zu treffen. Die Betonung liegt im modernen Heidentum nicht darauf, einem komplexen System von Gesetzen zu folgen, angesichts derer wir uns schuldig fühlen müssen, wenn wir sie brechen, sondern zu lernen, in Übereinstimmung mit dem göttlichen Zentrum aller Dinge zu leben und moralische Entscheidungen auf der Basis dessen zu treffen, was ewig und bleibend ist. Der Sinn dafür, was richtig, wahr und bleibend ist, wird weniger durch direktes, intellektuelles Lehren vermittelt, sondern durch Symbole und Mythen, die sich an das Unbewußte wenden. Diese schaffen in der Persönlichkeit eine dauerhafte charakterliche Basis, ein Zentrum, aus dem heraus wir zwischen richtig und falsch entscheiden können.

Ein Großteil der heidnischen Ethik beschäftigt sich mit Harmonie und Ausgleich. Dies ist kein Streben nach unerreichbarer Vollkommenheit, das nur Schuld und Verzweiflung hervorruft, wenn man unweigerlich versagt, sondern eine freundlichere und sanftere Ethik: der Wunsch nach einer Lebensweise, die jenen, die um uns sind, keinen Schaden zufügt – Menschen oder andere Lebewesen, deren Umgebung wir beeinflussen – das tierische, das pflanzliche und das mineralische Leben des Königreichs der Großen Mutter. Viele Heiden haben ein Konzept des »Füge keinem Schaden zu« entwickelt, welches das größere Gute berücksichtigt. Auf jede Handlung, die wir ausführen, wird es eine positive und eine negative Reaktion geben; etwas wird Nutzen daraus ziehen und etwas anderes wird verlieren. Mit jedem Atemzug, den wir tun, wird unser Leben bereichert, aber Billionen von Mikroben sterben. Um unser Leben zu leben, ohne völlig neurotisch zu werden, müssen wir akzeptieren, daß unsere Existenz allein bereits eine Bedrohung für den Planeten darstellt, und versuchen, unser Leben auf eine Weise zu führen, die den geringsten Schaden anrichtet.

Der Weg des Kriegers

Für viele schließt das Prinzip »Füge keinem Schaden zu« alle Formen der Gewalt aus. Dennoch war der Weg des Kriegers ein wesentlicher Bestandteil der keltischen und nordisch-germanischen Gesellschaften, was ebenso für die eingeborenen amerikanischen und afrikanischen Gesellschaften gilt. Die nordisch-germanischen Götter der Aesir z.B. waren Götter von abenteuerhungrigen Kriegern, die Eroberungsfahrten unternahmen, und neue Gebiete und Reichtümer für sich und ihr Volk zu finden. Die Worte »für ihr Volk« sind sehr wichtig, weil der Weg des wahren Kriegers nicht der Weg eines Verbrechers ist. Der wahre Krieger dient seinem Volk, indem er ihm seine Stärke und sein Schwert zur Verfügung stellt. Sein Weg ist jener der Ehre, der im Mittelalter in das Konzept des Rittertums übersetzt wurde – der Weg Arthurs und seiner Ritter, die für eine gerechte Sache kämpften.

Wenn ein Krieger wirklich seinem Volk dient, begibt er sich auf einen Einweihungsweg, der zum Opfer aller persönlichen Bedürfnisse führt, um dem größeren Guten zu dienen. Walhalla, die Festhalle Odins, ist das Heim der toten Krieger; aber Walhalla kann auch einen Einweihungsprozeß symbolisieren – den Tod im Leben. Um nach Walhalla zu gelangen, muß der Krieger eine Anzahl von Hindernissen überwinden: Zuerst gibt es einen Graben, in dem ein Werwolf nach Menschen schnappt. Dann kommt ein Tor, das durch Magie gesichert ist. Ein Wolf bewacht das Tor, und über ihm befindet sich ein Adler, von dem Blut tropft. Elsa-Brita Titchenell erklärt, daß jedes Hindernis symbolisch für eine Schwäche steht, die überwunden werden muß:

> Der Krieger, der den Fluß der Zeit (Tund) und den Fluß des Zweifels (Ifing) überqueren will, muß Selbstbeherrschung und einen ungebrochenen Sinn für sein Ziel bewahren, wenn er nicht von der wirbelnden Strömung der zeitlichen Existenz hinweggespült werden will. Er muß den tierischen Bedürfnissen seiner animalischen Natur ausweichen (die Fallen des Tjodvitner), wenn er das andere Ufer erreichen will... Als nächstes muß der Kandidat für Walhalla die Hunde Geri (Habgier) und Freki (Unersättlichkeit) überwinden: Er muß das Verlangen meiden, sogar das Verlangen nach der gesuchten Weisheit, wenn er diese erlangen will. Um das Geheimnis des magischen Tores zu ergründen, muß er starke Willenskraft, eine reine Absicht und eine unbeugsame Entschlossenheit besitzen. Der Wolf und der Adler müssen besiegt und über dem Eingang zur Halle aufgespießt werden, damit sie nicht in diese eindringen können. Dies bedeutet, die tierische Natur (den Wolf) und den Stolz (den Adler) zu überwinden – Selbstsucht in verschiedenen Verkleidungen, die sich wie der griechische Proteus in immer neuen Formen erhebt, um jene herauszufordern, die auf die Reiche der Götter zugehen.[12]

Im Westen ist der Weg des Kriegers in der letzten Hälfte des 20. Jahrhunderts aus guten Gründen sehr unbeliebt geworden. Inspiriert von der Idee, für Gerechtigkeit, Land und Leute zu kämpfen, stellten Millionen junger Männer ihren Mut und ihr Leben in den Dienst einer angeblich gerechten Sache, nur um herauszufinden, daß sie betrogen worden waren. Es stellte sich heraus, daß die Sache, die sie für richtig gehalten hatten, voller Falschheit war. Jene Dinge, die sie für gerecht gehalten hatten, waren von zynischen Regierungen benutzt worden, um wirtschaftliche Überlegenheit zu erlangen. Der Weg des Kriegers wurde verraten.

Indem sie den Verrat erkannten, entdeckten diese jungen Männer nichts Neues. Die Dinge, für die wir kämpften, waren seit jeher moralisch oft zweifelhaft. Der Wikingerheld, der tapfer zur See ging, um Reichtum zu gewinnen und seine Männlichkeit unter Beweis zu stellen, war für jene auf der falschen Seite des Schwertes nichts weiter als ein Mörder und hungriger Wolf, der andere Gesellschaften zerstört und anderen aus Habgier das Leben nimmt. Es kann einen Weg des Kriegers geben, der ein Weg der Gerechtigkeit ist, aber da dieser sehr komplexe Entscheidungen verlangt, wann es, wenn überhaupt, richtig ist, Leben zu zerstören, hat er viele abgeschreckt. Anstatt das Schwert aus einem falschen Grund zu ziehen, bevorzugen sie es, es gar nicht zu ziehen. Paradoxerweise kann das »Nicht-Töten« genau dieselben Qualitäten verlangen, die von einem guten Krieger erwartet werden: Standhaftigkeit, das Streben nach einem hohen Ideal, Mut und große moralische Festigkeit. Die Pazifisten unserer zwei Weltkriege brauchten ebensoviel moralischen Mut wie jene, die kämpften.

Wenn wir das Schwert zurückweisen, ist es jedoch wichtig, nicht auch die Eigenschaften, für die es steht, zurückzuweisen. Es ist eine biologische Notwendigkeit unserer Rasse und speziell ihrer männlichen Hälfte, daß wir streben und kämpfen müssen. Die Ausschreitungen von Fußballrowdys, die während der letzten zwei bis drei Jahrzehnte vermehrt stattgefunden haben, sind nichts als das Verlangen junger Männer, das zu tun, was sie immer getan haben: sich unter einer gemeinsamen Flagge für eine gemeinsame Sache zusammenzuschließen und sich selbst und ihre Männlichkeit durch den Kampf mit anderen jungen Männern unter Beweis zu stellen. In Gesellschaften, die Krieger brauchten, um sich zu verteidigen, erfüllten diese jungen Männer eine wertvolle Aufgabe. In Gesellschaften, die nach Frieden und nicht nach Krieg streben, bedeuten sie auch eine Verpflichtung. Freya Aswynn schreibt:

> In der modernen Gesellschaft wird Aggression ausschließlich als negative Kraft betrachtet. Die Leute werden dazu ermutigt gefügig zu sein, und die Schwachen herrschen über die Starken, indem sie ihnen das Recht auf Stärke absprechen. Dennoch kann Aggression auch als schöpferische Kraft betrachtet werden, eine Kraft, die überholte Formen zerstört und neue erschafft. Aggression ist ein Ausdruck des Überlebenstriebes, die unbewußte Kraft, die einen dazu zwingt, zu kämpfen und entgegen allen Hindernissen zu überleben. Wenn diese Kraft richtig angewendet wird, d.h. wenn sie durch persönliche Disziplin kontrolliert wird, dann macht sie uns zugleich flexibel und ausdauernd.[13]

Der Weg des Kriegers ist ein Weg des Kampfes und des Konflikts. Er verlangt, sich der Welt zu stellen und mit ihr um Sieg oder Niederlage zu kämpfen. Für viele von uns, die der Konfrontation ausweichen, die ein sicheres Leben führen und einer gesicherten Arbeit nachgehen, ist ein solcher Weg unvorstellbar. Es ist der Weg des Abenteurers, des Seefahrers und des Entdeckers, der mutig zu einer Reise aufbricht, um dorthin zu gehen, wohin noch niemand vor ihm gegangen ist.

Viele Zweige des modernen Heidentums ermutigen zu Tugenden, die auch von den Pioniergesellschaften hoch bewertet wurden – Mut, Wahrheit, Ehre, Treue, Disziplin, Gastfreundschaft, Fleiß, Selbstvertrauen und Ausdauer. Diese Eigenschaften sind wertvoll, nicht um mit anderen Stämmen Krieg zu führen, sondern um sie in Bahnen zu lenken, die für die Gesellschaft nützlich sind: gegen Ungerechtigkeit zu kämpfen, gegen die Unterdrückung der Schwachen und die Zerstörung unseres Planeten durch jene Kräfte, die durch die Fallen auf dem Weg nach Walhalla dargestellt werden – die Hunde der Habgier und Unersättlichkeit, die die westliche Zivilisation drängen, sich im Materialismus zu verstricken und die Saat ihrer eigenen Zerstörung zu säen.

Liebe und Verwandtschaft zur Natur

Der heidnische Ethos ermutigt uns, in Harmonie mit unserer Umwelt zu leben. Eines der drei Prinzipien der *Pagan Federation* lautet:

> Liebe und Verwandtschaft zur Natur, anstatt der sonst üblichen aggressiven Haltung und Herrschaft über die Natur...[14]

Die westliche Zivilisation hat den Blick für das Bedürfnis, in Harmonie mit dem Planeten zu leben, verloren – ein Bedürfnis, das für angeblich weit weniger entwickelte Gesellschaften als die unsere selbstverständlich war. In Harmonie mit der Natur zu leben bedeutet, einen Ausgleich zwischen unseren Bedürfnissen und denen des Tier- und Pflanzenreichs zu finden. Die Erhaltung der Umwelt unseres Planeten ist für Heiden sehr wichtig. Viele Heiden folgen dem alten Hexenbrauch, allen Pflanzen, die sie pflücken, und allen Bäumen, die sie fällen, zu erklären, warum sie ihnen das Leben nehmen. Sich mit Pflanzen oder Bäumen zu unterhalten mag einigen seltsam erscheinen. Von daher die empörten Pressestimmen, als der britische Prinz von Wales zugab, dies zu tun. Unabhängig von unserem Glauben über das Pflanzenleben ist die Idee, innezuhalten und über das nachzudenken, was wir dem Leben der Pflanze oder des Baumes antun, sehr sinnvoll. Eine ähnliche Tradition besteht darin, für das, was wir nehmen, ein Geschenk zu geben. Wenn wir Früchte von einem Baum nehmen, sollten wir ihm etwas zurückgeben. Wenn wir einen Baum fällen, sollten wir einen oder zwei neue pflanzen. Wir würden viel weniger oft aus reiner Lust zerstören, wenn wir innehalten würden, um nachzudenken, warum wir etwas nehmen und was wir als Gegengeschenk geben.

Viele interpretieren »Füge keinem Schaden zu« auf die Weise, daß das Essen von Fleisch und das Töten, das es voraussetzt, vermieden werden sollte. Indem sie Vegetarier werden, folgen sie den Fußstapfen vieler ihrer heidnischen Vorfahren. Die Priester und Priesterinnen der Isis durften Eier und Linsen essen, aber kein Fleisch und keinen Fisch. Die Neuplatoniker, die die Idee vertraten, daß alle Götter und Göttinnen Manifestationen der einen transzendenten Gottheit sind, waren ebenfalls Vegetarier. Für viele heutige Heiden steht das unnötige Nehmen von Leben nicht in Einklang mit der heidnischen Ethik. Tiere für ihr Fleisch zu töten steht für ein solches unnötiges Nehmen von Leben. Aus der anderen Richtung kommend, sehen viele Vegetarier das Heidentum als ihren natürlichen spirituellen Weg an.

Andere Heiden würden sich stark gegen diese Argumentation verwehren. Für viele Leute bedeutet die Rückkehr zur Religion ihrer Vorfahren eine Rückkehr zu einem natürlicheren Lebensweg. Diese Heiden vertreten die Ansicht, daß die Menschen Jäger sind, natürliche Allesfresser, die sowohl Früchte als auch Fleisch, Fisch und Geflügel essen. Viele Heiden, die auf dem Land leben, züchten ihre eigenen Tiere, um sie zu essen, und glauben, daß es völlig akzeptabel ist, einem Tier ein gutes, natürliches Leben zu ermöglichen und es dann sauber und schmerzlos zu töten. Weiters wenden sie ein, daß es keinen Sinn ergibt, Pflanzen zu essen, aber keine Tiere. Wenn wir eine Pflanze töten, nehmen wir ihr genauso das Leben wie einem Tier. Andere, die keine hundertprozentigen Vegetarier sind, glauben, daß wir uns davon ernähren sollten, was in der Eiweißkette niedriger liegt, und nur jene Dinge verbrauchen, die am wenigsten Schaden und Leid erfahren.

Wie auch immer Heiden über das Essen von Fleisch denken mögen, es besteht eine allgemeine Übereinstimmung darin, daß bestimmte Arten der Fleischproduktion nicht mit »Füge keinem Schaden zu« vereinbar sind. Viele fleischessende Heiden ziehen es vor, Fleisch und Eier aus Fabriksproduktion zu meiden. Andere glauben, daß der exzessive Fleischkonsum in der westlichen Welt umweltfeidliche, intensive Viehzuchtmethoden begünstigt und auf die Länder der Dritten Welt einen schlechten Einfluß ausgeübt hat, indem er sie zwingt, Nahrungsmittel für westliches Vieh anzubauen, anstatt Nahrung für sich selbst. Auf diese Weise verzerrt die westliche Habgier die Weltwirtschaft zum Nachteil der ökonomisch

Schwächeren. Heiden glauben, daß wir von der Erde nur das nehmen sollten, was wir brauchen. In Lynn Andrews Buch *Medicine Woman* erklärt ihre indianische Lehrerin die Einstellung eines wahren Jägers:

> Der Weg des Jägers ist heilig. Töte nie etwas unbedacht – auch keinen Käfer. Stelle dir vor, etwas Riesiges würde dich gedankenlos zerquetschen... Ich möchte meine Tage als Kriegerin verbringen und erkenne die Schönheit in allen Dingen. Ein Tier ist ein Kind des Universums, wie du und ich. Einem wilden, freien Tier das Leben zu nehmen sollte im Verständnis deines eigenen Todes getan werden. Sonst laß es sein.[15]

Der Respekt für die Natur, der im indianischen Weg offenkundig ist, ist dem des europäischen Heidentums ähnlich. Das baltische Heidentum z.B. lehrt die Heiligkeit der Natur und den Respekt für die Ahnen und unterstützt die Suche nach Harmonie. Harmonie wird in Litauen Darna genannt. Das Ziel der Existenz ist es, Darna in uns selbst, in unserem Heim und in der Gemeinschaft zu suchen. Das Wesen von Darna ist in diesem alten litauischen Gebet festgehalten:

> Laß mich meine Mutter, meinen Vater
> Und die Alten lieben und respektieren.
> Laß mich ihre Gräber vor Raub und Zerstörung schützen,
> Laß mich zu ihrer Ruhe auf den Friedhöfen
> Eichen, Wacholder, Wermut und Silberkraut pflanzen.
> Jene, die ihre Vorfahren nicht lieben und respektieren,
> Werden im Alter große Not leiden,
> Oder gar nicht erst alt werden.
>
> Laß meine Hände nicht von menschlichem Blut befleckt werden.
> Laß das Blut der Tiere, Fische oder Vögel
> Nicht meine Hände beschmutzen,
> Indem ich sie satt und nicht hungrig töte.
> Jene, die heute mit Vergnügen Tiere töten,
> Werden morgen menschliches Blut trinken.
> Je mehr Jäger in Litauen leben,
> Desto mehr Glück und Wohlergehen verlieren wir.
>
> Laß mich das Brot lieben und achten.
> Wenn ein Krümel versehentlich fällt,
> Werde ich ihn aufheben, ihn küssen und mich entschuldigen.
> Wenn wir alle das Brot ehren,
> Wird es keinen Hunger und keine Not geben.

Laß mich nie jemanden verletzen.
Laß mich immer das richtige Wechselgeld geben;
Laß mich nie versehentlich auch nur die kleinste Münze stehlen,
Denn die Götter strafen Vergehen.

Laß mich nicht fremden Glauben anschwärzen
Und nicht mit meinen eigenen Glauben spaßen.

Laß mich keinen Baum ohne heiliges Bedürfnis fällen.
Laß mich nicht auf ein blühendes Feld treten.
Laß mich immer Bäume pflanzen.
Die Götter sehen mit Wohlwollen
Auf jene, die Bäume an den Straßen pflanzen,
Zuhause und an heiligen Orten,
An Wegkreuzungen und bei Häusern.
Wenn du heiratest, pflanze einen Hochzeitsbaum.
Wenn ein Kind geboren wird, pflanze einen Baum.
Wenn ein Geliebter stirbt,
Pflanze einen Baum für seine Seele.
Zu allen Festen,
Bei allen wichtiger Anlässen
Besuche Bäume.
Gebete werden durch Bäume des Dankes geheiligt.
So soll es sein![16]

Ähnliche Konzepte können in der traditionellen englischen Hexenweisheit gefunden werden:

Mögen wir keines Menschen Feind sein,
Und mögen wir dem, was ewig ist und bleibt, ein Freund sein.
Mögen wir nie gegen einen Menschen Böses tun,
Und wenn uns Böses getan wird,
Mögen wir unbeschadet entkommen
Ohne ihnen wehtun zu müssen.
Mögen wir nie mit jenen, die uns nahestehen, streiten,
Und wenn wir es tun, mögen wir uns schnell wieder vertragen.
Mögen wir die Dinge lieben, suchen und erreichen,
Die gut und wahr sind,
Und die die Geschenke der Alten sind:
Liebe, Freiheit, Glück und Frieden.[17]

Harmonie ist für alle Gesellschaften, besonders aber für landwirtschaftliche Völker wichtig. Harmonie ist eher eine Einstellung von Völkern, die in ländlichen Siedlungen leben, als derer, die in jagenden oder nomadischen Herdengemeinschaften leben. Wenn Gesellschaften Landwirtschaft betreiben, ist die Zusammenarbeit einer großen Anzahl von Menschen für das Überleben der Gemeinschaft von entscheidender Bedeutung. Krieg ist nicht nützlich, weil er den Zyklus des Pflügens, Pflanzens und Erntens unterbricht, was dazu führt, daß die Gemeinschaft verhungert, wenn der Zyklus nicht eingehalten wird. Die katastrophalen Auswirkungen des Krieges auf die Landwirtschaft können auch gut in einigen notgeplagten Gebieten der heutigen Welt beobachtet werden.

Der Weg des Ausgleichs

Jener Weg des Lebens, der anderen den geringsten Schaden zufügt, ist oft der Weg des Ausgleichs. In der keltischen Ethik wird dieses Ideal als »Zweckmäßigkeit der Dinge« bezeichnet. Dieser Sinn für das Zweckmäßige kann auch in den Lehren des Cormac mac Airt gefunden werden. Cormac war um das dritte Jahrhundert n.Chr. König von Irland. Er war ein Ziehsohn des Königs Lugaid mac Con und zeigte bereits in jungen Jahren so große Weisheit, daß er als Gefäß der Wahrheit angesehen wurde. Im *Tecosca an Righ*, oder den »Unterweisungen des Königs Cormac mac Airt«, beschreibt er seinem Enkelsohn Cairbre, wie er sich als junger Prinz verhalten hatte:

Ich war ein Lauscher in den Wäldern,
Ich war ein Beobachter der Sterne,
Ich war blind, wenn es Geheimnisse betraf,
Ich schwieg in der Wildnis,
Ich war gesprächig unter den Menschen,
Ich war sanft in der Methalle,
Ich war unerbittlich im Kampf,
Ich war bereit zuzusehen,
Ich war edel in der Freundschaft,
Ich war ein Heiler für die Kranken,
Ich war schwach für die Machtlosen,
Ich war stark für die Mächtigen,
Ich war nie hart, noch wurden über mich Satiren erzählt,
Ich war nicht gebrechlich, noch wurde mir mein Haar geschoren,
Ich war nicht nahe, noch fiel ich jemandem zur Last,
Ich war nicht arrogant, obwohl ich weise war,

Ich gab keine Versprechen, obwohl ich stark war,
Ich war nicht abenteuerlustig, obwohl ich schnell war,
Ich verspottete nicht die Alten, obwohl ich jung war,
Ich gab nicht an, obwohl ich ein guter Kämpfer war,
Ich sprach über niemanden, der nicht anwesend war,
Ich wies nicht zurecht, sondern lobte,
Ich fragte nicht, sondern gab,
Denn durch diese Gewohnheiten
Werden die Jungen alte und königliche Krieger.[19]

Cairbre fragt Cormac dann, was gut für ihn ist. »Das ist nicht schwer zu sagen«, meint Cormac. »Wenn du meinen Lehren zuhörst:«

Verhöhne keinen alten Menschen, wenn du jung bist,
Und keinen Armen, wenn du reich bist,
Und keinen Nackten, wenn du gut gekleidet bist,
Und keinen Lahmen, wenn du gelenkig bist,
Und keinen Blinden, wenn du scharfe Augen hast,
Und keinen Behinderten, wenn du gesund bist,
Und keinen Dummen, wenn du schlau bist,
Und keinen Narren, wenn du weise bist.[20]

In einer anderen Passage erzählt Cormac Cairbre, wie er sich am besten seine Selbstachtung bewahren kann:

Wenn du zu weise bist, werden sie zuviel von Dir erwarten,
Wenn du zu närrisch bist, wirst du betrogen werden,
Wenn du zu sehr von dir überzeugt bist, wirst du ohne Ehre sein,
Wenn du zu redselig bist, wirst du nicht gehört werden,
Wenn du zu schweigsam bist, wirst du nicht beachtet werden,
Wenn du zu hart bist, wirst du gebrochen werden,
Wenn du zu schwach bist, wirst du zertreten werden.[21]

Das Ziel ist es, keines dieser Dinge zu sein, also Extreme zu meiden. König Cormacs Lehren stehen für ein Modell des ausgeglichenen Verhaltens und der richtigen Führung. Die Ideale, die er ausdrückt, sind denen ähnlich, die in der Offenbarung der Großen Mutter vermittelt werden:

... und laß Schönheit und Stärke, Macht und Mitleid, Ehre und Bescheidenheit, Freude und Verehrung in dir sein.[22]

Dies ist die Ausgeglichenheit, die das Heidentum lehrt.

1. Edda, *Havamal* oder »Lied des Hohen«, Verse 12, 21 und 6. (Vgl. die Übers. von K. Simrock).
2. *Havamal*, Vers 71.
3. *Havamal*, Vers 78.
4. Tadhg Mac Crossan, *The Sacred Cauldron: Secrets of the Druids*, S. 54.
5. Freya Aswynn, *Die Blätter von Yggdrasil: Runen, Götter, Magie, Nordische Mythologie & Weibliche Mysterien*. (Edition Ananael 1994²), S. 56.
6. *Havamal*, Vers 76.
7. *Havamal*, Verse 50 und 36.
8. *Havamal*, Vers 123.
9. Zitiert in Anne Ross, *Everyday Life of the Pagan Celts*, S. 150.
10. Starhawk: *Der Hexenkult als Ur-Religion der Großen Göttin: Magische Übungen, Rituale und Anrufungen*, S. 167.
11. Caitlin Matthews, *The Elements of the Celtic Tradition*, S. 13.
12. Elsa-Brita Titchenell, *The Masks of Odin: Wisdom of the Ancient Norse*, S. 75 f.
13. Freya Aswynn, *Die Blätter von Yggdrasil: Runen, Götter, Magie, Nordische Mythologie & Weibliche Mysterien*. (Edition Ananael 1994²), S. 36.
14. The Pagan Federation, *Pagan Federation Information Pack*, S. 4.
15. Lynn V. Andrews, *Medicine Woman*, S. 129 ff.
16. Altes litauisches Gebet, nach der Übers. von Jonas Trikunas in *Romuva USA* Nr.8.
17. Unveröffentlichtes Material aus Quellen der Hexenkunst.
18. Kuno Meyer (Übers.), *The Instructions of King Cormac mac Airt*, S. 17.
19. Ibid.
20. Ibid.
21. Ibid.
22. Aus dem Buch der Schatten, wie zitiert in Vivianne Crowley, *Wicca: Die Alte Religion im Neuen Zeitalter*. (Edition Ananael 1993), S. 161.

10

Der Schritt ins Dunkle

Gut und Böse

Viele Heiden glauben an ein Universum, in dem Ordnung und Chaos in ewigem Widerstreit liegen. Diese beiden Kräfte sind nicht das Gute und Böse des Christentums und anderer nahöstlicher Dualismen, sondern Anabolismus und Katabolismus, Schöpfung und Zerstörung. Beide sind für die Existenz des Universums notwendig. Für Heiden ist das Böse menschengemacht und die Folge der Unwissenheit und des fehlenden Verständnisses über die wahre Natur der Wirklichkeit. Das Universum ist neutral und verfolgt seine eigenen Ziele, die in menschlichen Begriffen als gut wahrgenommen werden können oder auch nicht.

Heiden sprechen oft von der Göttin als transzendente Kraft, die das Universum bewegt. Häufig werden die Götter nicht als personifizierte Gottheiten angesehen, die menschlichen Moralvorstellungen entsprechen, sondern als große natürliche Gezeiten, die jenseits des Konzepts von Gut und Böse, wie es die Menschen verstehen, liegen. In *The Dark is Rising* beschreibt Susan Cooper, wie ein junges Mädchen die Macht der Göttin wahrnimmt, während die Frauen eines Dorfes in Cornwall eine Figur der Naturgöttin Greenwitch (»Grüne Hexe«) bauen:

> Als sie sich wieder dem Meer zuwandte, war die Grüne Hexe fertig. Die Frauen hatten sich von der großen Figur zurückgezogen, sie saßen am Feuer und aßen Brote, lachten und tranken Tee. Als Jane das riesige Abbild, das sie aus Blättern und Zweigen gemacht hatten, ansah, konnte sie ihre Leichtherzigkeit nicht verstehen. Denn sie wußte plötzlich, daß dieses schweigende Abbild da draußen im kalten Morgengrauen irgendwie mehr Macht enthielt, als sie je zuvor in irgendeinem lebenden

Wesen oder Ding gespürt hatte. Donner, Stürme und Erdbeben waren dort und die gesamte Kraft der Erde und des Meeres. Es war außerhalb der Zeit, grenzenlos, alterslos, jenseits jeder Linie, die zwischen Gut und Böse gezogen wird.[1]

Die Menschen besitzen eine androzentrische und egozentrische Weltsicht, d.h. die Dinge, die uns helfen, sind gut, und jene Dinge, die uns entgegenstehen, sind böse. Auf kosmischer Ebene werden Gut und Böse jedoch sehr unterschiedlich gesehen. Die Götter stehen für Kräfte, die weder Licht noch Dunkelheit sind. Sie sind die Kräfte der natürlichen Welt, die Kraft des Lebens selbst, die sich immer erneuern und ausdrücken will:

> Wo wir leben, ist eine Welt der Menschen, gewöhnliche Menschen, und obwohl in ihr die alte Magie der Erde und die wilde Magie der Lebewesen liegt, sind es die Menschen, die bestimmen, wie die Welt zu sein hat... Aber jenseits der Welt ist das Universum an das Gesetz der hohen Magie gebunden, so wie es jedes Universum sein muß. Und in der hohen Magie gibt es zwei Pole... die wir das Dunkle und das Helle nennen. Keine andere Kraft ordnet sie. Sie existieren einfach.[2]

Das heißt nicht, daß die Götter erlauben, daß das Böse unbegrenzt wächst. Unsere Götter tendieren zum Gleichgewicht, zu einem Ausgleich der Kräfte der Ordnung und des Chaos. Es gibt einen Kampf zwischen den beiden der Lebenskraft innewohnenden Tendenzen – Sein und Nichtsein, Schöpfung und Zerstörung. Dies ist ein Kampf, der einen letzten Ausgang haben mag, doch wird dieser in einem zeitlichen Rahmen stattfinden, der jenseits der Vorstellungskraft der Menschheit liegt, die als Rasse nur einen winzigen Abschnitt in der Geschichte dieses Universums darstellt. Auch ist dieser letzte Ausgang nicht als Triumph des Guten über das Böse zu sehen, sondern eher als Phase der Beruhigung, eine Stille, die letzte Auflösung in das Nichtsein, das jenseits dieser beiden aktiven Pole liegt. Die Natur des Guten und Bösen, wie sie von Heiden gesehen wird, wird in *The Dark is Rising* durch eine Merlinfigur vermittelt:

> ...Ihr habt mich von Logres erzählen gehört. Dies war der alte Name dieses Landes vor Tausenden von Jahren, in den alten Tagen, als der Kampf zwischen Gut und Böse erbitterter und offener ausgetragen wurde als heute. Dieser Kampf findet zu jeder Zeit rund um uns statt, so wie zwei Armeen miteinander kämpfen. Manchmal scheint die eine von ihnen zu gewinnen und manchmal die andere, aber keine von ihnen hat je die andere völlig besiegt. Noch werden sie es je tun, ... denn es gibt etwas von beiden in jedem Menschen.[3]

Die meisten Heiden betrachten ihre Götter nicht als die Guten, denen die Bösen des Universums gegenüberstehen. Das Göttliche tritt aus der ewigen Ruhe und Überlegung in Aktion und kehrt zur Stille zurück, wenn jede Phase der Schöpfung durchlaufen ist. Es gibt Gut und Böse, aber sie liegen in der Menschheit, nicht im Kosmos begründet. Diesen Standpunkt kann man in vielen Traditionen finden. In einigen judaistischen Traditionen steht der gefallene Engel Luzifer Jehovah gegenüber, weil er glaubt, daß ein Tier wie der Mensch nicht weise genug ist, einen freien Willen zu besitzen, um unabhängige Entscheidungen zu treffen. Der Mensch wird die Götter verleugnen und das Böse auf die Welt loslassen. Diese Idee gibt es auch im griechischen Mythos von der Büchse der Pandora. Alle Sorgen der Welt sind sicher in einer Truhe verschlossen, und Pandora wird angewiesen, sie nie zu öffnen. Jedoch bewirkt ihre menschliche Neugier und Intelligenz, die sowohl der Segen als auch der Fluch der Menschheit sind, daß sie die verbotene Truhe öffnet und das Böse auf die Welt losgelassen wird. Das Böse erhebt sich, wenn es die Möglichkeit der Wahl und der Handlung gibt. Die Menschen haben die Wahl, Handlungen auszuführen, die dem größeren Guten dienen, oder Handlungen, die Elend und Zerstörung bewirken. Diese Entscheidungen, vor denen wir täglich stehen, sind unseren widerstreitenden Gefühlen unterworfen – Liebe, Haß, Mitleid, Grausamkeit, Habgier, Selbstsucht und Altruismus. All diese sind Wirklichkeiten des menschlichen Herzens.

Schicksal und freier Wille

Ethische Wahl impliziert einen freien Willen, denn wie können wir zwischen Richtig und Falsch entscheiden, wenn wir nicht frei sind, diese Wahl zu treffen. Heiden glauben an diesen freien Willen, aber wir glauben auch, daß unser Leben durch das Schicksal, *Wyrd* oder »Bestimmung«, beeinflußt wird. Daher ist die Divination als Weg, in das Muster des Schicksals zu sehen, sehr beliebt. Wie können diese Dinge verbunden werden?

Verschiedene Zweige des Heidentums vertreten unterschiedliche Ideen über die Veränderbarkeit des Schicksals. Manche teilen die fatalistische Sichtweise des Hinduismus,

> ... daß wir alle durch das Schicksal, das Unbekannte, gelenkt werden. Es führt uns auf der mühsamen Reise durch das Leben zu unserer

> Individuation – zur Ganzheit. Wir können diese Führung auf unsere eigenen Kosten ablehnen. Doch wahrlich, wir können sie nicht für lange Zeit ablehnen. Sie ist mächtiger als unser Wille.[4]

Aufgrund ihrer westlichen Sichtweise sind jene, die den europäischen heidnischen Traditionen folgen, weniger deterministisch als ihre östlichen Brüder und Schwestern. Die meisten westlichen Heiden glauben, daß wir nicht an das Schicksal gebunden sind, obwohl wir von ihm geleitet werden, und daß wir einen freien Willen besitzen und moralische Entscheidungen treffen können. Die nordisch-germanische Tradition lehrt, daß das Netz des Wyrd Situationen und Anforderungen schafft, denen wir uns stellen müssen – dies ist unser Schicksal oder Wyrd – aber wie wir unserem Schicksal begegnen, hängt von uns selbst ab. Wir können den Weg der Ehre und des Rechts wählen, oder den Weg der Ehrlosigkeit und des Unrechts. Wir können einen Weg wählen, der anderen hilft, oder einen, der ihnen schadet und sie verletzt. Wenn wir das Muster des Schicksals gesehen haben, gibt es die Möglichkeit, sich zu unterwerfen, zu kämpfen oder unsere Bestimmung zu ändern.

Im Heidentum gibt es kein Konzept, das dem der christlichen Erbsünde entspricht. Für Heiden wird ein Kind weder gut noch böse geboren. Sein Schicksal ist ein leeres Blatt, auf dem die Welt und das Kind selbst schreiben werden. Unsere Umstände und unsere Erziehung können uns bei dieser Wahl positiv oder negativ beeinflussen, doch am Ende liegen die Verantwortung für unsere Entscheidungen und die Konsequenzen unserer Handlungen bei uns. In einigen Traditionen, doch nicht in allen, kann das Konzept der Reinkarnation bedeuten, daß das Kind bereits ein Erbe, sowohl ein gutes als auch ein schlechtes, aus seiner letzten Inkarnationen mitbringt, das dazu beiträgt, seine Zukunft zu bestimmen. Dieses Karma ist die Gesamtheit der Konsequenzen unserer eigenen vergangenen Handlungen. Wir werden nicht für sie bestraft, aber wir werden solange mit ihnen konfrontiert, bis wir angemessenere Wege des Verhaltens erlernen.

Die Konzepte der Erbsünde und des Reinkarnationskarmas sind Versuche von Menschen, darin einen Sinn zu sehen, daß das Leben nicht gerecht ist und daß auch guten Menschen schlechte Dinge widerfahren. Die meisten westlichen Heiden versuchen, sich mit diesem Problem nicht dadurch zu versöhnen, daß sie eine philosophische Konstruktion bilden, die dem Ungerechten Sinn verleiht und es als »ganz ok« darstellt: Die Leute verdienen, was sie bekommen, und bekommen, was sie verdienen.

Die heidnische Sichtweise ist die, daß das Universum wesentlich willkürlicher ist: Die Götter kümmert es nicht, ob wir als einzelne Wesen richtig beurteilt werden. Sie haben Besseres zu tun. Der Mensch ist nicht das Zentrum des Universums. Wir sind nur kleine Rädchen in seiner Maschinerie. Das Universum läuft nicht zu unserem Nutzen, um sicherzustellen, daß wir auf unserem karmischen Konto einen Profit verbuchen können. Auch guten Menschen widerfahren schlechte Dinge, und wir müssen damit leben, das Beste daraus machen und soviel wie möglich aus unserer Erfahrung und unseren Fehlern lernen, um sie so zu überwinden.

Schuld und Sünde

Für Heiden existiert das Böse nicht in Form eines äußeren Versuchers oder Dämons, sondern in Form von menschlichen Handlungen. Das Göttliche selbst ist weder gut noch böse. In den Worten von Mahatma Gandhi:

> Die einzigen Teufel in der Welt sind jene, die in unseren Herzen wohnen. Dort sollte diese Schlacht ausgetragen werden.

Manchmal kämpfen wir in dieser Schlacht erfolgreich und manchmal nicht. Wenn wir versagen, bewirkt das Wissen um unsere falschen Handlungen ein Gefühl der Schuld und der Sünde. Paradoxerweise kann es sein, daß wir uns unserer Fehler am meisten bewußt werden, wenn wir uns entscheiden, einem spirituellen Pfad zu folgen und unser Leben besser zu führen. Je weiter wir uns unseren Göttern und der Quelle allen Seins nähern, desto mehr werden wir uns selbst bewußt. Oft wird im Heidentum gelehrt, daß eines der Ziele des Lebens »Erkenne Dich selbst« ist – zu lernen, wie wir selbst wirklich sind. Dies beinhaltet eine spirituelle Suche, und wenn wir uns auf eine spirituelle Suche begeben, können wir nicht erwarten, daß unser Weg ein leichter ist. Der Märchenheld muß sich Ungeheuern und Gefahren stellen, bevor er zu seiner Bestimmung gelangt. Wenn wir uns auf den Weg begeben, um spirituelles Wissen zu erlangen, werden uns die Götter gewähren, was wir suchen, aber die anfänglichen Ergebnisse werden nicht immer willkommen sein. Erleuchtung bringt Klarsicht und Offenbarung. Im klaren Licht der Götter nehmen wir unsere eigenen Fehler wahr und haben Einsicht in unser eigenes Versagen. Dies ruft oft Gefühle der Schuld, der Minderwertigkeit und der Wertlosigkeit hervor. Aus der Perspektive der nordischen Tradition schreibt Freya Aswynn:

> Jeder, der einem spirituellen Weg folgt, was immer dieser auch sein mag, wird ein gewisses Maß an persönlichen ethischen Werten entwikkeln, nach denen zu leben er oder sie sich entschieden hat. Aufgrund unserer menschlichen Natur sind wir jedoch nicht immer dazu fähig, den uns selbst auferlegten Maßstäben gerecht zu werden. Deshalb müssen wir im Lauf der Zeit auch die Erfahrung des Versagens machen. Diese Erfahrung des Versagens verletzt uns in unserem Selbstwertgefühl und behindert uns in unserer Kreativität. All dies ist jedoch notwendig und unvermeidbar, wenn wir aus unseren Fehlern lernen wollen... Nidhögg nagt an den Wurzeln von Yggdrasil und versucht so, den Baum zu zerstören. Wir können diesen Mythos auch psychologisch interpretieren und Nidhögg als den Schatten im Unbewußten betrachten, der an der Entfaltung des Selbst, das durch Yggdrasil symbolisiert wird, nagt und dieses untergräbt.[5]

Viele Religionen betonen das Konzept der Schuld und fördern sogar Gefühle der Minderwertigkeit unter ihren Anhängern. Das Heidentum lehrt, daß jedes Individuum wertvoll und heilig ist, daß seine Individualität respektiert werden muß, und daß jeder von uns in der Welt gebraucht wird und seine Rolle zu spielen hat. Marian Green schreibt:

> Du bist einzigartig, dein Leben ist wertvoll und du kannst lernen, die Schöpfung zu gestalten, damit sie dir Gesundheit, Freude und Erfüllung bringt, wenn du dem Pfad deines Geistes folgst, der dich durch das Gewirr der Lektionen des Lebens führt. In dir liegt die Saat des Großen, und nur du kannst sie befreien und sie nähren, so daß sie blühen und Früchte tragen wird, zum Wohl des ganzen Universums.[6]

Schuld ist ein sehr negatives Gefühl, das Angst und Zweifel sowie Gefühle der Minderwertigkeit erzeugt. Zweifel und Angst bewirken, daß wir glauben, unsere Wünsche und Hoffnungen seien ohne Wert und würden uns daran hindern, all unsere Fähigkeiten zu verwirklichen und im Bereich dieser Fähigkeiten ein Maximum zu erreichen. Der lähmende Effekt des Zweifels wird in den Eddas vermittelt:

> Zweifel heißt der Fluß, der das Land der Riesen
> Vom Land der Götter trennt.
> Für alle Zeiten fließt er frei und offen,
> Kein Eis bildet sich auf Ifing.[7]

Um unsere spirituelle Suche zu bewältigen, müssen wir diese Barrieren überwinden. Zweifel und Angst nehmen uns unseren Mut und unseren Willen. Sie sind Gefühle, die nutzlos sind. Das *Havamal* oder »Lied des Hohen« in den Eddas weiß einen sehr einfachen Rat:

> Der Unweise liegt nachts wach
> Und sorgt sich um dies und das.
> Müde ist er, wenn der Morgen kommt,
> Und alles ist noch immer wie zuvor.[8]

Verschiedene religiöse Richtungen haben verschiedene Wege entwickelt, mit Schuld umzugehen. Im katholischen Christentum gibt es die Beichte. Der Gläubige wird gelehrt, daß der Priester die Macht hat, seine Sünden zu vergeben und die Last der Schuld von seinen Schultern zu nehmen. Einige protestantische Richtungen lehren, daß man unter der Voraussetzung, daß man an die richtige (d.h. ihre) Version von Gott glaubt, erlöst werden könne. Dabei spielt es keine Rolle, was man tut oder wie abscheulich man sich verhält, der Platz im Himmel ist einem sicher. Diese Anschauungen stimmen nicht mit dem heidnischem Glauben überein, der besagt, daß wir alle für unsere eigenen Handlungen verantwortlich sind. Der buddhistische Glaube ist dem Heidentum ähnlicher. Er lehrt wie das Heidentum, daß unser spiritueller Zustand ein freudvoller sein sollte. Sich zu kasteien, wenn wir etwas falsch gemacht haben, und in Schuld und Schande zu versinken, hilft keinem. Wenn die Dinge falsch laufen, müssen wir damit leben und auch mit dem Wissen um unser Fehlverhalten leben. Niemand anderer kann uns vergeben und wir können nicht von jemand anderem erlöst werden. Wir sind für unsere eigenen Handlungen verantwortlich. Marian Green schreibt:

> ...du brauchst nur dir selbst und den unsterblichen Göttern deinen Fehler einzugestehen – nicht um Absolution zu erhalten, sondern um darin Führung zu bekommen, wie du berichtigen kannst, was du falsch gemacht hast. Du mußt jede Handlung, die du ausführst, untersuchen, deine Fehler zumindest dir selbst eingestehen und mit ihnen klarkommen. Du mußt dich mit persönlichen Schuldgefühlen auseinandersetzten, nicht indem du sie durch jemand anderen hinwegsegnen läßt, sondern dadurch, daß du zu reparieren versuchst, was Schaden erlitten hat.[9]

Heiden glauben an das Konzept des Ausgleichs. Wenn wir falsch gehandelt haben, müssen wir Gelegenheiten suchen, einen Ausgleich herbeizuführen, und für das, was wir genommen haben, etwas zurückzugeben. Wenn wir uns selbst unsere Fehler eingestanden haben und unser Möglichstes getan haben, um sie zu berichtigen, müssen wir sie hinter uns lassen und von vorne beginnen. Ein Ritual kann hier helfen, denn es ist ein Weg, einen Übergang zwischen einem Zustand und einem anderen Zustand zu markieren. Wir können einen geweihten Raum bilden, Handlungen der Reinigung vollführen und dann wieder hervortreten, um unser Leben neu zu beginnen.

Das folgende Ritual ist die Bearbeitung einer Zeremonie von Starhawk, die sich mit Schuld und Reue auseinandersetzt und die sie den »Trinkzauber« nennt[10]. Hier wird die Zeremonie an die Muttergöttin gerichtet, doch könnte sie auch an den Gott gerichtet werden. Wir können das Ritual ausführen, indem wir den geweihten Raum auf die uns gewohnte Weise bilden. Die Götter können ebenfalls wie gewöhnlich angerufen werden. Wir sitzen mit dem Gesicht nach Norden, dem Punkt des Nadir der Sonne, und entzünden eine Kerze. In der Mitte unseres heiligen Platzes oder auf dem Altar sollte eine große Schüssel mit Erde stehen, gemeinsam mit einem Kelch voll Wasser und etwas Wein, Bier, Met oder Milch. Wir nehmen den Kelch, der mit klarem Wasser gefüllt ist. Dann wird uns gesagt:

> Visualisiere alle negativen Dinge, die du über dich empfindest; die Irrtümer, die du begangen hast; die Dinge, die du falsch gemacht hast. Sprich mit dir und gestehe dir ein, daß du dich elend fühlst. Sage dir laut und ausführlich, was du falsch gemacht hast und warum. Laß deine Gefühle Energie aufbauen und projiziere alles in den Becher. Hauche auf das Wasser.

Als nächstes visualisieren wir die Göttin als vergebende Mutter und stellen uns vor, daß ihre Hände auf den unseren liegen. Sie sagt:

> Ich bin die Mutter aller Dinge,
> Meine Liebe ergießt sich über die Erde.
> Ich trinke dich in mich in vollkommener Liebe.
> Sei rein. Sei heil. Sei gewandelt.

Wir gießen das Wasser in die Schüssel mit Erde und füllen den Kelch mit Wein, Bier, Met oder Milch. Dann visualisieren wir uns selbst, wie wir sein wollen – frei von Schuld und Trauer, verwandelt, so daß wir nicht mehr dieselben Fehler wiederholen. Wir laden den Kelch mit der Kraft, die Person zu sein, die wir sein wollen. Dann visualisieren wir die Göttin noch einmal, ihre Hände auf den unseren liegend, und sie sagt:

Mein ist der Becher,
Mein der Wein des Lebens.
Trinke ihn!

Wir trinken die aufgeladene Flüssigkeit und fühlen, wie uns die Kraft erfüllt. Wir wissen, daß wir uns verändert haben, daß wir von diesem Moment an eine neue Person sind und nicht mehr durch die Muster und Fehler der Vergangenheit gebunden sind. Das Ritual wird dann nach der jeweiligen Tradition geschlossen, und die negativ geladene Erde wird in die vier Winde zerstreut. Das Ritual kann alleine oder in der Gruppe ausgeführt werden, wie man will.

In uns ist unsere eigene Dunkelheit, das, was Jung den »Schatten« nannte. Innerhalb des größeren Geistes der Menschheit gibt es ebenfalls eine größere Dunkelheit, den kollektiven Schatten, das Negative der Menschheit. Eine der wichtigsten Aufgaben unserer religiösen und spirituellen Philosophien besteht darin, uns zu helfen dieses große Problem zu lösen, das die Menschheit, seit sie zu Bewußtheit gelangt ist, beschäftigt hat. Um zum Licht zu gelangen, müssen wir durch die Dunkelheit gehen; wir müssen uns jenen Aspekten von uns stellen, die tief in uns verborgen sind, und sie in unserem Leben an ihrem wahren Platz integrieren, wo diese Qualitäten, die wir zu verdrängen versucht haben, für uns von Wert sein können. Wir müssen Ärger in Energie verwandeln und Selbstzufriedenheit in echte Gelassenheit, die aus Wissen entsteht, nicht aus der Selbstgefälligkeit der Unwissenheit. Dies ist nicht nur für uns selbst, sondern auch für die Gesellschaft wesentlich. Wenn wir darin erfolgreich sind, werden wir wie die Götter sein; wenn wir aber versagen, dann werden wir völlig zerstört werden – ein vergessenes Experiment im Labor der Zeit:

Wir pflückten einige Blumen und sie waren schön,
Aber während wir noch zusahen, welkten sie.
Die Blätter fielen aus unseren zitternden Händen,
Blutrote Flecken auf jungfräulichem Sand.
Wir versuchten zu fliegen, doch wir fielen
Hinab durch die Dunkelheit zu den Toren der Hölle,
Und die funkelnden Sterne glitzerten weiter,
Und bemerkten nicht, daß wir nicht mehr da waren.[11]

1. Susan Cooper, *The Dark is Rising Sequence*, S. 383.
2. Susan Cooper, *The Dark is Rising Sequence*, S. 599.
3. Susan Cooper, *The Dark is Rising Sequence*, S. 59.
4. Arwind Vasavada in J. M. Spiegelman and A. U. Vasavada, *Hinduism and Jungian Psychology*, S. 14.
5. Freya Aswynn, *Die Blätter von Yggdrasil: Runen, Götter, Magie, Nordische Mythologie & Weibliche Mysterien* (Edition Ananael 1994[2]), S. 70 f.
6. Marian Green, *The Path Through the Labyrinth*, S. 4.
7. *Vaftrudnismal*, Vers 16.
8. *Havamal*, Vers 23.
9. Marian Green, *The Path Through the Labyrinth*, S. 65.
10. Starhawk, *Der Hexenkult als Ur-Religion der Großen Göttin: Magische Übungen, Rituale und Anrufungen*, S. 175 f.
11. Aus Vivianne Crowley, *Illusions*, Herbsttagundnachtgleiche 1970.

Teil IV

Heidnische Aktivitäten

11

Die Verehrung der Götter

Warum verehren wir die Götter? Heiden verehren sie nicht, weil sie müssen. Sie stehen nicht unter sozialem oder familiärem Druck, Gottesdienste zu besuchen. Sie haben keine Angst, daß sie, wenn sie den Göttern nicht die verlangte Ehrerbietung erweisen, bestraft werden und auf ewig in der Hölle schmoren werden. Sie verehren ihre Götter, weil es ihnen Spaß macht! Wir genießen es unsere Götter zu verehren, weil wir in diesen Momenten dem unbeschreiblichen und grundlegenden Mysterium des Universums nahekommen, der Lebenskraft, die uns alle erhält. Dieser Quelle näherzukommen verleiht ein Gefühl, als würde ein durstiger Mensch zu einem Teich voll kühlen, frischen Wassers kommen. Wir trinken, und jedes Organ unseres Körpers nimmt das Wasser auf und zieht Nahrung daraus. So trinkt auch unser Geist, wenn wir zum großen Teich des Unendlichen zurückkehren, der unsere Quelle ist.

Heiden verehren die Götter, weil sich ihre Sicht des Lebens sehr von vielen Werten der westlichen Gesellschaft unterscheidet. Das materielle Wohlergehen wird nicht als Hauptziel des Lebens angesehen. Die materielle Welt ist wichtig – wir ignorieren sie auf unsere eigene Gefahr – aber materielle Dinge allein werden unsere tiefsten Bedürfnisse nicht befriedigen. Dazu brauchen wir eine spirituelle Unterstützung und müssen mit jenen Kräften in Verbindung treten, die das Universum erschaffen und erhalten. Wenn wir diese Verbindung verlieren, sind wir Waisen des Universums, für immer von der Mutter und dem Vater aller Dinge getrennt.

Die Rolle des Rituals

Viele Leute, die glauben, sie seien Heiden, scheuen vor dem Wort Ritual zurück. Sie empfinden, daß ein Ritual eine leere Vorführung, eine Show ist, die nichts mit ihnen zu tun hat. Sie können als Kinder vielen leeren religiösen Zeremonien ausgesetzt gewesen sein oder diese nur im Fernsehen oder gelegentlich bei irgendeiner Hochzeit gesehen haben. Das Ritual wird als etwas Pompöses angesehen, etwas Überweltliches, Langweiliges und Autoritäres – eine Gelegenheit für einen Priester, von oben herab zu einer ehrfürchtigen Gemeinde zu sprechen. Das heidnische Ritual ist davon sehr verschieden. Es ist nicht etwas, das mit uns gemacht wird, sondern etwas, das wir tun. Die meisten heidnischen Rituale beziehen alle als Teilnehmer mit ein.

> Du wirst zum Priester, verstehst das Mysterium und hast vollkommen an der Anwesenheit der Götter und an der Einheit aller Ebenen des Seins anteil.[1]

In früheren Gesellschaften war es die Aufgabe des Rituals, die Übergänge zwischen den verschiedenen Lebensstadien zu markieren. Geburt, sexuelle Reife, Hochzeit, Entbindung, Königtum, Krieg und Tod wurden alle durch Riten markiert, die uns Verhaltensmuster vermittelten, mit denen wir uns den Anforderungen stellen konnten. Es gibt Überreste solcher Rituale, die in unserer überwiegend weltlichen Gesellschaft überdauert haben, doch für viele Leute sind diese Rituale hohl und bedeutungslos geworden. Das ist schade, denn religiöse Rituale sind wichtig.

Sie zeigen uns die Bedeutung unseres Lebens auf und wie wir als Einzelne in das größere Ganze passen. Das Ritual spricht in einer symbolischen Sprache, die uns ermöglicht, ein Verständnis der Prozesse des Lebens und des Todes, die uns bestimmt sind, zu erlangen und unsere Götter zu preisen, zu ehren und ihnen, die uns nähren und die sich um uns sorgen, zu danken. Die alten Mythen und Rituale, die die kulturelle Schatzkammer unserer Vorfahren sind, enthalten Wahrheiten über die Entwicklung der menschlichen Rasse. Viele würden sagen, daß sie für metaphysische Wirklichkeiten stehen: Sie sind dramatische Repräsentationen des Zusammenspiels der Götter, der göttlichen Kräfte des Universums. Es ist jedoch nicht nötig, dies zu glauben, um einen Wert in religiösen Ritualen zu finden. Die Riten sind nicht nur ein Weg, einen Kontakt zum Göttlichen außerhalb von uns herzustellen, sondern auch ein Weg, unsere innere Psyche und das Göttliche in uns zu verstehen. Wenn wir unsere Mythen und Rituale vernachlässigen, verlieren wir den Sinn für den endlosen, zyklischen Prozeß der Lebenskraft, der während der veränderlichen Jahreszeiten und der kurzen Sternschnuppen unserer individuellen Leben fortdauert.

Unsere Vorfahren glaubten, daß, wenn die entsprechenden Riten nicht zur richtigen Zeit ausgeführt würden, die Sonne verblassen und sterben und der Sommer nicht ins Land zurückkehren würde. Die empirische Beobachtung zeigt, daß dem nicht so ist. Wenn wir uns aber nur der Wissenschaft verschreiben und die Mythen zurückweisen, die die menschliche Rasse für Jahrtausende erhalten haben, verstehen wir gar nichts. Mythen sind nicht objektiv wahr, sondern sie sind psychologische Wahrheiten. Sie sind das, was Jung »die Brücke zu allen größten Errungenschaften der Menschheit«[2] nannte. Robert Bly bedauert den Verlust der Mythen der Menschheit. Er glaubt, daß die Menschen im Westen um das Jahr 1000 n.Chr. ihre Fähigkeit, mythologisch zu denken, verloren haben.

> Vielleicht weil das Christentum keine neuen Geschichten oder neue Götter erlaubte, oder vielleicht weil nach der Renaissance die aufregende Verfolgung der Wissenschaft mehr und mehr imaginative Energie verbrauchte, war diese Ebene nie wiederhergestellt worden. Europäische Männer und Frauen hörten nach und nach auf, die vielen Götter und Göttinnen mit ihrer imaginativen Energie zu nähren. Der innere Himmel brach zusammen, und überall um unsere Füße liegt sein zerbrochenes Glas.[3]

Heidnische Rituale

Heidnische Rituale rufen im Bewußtsein vieler Menschen düstere Bilder von nackten Orgien an Lagerfeuern wach. Obwohl auch dies Spaß machen kann, ist die Realität viel nüchterner. Heiden führen ihre Riten in normaler Kleidung, in spezieller Ritualkleidung oder im Sinne einer Rückkehr zur Natur unbekleidet aus. Wie sie auch gekleidet sein mögen, der Zweck ist immer der gleiche – die Götter ihrer Ahnen und die göttliche Kraft zu verehren, die uns gebiert, erhält und uns am Ende wieder aufnehmen wird, wenn diese Phase unseres Daseins vollendet ist.

Heidnische Feiern können auf Ritualen beruhen, die zu einer bestimmten Tradition gehören, oder sie können spontane und eklektische Riten sein, die von den Teilnehmern nur für diesen Anlaß geschaffen werden. Welche Unterschiede es in den Ritualen verschiedener Traditionen auch geben mag, die Betonung aller heidnischen Rituale liegt auf einem Zyklus der Aktivität – dem Jahresrad und dem Rad des Todes und der Geburt – an denen wir alle anteil haben. Es gibt Rituale, die die wichtigen Phasen des Lebenszyklus, die Phasen des Jahres und in einigen Traditionen die Phasen des Mondes feiern. Das heidnische Ritual kann sehr einfach sein, z.B. indem man nur schweigend unter einem Baum sitzt und für eine Weile meditiert, oder es kann so kompliziert wie ein lateinisches Hochamt sein. Es kann Stammesversammlungen gleichen, mit Trommeln, Feuer und einem Festessen, oder es kann formell und zeremoniell in weißen Roben mit aufwendigen Tempeleinrichtungen abgehalten werden.

Wenigstens einige dieser Riten draußen in der Natur zu feiern wird im Heidentum als sehr wichtig erachtet. Einige unserer heidnischen Vorfahren hatten schöne Tempel, die das Werk hochzivilisierter Kulturen waren, aber in vielen Teilen der Welt hatten sie wesentlich einfachere Stätten der Verehrung. In den meisten Teilen West- und Nordeuropas war die Idee fremd, die Götter in Tempeln zu verehren, die von Menschen gebaut waren. Dies wurde erst durch die einfallenden Römer zu uns gebracht. Ihre Kultur war im wesentlichen städtisch und sogar nach einer Stadt benannt. Das moderne Heidentum lehnt Städte nicht ab, doch versuchen wir, wann immer es möglich ist, unter Bäumen und freiem Himmel, bei Sonne, Mond und Sternen, beim Klang des rauschenden Wassers, der immer fließenden See, dem Wind und dem Gesang der Vögel zu verehren. Da sie jedoch praktische Menschen sind, müssen auch Heiden anerkennen, daß es nicht immer möglich ist, draußen zu feiern. Der Besuch eines heiligen Ortes im Morgengrauen ist am Wochenende möglich, nicht aber mitten in der Arbeitswoche. Einige von uns haben das Glück, abgeschlossene Gärten zu besitzen, aber andere nicht. An einem Sommertag ist es auf einer Klippe angenehm, doch im Dezember, bei Sturm und Regen sowie mit zwei schreienden Kleinkindern, mag es nicht der passende spirituelle Ort sein. Einige Riten müssen drinnen stattfinden, und jene, die genug Platz haben, werden oft einen Raum in ihrer Wohnung als Tempel abgrenzen. Andere benutzen ihr Wohnzimmer oder einen gemieteten Raum. Einige Heiden schmücken ihre Räume mit schönen Altären, Wandbildern und Statuen der Götter. Andere haben einen einfacheren Geschmack. Im Freien verlassen sich Heiden auf die Schönheit der Natur.

Es gibt tatsächlich Tempelheiden und Stammesheiden. Einige tendieren zu den schönen Tempelbauten des alten Ägypten, Griechenland und Rom, andere zum einfachen Wald und den natürlichen Orten der Kelten, Germanen und unserer früheren Vorfahren. Die meisten mögen beides.

Da Heiden oft keine speziell geweihten Tempel haben, wird das Konzept, einen geweihten Raum zu schaffen, als wichtig angesehen. Es beinhaltet in irgend einer Form das Abgrenzen des Ritualplatzes, um anzuzeigen, daß dieser für die Dauer des Rituals geheiligter Boden ist. Heiden können betonen, daß sie einen heiligen Ort betreten, indem sie Schuhe und Uhren ablegen – denn die Welt des Heiligen befindet sich außerhalb der normalen Gesetze der Zeit – indem sie spezielle Roben tragen oder *skyclad* (»himmelsbekleidet«) sind – ein Begriff, der von Hexen für rituelle Nacktheit verwendet wird.

Einen geweihten Raum stellt man sich im Heidentum oft als Treffpunkt zwischen den Welten vor. Dieser befindet sich zwischen der Welt der Menschen und der Welt der Götter oder anderen Aspekten der Schöpfung, wie den Devas. In vielen Traditionen wird die Segnung der Devas in einem Ritual als sehr wichtig angesehen, und, wann immer es möglich ist, werden diese Rituale draußen in der natürlichen Umgebung, der Wohnstatt der Devas, abgehalten. Orte, an denen zwei oder mehr Elemente im Überfluß vorhanden sind, werden als besonders kraftvoll angesehen. Marian Green kommentiert:

> Überall wo sich zwei Elemente treffen – Erde und Luft, Wasser und Erde, Luft und Wasser oder Erde und Feuer – bilden sie eine heilige Verbindungsstelle. Die meisten sind offensichtlich Plätze im Freien, wie Meeresufer oder Hochebenen, Seen oder Wasserfälle, doch der letzte ist der heimische Herd, das ursprüngliche Zentrum des Hauses. Selbst heute noch benutzen Leute den Kaminsims als eine Art Altar, auf den sie ihre liebsten Schmuckstücke, Bilder von denen, die sie lieben, und sogar Kerzen stellen, um für jeden Stromausfall gerüstet zu sein. Es ist wichtig, die Heiligkeit eines bestimmten Ortes zu erkennen und in der Lage zu sein, die subtile Atmosphäre wahrzunehmen, die sich von der eines einfachen, ungesegneten Ortes unterscheidet, selbst wenn es die Ecke eines möblierten Zimmers oder der Dachstuhl eines großen Hauses ist, eine alte Kirche oder ein Ritualplatz der Steinzeit.[4]

Wicca- und göttinorientierte Rituale finden oft an kreisförmigen Plätzen statt. Dies muß nicht notwendigerweise ein gegenständlicher Kreis sein, obwohl einige Leute für diesen Zweck Steinkreise in ihren Gärten gebaut haben. Der Kreis wird am Anfang des Rituals gebildet, indem er entweder in der Luft oder auf der Erde mit einem rituellen Schwert, Messer oder Stab gezogen wird. Dann wird der Kreis mit den vier Elementen der Weisen – Luft, Feuer, Wasser und Erde – geweiht. Danach werden die Wächter der vier Himmelsrichtungen angerufen, um den Kreis für die Dauer des Rituals zu schützen.

Das Symbol des Kreises, der von den vier Wächtern der Himmelsrichtungen geschützt wird, ist das Kreiskreuz. Dieses Symbol erscheint oft in der keltischen Mythologie. Einige keltische Traditionen bilden den geweihten Raum in Form eines Kreises, der von einem Quadrat umgeben ist. Der Kreis ist der Göttin und den Kräften der Erde heilig, und das Quadrat ist dem Gott und den Kräften der Himmelskörper geweiht. Wenn der Kreis der weltlichen Ebene vom Quadrat des Himmels umgeben ist, dann treten wir in ein Reich ein, in dem sich Götter und Menschen treffen können. Das Konzept, den Kreis in vier Teile zu teilen, das man in vielen magischen Traditionen findet, erinnert an diese keltische Kosmologie.

Die Form des geweihten Raumes, den wir schaffen, um mit unseren Göttern zu kommunizieren, ist wichtig. Sie zeigt die zugrundeliegende Kosmologie und die religiösen Glaubensvorstellungen, die sie erschaffen. Im Christentum – abgesehen von der interessanten Gruppe der Tempelritter, die runde Kirchen bauten – ist die Form der Kirche rechteckig. Gott sitzt an einem Ende und die Menschen am anderen, oft durch eine Absperrung oder Wand getrennt, die nur ein auserwählter Mann – ein Priester – überschreiten darf. In der modernen Göttinverehrung mit ihrem runden geweihten Raum wird angenommen, daß der Verehrer in die Gebärmutter der Göttin zurückkehrt. Asatru und das patriarchalischere Heidentum mögen ein Quadrat oder Rechteck vorziehen, doch das Konzept eines zentralen Altars bleibt gewahrt.

Sobald der geweihte Raum geschaffen ist, rufen die Heiden ihre Götter an. In den verschieden heidnischen Pfaden gibt es unterschiedliche Praktiken, wie die Götter gerufen werden. In einigen Traditionen werden die Götter in ein Individuum invoziert, das in einen Zustand der Vereinigung mit der göttlichen Kraft tritt und dann für die Dauer des Rituals als Gott oder Göttin spricht. In anderen Traditionen werden die Götter durch Dichtung, Gebete und Lobpreisungen angerufen. Man ist der Ansicht, daß sie im geweihten Raum und/oder in allen Teilnehmern des Rituals anwesend sind. In einigen heidnischen Traditionen werden die Namen, die man der Göttin und dem Gott gibt, als nicht sehr wichtig angesehen. In der Tradition des Wicca ruft der Priester die Göttin als »Astarte, Dione, Melusine, Aphrodite, Bride...«. Diese Göttinnen aus verschiedenen Göttergesellschaften werden als Aspekte der einen Großen Göttin gesehen. Die Kraft hinter den verschiedenen Manifestationen der männlichen oder weiblichen Göttlichkeit anzurufen ist zulässig, doch kann es sein, daß es keine so gute Idee ist, zwei oder mehr Gottheiten aus verschiedenen

Göttergesellschaften zu invozieren. Ein Freund, der Isis und Odin in demselben Ritual angerufen hatte, mußte feststellen, daß es ein ernstes Problem gab, als mehr und mehr Dinge falsch liefen: »Sie haben sich einfach nicht verstanden!«

Zu den Jahresfesten folgt auf die Invokation der Götter eine Darstellung oder Lesung eines jahreszeitlichen Mythos. Diese kann ernst oder heiter sein. Nach dem jahreszeitlichen Mythos folgen oft Lieder und Gesänge an die Götter. In Wiccagruppen kann dem ein Zauber vorausgehen; in diesem Fall können die Tänze und Gesänge benutzt werden, um Energie und Kraft aufzubauen. Danach ist es üblich, zeremoniell Kuchen und Wein, Met oder Bier auszuteilen. Opfergaben für die Götter können ausgegossen werden. Dies ist die einzige Form des Opfers, die im modernen Heidentum üblich ist, obwohl unsere Vorfahren in ihren Riten auch Tiere geopfert haben.

Das rituelle Festessen, das immer ein Merkmal von Stammesgesellschaften war, ist im Heidentum sehr wichtig. In der keltischen und germanischen Gesellschaft waren Festessen ein Mittel, Gastfreundschaft zu erweisen, was an sich bereits eine heilige Handlung ist, und den Festessen saßen Druiden und Häuptlinge vor. Heiden glauben, daß Religion freudvoll und festlich sein sollte, nicht langweilig und völlig ernst; obwohl auch Ernsthaftigkeit ihren Platz haben muß. Moderne heidnische Feste enden oft mit einem Festessen, bei dem Musik gemacht und Bier, Wein oder Met getrunken wird. Dies wird in den meisten Fällen nicht als Nachspiel des Rituals angesehen, sondern als wesentlicher Teil davon. Mit den Göttern zu feiern und zu essen ist eine heilige Handlung, und nach solchen Festessen wird den Göttern ein Teil des Essens und Trinkens überlassen. Dies wird meist getan, indem ein Opferschluck auf die Erde gegossen wird und indem man Essen für die Vögel und wilden Tiere hinterläßt. Das Ritual endet mit einer Verabschiedung der Wächter, die angerufen wurden, und einem Dank an die Götter.

Jahreszeitliche Riten

Verschiedene heidnische Traditionen haben unterschiedliche Tage, an denen sie feiern, aber alle heidnische Traditionen feiern einen Zyklus von jahreszeitlichen Festen. Diese Feiern sind uns leicht zugänglich, weil ihre Überreste in allen volkstümlichen Traditionen der westlichen Kultur zu finden sind. Um unsere Riten wiederzuerschaffen, schöpfen wir aus unseren Erfahrungen und aus dem Reichtum der Mythologie, der Folklore, der Märchen und der Dorfgebräuche, die in unserem Erbe weiterleben.

Der jahreszeitliche Zyklus, dem die meisten westeuropäischen Heiden folgen, ist im wesentlichen aus den Festen der keltischen und nordischen Mythologie abgeleitet. Die vier keltischen Feste sind Imbolc oder Oimelc am 1. Februar, wenn die ersten Blumen erscheinen, um den kommenden Frühling anzukündigen; Beltane oder Maiabend am 30. April, das den Anfang des Sommers kennzeichnet; Lughnasadh, das auch unter seinem sächsischen Namen Lammas oder Loaf Mass bekannt ist, am 1. August; und Samhain, Sommerende oder Halloween, am 31. Oktober. Es sollte jedoch betont werden, daß diese Daten nur für die nördliche Erdhalbkugel gelten. Auf der südlichen Halbkugel mit ihrem umgekehrten Lauf der Jahreszeiten werden diese Feste normalerweise zu anderen Zeiten abgehalten. Samhain findet Anfang Mai statt, Imbolc Anfang August, Beltane Anfang November und Lammas Anfang Februar.

Die keltischen Feste kennzeichneten wichtige Punkte im landwirtschaftlichen Kalender Westeuropas, wie Pflügen, Ernten und das Winterschlachten der Tiere. Ursprünglich wurden sie nicht an festen Tagen gefeiert, sondern dann, wenn die Leute ihre jahreszeitlichen Aufgaben vollbracht hatten. Als wir uns in die Welt der Kalender und der Aufzeichnung der Zeit begaben, wurden die Festtage nach und nach festgelegt.

Die anderen vier Hauptfeste im heidnischen Jahr sind die Frühlings- und Herbsttagundnachtgleiche und die Sommer- und Wintersonnenwende. Dies waren ursprünglich nordisch-germanische Feste, die fünf bis sechs Wochen später stattfanden als ihre keltischen Entsprechungen. Das Ritual der Aussaat, das in vielen heidnischen Traditionen zur Frühlingstagundnachtgleiche stattfindet, wird in Norwegen zu Beltane abgehalten. Diese Verschiebung geht auf die jahreszeitlichen Bedingungen im weiter nördlichen Europa zurück.

Einige Gruppen, die ausschließlich germanisch oder keltisch ausgerichtet sind, ziehen es vor, keine Feste anderen Ursprungs zu feiern, doch viele Heiden haben diese beiden Gruppen von Feiern verbunden, um ein Jahresrad aus acht Festen zu schaffen. Dieses wird nicht in allen Teilen der Welt starr befolgt. Das Acht-Feste-Jahr funktioniert gut in einem gemäßigten Klima mit vier Jahreszeiten – Frühling, Sommer, Herbst und Winter. In anderen Teilen der Welt können die jahreszeitlichen Muster sehr verschieden sein, und die jahreszeitlichen Rituale sind entsprechend angepaßt. Im isländischen Heidentum z.B. scheint es nur drei Hauptfeste gegeben zu haben, die *Blots* oder Opfer genannt wurden: Diese waren Thorriblot zur Wintersonnenwende, Siggiblot im Frühling, das abgehalten wurde, bevor die Isländer auf Vikingfahrten gingen, und ein Erntedankfest, an dem die überschüssigen Tiere geopfert wurden. In anderen Teilen der Welt gibt es andere Unterschiede und die genaue Art der Feste kann von Tradition zu Tradition verschieden sein. Der folgende Jahreszyklus ist jedoch ein Grundmuster, das viele Heiden akzeptieren würden.

Das Jahresrad

Im Frühling wird die Zusammenkunft des Männlichen und des Weiblichen, der Göttin und des Gottes, gefeiert. Es ist eine Zeit des Säens und der Fruchtbarkeit, in der Tag und Nacht, Licht und Dunkelheit, gleich stark sind und in der es eine dynamische schöpferische Spannung zwischen entgegengesetzten Polaritäten gibt. In heidnischen Riten der Frühlingstagundnachtgleiche wird oft das Erscheinen des jungen Gottes in der Welt und seine Vereinigung mit der Göttin gefeiert:

> Isis der Natur erwartet das Kommen ihres Herrn der Sonne.
> Sie ruft Ihn. Sie zieht ihn aus dem Reich der Toten,
> Dem Königreich Amentis, wo alle Dinge vergessen werden.
> Und er kommt zu ihr in seinem Boot das Millionen Jahre heißt,
> Und die Erde wird grün vom keimenden Korn.[5]

Ein druidisches Frühlingsritual geht auf zeremoniellere Weise vor:

> Hört mir alle zu, die ihr in Trauer seid
> Und die ihr euch von ihren Fesseln befreien wollt:
> Es gibt im Menschen einen Samen, der wächst
> Und zur rechten Zeit seine Erde
> In einen Himmel aus herrlichen Farben verwandelt,
> In dem die Macht des Düsteren,
> Aus Unwissenheit geboren,
> Nicht länger verbleiben kann.
> Die Saat der Liebe wird in der Dunkelheit genährt,
> Wenn Regenwolken aufbrechen, keimt sie
> Und erblüht in der Erfüllung eines wahren Lebens,
> Im Licht, das Gesundheit bedeutet.
> Bereite dich vor für den Tag,

An dem der Same in dir leben und wachsen wird,
Und der Einfluß und die Macht des Allerhöchsten
Aus deinem Leben leuchten werden.
Wenn die Zeit reif ist, wirst du zur Gesundheit geführt,
Durch ein gutes Leben,
Mit einem festen Glauben,
Im immerwährenden Licht.[6]

In den Ostereiern, die noch heute in vielen Teilen Europas zum Brauchtum gehören, kann man die Fruchtbarkeitssymbolik des Frühlings erkennen. Sie waren ursprünglich Symbole der germanischen Göttin Ostara, die Ostern in den germanischen Sprachen ihren Namen gab.

Zu Beltane oder Maiabend wird die Ankunft des Sommers und die Hochzeit der Göttin und des Gottes gefeiert. Dies ist der Punkt, an dem das Männliche die Verantwortung für das Weibliche übernimmt. Beltane war traditionell immer ein Fest der Fruchtbarkeit. Die Natur gedeiht im Überfluß, die Samen, die im Frühling gesät wurden, sind aufgegangen, die Bäume stehen in Blüte. Bis in die letzten Jahrhunderte war der Tanz um den Maibaum in vielen Teilen Europas Brauch. Die Maifeste wurden jedoch von den Protestanten unterdrückt, die sich über das ausgelassene Treiben der Landbevölkerung empörten, das beinhaltete, daß die jungen Leute vor dem Morgengrauen in die Wälder gingen (*a-maying*), um Blumen zum Schmücken der Häuser zu sammeln – das sagten sie zumindest. Rudyard Kipling hielt das Maien in seinem Baumlied fest:

Oh, erzählt dem Priester nichts von unserer Kunst,
Denn er würde es Sünde nennen,
Doch wir werden heute in den Wäldern sein,
Um den Sommer zu beschwören.
Und wir bringen euch gute Kunde
Für Frau und Vieh und Korn
Denn die Sonne kommt aus dem Süden herauf,
Mit Eiche und Esche und Dorn.[7]

Mittsommer ist die Feier der Sonne, des Herrn des Lebens. Überall in Nordeuropa und sogar im keltischen Irland wurden (und werden noch immer) Lagerfeuer auf den Gipfeln der Berge entzündet, um die Wärme der Sonne zu feiern. Für jene, die dem jahreszeitlichen Zyklus des Gehörnten Gottes folgen, ist dieser zu Mittsommer am Höhepunkt seiner Macht. Geboren zur Wintersonnenwende, erreicht er mit der Höhe der Sonne seine vollständige Reife; doch in den spiralförmigen Zyklen des

Heidentums ist das, was den Gipfel erreicht, schon am Punkt des kommenden Niedergangs angelangt. Von Mittsommer an werden die Tage kürzer. Überall um uns ist es noch Sommer und die Ernte ist noch nicht reif. Der Sommer muß noch seine Erfüllung finden, aber die Zeichen des versteckten Niedergangs sind schon vorhanden. In einigen heidnischen Gruppen wird der Kampf zwischen Licht und Dunkelheit dargestellt. Dieser Kampf ist einer, den das Licht gewinnt, aber zur selben Zeit erhält der Herr des Lichts eine Wunde, die während der kommenden Monate seine Kraft mindern wird. Die Wunde steht symbolisch für die innere Wunde, die uns alle schmerzt – das Wissen um unsere eigene Sterblichkeit, die der Preis für das Bewußtsein ist, unser Ruhm und unsere Tragödie. Bewußtsein bringt Schmerz, denn zum ersten Mal sehen wir unser Erdenleben wie es wirklich ist, als sterblich und endlich. Niemand sieht dies als leichten Weg an:

> Ich fürchte dieses Königtum anzunehmen,
> Denn vor mir sehe ich Qual und Schmerz,
> Blut auf dem Korn, den Schatten meines Todes.[8]

In einer Mittsommerfeier des Asatru verehrt der Priester oder Gothi Balder den Schönen, den Sohn Odins:

> Heil Dir Balder, schön wie die See und die Sonne
> Und der Schnee auf den Bergen.
> Balder, dessen Seele so rein ist wie das Wasser,
> Der Himmel, das Gras und der Wind,
> Und dessen Wohnstatt Strahlender Glanz ist,
> Ein gesegneter Ort im besten Land,
> Wo es keine bösen Runen gibt.
> Balder, Erhabener, Unsterblicher, weiß und heilig,
> Wir verbringen Tage an deiner Seite, die nicht dunkel sind.
> Oh, laß unser Leben wie das Deine sein
> In Erhabenheit und Macht...
> Denn du bist Balder,
> Dessen Haar weiß ist vom Entfachen der Flamme des Lebens,
> Du bist jünger als die Jungen
> Und älter als die Alten.
> Du öffnest dich wie eine Blume auf dem Stamm der Zeit.
> Deine Wurzeln liegen im dunklen Winter.
> Du bist die geöffnete Blüte.
> Du bis neu.[9]

Es wird die Kontinuität des Lebens wird gefeiert, den Ahnen wird Dank gesagt und unseren Nachfolgern wird Segen gespendet. Dann gibt der Gothi Rat:

Von den Sternen strahlend durch das All,
Aus der Erde selbst hervorgekommen,
Und durch das grüne Leben der Pflanzen strömend,
Hinein in die Herzen der Menschen:
So erschallt die Stimme Balders des Heiligen.
Eine Stimme so jung und so uralt wie der Sommer,
Wie das Lied eines glücklichen Gewässers,
Das auf die Nacht zufließt,
Aus einem hellen Morgen in den Hügeln,
Hell wie fallendes Silber,
Gleich dem leisen Regen,
der aus Asgard herabfällt,
Und die Blätter näßt.
Denn im Samen ist Leben,
Und die Ähre reift in der Sonne,
Und viel schöner sind die Hügel des Morgens.
Laß uns Brot machen und essen:
Der Funke ist dort, wo wir ihn schlagen.
Entzünde den Funken und entzünde ein Feuer.
Holz, Ton und Stein sind zum Bauen da.
Nimm sie, baue eine Wohnstatt und lebe in Frieden.

Anfang August, zu Lughnasadh oder Lammas, wird die Ernte und in einigen Traditionen das Opfer des Kornkönigs gefeiert, das notwendig ist, um die Menschen zu ernähren. Der König nimmt die Unausweichlichkeit dieses letzten Opfers an und wird durch die Göttin niedergemäht, die nun als Göttin des Todes, die Trägerin der Sichel, erscheint:

Laßt uns nun das Mysterium von Lammas feiern,
Die Jahreszeit der Sommerkönigin und des Opferkönigs.
Was wir am meisten lieben, müssen wir zurückgeben,
So daß der Tanz des Lebens weiter seine Spiralen drehen kann.
Aus dem Tod entsteht neues Leben und Wiedergeburt,
Von der Freude zu Schmerz und Sorge, und dann zurück zur Freude.[10]

Die Herbsttagundnachtgleiche ist eine Zeit des Ausgleichs, in der Licht und Dunkelheit gleich stark sind. Es ist eine Zeit der Reflexion und der inneren Wandlung. Wir stehen am Punkt der Gezeitenwende. Im Frühling und Sommer ist der Impuls der Lebenskraft nach außen gerichtet, hin zu Aktivität und Schöpfung. Zur Herbsttagundnachtgleiche wenden sich die Gezeiten nach innen, hin zum stillen Nachdenken.

Heidnisches Herbstgebet

Wir stehen am Wendepunkt zwischen Sommer und Winter.
Sommer ist die Zeit der Handlung,
Winter ist die Zeit der Ruhe, der Gelassenheit und des Nachsinnens.
Es ist eine Zeit der Meditation und des Lernens,
Eine Zeit, die Götter innen und nicht außen zu suchen.
Erneuert jetzt die Kraft in uns, oh, Ihr großen Einen,
So daß, wenn die Sonne schwindet,
Unser unbewußter Geist mächtiger werden kann,
Und wir in unsere eigene Unterwelt hinabsteigen können,
Um sie während des Winters zu erkunden,
Das magische Königreich, das wir in uns finden.[11]

Zur Herbsttagundnachtgleiche steigt die Göttin in die Unterwelt hinab. In einigen Gruppen werden die Mysterien der Demeter und Kore gefeiert. Der Gott, der zu Lammas getötet wurde, ist jetzt der Herr der Unterwelt, und die Göttin steigt hinab, um bei ihm zu sein. Die Blätter fallen von den Bäumen, die Vögel wandern, die Zeichen des Lebens verschwinden, eines nach dem anderen. Freya Aswynn schlägt vor, daß in der nordischen Tradition das Thema des Abstiegs in die Unterwelt oder das Unbewußte gefeiert werden kann, indem rituell Odins Initiation am Weltenbaum dargestellt wird.

Samhain oder Halloween ist das Fest der Toten, an dem die Welt der Materie und die Welt des Geistes näher zusammenrücken und die Toten durch den Schleier zwischen ihnen hin- und herwandern können. Zu diesem Fest ist es Brauch, Kürbislaternen zu schnitzen und Kerzen in sie zu stellen, um die Seelen der Ahnen zum Festessen zu führen. Eine Mahlzeit wird für die Ahnen – meistens im Garten – bereitgestellt. In einigen Gruppen der nordischen Tradition wird das Fest der Toten am Volkstrauertag, dem Einherjar- oder Heldentag gefeiert. Die Betonung liegt dabei auf der Verbindung zwischen Vergangenheit und Gegenwart und den Bindungen des Blutes und der Verwandtschaft.

Im Namen der hohen Götter! Urd, Norne der Vergangenheit,
Wir danken für die Blutbande unseres Hauses und unserer Familie.

Werdandi, Norne der Gegenwart, und Skuld, Norne der Zukunft,
Mögen wir kein versagendes Volk und kein frühlingsloser Herbst sein...
An die Söhne unserer Söhne und ihre Söhne
Senden wir nun unsere Worte als Boten,
Auf diesem Weg, den wir nicht gehen werden:
Verwandte! Ungesehen, ungeboren, unbekannt!
Da wir euer Gesicht nie sehen und eure Hand nie fassen werden,
Senden wir unseren Geist durch Zeit und Raum,
Und grüßen Euch im Namen Odins.[12]

Zur Wintersonnenwende (Jul) wird die Geburt des jungen Sonnengottes gefeiert. Die Göttin wird als die Mutter verehrt. Immergrüne Äste oder ein Baum werden in das Haus gebracht, um das Fortbestehen des Lebens im kalten Winter zu symbolisieren. Jul ist eine Zeit des Feierns, des Geschenkemachens und der großen Freude; denn in den kalten dunklen Wintertagen liegt bereits das Versprechen des kommenden Frühlings. In einer Zeremonie wird der Gott angerufen, seinem Volk ein Zeichen zu geben, daß das Licht wiederkehren wird:

Herr der Dunkelheit, Geliebter unserer Herrin,
Der Du die Tore des Lebens und des Todes,
Der Nacht und des Tages bewachst,
Über die sternenbesäten Himmel rufen wir dich:
Das Licht schwindet in unserem Land,
Die Bäume stehen kahl und wie Skelette,
Die Vögel sind geflohen,
Und traurig ist das Lied derer, die geblieben sind.
Der gefrorene Fluß liegt starr und wie tot,
Die Tage werden kürzer,
Und die rote untergehende Sonne
Sinkt zu früh unter die Wipfel der Bäume,
Und taucht den Himmel in die Farbe des Blutes.
Schicke uns ein Wort, ein Zeichen der Hoffnung,
Sprich zu deinem Volk, unser Herr und unser Gott!

Der Gott antwortet dann:

Seht, ich antworte euch:
Eure Hoffnung ist wiedergeboren.
Denn in den Höhlen unter der Erde,
Höre ich den Schrei eines Neugeborenen.
In der Mitternacht des Jahres,

Hat meine Königin unseren Sohn geboren.
Und zum Morgengrauen,
Werdet ihr drei Zeichen sehen:
Einen Hirsch auf dem Hügel,
Dessen Geweih im Morgennebel glitzert,
Die rote Brust eines Rotkehlchens,
Das auf dem Zweig einer Stechpalme sitzt,
Und den ganzen Tag wird auf einer Seite
Des klaren blauen Himmels das blasse Licht
Der wiedergeborenen Wintersonne scheinen,
Und auf der anderen der verweilende Schatten
Der blassen Kugel der Mondin,
Das Zeichen der Göttin,
Daß ihr Versprochener gekommen ist.
Ich stehe für das Kind, das in der Wiege schläft,
Ich spreche für den König, der da kommen soll,
Arthur, Lugh, Balin,
Dies sollen seine Namen sein,
Und die Schätze der Erde,
Soll er sein nennen.
Der Herr des Lebens ist jetzt erneuert.
Ich, der Vater des Kindes, komme zu euch,
Das Licht kommt, die Sonne kehrt zurück,
Frieden, Freude und Sanftheit senkt sich über diesen Ort,
Wenn wir die Zeit des Kindes feiern.

Dann tritt die Göttin hervor und spricht:

In den tiefen Höhlen der Erde lag ich in den Wehen,
Und das Sonnenkind wurde wiedergeboren,
Um der Erde die Fruchtbarkeit wiederzugeben,
Sobald der Schnee des Winters geschmolzen
Und er stark geworden ist.
Siehe, das Licht kehrt zurück,
Der Sonnenkönig ist wiedergeboren!
Sein Vater wird ihm Wagen und Pferde geben,
Und die acht Waffen der Alten,
Werde ich ihm als sein Erbe geben:
Ich werde ihn in den Mantel der Sonnenstrahlen hüllen,
Und ihm den Schild der Sterne geben,
Und die Pfeile seiner Feinde sollen fallen
Und den Boden durchbohren.

Mit dem Schwert der Wahrheit soll er sich gürten,
Und der Gral des Weins des Lebens
Soll sein Herz und seinen Geist entflammen.
Sie werden ihm den Ring der Macht geben,
Und eine Krone aus Gold soll seine Stirn zieren.
Der Speer des Lichts soll für ihn durch die Lüfte fliegen
Und mit dem Kriegsbanner der Morrigan
Soll er die Kräfte der Dunkelheit vertreiben.[13]

Anfang Februar ist Imbolc, die Zeit, zu der die Schafe die erste Milch geben, ein Vorbote des Frühlings, wenn die Göttin sich erneuert und in die Welt zurückkehrt. Zu Imbolc wird der Übergang der Göttin von der Mutter zur Jungfrau gefeiert, d.h. sie ist wieder frei und unabhängig. Winter ist eine Zeit der Ruhe, eine Zeit, die Luken dicht zu machen und die Kälte des Winters auszuhalten, bis der Frühling wiederkommt. Wenn der Boden für die ersten Blumen weich genug ist, beginnt die Zeit des Wiedererwachens. Dies ist nicht nur ein Erwachen der Natur, sondern auch ein neuer Beginn für die Menschen, die jetzt anfangen müssen, den Boden zu pflügen, um ihn für die Ernte des nächsten Jahres vorzubereiten. Die Göttin wandert wieder über das Land, angekündigt durch das Erscheinen der ersten Blumen. Zeremonien, um die Göttin und das zurückgekehrte Licht willkommenzuheißen, können hier gefeiert werden. Ebenso können landwirtschaftliche Zeremonien abgehalten werden, um den neuen jährlichen Arbeitszyklus wie auch den Pflug zu segnen. Damit kehrt das Jahresrad wieder zum Frühling zurück. Der Zyklus des Werdens beginnt von neuem.

Das Feiern des Jahreszyklus

Bisher habe ich die Symbolik der jahreszeitlichen Riten anhand von poetischen Anrufungen und Lobpreisungen vorgestellt, doch ist diese wortreiche Vorgangsweise in heidnischen Festen nicht unbedingt notwendig. Wir können unsere Götter auch schweigend verehren, durch das Entzünden einer Kerze oder das Pflanzen eines Baumes. Die wesentliche Botschaft ist die, daß wir frei sind, zu verehren wie und wo wir wollen und unsere eigenen Formen von Festen zu erschaffen und wiederzuerschaffen, die sich über die Jahre auch entwickeln und verändern können. Um die Jahresfeste zu begehen, können wir unsere eigenen Formen entwickeln oder wir können mit den Riten und Formen einer der heidnischen Traditionen arbeiten; aber wir benutzen diese Formen nicht einfach, weil sie uns gelehrt wurden, sondern weil sie etwas bedeuten.

Die jahreszeitlichen Mythen werden nicht als Überreste aus der Vergangenheit angesehen, sondern als Ausdruck des Lebens und der ewigen Wahrheiten der Menschheit und des Universums, das wir bewohnen. Damit Rituale etwas bedeuten, dürfen sie nicht statisch werden. Sie müssen ein lebendiger Ast eines Baumes sein, der tief in der Vergangenheit verwurzelt ist und sich hoch hinauf streckt, um sowohl die Gegenwart als auch die Zukunft zu umfassen. Heidnische Gruppen untersuchen oft den Inhalt der Jahresfeste für jedes Fest neu und passen sie den ihren jeweiligen Bedürfnissen an. In jedem Fest gibt es viele komplexe Ebenen der Interpretation und der Bedeutung, die in verschiedenen Jahren unterschiedlich betont werden können. Wenn wir wieder zu jedem Fest des Jahresrades zurückkehren, treten die Dinge, die uns zur Zeit am nächsten sind, und die Dinge, die uns während des Jahres berührt haben, in den Vordergrund. So sehen wir im Symbolismus des Jahreszyklus Botschaften, die wir vorher nicht gesehen haben. Wir untersuchen das Ritual, und wir können es ein wenig verändern, indem wir Teile hinzufügen oder weglassen, die für die Gruppe wichtig oder unwichtig sind. Bis vor kurzem bewirkte die Unausgeglichenheit in der äußeren Gesellschaft, daß es viele Heiden für notwendig erachteten, eher das Weibliche als das Männliche zu betonen, die Göttin statt den Gott. Viele Gruppen sind der Meinung, daß sie jetzt dazu in der Lage sind, ihre Riten so auszurichten, daß zwischen Gott und Göttin ein Gleichgewicht besteht, woraus sich die männlichen Mysterien entwikkelt haben. Wenn wir dies erklären, hört es sich so an, als würden wir uns bewußt entscheiden, ein neues Ritual zu erfinden, aber das ist nicht der Fall. Normalerweise entsteht der Wunsch nach einer neuen Betonung in einem Ritual durch ein intuitives Gefühl, daß etwas fehlt, und wir müssen meditieren, um herauszufinden, was es ist. So entwickeln sich die Rituale und sprechen die tiefsten Teilen unserer Psyche an, um unsere Einheit mit unseren Göttern und unsere Liebe zu unseren Göttern auszudrücken.

1. Marian Green, *The Path Through the Labyrinth,* S. 56.
2. C. G. Jung, *Symbole der Wandlung,* in: Gesammelte Werke, Bd. 5. S 295, § 343.
3. Robert Bly, *Iron John,* S. 107 f.
4. Marian Green, *The Path Through the Labyrinth,* S. 40.
5. Dion Fortune, *The Sea Priestess,* S. 123.

6. Unveröffentlichtes druidisches Material.
7. Rudyard Kipling, »Weland's Sword«, in: *Puck of Pook's Hill*, wie zitiert in Janet and Stewart Farrar, *Eight Sabbats for Witches*, S. 91.
8. Vivianne Crowley, *Wicca: Die Alte Religion im Neuen Zeitalter*, S. 183.
9. Stubba, *The Book of Blots: Ceremonies, Rituals and Invocations of the Odinic Rite*, S.49-54.
10. Vivianne Crowley, unveröffentlichtes Lammasritual.
11. Vivianne Crowley, Herbst 1982.
12. Stubba, *The Book of Blots: Ceremonies, Rituals and Invocations of the Odinic Rite*, S. 79-87.
13. Vivianne Crowley, unveröffentlichtes Julritual.

12

Wir weben das Netz des Wyrd: Schamanismus, Divination und Magie

In der heidnischen Religion geht es weder nur darum, die Götter zu verehren, noch ist es nur ein System sozialer Ethik. Innerhalb der heidnischen Traditionen gibt es Mittel, mit denen wir Kontakt zur Anderswelt aufnehmen können. Es gibt drei Hauptwege, die uns auf dieser Seite der Manifestation zur Verfügung stehen, um in die Anderswelt zu gelangen. Diese sind Schamanismus, Divination und Magie. Zum Teil überschneiden sie sich.

Viele Religionen haben die Magie zurückgewiesen, und das Christentum führte einen harten Kampf, um seine Anhänger vom Selbsthilfe-Ethos der Magie abzubringen und zur indirekteren Methode des Gebets zu bekehren. Die heidnischen Ansichten sind unterschiedlich. Einige betrachten Magie als Teil ihrer religiösen Praxis, andere nicht. Viele ziehen es vor, nicht auf diese Weise in den Ablauf der Dinge einzugreifen. Die Divination ist weiter verbreitet. Schamanismus ist eine spezialisierte Aktivität, die von weniger Heiden betrieben wird, nicht sosehr aufgrund von ethischen Vorbehalten, sondern weil sie Fähigkeiten voraussetzt, die nur eine Minderheit besitzt.

Die Idee, Schamanismus oder Zauberei zu praktizieren, kann im Geiste des 20. Jahrhunderts seltsam, archaisch und verrückt anmuten. Selbst jene, die die Möglichkeit ihrer Existenz akzeptieren, können glauben, daß sie selbst diese Fähigkeit nicht besitzen. Das Interesse des Heidentums an den esoterischen Wissenschaften ist kein Rückschritt in die wunscherfüllte Welt des Kindes, sondern Teil einer modernen Beschäftigung, die sowohl psychologisch als auch mystisch ist. Es ist ein Verlangen, andere Zustände des Seins und andere Zustände des Bewußtseins zu verstehen und selbst zu erfahren.

»Andere Zustände des Bewußtseins« ist ein verwirrender Ausdruck für jene, die sie nie erfahren haben. Es ist schwer, sie durch Worte zu vermitteln, aber sie sind Zustände, in denen wir die Grenzen der Zeit und des Raums überschreiten, die normalerweise die Grenzen der materiellen Welt sind. Wir können über das Hier und Jetzt hinaustreten, um aus der Vergangenheit, der Zukunft und aus Vorgängen, die an anderen Orten und in anderen Bereichen stattfinden, zu lernen. Wir können diese Bereiche beeinflussen, und durch diese Bereiche können wir auch die Welt der alltäglichen Wirklichkeit beeinflussen.

Schamanismus

Schamanismus ist eine Technik und Praxis, der im modernen Heidentum wachsende Bedeutung zukommt. Der Schamanismus entstand in Sibirien und Zentralasien und verbreitete sich von den russischen Steppen nach Westen, nach Europa, und nach Osten, nach Nordamerika. Ein Großteil der religiösen Praktiken der eingeborenen Amerikaner und der Eskimos beruht auf dem Schamanismus. Ähnliche Praktiken finden wir in Südamerika, in der pazifischen Region und anderswo. Der Schamanismus ist bemerkenswert weit verbreitet. Während sich die Ähnlichkeiten zwischen dem asiatischen und nordamerikanischen Schamanismus möglicherweise auf die Ideen zurückführen lassen, die über die Landbrücke, die die beiden Kontinente einst verband, aus Asien nach Nordamerika gelangten, erklärt dies nicht das Erscheinen des Schamanismus in anderen Teilen der Welt. Es scheint, daß viele Völker in vielen verschiedenen Kulturen die Techniken, ins Land des Geistes zu reisen, selbst entdeckt haben.

Schamanismus ist als Ekstasetechnik definiert worden. Die Aufgabe des Schamanen in der Gesellschaft ist es, sich in einen veränderten Bewußtseinszustand zu begeben, oft ein Zustand der Ekstase, um als Vermittler zwischen der Geisterwelt und dem alltäglichen Leben der Männer und Frauen zu agieren. Schamanismus ist ein Weg zum Wissen. Dieses wird jedoch nicht durch intellektuelles Hinterfragen und durch die rationale Analyse des Philosophen oder Wissenschaftlers erlangt, sondern durch innere Erfahrung. Im Schweigen des Waldes, der Höhle und der heiligen Orte reist der Schamane fort, um die innere Welt oder Anderswelt, das Land des Geistes, zu erforschen. Der Grund der Reise ist nicht einfach Neugier oder auch ein edleres Motiv wie Selbstentwicklung, sondern der

Dienst an der Gemeinschaft. Durch ihre Erforschung der Anderswelt bringen die Schamanen Wissen über die Ursachen von Krankheiten und Problemen in ihre Gemeinschaft zurück und finden die Ursachen dafür, daß der Regen ausgeblieben oder das Korn nicht gewachsen ist. Der Schamane kann dann Handlungen der Heilung und der Magie ausführen, um diese Probleme der Gemeinschaft zu lösen. Schamanen können auch andere führen, um die Anderswelt selbst zu erfahren und so ihr spirituelles Leben zu vertiefen. Der Schamane ist oft ein »Psychopompos« – ein Seelenführer durch das Reich des Geistes für jene, die gerade gestorben sind.

Viele unserer heutigen Ideen über den Schamanismus gehen auf die Erforschung jener Gruppen und Gesellschaften zurück, in denen der Schamanismus noch praktiziert wird. Die Arbeit der Schamanen wurde von frühen westlichen Reisenden, Forschern und Missionaren oft als Unwissenheit, Aberglaube und Mißverstehen der Gesetze von Ursache und Wirkung abgetan. Diese Einstellung zeigte jedoch nicht die Unwissenheit der Praktizierenden selbst, sondern derer, die an ihren Ideen von der Überlegenheit der westlichen Wissenschaft und Religion festhielten und nicht in der Lage waren, den Wert der schamanischen Praktiken zu erkennen.

Eintritt in die Anderswelt

In Gesellschaften, in denen Schamanismus praktiziert wird, wird die Wirklichkeit normalerweise als dünnes Band der Erfahrung gesehen, das zwischen zwei anderen Wirklichkeiten liegt, jener der oberen und jener der unteren Welt. Diesen Glauben findet man auch in der keltischen und nordisch-germanischen Weltsicht. Um in die Welt des Geistes einzutreten, begibt sich der Schamane auf eine innere Reise. Diese beinhaltet oft einen Abstieg in die Unterwelt, aber sie kann auch einen Aufstieg in die himmlischen Reiche beinhalten – die Oberwelt. Die Anderswelt ist genauso real wie unsere alltägliche Welt; obwohl das, was in ihr geschieht, in der normalen Wirklichkeit als phantastisch und unmöglich angesehen werden würde. Die Anderswelt wird von mächtigen Wesen – oft in Tierform – bewohnt, die besänftigt, überredet und manchmal auch bekämpft werden müssen, um zum allgemeinen Wohl mit der Gemeinschaft des Schamanen zusammenzuarbeiten. Dem Schamanen wird von der Gemeinschaft die

Aufgabe anvertraut, in die Anderswelt zu reisen, um mit diesen Wesenheiten umzugehen. Während dieser Reise braucht der Schamane Schutz. Diesen erhält er in Form von Geistführern oder -tieren, die dem Schamanen zu Hilfe kommen.

Die Anderswelt wird erreicht, indem wir unseren Bewußtseinszustand verändern und in eine Trance eintreten. Es gibt eine Anzahl von Methoden, wie dies erreicht werden kann. In einigen Kulturen werden halluzinogene Drogen benutzt. Eine andere Möglichkeit ist rhythmisches Trommeln und/oder Rasseln. Man benutzte auch Reis, der in einem Sieb geschüttelt wurde. Schamanen bezeichnen ihre Trommel oft als ihr Pferd oder Kanu: Sie ist das Mittel, mit dem sie ihre Reise in die Anderswelt antreten. Dieses Bild kann man in der finno-ugrischen Tradition finden, wo Väinämöinen, der erste Schamane, in die Unterwelt Tuonola hinabsteigt, um die drei Worte zu erlangen, die er braucht, um sein Boot zu vervollständigen.

Wenn getrommelt wird, kann dies vom Schamanen selbst oder von einem Assistenten ausgeführt werden. Der Schlag ist monoton und gleichmäßig: 205 bis 220 Schläge pro Minute sind am besten geeignet, um in eine leichte Trance einzutreten. Diese Art von Trance ist nicht das gleiche wie die Besessenheit im Voodoo oder in charismatischen christlichen Sekten, in der wir uns unserer physischen Umgebung nicht mehr bewußt sind, sondern eine Veränderung unserer Gehirntätigkeit, in der wir Gehirnströme aussenden, die normalerweise mit dem Schlaf assoziiert werden, während wir jedoch wach bleiben. Der Schamane bleibt auf einer Ebene des Bewußtseins, auf der er die Bewußtheit um diese Welt zum Teil beibehält. Diese Kontrolle ist wesentlich, denn die Reise in die Anderswelt muß möglicherweise geführt werden, und ihre Visionen und Erfahrungen müssen im Gedächtnis behalten, durchdacht und interpretiert werden. Es ist üblich, daß der Schamane in der Lage ist, Zeugen vom Fortschritt der Reise zu berichten, während er sich noch in der Anderswelt befindet. Manchmal wird dies durch Lieder vermittelt, die sich spontan entwickeln und mit den Ereignissen der Reise synchron laufen.

Ich fahre in meinem Kanu
Überallhin
In meiner Vision.

Über die Bäume
Oder im Wasser
Schwimme ich
Überall herum.

Ich schwimme
Zwischen Strudeln
überall herum.

Ich schwimme
Unter den Schatten.

Ich fahre in meinem Kanu
Überallhin
In meiner Vision.

Über Bäume
Oder im Wasser
Schwimme ich.[1]

Der Eintritt in die Oberwelt geschieht oft über eine Stange, die in den Himmel reicht. Dieses Bild finden wir häufig in der westlichen Mythologie. Es gibt das Märchen von Jack und der Bohnenstange, in dem Jack eine magische Bohne pflanzt, die in den Himmel wächst. Jack klettert an der Bohnenstange hoch und besteht eine Reihe von Abenteuern. In der nordischen Mythologie hat sich die Stange zum Weltenbaum entwickelt, dessen Zweige bis in den Himmel reichen.

Um in die Unterwelt einzutreten, stellt man sich normalerweise eine Art Öffnung vor – eine Höhle, ein Wasserloch oder einen hohlen Baum, wobei man den Wurzeln des Baumes durch die Erde folgt oder in einem Teich oder See hinabtaucht. Andere bevorzugen den direkten Weg und stellen sich vor, daß sie durch die Oberfläche der Erde in deren Inneres eintauchen. Welcher Weg des Eintritts auch gewählt wird, es ist wahrscheinlich, daß der Schamane danach einem Tunnel folgt. Dies kann leicht oder beschwerlich sein, abhängig vom Individuum und den Umständen. Es kann ein allmählicher Abstieg sein oder ein rasender Fall. Einige beschreiben die Erfahrung in naturalistischen Begriffen, als würden sie unterirdischen Wegen oder Höhlen folgen. Während sie sich vorwärtsbewegen, sind sie sich oft des rauhen Gesteins, der Gerüche und Temperaturunterschiede und der Feuchtigkeit oder Trockenheit der Wände hochbewußt. Andere sehen den Tunnel mehr in symbolischen Begriffen und beschreiben eine sie umhüllende Scheide, durch die sie rutschen oder gedrückt werden. Dieses Bild glatter Muskeln erweckt die naheliegende Assoziation mit der Erfahrung der Geburt. Ähnlich ist es ein häufiges Bild, daß der Tunnel gerippt ist, und in einigen schamanischen Masken der Eskimos wurden diese Rippen in die Gestaltung mit einbezogen. Vielleicht ist dies nicht so sehr ein Fall des »Wie oben, so unten«, sondern des »Wie außen, so innen«.

Die Gestalt, die der Tunnel annimmt, wie schwer es ist, ihm zu folgen, ob er durch bewegliche oder unbewegliche Hindernisse fast versperrt ist – all dies bezieht sich sehr stark auf das Individuum, für das die Reise unternommen wird. Dies kann natürlich als Metapher für die Reise in das Unbewußte gesehen werden. Viele Leute, die schamanische Reisen unternehmen, finden, daß, obwohl ihr Anfangspunkt für verschiedene Anlässe derselbe ist, der Tunnel jedesmal sehr verschieden erscheinen kann. Manchmal ist er verstopfter als zu anderen Zeiten. Manchmal ist er leer, manchmal ist er von anderen Geschöpfen bewohnt. Diese können als normale Tiere erscheinen – Schlangen, Spinnen usw. – oder als mythische Geschöpfe und Ungeheuer der wildesten Imagination.

Obwohl es Variationen in der Praxis und den Techniken verschiedener Kulturen gibt, sind nicht sosehr die Unterschiede interessant, sondern die Ähnlichkeiten der Glaubenssysteme und Anderswelterfahrungen verschiedener Völker zu verschiedenen Zeiten und in weit von einander entfernten Ländern, in denen Schamanismus praktiziert wird. Es besteht kein Zweifel, daß die Techniken, die benutzt werden, tiefgreifende Veränderungen im Bewußtsein hervorrufen und eine psychologische Wirklichkeit enthalten. Viele würden sagen, daß sie auch für eine übernatürliche Wirklichkeit stehen, doch ist diese Unterscheidung vielleicht gar nicht so wichtig. Für die, die sie erkundet haben, ist die Anderswelt so wirklich und greifbar wie die normale Welt. Die inneren Erfahrungen der Leute haben Gemeinsamkeiten, die darauf hinweisen, daß die Anderswelt für eine Ebene des Bewußtseins steht, die wir alle teilen und die in der gesamten Menschheit vorhanden ist. Sie existiert für alle, die sie erreichen können, und sie ist mehr als nur die privaten Vorstellungen des Individuums.

Schamanismus im europäischen Heidentum

Schamanismus erfordert einen veränderten Bewußtseinszustand. Eine Veränderung des Bewußtseins ist auch für die Magie und die Divination wesentlich, die in der europäischen heidnischen Tradition immer eine wichtige Rolle gespielt haben. Magie und Divination beinhalten nicht notwendigerweise auch Reisen in die Anderswelt, die das Charakteristikum des Schamanismus sind, doch ein Großteil der europäischen magischen und divinatorischen Praxis zeigt deutlich den Einfluß der früheren schamanistischen Kultur.

Elemente des Schamanismus können im gesamten europäischen Heidentum gefunden werden, doch sind sie in der finno-ugrischen Religion am offensichtlichsten, wo Väinämöinen, der erste Schamane, Sohn der Wassermutter Ilmater, der Schöpfergöttin dabei hilft, ihre Arbeit der Erschaffung der Welt zu vollenden. Schamanismus gibt es auch in der keltischen Tradition. Die Schamanen besitzen Eigenschaften, die jenen, die den Druiden zugeschrieben werden, sehr ähnlich sind. Mircea Eliade beschreibt in *Schamanismus und archaische Ekstasetechik* [2] die Schamanen des Volkes der Kasak-Kirgisen in Nordasien als Sänger, Dichter, Musiker, Hellseher, Priester, Ärzte, Bewahrer der religiösen und volkstümlichen Traditionen und Hüter der Legenden. In die Anderswelt zu reisen, um mit den Geistern der Toten in Kontakt zu treten und so Informationen oder Unterweisungen zu erhalten, wurde von den Kelten häufig praktiziert. Im irischen *Flateyjarbok* wird die Geschichte eines Mannes erzählt, der auf dem Grabhügel eines toten Dichters schlief, um die Gabe der Barden zu erlangen. Der tote Dichter erschien ihm im Traum und lehrte ihn einen Vers, wonach er die Gabe des Dichtens erlangte.

Unsere nordisch-germanischen Vorfahren gaben ihre Informationen aus der Anderswelt durch Seidr oder Prophezeiungen weiter. Dies war eine wichtige Aufgabe der Völvas, deren Kostüm sehr an das der sibirischen Schamanen erinnerte. Die Eddas beschreiben eine Völva, die einen dunkelblauen Mantel mit Kapuze trägt, der am Saum mit Edelsteinen besetzt ist. Weiters trägt sie eine innere Kapuze oder Kopfbedeckung aus Tierhaut, Handschuhe aus Katzenhaut, mit dem Fell an der Innenseite, Fellstiefel, eine Ledertasche, um Gegenstände der Kraft aufzubewahren und einen langen Runenstab. Archäologische Forschungen in Skandinavien haben Gräber mit dieser Ausrüstung gefunden, bei denen die Kraftgegenstände noch intakt waren. Diese waren unter anderem Bernsteinperlen, Steine, Schlangenknochen, Eichhörnchenschwänze, Vogelklauen und Muscheln.

Odin, der Hauptgott der Aesir, besitzt ebenfalls viele Eigenschaften eines Schamanen. Das achtbeinige Pferd ist ein häufiges Bild in schamanischen Kulturen und eines der Mittel, durch die der Schamane in die Anderswelt reisen kann. Odin reist auf solch einem Pferd in die Anderswelt – Sleipnir oder Glider – dessen Vater der Gott Loki und dessen Mutter eine Stute war. Sleipnir ist daher zum Teil Tier und zum Teil göttlich. In der *Ynglinga-Saga* wird ebenfalls erzählt, daß Odin Reisen in die Anderswelt unternahm, wobei sein Körper schlafend oder wie tot dalag: »Er selbst aber war ein Vogel oder ein wildes Tier, ein Fisch oder eine Schlange. Er konnte in einem Augenblick in ferne Länder fahren...«[3] Odin ist ein Gott des Wissens, aber wie das Wissen aller Schamanen wird es nur um den Preis des Leidens erlangt. Um Weisheit zu erlangen, berät sich Odin mit Mimirs Haupt und trinkt jeden Tag von Mimirs Brunnen, doch um dies tun zu können, muß er einen Teil von sich opfern – eines seiner Augen.

Es gibt viele Verbindungen zwischen Hexenkunst und Schamanismus. Das Sprechen mit Tieren war ein wichtiges Merkmal, sowohl von Schamanen als auch von Hexen; ebenso wie Krafttiere, Familiartiere und Geister. Diese werden ausgesandt, um die Arbeit der Hexe oder des Schamanen auszuführen. Das Wort *witch* (engl. »Hexe«) besitzt mehrere Bedeutungen, von denen eine der wichtigsten »wissen« ist. Ähnlich bedeutet das finnische Wort für Schamane, *Tietäjä*, »Einer, der weiß«.

Mit der Ankunft des Christentums wurden viele schamanische Praktiken verboten, doch manche wurden auch bewahrt, indem ihnen ein christlicher Anstrich verliehen wurde. Zaubersprüche wurden »christianisiert«, indem die Namen der entsprechenden Engel und Heiligen hinzugefügt wurden. Psychisches Reisen durch den Gebrauch halluzinogener Drogen wurde weiterhin praktiziert, um veränderte Bewußtseinszustände hervorzurufen, was später von der Inquisition als »Hexensabbat« bezeichnet wurde. Das Wissen über Kräuter und Naturmedizin, das die Schamanen besaßen, wurde von den weisen Frauen und Männer der Dörfer bewahrt.

Ein typischer weiser Mann wird in Lady Wildes Sammlung *Ancient Legends, Mystic Charms, and Superstitions of Ireland* beschrieben: .

> Manche Menschen, sogar in heutiger Zeit unter den einfachen Leuten, haben seltsame Gaben und ein Wissen über die verborgenen Mysterien, aber sie können dieses Wissen nur weitergeben, wenn sie wissen, daß ihnen der Tod nahe ist und dann muß es ... ein unverheiratateter Mann oder eine kinderlose Frau sein, denn diese sind für die mysteriöse Kraft, durch die Wunder gewirkt werden können, am empfänglichsten.
>
> Ein Mann, der jetzt in Innis-Sark lebt, hat diese seltsame und mystische Gabe. Er kann Krankheiten durch Worte heilen, sogar auf Entfernung, und sein Blick sieht in das Herz und liest die geheimen Gedanken der Menschen. Er hat in seinem ganzen Leben nie Bier, Spirituosen oder Fleisch angerührt, sondern lebt nur von Brot, Früchten und Gemüse. Ein Mann, der ihn kennt, beschreibt ihn so: »Im Winter und im Sommer trägt er dieselbe Kleidung, nur ein Flanellhemd und einen Mantel.«[4]

Der Hinweis auf die Kleidung des weisen Mannes ist interessant. Eine der traditionellen Eigenschaften der Schamanen wie auch der Yogis im Osten ist ihre Macht über die Temperatur und die Elemente. Von beiden nimmt man an, daß sie in der Lage sind, extreme Hitze und Kälte auszuhalten, ohne nachteilige Wirkungen nackt im Schnee zu sitzen, zu schweben und zu fliegen. Hexen wurden diese Kräfte ebenfalls zugeschrieben, daher die Prüfungen, die von der Inquisition erfunden wurden, um Hexen zu überführen, ihre übernatürlichen Kräfte zu verraten, um sich zu retten: z.B. auf dem Wasser zu schwimmen, wenn sie untergehen sollten. Dies wird im Film *Monty Python and the Holy Grail* (dt.: »Die Ritter der Kokosnuß«) zu einer logischen (oder höchst unlogischen) Schlußfolgerung geführt:

»Woher weißt du, daß sie eine Hexe ist?«

»Nun, eine Hexe schwimmt und eine Ente schwimmt, daher wiegt eine Hexe genauso viel wie eine Ente!«

Schamanismus heute

Das Wissen der Schamanen und Hexen bestand aus einer mündlichen Überlieferung, die über die Generationen weitergegeben wurde, und obwohl viel bewahrt wurde, ist auch viel verlorengegangen oder seine ursprüngliche Bedeutung mißverstanden worden. Die überlieferten Lehren und das Wissen der Schamanen über Naturwissenschaft degenerierte oft zum Aberglauben. Mündliche Überlieferungen sind sehr mächtig, doch können sie auch in einer Generation verlorengehen, wenn sie nicht weitergegeben werden. Traurigerweise ist dies in den letzten Jahren in Europa geschehen. Traditionell nahmen weise Frauen und Männer nur einen Lehrling, ähnlich wie die Schamanen in anderen Kulturen, und übergaben ihnen ihre letzten Geheimnisse erst auf dem Totenbett. Vieles davon war Familienkunst und mit dem Aufbrechen der traditionellen Familienstrukturen war es nicht mehr möglich, die Lehren auf diese Weise weiterzugeben.

Während der letzten Jahrzehnte hat das Interesse am Schamanismus stark zugenommen. Dies hat auch zu einigen weniger erfreulichen Ergebnissen geführt. Die spirituelle Welt ist immer wieder durch Moden beeinflußt worden. Im 19. und frühen 20. Jahrhundert versuchten die Leute, mit ihren geistigen Führern in Kontakt zu treten – normalerweise Tibeter, Chinesen oder eingeborene Amerikaner, die ihnen spirituelle Weisheiten übermittelten. Heute haben die Menschen keine Geistführer mehr – sie haben Krafttiere. In jedem New-Age-Magazin ist Werbung für wiedergeborene Medizinmänner zu finden, die versprechen, uns zu helfen unsere Tiergeisthelfer zu finden – gegen Bezahlung natürlich.

Dieses wachsende Interesse am New-Age-Schamanismus kam zum Teil deswegen auf, weil der echte Schamanismus ein sehr schwieriger Weg ist. Was auch immer Inserate für Wochenendkurse in New-Age-Magazinen behaupten mögen, es ist nicht leicht ein Schamane zu werden. Ein Schamane lebt abgesondert. Normalerweise erkannte man schon in seiner oder ihrer Jugend, daß er oder sie besondere Kräfte besaß, mit der Anderswelt, der nichtmateriellen Wirklichkeit, in Kontakt zu treten. Schamanen konnten auch Lehrer haben, um ihr Handwerk zu erlernen, aber dies war eher ungewöhnlich.

Normalerweise wurden Leute Schamanen, weil sie eine spontane, heftige und traumatische Erfahrung gemacht hatten – oft eine Krankheit oder spirituelle Krise – die für sie die Tore zur Anderswelt aufbrach. Danach war es ihnen nicht mehr möglich, zu ihrem früheren Leben zurückzukehren. Alles war unwiderruflich verändert. Diese spontane Erfahrung fand in einem kulturellen Milieu statt, das sowohl das Individuum als auch die Gemeinschaft in die Lage versetzte, dies als schamanische Einweihung zu interpretieren. Auch wurden diese Erfahrung nicht unbedingt willkommen geheißen. Die Arbeit des Schamanen wird als gefährlich angesehen, und in vielen Gesellschaften wird es sowohl als Fluch wie auch als Segen betrachtet, zum Schamanen erwählt zu werden. Heute ist es wahrscheinlich, daß jene von uns, die schamanische Erfahrungen machen, dies ohne die Unterstützung eines mythologischen und philosophischen Rahmens tun, der ihnen einen Sinn verleiht. Unsere Gesellschaft wird unsere Erfahrungen eher als Krankheit betrachten, die geheilt werden muß, denn als spirituelle und mystische Einsichten. Die letzten Jahrzehnte haben wenig Geschmack an Mystik gezeigt.

In der modernen Welt brauchen wir wahrscheinlich die Führung eines Lehrers, wenn wir die Techniken des Schamanismus erlernen wollen und wenn wir lernen wollen, wie wir unsere Erfahrungen interpretieren können. Dies ist schwierig. Es ist möglich, Unterweisungen in den Gesellschaften zu erhalten, die noch Schamanismus praktizieren, doch sind damit viele ethische und praktische Probleme verbunden. Die Glaubensvorstellungen dieser Kulturen sind von denen der meisten Europäer weit entfernt, und viele Gemeinschaften waren nie oder sind zumindest jetzt nicht mehr dazu bereit, sie Außenstehenden mitzuteilen. In Nord- und Südamerika haben viele Leute das Vertrauen der Eingeborenen, die sie gelehrt hatten, mißbraucht und ihr Wissen an profitorientierte Institutionen verkauft. Es gibt echte europäische Schamanen, doch sind sie wenige und oft weit voneinander entfernt. Außer den traditionellen weisen Frauen und Männern, die zum größten Teil verschwunden sind, gibt es heute wenige Leute, die europäischen Schamanismus praktizieren, obwohl sich dies schnell ändern kann.

Divination

Viele Heiden verwenden Divinationstechniken wie Tarot, Astrologie und Runen, um in die Zukunft zu sehen. In Nordeuropa sind die Runen eines der wichtigsten Hilfsmittel zur Divination. Tacitus[5] gab 98 n.Chr. einen der ersten Hinweise auf das Runenwerfen. Er beschreibt, wie die germanischen Stämme wahrsagten, indem sie den Ast eines Nußbaumes abschnitten, in Scheiben schnitten und diese mit Zeichen markierten, um sie dann auf ein weißes Tuch zu werfen. Diese Zeichen wurden dann vom Priester der Gemeinschaft oder dem Familienoberhaupt interpretiert, der drei der Scheiben auswählte.

In der nordisch-germanischen Tradition wird die Entdeckung der Runen Odin zugeschrieben. Odin wird ihr Geheimnis offenbart, als er sich einer schamanischen Prüfung unterzieht, bei der er an einem Baum hängt. Dieser Aspekt Odins kann mit der Tarotkarte des Gehängten Mannes gleichgesetzt werden. Die Geschichte von Odins Prüfung ist in den Eddas im *Havamal* oder »Lied des Hohen« zu finden:

> Ich weiß, ich hing am windigen Baum,
> Neun Nächte lang,
> Vom Speer verwundet,
> Dem Odin geweiht,
> Ich selbst mir selbst.
> Am Ast des Baums,
> Von dem niemand weiß,
> Aus welcher Wurzel er sproß.
>
> Sie gaben mir weder Brot noch Met,
> Da neigte ich mich nieder,
> Nahm schreiend die Runen auf
> Und fiel hinab zur Erde.[6]

Die Verwendung von Runen kann auch in der finno-ugrischen Tradition gefunden werden. Die *Kalevala* beschreibt, wie Väinämöinen, der erste Schamane, Stücke aus Erlenholz benutzte, um wahrzusagen:

> Dann eilte sich der alte Väinämöinen,
> Er, der große Urschamane,
> Um Erlenstöcke zu schneiden.
> Er ordnete die Stöcke,
> und fing an die Lose zu mischen...[7]

Andere Quellen weisen darauf hin, daß die Holzscheiben mit Zeichen markiert waren. Kati-ma Koppana gibt in *Snakefat and Knotted Threads* den folgenden Zauberspruch wider:

> Ich werde meine Erlenholzstücke werfen.
> Alte Mutter Kave der Natur,
> Goldene Kave, die Schöne,
> Komm hierher, um die Runen zu legen,
> Lege die Lose mit deinen eigenen Händen,
> Mit deinen Händen laß die Runen erscheinen...[8]

Hier werden die Runen von jemandem benutzt, der abgesondert ist – ein Schamane. Um ein Divinationssystem zu verwenden, sei es Tarot oder Runen, ist das Wissen über die Philosophie, aus dem dieses System stammt, und ein Verständnis des Schicksals und Wesens der Götter, die über die Wahrsagerei herrschen, erforderlich. Divination sollte nicht zur Unterhaltung benutzt werden, noch wie die abergläubische Wahrsagerei der Rummelplätze. Das Netz des Wyrd zu befragen ist eine religiöse Handlung, die mit angemessener Ehre, Aufrichtigkeit und Ernsthaftigkeit durchgeführt werden sollte. Ziel der Divination ist es, uns zu helfen, in das Muster des Wyrd zu sehen, so daß wir die vorherrschenden Strömungen erkennen und mit diesen arbeiten können, um das zu erreichen, was wir wollen.

Das Netz des Wyrd

Das Grundprinzip des Schamanismus und der Magie ist eine allumfassende Verbundenheit – die Einheit allen Seins. Für jeden Schamanen ist das Konzept der Einheit so offensichtlich, daß es nicht erwähnt werden muß. Es gibt keine Getrenntheit in der Natur. Alles, sowohl Belebtes wie auch

Unbelebtes, ist miteinander verbunden. Alle scheinbar getrennten Dinge, ob Steine, Tiere, Pflanzen, Menschen oder Ereignisse, sind miteinander verbunden. Alle Dinge sind Teil eines größeren Ganzen und stehen daher miteinander in Verbindung. Die scheinbare Getrenntheit der Dinge ist eine Illusion.

Wenn alle Dinge miteinander verbunden sind, können wir durch die Einsicht in einen Teil des Netzes des Wyrd Einsichten in das Ganze gewinnen. Das Grundprinzip des Netzes des Wyrd kann mit einem modernen Phänomen, dem des Hologramms verglichen werden: Hologramme werden hergestellt, indem zwei kohärente Lichtstrahlen auf ein Objekt fallen und ein Interferenzmuster erzeugen, das auf Film aufgenommen werden kann. Der Film kann dann verwendet werden, um ein dreidimensionales Abbild des Objekts zu erzeugen. Dabei ist interessant, daß nicht der gesamte Film nötig ist, um das Objekt wiederzuerkennen. Ein winziges Bruchstück erlaubt es uns bereits, das Bild zu reproduzieren, wenngleich auch die Einzelheiten verlorengehen, wenn die Oberfläche des Films geringer wird. Daraus kann man den Schluß ziehen, daß jeder noch so kleine Teil des Universums den Schlüssel zum größeren Ganzen enthält. Hologramme geben uns Aufschluß über die wahre Natur der Wirklichkeit: daß sie aus einer Anzahl untereinander verbundener Welten besteht, die miteinander verwoben, vernetzt und verkettet sind – das Netz des Wyrd.

Die magische Wirklichkeit ist grundsätzlich eine ganzheitliche, daher kann eine Handlung in einem Teil der physischen Wirklichkeit Ereignisse, Leute und Objekte beeinflussen, die getrennt davon in einer anderen Zeit und an einem anderen Ort existieren. Das Konzept des Netzes ist wichtig für das Verständnis des Konzeptes der Zeit im schamanischen und magischen Universum. Vergangenheit, Gegenwart und Zukunft werden als nebeneinander existierend betrachtet. Zeit ist nur ein Maß der physischen Veränderung, doch das Reich des Wyrd liegt jenseits der physischen Wirklichkeit. Die Gesetze der Zeit gelten nicht. Indem wir in einen Bewußtseinszustand eintreten, durch den wir die zeitlose Zone erreichen, dieses tiefe Reich des Unbewußten, in dem das persönliche Unbewußte im Gruppengeist der Menschheit und anderer Aspekte der Schöpfung aufgeht, wird es möglich, die Zukunft zu erkennen. Auf der Ebene des Gruppengeistes oder kollektiven Unbewußten verlieren wir unser Gefühl für die individuelle Getrenntheit, und unser Geist kann sich mit dem anderer verbinden. Um eine Analogie zu verwenden:

Menschen sind ein wenig wie Rhizome – Jede Pflanze erscheint abgetrennt, wenn wir auf die Erdoberfläche sehen, aber wenn wir tiefer graben, finden wir heraus, daß sie durch eine gemeinsame Wurzel verbunden sind. Um eine andere Analogie zu verwenden: Wir sind wie verschiedene Äste eines Baumes – Wenn wir nach außen sehen, können wir nicht erkennen, daß wir am Stamm miteinander verbunden sind. Nur wenn wir uns zurückwenden und nach innen sehen, erkennen wir, daß wir alle aus einem gemeinsamen Zentrum hervorgehen und in diesem miteinander verbunden sind.

Auf dieser tieferen Ebene des Bewußtseins arbeitet der Geist außerhalb der Parameter von Raum und Zeit, die für die materielle Wirklichkeit gelten. Wir treten in eine Welt ein, in der bedeutsame Zufälle oder Synchronizitäten stattfinden. Carl Jung benutzte den Begriff Synchronizität, um die seltsamen Zufälle zu erklären, die uns auf unserer Lebensreise begegnen und oft völlig seine Richtung ändern können. Wir träumen davon, daß wir, wenn wir in einen bestimmten Laden gehen, ein bestimmtes Buch an einem bestimmten Platz finden werden. Der Traum ist so mächtig, daß wir das Gefühl haben, hingehen zu müssen um nachzusehen, obwohl wir uns dabei dumm vorkommen. Wir finden das Buch tatsächlich, und wenn wir es lesen, ändert es unsere Weltsicht und den Lauf unseres Lebens. Dies ist eine Synchronizität. Marvin Spiegelman schreibt in *Hinduism and Jungian Psychology*:

> Wenn wir dies in die archetypische Sprache übersetzen sollten, würden wir sagen, daß, wenn jemand so eng mit dem Unbewußten verbunden ist, als stünde er direkt mit dem Selbst in Kontakt, die psychische Wirklichkeit unsere gewohnten bewußten Ideen von Raum und Zeit transzendiert, so daß wir uns im Netz des Seins befinden, in dem synchronistische Ereignisse stattfinden. So verbunden zu sein, bedeutet, auf eine andere Art zu »wissen«.[9]

Synchronizitäten und hellsichtige Träume sind spontane Übermittlungen dieser tieferen Ebene der Psyche. Die Divination ist ein Mittel, sich bewußt auf diese Ebene einzustimmen, um Informationen zu erhalten. Bestimmte Symbolsysteme wie Tarot, Astrologie oder Runen können uns helfen, diese Informationen aus dem Netz zu erhalten, weil man annimmt, daß durch den Prozeß der Synchronizität das Muster der Symbole an einem Ort durch das Muster der Ereignisse an einem anderen Ort reflektiert wird.

Magie

Im westlichen Heidentum wird die Zukunft nicht als festgelegt angesehen. Wenn wir das Muster des Netzes des Wyrd erkennen können, durch Hellsehen, Divination oder eine schamanische Reise in die Anderswelt, dann können wir handeln, um es zu verändern. Dies kann Handlungen auf der materiellen Ebene beinhalten, es kann aber auch Magie beinhalten.

Die Magie verwendet eine Anzahl traditioneller Techniken, wie Kerzenzauber, Talismane, Puppen- und Knotenmagie. Diese Techniken sind nicht an sich wichtig, sondern Wege, um den Geist auf das zu konzentrieren, was erreicht werden soll. Was wichtig ist, sind nicht die Hilfsmittel selbst, sondern sie zu verwenden, um einen veränderten Bewußtseinszustand herbeizuführen, die Trance. Diese kann durch rhythmische Bewegungen (Tanzen oder Schaukeln), monotone Klänge (Gesänge, Mantras, Litaneien, Glocken, Rasseln, Trommeln), durch Fixieren eines Gegenstands wie ein schwarzer Spiegel oder eine Kerzenflamme, oder durch das Räuchern von Weihrauch herbeigeführt werden. Einige Mittel der Magie, wie Kristalle und Runen, sind mehr als nur Hilfsmittel. Kristalle werden als Überträger von Energie betrachtet, ebenso wie die Runen. Die Runen sind als Divinationssystem weit verbreitet, doch ihr magischer Gebrauch ist weniger bekannt. Bestimmte Runen erfüllen bestimmte Aufgaben:

> Zaubersprüche kenne ich, von denen keiner weiß,
> Nicht einmal die mächtigste Königin:
> Hilfe heißt der eine, denn Hilfe kann er geben
> Bei Streit, bei Krankheit und Not.[10]
>
> Einen vierten kenne ich, wenn meine Feinde
> Mich an Händen und Füßen in Ketten gelegt:
> Singe ich den Zauber, so werde ich befreit,
> Von Händen und Füßen fallen die Fesseln.[11]

Das richtige Singen und Ziehen der Runen ist eine magische Handlung, die die Kräfte, für die sie stehen, aktiviert, so daß sie nach dem Willen des Praktizierenden gelenkt werden können. Im *Sigridfumal* findet sich der folgende Vers, der Anweisungen gibt, wie man sich bei einer schwierigen Geburt zu verhalten hat. Die Disen sind weibliche Schutzgeister:

Hilferunen sollst du kennen,
Um der Frau zu helfen
Ihr Kind zu gebären:
Zeichne sie auf die Hände,
Nimm ihre Handgelenke
Und rufe die Disen zu Hilfe.[12]

Wie ich will, so soll es sein

In der Magie ist »Wille« ein wichtiges Konzept. Der Wille wird in der westlichen Gesellschaft oft mißverstanden. Wir sprechen von »Eigenwilligkeit«, um auszudrücken, daß jemand halsstarrig und eigensinnig ist, d.h. nicht im Sinne des größeren Guten handelt; oder von »Wille« im Sinne von Streben. Ein besseres Verständnis von der Natur des Willens gibt uns der italienische Psychologe Roberto Assagioli, der Begründer der Psychosynthese. Obwohl er als Katholik erzogen wurde, war Roberto Assagioli stark von Alice Bailey und anderen Esoterikern beeinflußt. Die christlichen Kleriker, die die Psychosynthese unterstützen, wären sehr überrascht, wenn ihnen auffiele, wieviel Ähnlichkeit zwischen Assagiolis Gedankengut und dem Werk Aleister Crowleys besteht. Assagioli versah den Willen mit sieben Eigenschaften: Energie, Meisterschaft, Konzentration, Absicht, Ausdauer, Initiative und Organisation. Er glaubte, daß die Menschen lernen sollten, ihren geschulten Willen zu gebrauchen. Dies erfordert nicht Anstrengung oder Kraftaufwand, sondern »ein Gefühl des Loslassens, bei dem man trotzdem vollkommen anwesend ist. Es ist ein Zusammenarbeiten mit den guten Kräften der Welt, wobei die Liebe und der Wille vollkommen übereinstimmen und beinahe eins sind.«[13] Crowley drückte dies als »Liebe ist das Gesetz, Liebe unter Willen« aus. Beim magischen Willen handelt es sich nicht um Anstrengung. Er funktioniert eher wie die Muskeln eines trainierten Athleten – mit Leichtigkeit und ohne Anstrengung.

Die Macht des Willens wurde auch von Dr. Serena Roney-Dougal in ihrem Buch *Where Science and Magic Meet*[14] erforscht. Sie zitiert das Prinzip der Unbestimmtheit von Werner Heisenberg, welches besagt, daß wahrhaft objektive Wissenschaft unmöglich ist: Der Beobachter beeinflußt das System, das er beobachtet. Serena Roney-Dougal erklärt, daß der Geist im menschlichen Gehirn an den Synapsen Macht über die Materie ausübt, in denen das Denken die Neuronen dazu veranlaßt, sich zu entladen. Winzige elektrochemische und andere Reize bewirken Veränderungen, die in makroskopischen Veränderungen resultieren, Veränderungen in der äußeren Welt. Sie argumentiert: Wenn es möglich ist, den Geist anderer Menschen telepathisch zu beeinflussen, und wenn Menschen durch das, was Parapsychologen Psychokinese nennen, Poltergeist- und andere paranormale Aktivitäten hervorrufen können, dann gibt es keinen Grund, warum der konzentrierte Wille einer Hexe nicht auch durch Magie Veränderungen herbeiführen könnte.

Magie liegt an der Grenze zu jenem Gebiet, das jetzt durch die Psychologie beansprucht wird. Bob Stewart schreibt in *Living Magical Arts*:

> Die Idee, daß das Bewußtsein durch willentlich geschaffene Muster transformiert werden kann, gibt es am Rande der Psychologie, aber sie wird gewöhnlich verworfen, da es keine harten Grenzen für solche Landkarten der Psyche gibt. In der Magie wird die Haarspalterei über Landkarten und Grenzen ignoriert, denn nachdem die Symbole angewandt wurden und die Transformationen des Individuums stattgefunden haben, wird die Echtheit oder Genauigkeit der Landkarten selbst irrelevant.[15]

Wie erreichen wir die tiefe Verbindung mit dem Unbewußten, die uns in die Lage versetzt, diese Transformationen zu bewirken? Für unsere Vorfahren waren Magier abgesondert. Sie waren Erforscher der natürlichen Welt. Indem sie hinter die Schleier der Materie griffen, berührten sie die wahre und tiefe Natur der Dinge. Ihre Arbeit war heilig, denn indem sie die wahre Natur der Wirklichkeit zu verstehen lernten, durchdrangen sie die innersten Geheimnisse der Schöpfung.

Viele moderne Praktiker der Magie betrachten magische Fähigkeiten nicht als besondere Gabe, sondern als Fähigkeiten, die viele Leute entwikkeln können. Aleister Crowley schrieb in *Magick in Theory and Practice*, daß Magie für alle ist – für Hausmädchen, Künstler, Damen und Herren. Obwohl dies theoretisch wahr sein mag, bleibt das Problem, daß es für jene, die im westlichen Intellektualismus erzogen wurden, schwer ist, ihre starren Gedankenstrukturen aufzugeben, um in Trancezustände einzutreten und zu erreichen, was Assagioli als »Loslassen und doch vollkommen anwesend sein« bezeichnet. Viele Leute glauben leichtfertig, was unsere Vorfahren glaubten – daß ein vierblättriges Kleeblatt, das auf den Seiten eines populären Astrologiemagazins vermarktet wird, ihnen helfen wird ein Vermögen zu gewinnen. Andere, skeptischere oder gelehrtere Leute werden von der Idee der Magie durch derartige Exzesse abgestoßen. Glaube jeder Art – ob religiös oder magisch – ist für westliche Menschen heute nicht leicht zugänglich. Oft sagen Leute, daß sie jene beneiden, die einen festen religiösen Glauben haben, aber daß sie selbst nicht glauben können. Der kanadische Romanschriftsteller Robertson Davies läßt eine seiner Figuren, einen Akademiker, zu einem ungarischen Zigeuner sagen:

> Magie – ich hasse dieses Wort für das, was es jetzt bedeutet, aber dennoch – Magie im großen Sinne kann nur stattfinden, wo es ein starkes Gefühl gibt. Man kann sie nicht mit einem skeptischen Geist in Gang bringen – mit gedrückten Daumen, sozusagen. Man muß wünschen und man muß glauben. Hast du eine Ahnung, wie schwer das für einen Menschen meiner Zeit, meiner Bildung und meines Temperaments ist? Auf der tiefsten Ebene deines Seins lebst du im Mittelalter, und Magie ist für dich – ich würde nicht sagen logischerweise – leicht. Aber für mich ist es eine Sache des Studierens, eine psychologische Tatsache, doch nicht notwendigerweise eine objektive Tatsache. Eine Sache, die die Leute immer geglaubt, aber nie bewiesen haben. Ich hatte nie das, was dafür nötig ist – den Wunsch und den Glauben.[16]

Magie erfordert nicht absoluten Glauben, aber wir müssen offen genug sein, um die Möglichkeit zu akzeptieren, daß sie funktionieren kann. Wenn wir überzeugt sind, daß nichts geschehen wird, dann können wir nicht genügend loslassen, um Magie zu bewirken.

Die Ethik der Magie

Traditionelle Ausübende der Magie und des Schamanismus waren in ihren Ansichten oft unmoralisch. Sie sahen ihre Kunst einfach als Fähigkeit, die sie benutzen können. Sie kann für viele Zwecke benutzt werden, sowohl für gute als auch für schlechte, je nachdem, was der Ausübende und seine Klienten wollen. Im modernen Heidentum wird Magie in einem spirituellen und ethischen Rahmen eingesetzt. Dieser ist je nach Tradition verschieden, aber generell stimmt er mit der Ethik des Grundsatzes »Füge keinem Schaden zu, tue was du willst« überein. Dies schränkt den Gebrauch der Magie auf Ziele ein, die der Gesellschaft nützlich sind. In der Praxis bedeutet dies, daß die Verwendung der Magie viel stärker eingegrenzt ist, als sie es für unsere Vorfahren war, deren Ethik oft jener des Alten Testaments ähnlich war – »Auge um Auge, Zahn um Zahn.« Heute verwenden Heiden Magie, wenn es wirklich wichtig ist; aber sie benutzen die magischen Techniken nicht als Krücke, um zu vermeiden, mit den alltäglichen Problemen praktisch fertig zu werden. Magie ist keine Krücke, und sie ist auch keine Entschuldigung dafür, das Ego und die Machtgelüste der Unzulänglichen zu befriedigen. Sie ist eine kraftvolle Technik, die weise, sparsam und gekonnt eingesetzt werden muß.

Für die Heiden, die Magie betreiben, ist es ein Akt der Dummheit, Magie nicht in Übereinstimmung mit ethischen Prinzipien auszuüben; denn wir sind für unsere Handlungen verantwortlich und müssen ihre Konsequenzen tragen. Der christliche Schriftsteller Michael Perry stellt fest, daß Wicca einen hohen moralischen Kodex vertritt, da Macht Verantwortung erfordert:

> Der zentrale Kern dieser Ethik kommt im Wicca-Sprichwort »Solange es keinen Schaden zufügt, tue was du willst« zum Ausdruck. Dies erinnert daran, daß der Wille ein Schlüsselkonzept im Wicca ist, und das bedeutet konzentrierter Wille, nicht einfach ein zufälliger Impuls. Wiccas glauben, daß, wenn diese Lehre nicht beachtet wird, der Schaden, der anderen zugefügt wird, dreifach auf die Hexe zurückfällt, die ihn bewirkt hat, entweder in dieser Welt oder in ihrer nächsten Inkarnation.[17]

Eine ähnliche Sichtweise finden wir in der nordischen Tradition. Freya Aswynn schreibt, daß jedes Aussenden eines magischen Zaubers seinen Preis hat:

> In allen Arten von Magie muß die verwendete Energie ausgeglichen werden, und da jede magische Arbeit das Bewußtsein des ausführenden Individuums verändert, beeinflußt jede beschworene Kraft auch das Individuum selbst. Daher kann ein Übermaß an negativen Arbeiten dein Wyrd belasten... Deshalb sollte man es sich immer sehr gut überlegen, ob man sich auf irgendeine negative Arbeit einlassen will, da diese auch eine gleichwertige entgegengesetzte Reaktion auslösen kann.[18]

Es ist wichtig, über Schamanismus und das magische Universum unserer Vorfahren keine romantisierenden Ansichten zu entwickeln. Der Gedanke des Miteinander-Verbundenseins bedeutet, daß das Konzept des Zufalls im schamanischen Denken fremd sein kann. Alles passiert aus einem bestimmten Grund und hat einen bestimmten Zweck. Alles hat einen Ursprung. In Lynn Andrews Buch *Medicine Woman* wird ihr durch ihren Lehrer gesagt, daß jede Handlung eine Bedeutung hat:

> Zufall ist ein Wort, das aus der Verwirrung geboren ist. Es bedeutet, daß wir uns nicht genug verstanden haben, um zu wissen, warum wir etwas getan haben. Wenn du abrutschst und dich in den Finger schneidest, gibt es einen Grund, warum du das getan hast. Jemand in deinem Mondhaus [engl. *moon lodge*] wollte, daß du das tust. Wenn du weißt, wie du den Häuptlingen in deinem Mondhaus zuhören kannst, würdest du nie so etwas Dummes tun. Der Medizinmensch macht nie einen Fehler.[19]

Eine Weltsicht, die die Möglichkeit des Zufalls ausschließt, hat sowohl Vor- als auch Nachteile. Im Positiven ermutigt es uns, für uns selbst Verantwortung zu übernehmen. Wenn uns etwas zustößt, hat das einen Grund und wenn es uns nicht gefällt, können wir handeln, um es zu verändern. Negativ kann es zur Paranoia führen. Es ist eine Welt, in der Krankheit das Ergebnis von Flüchen oder des Übertretens übernatürlicher Gesetze ist. Um geheilt zu werden, müssen wir den Zauber lösen oder den Geist, den wir beleidigt haben, beschwichtigen. Normalerweise bedeutet das, sich an einen Experten zu wenden, um die Dinge wieder zu berichtigen und dafür zu zahlen. Es ist wichtig, sich zu erinnern, daß einer der Gründe, warum Hexen verfolgt wurden, der war, daß die Leute Angst vor dem hatten, was sie tun konnten. Für manche Leute ist der Gedanke, daß Menschen in tiefer Verbindungen zueinander stehen, eine Quelle großer Freude und Kraft. Für andere ist er furchterregend und bedrohlich. Als Kinder müssen wir oft darum kämpfen, unsere Individualität durchzusetzen, doch plötzlich zu entdecken, daß wir nicht so abgetrennt sind, wie wir ursprünglich gedacht hatten, kann beunruhigend sein und verlangen, daß wir unsere Auffassungen über die Wirklichkeit überdenken. Dies ist nicht immer willkommen. Dennoch, obwohl sie einige Leute fürchten, sind Magie, der Bewußtseinszustand und der Wille, die sie erschaffen, neutrale Kräfte. Ein Auto, das von einem Betrunkenen gefahren wird, kann verletzen und töten, was aber nicht heißt, daß das Auto selbst böse ist. Was falsch ist, ist sein Mißbrauch.

1. Nach der freien Übersetzung des Liedes eines Schamanen von der Nordwestküste Tsimshians durch David Cloutier. Zitiert in Michael Harner, *The Way of the Shaman*, S. 74.
2. J. Castagne, »Magie et exorcisme chez les Kazak-Kirghizes et autres peuples turcs orientaux« in: *Revue des etudes islamiques*, Paris, S. 60, wie zitiert in Mircea Eliade, *Schamanismus und archaische Ekstasetechnik*, S. 30.

3. *Ynglinga-Saga,* 7, wie zitiert in Mircea Eliade, *Schamanismus und archaische Ekstasetechnik,* S. 363.
4. Lady Wilde, *Ancient Legends, Mystic Charms, and Superstitions of Ireland,* S. 100 f.
5. Tacitus, *Germania,* 10, in: H. Mattingly (Übers.) *The Agricola and the Germania,* S. 109.
6. *Havamal,* Verse 138-9.
7. Zitiert in Kati-ma Koppana, *Snakefat and Knotted Threads: A Short Introduction to Finnish Magic,* S. 76.
8. Kati-ma Koppana, *Snakefat and Knotted Threads: A Short Introduction to Finnish Magic, S. 77.*
9. J. Marvin Spiegelman in: J. M. Spiegelman and A. U. Vasavada, *Hinduism and Jungian Psychology,* S. 52.
10. *Havamal,* Vers 145.
11. *Havamal,* Vers 148.
12. Die Eddas, *Sigridfumal* oder »Lied von Sigrid«.
13. Zitiert in Jean Hardy, *A Psychology with a Soul: Psychosynthesis in Evolutionary Context,* S. 41.
14. Zitiert in Michael Perry, *Gods Within: A Critical Guide to the New Age,* S. 65 f.
15. R. J. Stewart, *Living Magical Arts: Imagination and Magic for the 21st Century,* S. 1 f.
16. Zitiert in Robertson Davies, *The Rebel Angels,* S. 271.
17. Michael Perry, *Gods Within: A Critical Guide to the New Age,* S. 64.
18. Freya Aswynn, *Die Blätter von Yggdrasil: Runen, Götter, Magie, Nordische Mythologie und Weibliche Mysterien* (Edition Ananael 1994²), S. 57.
19. Lynn V. Andrews, *Medicine Woman,* S. 132.

13

Heidentum und Mystik: Das Selbst und der Gral

Die Ziele des Heidentums – wie im Grunde aller Religionen – sind vielfältig. Es gibt Verehrung – die Verehrung der Götter und der Kräfte, die das Universum schaffen und erhalten. Im Heidentum kommt dies hauptsächlich in den Feiern des jahreszeitlichen Zyklus zum Ausdruck. Darüber hinaus werden moralisch-ethische Grundsätze und Verhaltensregeln gelehrt. Die jüngere westliche Religion scheint oft von diesem Aspekt beherrscht gewesen zu sein, der im wesentlichen sozial und nicht spirituell ist. Es gibt auch eine innere Botschaft der Religion, die meist in ihren esoterischen Traditionen gefunden werden kann und oft das Ziel einiger weniger statt vieler ist. Dies ist das Ziel des Mystik – die Erlangung einer inneren Vereinigung mit dem Göttlichen. Während viele Religionen dies nach dem Tode versprechen, lehrt die Mystik spirituelle Übungen, durch die diese Einheit bereits im irdischen Leben erreicht werden kann.

Dem Jahreszyklus liegt eine Botschaft zugrunde, die uns um so stärker anspricht, da sie nicht offen ist. Diese Botschaft besteht darin, daß die Lebenskraft ewig ist, sich immer erneuernd und immer werdend, und wie alle Dinge in der Natur haben auch wir unsere Zyklen und Jahreszeiten. Wir alle lernen, daß es unter dem Stoff des Mantels der Göttin, der die Natur ist, einen Geist gibt, der fortbesteht. Dieser ist sowohl veränderlich als auch seinem Wesen nach unveränderlich. Dieses Paradox ist für den westlichen Verstand nicht leicht zu verstehen. Unser Schulsystem lehrt uns, in rationalen Kategorien zu denken, d.h. daß etwas entweder dies oder das sein muß. Es kann nicht beides zugleich sein. Diese geistigen Wahrheiten werden im Osten besser verstanden, wo der spirituell Suchende gelehrt wird, die Fallen des bewußten, analytischen Verstandes zu umgehen. Im Zen-Buddhismus werden diese Wahrheiten in Form von Koans gelehrt, paradoxen Aussagen, die dazu dienen, unsere Gedankenprozesse zu verwirren und uns deren Grenzen aufzuzeigen. Im Heidentum werden sie durch Mythen und Allegorien gelehrt. Mythen und Allegorien führen uns hinter die Grenzen des Ego und des bewußten Geistes, um in das unbekannte Land des Geistes vorzudringen, in dem wir unsere wahre Natur erkennen können – wer und was wir wirklich sind. Die Grundsätze des Heidentums betonen nicht irgendeine Doktrin, sondern die Wichtigkeit der persönlichen Erfahrung.

Religionen, die auf den inneren Offenbarungen eines Propheten und seiner Interpreten beruhen, müssen unweigerlich erstarren und zerfallen. Ihre Lehren sind in Steintafeln gemeißelt, manchmal sogar im wörtlichen Sinn, und wenn ihre ursprünglichen Fürsprecher verschwunden sind, entwickeln sie sich im Lauf der Jahrhunderte zu äußeren Formen und Lehren, deren ursprüngliche spirituelle Essenz verlorengegangen ist. Uns wird von außen, durch den bewußten und rationalen Geist gelehrt, was nur im Inneren wahrhaftig erfahren werden kann. Spirituelle Lehren werden zu einem System von Verboten und Geboten verkehrt. Wenn wir den Lehren einer Gruppe von Propheten glauben und ihre Vorschriften befolgen, werden wir erleuchtet oder gerettet werden.

Diese Art der Lehre ist falsch. Wir können Erlösung oder Erleuchtung nicht von außen erhalten. Wir können sie nur dadurch erlangen, daß wir selbst die Einheit mit der Quelle allen Seins erfahren. Wenn wir dies erfahren haben, wird sich unser moralisches Verhalten dramatisch ändern, nicht weil uns gesagt wurde, daß sich ein »guter« Mensch so verhält, sondern weil wir gelernt haben, daß wir Teil eines Ganzen sind, das göttlich ist und uns durchdringt, eine Liebe zu allen Geschöpfen, die mit uns erschaffen wurden. Indem wir die lieben, mit denen wir unseren Planeten teilen, lieben wir die göttliche Quelle, die unser letztes Heim ist. Vivian Worthington schreibt in *History of Yoga* über die östlichen Religionen:

> Obwohl exoterischere Formen der Religion für einige Zeit blühen mögen, mit ihrer Priesterschaft, ihren Kasten und Opfern, ihrer Unterdrückung, ihrem zweifelhaftem Reichtum, ihrer extravaganten Kunst und Architektur, ihrer komplizierten Theologie und ihren komplexen Ritualen, werden sie sich irgendwann selbst überleben, und die betreffende Religion wird sich entweder selbst reinigen oder von etwas anderem überholt werden. Wir sehen dies im Aufstieg und Fall der vielen Sekten des Hinduismus und Buddhismus in China, Japan und Tibet.[1]

Ein ähnlicher Prozeß findet im Westen statt. Die Leute sind der spirituellen Armut vieler westlicher Religionen müde geworden und wenden sich wieder der Quelle religiöser Inspiration zu – der inneren Stimme, dem Boten ihrer Seele:

Mein Gott, der du unter dem Apfelbaum thronst,
Wie sehr habe ich nach dir verlangt.
Dein glänzender Thron aus Stein steht leer,
Der ummauerte Garten ist verwildert,
Seine Blumen sind vernachlässigt und verwelkt.

Die Kirche war leer und ich fand,
Daß du einfach gegangen warst – ohne Nachsendeadresse –
Ein lautloser Aufbruch bei Nacht und Nebel.

Ich sah den Priester,
Wie er von Gartenfesten sprach,
Von Tombola und Kuchen.
Seine Seele war vertrocknet wie die meine,
Doch nahm ich es wahr
Und er war blind.

Wo bist du,
Unergründliches Mysterium?
Warum spielst du
Dieses Versteckspiel mit mir?

Oh höchst flüchtige Gottheit,
Ich stehe im Bedürfnis Dich zu lieben.[2]

Das Heidentum stellt eine Rückkehr zur Mystik dar, doch ist dies eine Mystik des Westens, nicht des Ostens. Die meisten östlichen Systeme lehren Enthaltsamkeit und eine Abwendung von der materiellen Welt. Das westliche Heidentum ist ebenfalls anti-materialistisch, da Reichtum und Macht nicht als Ziele des Daseins angesehen werden, doch ist für westliche Heiden das geschaffene Universum nicht Maya, Illusion, sondern das Werk der Göttin – die Manifestation des Göttlichen in der Natur. In der Verehrung des Göttlichen, daß in der Natur immanent und jenseits von ihr transzendent ist, finden wir unsere wahre Religion.

Heiden haben meistens kein Bedürfnis, intellektuelle Definitionen ihres religiösen Verständnisses zu geben. Worte wie »Pantheismus« oder »Polytheismus« werden selten verwendet: Unsere Glaubenssysteme einzuordnen ist nicht wichtig. Wir erkennen, daß all diese intellektuellen Übungen letztlich vergeblich sind. Rationale Erklärungen und die dogmatischen, theologischen Glaubensbekenntnisse, die sie erzeugen, waren ein Stadium der menschlichen Evolution, doch sind sie letzten Endes Illusion. Alle religiöse Dogmen sind Versuche, das zu verschlüsseln, was jenseits des bewußten Geistes liegt, der auf Worten beruht. Wir können es nur dadurch verstehen, daß wir mit ihm einswerden.

Isis-Nuit

Du sitzt auf deinem Thron
In den Höhlen meines Geistes,
Doch dein Thron ist leer.
Ich werde kein Bild erschaffen,
Um seinen Sitz zu ehren.
Alle Bilder sind Grenzen,
Und Du meine Geliebte,
Bist unendlich, jenseits aller Vision.

In Reichen jenseits meiner Vorstellung
Wohnt Dein ewiger Geist
Und gebiert die Sternbilder im Traum
Und nährt die Galaxien.

Heil Dir, Große Mutter,
Deren Mantel das Universum ist,
Geschmückt von einem Meer aus Sternen.

In den kalten Orten der Nacht,
Träume ich von Deinen großen Hallen:
Drei Säulen aus schwarzem Marmor,
Am Teich des schlafenden Lotus,
Weiße Blütenblätter auf dunklem Wasser.

Wo Atem zu Dunst wird,
Und die Unendlichkeit Bedeutung erhält,
Jenseits des Klangs der Harfensaiten,
Wo die Stimme nicht mehr widerhallt,
Und das Schweigen mit Klang erschallt,
Wo Vision nur kämpfen und verlieren kann,
Dein Sein zu umfassen,
Höre ich Dich rufen und ich komme –
Über den Abgrund, unter dem das Nichts ist,

Nur das leere Seufzen des Windes,
Über die schwankende Seilbrücke,
Die sich über die endlose Schlucht spannt.

Ich komme zu Dir voller Angst
Und doch suche ich keine andere Bestimmung.
Ich fürchte mich nicht, den Weg zu gehen,
Ich fürchte mich nicht, den Abgrund zu überqueren.
Ich komme mit einem Herzen,
Das frei ist von Verlangen und Sehnsucht.
Ich komme zum Ort der Feuersäule
Aus blauweißem Licht.

Keine Worte steigen auf,
Keine Gedanken oder Gefühle,
In der Wirklichkeit Deiner Gegenwart.
Alles ist wie nichts.
Mein Sein verblaßt
Und löst sich auf
Im blauweißen Licht,
Ich-wir sind eins,
Sind eins,
Sind eins.[3]

Mystik

Der Kontakt zu den Welten der inneren Wirklichkeit und ihre Erforschung sind von jeher das Ziel der Mystik gewesen. Es ist ein Ziel mit einem klar definierten Zweck: mit Gott und Göttin eins zu werden, das göttliche Selbst, das uns allen innewohnt, zu finden und unsere äußere Persönlichkeit mit dieser göttlichen Quelle zu verbinden. Die Mystik jeder Religion versucht uns zu helfen, die verschiedenen Teile unserer Psyche zu integrieren und einen Punkt der Zentriertheit und des Friedens zu finden. Im Heidentum streben wir die Integration der Persönlichkeit zu einem zusammenhängenden, gut funktionierenden Ganzen an, das die Vereinigung mit den Göttern erlangen kann – die göttliche Quelle allen Seins. »Höre auf zu wissen und werde«, steht im Zentrum des Gedankenguts vieler heidnischer Religionen; ebenso wie die Lehre, daß wir nicht getrennt und allein sind, sondern daß »jeder ein Teil der alles durchdringenden, miteinander kommunizierenden Wirklichkeit ist, die alles umfaßt«[4].

Das Ziel der spirituellen Suche wurde zu verschiedenen Zeiten auf unterschiedliche Weise ausgedrückt; doch die Mystik aller Religionen führt zu demselben Ziel – der Einheit mit dem Göttlichen. Diese Tatsache, daß mystische Einheit durch viele religiöse Wege und viele verschiedene Mittel erreicht werden kann, ist ein Zeichen für die Absurdität der Religionen, die lehren, daß es nur einen richtigen Weg gibt. Die Erlangung von religiösem Verstehen gleicht eher der Besteigung einer Reihe von Bergen: Wir sehen nur das, was vom Gipfel eines bestimmten Berges aus, auf dem wir stehen, sichtbar ist. Jede menschliche Generation, die einen Gipfel erreicht hat, glaubt: »Das ist es! Wir haben die letzte Wahrheit gefunden.« Dann sehen wir jedoch, daß uns ein anderer, noch höherer Gipfel ruft und wir unsere Reise von vorne beginnen müssen. Die alte Wahrheit ist nur ein Teil. Es gibt immer mehr zu entdecken, mehr zu offenbaren. Dann, am Ende unserer Suche entdecken wir, daß wir das, was wir gesucht haben, die ganze Zeit mit uns getragen haben. Es war keine äußere Reise nötig. Wir brauchten nur still zu sein und zu wissen: »Ich bin Gott«. Doch darin liegt ein Paradox: Wenn wir die Reise nicht unternommen hätten, hätten wir nie die Weisheit erlangt, zu wissen, daß wir das, was wir suchten schon gekannt hatten. Solcherart sind die seltsamen Spiralen auf der inneren Reise des Herzens.

Obwohl sich die Wege unterscheiden mögen, gibt es Gemeinsamkeiten auf der spirituellen Reise, die in der Weisheit aller Pfade gefunden werden können. Die letzte Erfahrung wird oft »Kontakt mit der Mitte oder dem höheren Selbst« genannt. Jean Hardy argumentiert in ihrem Buch über Psychosynthese, *A Psychology with a Soul*, daß dies erreicht werden kann, indem man sich ständig der Kraft in sich selbst und des Geistes, der in der Welt arbeitet, bewußt ist. Sie unterscheidet sechs Einstellungen, die wichtig sind:

> In der Lage zu sein, die transzendenten und immanenten Eigenschaften in anderen Menschen, in Tieren und in der ganzen Schöpfung zu sehen;
> anzuerkennen, daß sich eine spirituell bewußte Person auf einer Reise der Bewußtwerdung befindet, was sie sein kann;
> in der Lage zu sein, mit anderen Menschen auf eine bescheidene und tolerante Weise zu leben und zu teilen;
> in der Lage zu sein, gut zu arbeiten und der Welt aus einem Punkt der Zentriertheit heraus zu geben;
> den Dingen, die man als wichtig ansieht, verpflichtet zu sein;
> und sich der schöpferischen Kräfte, die im Lauf der menschlichen

> Geschichte aufgetreten sind und aus denen wir alle schöpfen können, bewußt zu sein.[5]

Diese Einstellungen können durch ernsthafte Übung in vielen spirituellen Systemen entwickelt werden. Für den Dichter Robert Bly ist dies die wahre Bedeutung der Religion:

> Religion bedeutet hier nicht Doktrin, Frömmigkeit, Reinheit, »Bekenntnis« oder »Glaube«, noch mein Leben Gott anzuvertrauen. Es bedeutet willens zu sein, ein Fisch im heiligen Wasser zu sein, nach dem Dionysos oder ein anderer Fischer angelt, den Kopf zu beugen und Hinweise aus seinen Träumen anzunehmen, ein geheimes Leben zu leben, in der Kammer zu beten, demütig zu sein, den Schmerz zu schlucken, so wie der Fisch Wasser schluckt und dennoch lebt. Es bedeutet, sowohl der Fische, als auch der Fisch zu sein, nicht die Wunde zu sein, sondern die Wunde anzunehmen. Ein Fisch zu sein heißt, aktiv zu sein; nicht mit Autos oder Fußbällen, sondern mit der Seele.[6]

Das Erkennen der Einheit mit und des Zentriertseins in etwas Größerem als uns selbst ist nicht nur für die persönliche spirituelle Weiterentwicklung wichtig, sondern auch für die der Gesellschaft. Die Verwirklichung der inneren Einheit im Individuum ist wesentlich, wenn sich die Gesellschaft weiterentwickeln soll. Viele Religionen und politische Richtungen waren bestrebt, die Utopie einer perfekten Gesellschaft zu schaffen. Sie haben dies versucht, indem sie die Struktur der Gesellschaft verändert haben. Die Gesellschaft ist jedoch die Schöpfung derer, die in ihr leben. Wenn die Gesellschaft mangelhaft ist, dann deshalb, weil wir mangelhaft sind. Um soziale Harmonie zu schaffen, müssen wir erst in uns selbst Harmonie finden. Ansonsten ist unsere Sicht dessen, was soziale Harmonie ausmacht, falsch und durch die Fehler in unserer eigenen Persönlichkeit verzerrt.

In seinem Buch *The Varieties of Religious Experience*, das zur Jahrhundertwende geschrieben wurde, erforschte der Psychologe William James den Unterschied zwischen gesunden und kranken Lebensweisen. Ein Großteil unserer Gesellschaft und unserer sozialen Strukturen beruht auf kranken Lebensweisen, weil sie von kranken Menschen geschaffen wurden. Um die Gesellschaft zu ändern, müssen wir uns selbst ändern. Eine seiner Abhandlungen beschreibt die »Religion des gesunden Geistes«, die aus einer inneren Einheit entsteht, »ausstrahlend aus einem Zentrum, das natürlich, glücklich und optimistisch ist und immer nach Wachstum strebt.«[7]

Vieles von dem, was in der Vergangenheit in der Religion gelehrt wurde, hat uns von der Religion des gesunden Geistes weit entfernt. Viele Religionen predigen Liebe, aber in ihrem Namen foltern und töten Menschen andere, deren Sicht der Wirklichkeit nicht mit der ihren übereinstimmt. Wahre Liebe entsteht aus innerer Harmonie und der Erlangung von Weisheit. Um diese Weisheit zu finden, müssen wir so bescheiden sein, einzusehen, daß unsere Sicht der Wirklichkeit begrenzt ist. Wenn wir unserem spirituellen Weg mit diesen Wahrheiten im Geiste folgen, dann kann unsere Religion zu einer schöpferischen Kraft werden, die der Welt um uns hilft und nützt. Wenn wir unserem Weg folgen, um Macht über andere zu erlangen, um unsere Sicht dessen, was richtig und falsch ist, anderen aufzuzwingen, um die spirituellen Bestrebungen anderer zu unterdrücken und zunichte zu machen, dann ist unsere Religion, welchen Namen wir ihr auch immer geben mögen, eine Religion der Tyrannei und des Bösen.

Die Erde und ihre Völker brauchen jene, deren Verständnis für die Bedürfnisse der Menschheit am größten ist. Die spirituelle Suche kann ein selbstsüchtiges Bestreben sein, wenn sie nur für das betreffende Individuum unternommen wird. Dies ist nicht ihr Sinn. Unser Geist ist weitreichend. Wie ein Raumschiff kann er die unbekannten, sternenübersäten Himmel des Bewußtseins erkunden und die Wohnstatt der Götter suchen, um ihren Willen zu ergründen. Jene, deren Inspiration ihnen geholfen hat, die höchsten Himmel zu erreichen und das Universum zu sehen, wie es wirklich ist, haben die Aufgabe, der Menschheit zu helfen, zur nächsten Stufe ihrer Reise voranzuschreiten. In der heidnischen Tradition ist das Ziel der mystischen Suche nicht, Zurückgezogenheit, Nirvana oder Shanti zu erreichen, sondern, wie Marian Green schreibt, »ein Verlangen, dem Rest der Schöpfung zu dienen, indem wir den Gral der Weisheit finden und zurückbringen, dessen Wasser die ganze Welt heilen kann und die Wüste grün werden läßt (denn sie war einmal grün!)«[8]. Jene Pioniere der Menschheit, die diese Einheit erreichen und den Gral zurückbringen, so daß andere von ihm trinken können, sind ihre wahren Schamanen, Priester, Dichter und Hellseher. Sie sind nicht größer als ihre Gefährten, sondern die Eichhörnchen auf dem Baum des Lebens, die seine Äste hinauf und hinunterlaufen, um spirituelle Botschaften von der Krone und die Wahrheiten der Natur von den Wurzeln gemeinsam mit den Nüssen der Weisheit zu uns nach Midgard zu bringen.

Wie wird diese Einheit erreicht? Zentriertheit entsteht aus innerer Harmonie. In den östlichen Systemen wird dies durch Meditation erreicht. Diese ist auch in der westlichen Tradition wichtig, doch beruhen die westlichen Systeme mehr auf nach außen gerichteten Übungen. Während der östliche Geist zu Introversion und Abstraktion neigt, neigt der westliche Geist dazu, den mystischen Prozeß in konkreten Begriffen auszudrücken. Ein Weg ist es, mit anderen an Ritualen teilzunehmen. Indem wir dem Jahreszyklus folgen, ihn erfahren und über seine Symbolik und versteckten Wahrheiten meditieren, beginnen wir die fortbestehende Natur der Lebenskraft zu erkennen und zu verstehen, daß sie ein Teil von uns ist. Dies ist nicht nur ein intellektuelles Verstehen. Der Prozeß des Rituals hat eine tiefgreifende Auswirkung auf die menschliche Psyche und bringt tiefe Veränderungen des Bewußtseins mit sich, durch die wir innere Ruhe finden. Das Ritual der heidnischen Tradition bringt uns dadurch, daß wir uns bestimmten Symbolen aussetzten, durch das Darstellen der Mythen, durch Meditation und Visualisation und manchmal auch durch schamanische Techniken in diesen Zustand.

Einige moderne heidnische Traditionen benutzen das Ritual als Form der spirituellen Reinigung, sehr ähnlich wie die heidnischen Neuplatoniker in Griechenland und Rom die spirituellen Übungen der Theurgie verwendeten, um die Einheit mit dem Göttlichen zu erreichen. Alchimie ist ein verwandtes westliches System der Mystik, das sich nicht so sehr mit der Suche nach materiellem Goldes beschäftigt als vielmehr mit der Suche nach dem wahren Gold des Geistes. Die Reinigungen und mentalen Disziplinen, die nötig sind, um Gold zu machen, bewirken eine Veränderung im Bewußtsein des Praktizierenden. Der ursprüngliche Zweck der Suche wird unwichtig. Es ist das Reisen selbst, das wichtig ist. Das Wort »Reise« taucht oft in der westlichen Tradition auf. Die Sprache der Mystik drückt dies oft in Begriffen einer heiligen Suche aus – eine spirituelle Reise, um einem Schatz von einem Riesen, einem Ungeheuer oder sogar vom Tod selbst zurückzuholen. Oft gibt es Bilder eines Abstiegs – eines Abstiegs in das Unbewußte. Dieser wird in den Mythen und Legenden als die Reise eines Helden in die Unterwelt dargestellt.

Im Wicca steigt die Göttin in die Unterwelt hinab, nicht um einen Schatz zu suchen, sondern um Antwort auf eine Frage zu bekommen. Sie fragt den Herrn des Todes: »Warum bewirkst du, daß alle Dinge die ich liebe und an denen ich mich erfreue, verblassen und sterben?' Sie findet die Antwort auf diese uralte Frage, die die Menschheit beschäftigt, und bekommt als Gegengabe einen Schatz – die Kette der Wiedergeburt. Ähnlich muß König Arthur im walisischen *Mabinogion* in die Unterwelt Annwn hinabsteigen, um den Kessel der Wiedergeburt zurückzuholen. Spätere Geschichten im Zyklus der Artussagen beschreiben die Suche der Ritter König Arthurs nach dem mystischen Schatz des heiligen Grals. Der Gral ist ein christliches Symbol, doch geht es auf die viel älteren keltischen Legenden vom Kessel der Wiedergeburt und des Überflusses, der allen Segen enthält, zurück. Die Suche wird auch oft in Begriffen einer Reise in die vier irdischen Himmelsrichtungen dargestellt:

> Dann kamen wir,
> Die letzten Kinder der Cerridwen,
> Töchter des Lichts und der Dunkelheit,
> Und Söhne des Todes.
> Wir suchten Deine Gegenwart auf den wilden Hügeln des Nordens,
> Aber in der Einsamkeit
> Fanden wir Dich nicht.
> Wir suchten Deine Gegenwart im Licht des Ostens,
> Aber im Dunst des Morgens
> Nahmen wir Dich nicht wahr.
> Wir suchten Deine Gegenwart unter der Sonne des Südens,
> Aber wo die Schatten schwinden
> Konnten wir Dein Gesicht nicht sehen.
> Wir suchten Deine Gegenwart, im Westen, wo der Wind schläft
> Aber im Schweigen
> konnten wir Deine Stimme nicht hören...[9]

Nachdem wir in alle Richtungen gereist sind, finden wir das, was wir gesucht haben, in der Mitte – an dem Punkt, an dem wir begonnen haben. Im nordisch-germanischen Mythos von Freyas Abstieg in die Unterwelt, den sie unternimmt, um die Kette Brisingamen zu gewinnen, die wie Feuer leuchtet, muß sie eine Nacht mit jedem der vier Zwerge verbringen, die sie geschmiedet haben. Die Symbolik der Suche spricht noch immer die Vorstellungskraft an. J. R. R. Tolkiens *Herr der Ringe* war so erfolgreich, weil darin den Menschen von einer heiligen Suche in mythologischen Begriffen erzählt wurde. Viele moderne Computerspiele wie *Dungeons and Dragons* beruhen ebenfalls auf diesem Thema.

Viele Menschen entscheiden sich zu irgendeinem Zeitpunkt ihres Lebens, eine physische Reise zu unternehmen, die eigentlich eine Reise der Selbstfindung ist, um zu erkennen, wer sie wirklich sind. Wenn wir von der Jugend ins Erwachsenenalter überwechseln oder den Übergang von der Elternschaft ins freie Erwachsenenleben durchmachen, d.h. wenn unsere Kinder von zu Hause weggehen, um für sich selbst zu sorgen, kann dies eine gute Zeit sein, um diese innere oder äußere Reise zu unternehmen. Der Schatz, der auf dieser Reise gesucht wird, ist Wiedergeburt; nicht die Wiedergeburt des Körpers, sondern die Wiedergeburt der Persönlichkeit als wahres Selbst – wir selbst, wie wir sein können, wenn die Ängste, Schwächen und Unvollkommenheiten der äußeren Persönlichkeit beiseite gelassen werden. Jung beschreibt das wahre Selbst in Psychologie und Alchimie als »Schatz, der schwer zu finden ist, der im Ozean des Unbewußten liegt und den nur die Tapferen erreichen können.«[10]

Was ist dieses wahre Selbst, das wir so ernsthaft suchen? Das Selbst zu beschreiben ist schwierig. Es ist eine innere Erfahrung und liegt als solche jenseits der Worte. Die Sprache der Dichtung oder der Bilder kann sie manchmal vermitteln. Hier ist eine Beschreibung aus den hinduistischen Texten der *Upanischaden:*

> Wie ein Adler, der müde ist vom Flug über den Himmel,
> Seine Flügel anlegt und in sein Nest hinabfliegt, um sich auszuruhen,
> So tritt das glänzende Selbst in den Zustand des traumlosen Schlafes,
> In dem man frei von allem Verlangen ist,
> Frei vom Bösen, frei von Angst.
>
> Wie ein Mann sich in den Armen seiner Geliebten
> Dessen, was außen und was innen ist, nicht bewußt ist,
> So ist ein Mensch, der mit dem Selbst vereint ist,
> Sich nicht bewußt, was außen und was innen ist.
> Denn in diesem Zustand der Einheit
> Findet jedes Verlangen seine höchste Erfüllung.
> Es gibt kein anderes Verlangen, das erfüllt werden will,
> Und man überwindet alles Leid.[11]

Die Verwirklichung des Selbst ist eine Erfahrung, die in der mystischen Literatur umfassend dokumentiert ist. Sie wird oft von einem Gefühl der Glückseligkeit und Auflösung begleitet. Die Grenzen der Persönlichkeit werden als trügerische Barrieren erkannt, und wir entdecken, daß es in uns eine Weite, eine Größe gibt, die unsere Vorstellungskraft übersteigt. Dies sind sowohl wir selbst, als auch nicht wir selbst, das Ich und das Andere. Wir transzendieren die Grenzen der Welt und des Bewußtseins und treten in den Garten des Jenseits ein. »Oh Ekstase, oh Ekstase, ich habe das Königreich gesehen und es erblühte für mich.«[12]

> ... das Selbst ist reine Bewußtheit, Licht und Erleuchtung, die Erfüllung deines Schicksals. Es ist nicht der unbewußte Zustand eines Steines oder der Materie... Es ist kein metaphysisches Konzept und keine Hypothese der Wissenschaft, sondern eine Sache der Erfahrung, unterstützt durch alle Mystiker und Propheten der Welt... der Zweck und das Ziel der Reise des Lebens.[13]

Wie die Heiden die Sprache der Mythen verwenden, so benutzen sie auch die moderne Sprache der humanistischen -, transpersonalen - und Tiefenpsychologie, um den Versuch der Menschen, mit ihren tieferen Bedürfnissen und ihrem spirituellen Schicksal zurechtzukommen, zu erklären. Viele Psychologen und jene, die spirituellen Wegen folgen, erkennen jetzt, daß die äußere spirituelle Suche nach Gott zum Teil eine innere spirituelle Reise ist. Dies soll die spirituelle Suche nicht mindern oder sie auf bloße Psychologie reduzieren, sondern es geht darum, zu erkennen, daß »wenn du das, was du suchst, nicht in dir findest, du es niemals außerhalb von dir finden wirst«[14]. Das Göttliche wohnt in uns, so wie es auch in der äußeren Welt und jenseits davon zu finden ist. Jean Hardy erklärt in ihrem Buch *A Psychology with a Soul: Psychosynthesis in Evolutionary Context*:

> In Begriffen der transpersonalen Psychotherapie ist die Suche nach spirituellem Sinn auch eine Suche nach dem Selbst, dem »inneren Gott«, das mit der Seele der Welt verbunden ist.[15]

Wenn wir mit dem Universellen in Kontakt treten, verlieren wir paradoxerweise nicht unsere Individualität, sondern wir werden uns unserer Einzigartigkeit bewußt, während wir zugleich erkennen, daß wir Facetten eines größeren Ganzen sind.

Individuation

Die Entdeckung oder Wiederentdeckung des Selbst (denn es ist immer da) ist das, was Carl Jung als Prozeß der Individuation beschrieben hat. Dies ist der Prozeß, in dem wir werden, wer und was wir wirklich sind. In gewissem Sinne ist dies das Ziel aller mystischen Initiationsprozesse, in welchen religiösen Symbolismus sie auch gekleidet sein mögen. Die äußere Form wird uns genommen, so daß wir sehen können, was darunter ist. Wenn wir durch unsere spirituelle Übung tiefer in uns selbst vordringen, kommen wir zum Kern unserer Persönlichkeit, dem Grundstein, an dem das Individuelle an das Kollektive grenzt und wo wir auf das größere Ganze treffen, den Gruppengeist der Menschheit. Carl Jung schrieb, daß wir, wenn wir Selbsterkenntnis und Selbstbewußtheit erlangen und danach handeln, die Schichten der Persönlichkeit ablegen:

> Auf diese Weise erhebt sich ein Bewußtsein, das nicht mehr in der kleinen, übersensiblen, persönlichen Welt des Ego gefangen ist, sondern frei an der weiteren Welt der objektiven Interessen teilhat. Das erweiterte Bewußtsein ist nicht mehr das empfindliche, egoistische Bündel der persönlichen Wünsche, Ängste, Hoffnungen und Bestrebungen, die immer durch unbewußte Gegentendenzen kompensiert werden müssen; statt dessen ist es eine Funktion der Beziehung zur Welt der Objekte, die das Individuum in eine absolute, bindende und unlösbare Vereinigung mit der Welt im Ganzen bringt.[16]

Individuation heißt, das zu werden, was uns von Anfang an bestimmt war. Dieser Prozeß beinhaltet das Aufgeben falscher Bilder von uns selbst, die durch unsere Umwelt und die Projektionen unserer Eltern, Lehrer, Freunde und Geliebten aufgebaut wurden. Dies wird in Initiationsriten oft durch das Ablegen oder Wechseln der Kleidung symbolisiert. Auf dieser symbolischen Ebene ist der Prozeß einfach, aber auf der inneren Ebene ist er schmerzhaft. Er beinhaltet die Auflösung und Zerstörung des Ego sowie das Loslassen von allem, als das wir uns gesehen haben, das wir aber nicht sind. Dies ist schwer. Der menschliche Geist sucht immer in der Sicherheit des Bekannten Zuflucht. Er fürchtet das Unbekannte und die Veränderung.

Im Heidentum wird großer Wert auf das Klarsehen gelegt, die ursprüngliche Bedeutung des englischen Wortes *clairvoyance*. Dies gibt es auch in der östlichen Religion. Im Osten ist es die Aufgabe des Guru, zu helfen, den Schüler vom Schleier der Unwissenheit zu befreien, so daß er sich selbst und die Welt sehen kann, wie sie wirklich sind. Durch Klarsehen und die Entwicklung eines wahren Verständnisses über die Natur der Wirklichkeit können wir zur Göttlichkeit, aus der wir entstanden sind, zurückkehren. Klarsehen wird durch die Grenzen der Doktrinen behindert, denn alle religiösen Lehren sind nur unvollkommene Versuche der Menschheit, die göttliche Wirklichkeit zu verstehen. Alle Doktrinen werden transzendiert, wenn wir unserem Ziel näher kommen.

Im spirituellen Gedankengut des Ostens wird Transzendenz durch die Loslösung von der Verhaftung an Geist und Körper erreicht. Unsere

Wahrnehmungs- und Denkprozesse werden als Fallen angesehen, die die Welt für uns zu klassifizieren versuchen. Jedoch können sie die Welt nur innerhalb der Grenzen ihrer eigenen Mechanismen einordnen. Am Ende beruhen sie biologisch bedingten Prozessen und sind wie jede Maschine oder mechanische Apparatur begrenzt. Sie können uns nur ein Stück auf dem Weg des Verstehens weiterbringen. Wahres Verstehen entsteht aus innerer Erfahrung, die jenseits aller Klassifikationen liegt, die durch Geist und Sinne erschaffen werden.

Um das Selbst zu finden, den weiseren und tieferen Teil von uns, müssen wir eine spirituelle Reise unternehmen. Dies ist der Prozeß der spirituellen Initiation. Die Initiationszeremonien, die uns zu einem erwachsenen Mitglied der Gesellschaft machen oder uns in eine bestimmte religiöse Tradition einweihen, sind Anfangspunkte dieses Prozesses, aber sie sind nicht der Prozeß selbst. Der wahre Prozeß dauert ein ganzes Leben – daher endet das Finden des Grals oft mit dem Tod; denn nachdem wir die völlige Einheit mit der letzten Wirklichkeit erlangt haben, haben wir unsere spirituelle Heimstatt erreicht. Es ist kein Reisen mehr nötig.

Die Vorstellung der Initiation ist stark mit der des Todes und der Wiedergeburt verbunden. Die alte Persönlichkeit stirbt und eine neue wird geboren. Der Initiant ist sowohl derselbe als auch ein anderer. Wie in der Reinkarnation bleibt etwas vom Alten übrig, aber das Leben beginnt von neuem. Die enge Verbindung zwischen der Welt der Träume, Individuation und Tod und kommt stark in Dion Fortunes Arbeit zum Ausdruck:

Die Menschen sterben zwei Tode,
Den größeren und den geringeren,
Den Tod des Körpers und den Tod der Initiation,
Und von diesen beiden,
Ist der Tod des Körpers der geringere.
Der Mensch, der das Gesicht der Isis erblickt, stirbt,
Denn die Göttin nimmt ihn.[17]

Im Tod gehen die Menschen zu Ihr über den Schattenfluß,
Denn Sie ist die Bewahrerin ihrer Seelen bis zum Morgengrauen.
Aber es gibt auch einen Tod im Leben,
Und dieser führt ebenfalls zur Wiedergeburt.[18]

Das letzte Ziel des Initiationsprozesses kann am Ende vieler Leben erreicht werden. Während der Osten lehrt, daß die Reise des Lebens eine unwillkommene Bindung an die materielle Welt darstellt, lehrt das westliche

Heidentum, daß hoffnungsvoll zu reisen lohnenswert und an sich bereits eine Freude ist. Es ist auch nötig, daß sich die spirituell fortgeschritteneren Mitglieder unserer Gesellschaft nicht in den Kopf setzen, sich zu früh im Nirvana aufzulösen. Die Religionen des Fischezeitalters konzentrierten sich auf die Erlösung des Einzelnen. Während wir uns in das 21. Jahrhundert bewegen, ist das Leben der gesamten menschlichen Rasse und des Planeten, auf dem wir leben, bedroht. Das Problem sind nicht unsere individuellen Bedürfnisse, sondern die Bedürfnisse der Welt als Ganzes. Wir suchen den Gral, um er selbst zu werden – so daß wir zu Gefäßen werden, aus denen andere von dieser Quelle trinken können.

Der Gral

Ich war ein Wanderer auf den Wegen
Und ein Wanderer in der Wüste.
Ich war ein Seemann über der Tiefe.
Ich war ein Suchender des Höchsten.
Dann kam ich bei Nacht zum dunklen Berg,
Und ich schlief und träumte.

Und jetzt bin ich das Licht in den Augen des Propheten,
Ich bin ein Saphir, der in der Sonne glitzert.
Ich ruhe an der Brust der Großen Mutter,
Ich bin der Geliebte des Herzens des Berges.

Ich bin ein Quell in der Wüste,
Ich enthalte sowohl Licht als auch Wasser,
Sie können aus mir schöpfen, soviel sie wollen.
Das Licht der Sonne und des Mondes füllen mich wieder,
Ich bin der Gral.[18]

1. Vivian Worthington, *A History of Yoga*, S. 7.
2. Aus Vivianne Crowley, *Lord I have Furnished a Temple in Your Sight*, Lammas 1978.
3. Vivianne Crowley, *Isis-Nuit*, 1990.
4. Starhawk, wie zitiert in Michael Perry, *Gods Within: A Critical Guide to the New Age*, S. 16.
5. Jean Hardy, *A Psychology with a Soul: Psychosynthesis in Evolutionary Context*, S. 60 f.
6. Robert Bly, *Iron John*, S. 38.
7. William James, *The Varieties of Religious Experience*, S. 92-136.
8. Marian Green, *The Path Through the Labyrinth*, S. 8.
9. Aus *The Children of Cerridwen*, Vivianne Crowley, Herbst 1984.

10. Zitiert in Jean Hardy, *A Psychology with a Soul: Psychosynthesis in Evolutionary Context,* S. 61.
11. Eknath Easwaran (Übers.), *The Upanishads,* »Brihadranyaka Upanishad«, Kap. IV, Verse 19-21, S. 45.
12. Vivianne Crowley, Imbolc 1988.
13. Arwind Vasavada in J. M. Spiegelman and A. U. Vasavada, *Hinduism and Jungian Psychology*, S. 157.
14. Aus dem Buch der Schatten, wie zitiert in Vivianne Crowley, *Wicca: Die Alte Religion im Neuen Zeitalter* (Edition Ananael 1993), S. 166.
15. Jean Hardy, *A Psychology with a Soul: Psychosynthesis in Evolutionary Context*, S. 61.
16. C. G. Jung, *Zwei Schriften über Analytische Psychologie*, in: *Gesammelte Werke*, Bd. 7.
17. Dion Fortune, *The Sea Priestess,* S. 124.
18. Dion Fortune, *The Sea Priestess*, S. 125.
19. Vivianne Crowley, April 1988.

Teil V

DER WEG VORAN

14
Wie wird man Heide

Bis jetzt gibt es nur wenige, die in heidnische Familien hineingeboren werden. Die meisten gelangen durch eine bewußte Entscheidung auf den heidnischen Pfad, und nicht dadurch, daß sie von heidnischen Eltern in deren Philosophie erzogen worden sind. Wie können wir es angehen, wenn wir Heide werden wollen, nachdem wir über das Heidentum gelesen und uns näher mit ihm befaßt haben? Der Weg ins Heidentum ist anders als der in viele andere spirituelle Richtungen. Wenn wir Christen werden wollen, können wir an lokalen Gottesdiensten teilnehmen und dann entscheiden, ob wir uns damit näher befassen wollen. Wenn wir Heiden werden wollen, kann der Weg ein schwierigerer und einsamerer sein. Die Schritte, die man unternehmen sollte, um Heide zu werden sind:

1. Das Studium der heidnischen Götter und Mythen;
2. Die Entscheidung treffen, daß man Heide ist;
3. Die Entwicklung eines Kontaktes zur Natur;
4. Das Feiern der heidnischen Hochfeste;
5. Die Annäherung an unsere Götter durch Meditation und Gebet;
6. Das Leben nach heidnischer Ethik;
7. Entscheiden, ob wir einer heidnischen Gruppe beitreten wollen;
8. Sich für eine bestimmte heidnische Tradition entscheiden.

Das Studium der heidnischen Götter und Mythen

Um Heide zu werden, müssen wir uns erst mit dem Heidentum beschäftigen und dann entscheiden, ob dies der richtige Weg für uns ist. Dazu können wir uns an die äußeren Quellen des Wissens wenden, die für uns am leichtesten zugänglich sind. Informationen über das Heidentum sind in Büchern zu finden, die wir in der Bücherei entlehnen oder im Buchhandel kaufen können. Diese können dann auf Zeitschriften und weiterführende heidnische Bücher verweisen. Einige Literaturvorschläge sind im nachfolgenden Quellenführer enthalten. Diese Quellen können dir helfen herauszufinden, ob das Heidentum für dich der richtige Weg ist.

Die Entscheidung treffen, daß man Heiden ist

Durch die Lektüre dieses Buches und/oder indem du dein Studium weiter fortführst, kann es sein, daß du dich entscheidest, daß das Heidentum für dich sinnvoll ist und mit deinen eigenen Glaubensvorstellungen übereinstimmt. Es kann sein, daß du schon deine eigene spirituelle Philosophie entwickelt hast und zum ersten Mal erkennst, daß sie als Heidentum beschrieben werden kann. Um Heide zu werden ist keine formelle Zeremonie der Zulassung nötig. Wir werden Heiden, indem wir entscheiden, daß wir Heiden sind; auch wenn bestimmte Traditionen ihre eigenen Aufnahmezeremonien haben können.

Die Entwicklung eines Kontaktes zur Natur

Der Kontakt zur Erde und zur Natur ist für alle Heiden wichtig. Die englischen Worte *pagan* und *heathen* (dt. »Heide«) bedeuten Landbewohner. Heidentum ist eine Religion, die auf dem Erkennen des Göttlichen in der Natur beruht. Der Kontakt zur Natur ist wesentlich, wenn unser Heidentum ein tiefverwurzelter und dauerhafter Teil unseres Lebens sein soll. Viele Heiden empfinden eine mystische Verbindung zur Erde und zu ihrer Umgebung, die sich sehr von der Einstellung der heutigen »zivilisierten« Menschen unterscheidet. Diese Einstellung gab es in früheren Zeiten und sogar in der jüngeren Geschichte bei den eingeborenen Völkern vieler Länder. Landwirtschaftliche Gemeinschaften, die seit Generationen dieselbe Erde pflügen, in denselben Behausungen leben und mit derselben Gemeinschaft verbunden sind, kennen diese Verbindung. Diese Gemeinschaften sind in natürlicher Weise auf das Land eingestimmt – indem sie es bewirtschaften und seinen Jahreszyklus des Wachstums, der Ernte, des Verfalls, der Ruhe und der Wiedergeburt leben. In unserer modernen Zeit ist die Beziehung zum Land für uns alle besonders wichtig. Nicht alle Heiden können ihre Städte verlassen und in idyllischer Umgebung organischen Landbau betreiben; obwohl es einige tun. Diejenigen von uns, die nicht mehr die Erde pflügen, müssen die Verbindung auf eine andere Weise herstellen. Indem wir Gärten anlegen, an Baumpflanzungen teilnehmen, heilige Plätze und natürliche Orte voll elementarer Energie besuchen, finden wir Zeit und Raum, um über die Kräfte der Natur und unsere Hingabe an sie zu meditieren, sie zu lieben, zu beschützen, zu pflegen und zu erneuern.

Das Feiern der heidnischen Hochfeste

Wir können die Jahresfeste auf viele verschiedene Arten feiern. Dies kann komplexe Zeremonien beinhalten oder einfach die Kommunikation mit der Natur zur passenden Zeit. Wir alle können zu jedem Jahresfest ein wenig Freiraum finden, um Zeit im Freien zu verbringen. Dies kann in den Wäldern sein, am Strand, am Moor oder auf den Bergen, wo die Kräfte der Natur nicht durch menschliche Hand gezähmt worden sind. Wenn dies jedoch nicht möglich ist, muß uns das nicht davon abhalten, die Natur zu erfahren. Wir können auch in unserer Nähe den Wachstumsprozeß des Jahreszyklus beobachten, indem wir einen Baum im Park auswählen, den wir zu jedem Fest besuchen. Jene, die in einer städtischen Umgebung aufgewachsen sind, müssen das Wissen und die Empfindsamkeit für die Natur, die für unsere Vorfahren selbstverständlich war, neu erlernen. Wenn wir auf einfache Weise beginnen, mit dem Göttlichen in der Natur Kontakt aufzunehmen, werden wir entdecken, daß es anfängt uns entgegenzukommen, um mit uns Kontakt aufzunehmen.

Wenn wir feierliche Rituale abhalten wollen, müssen wir uns entscheiden, welche Gottheiten diesen vorsitzen sollen. In diesem Buch habe ich eine Anzahl verschiedener heidnischer Pfade beschrieben. Die Traditionen, die ich beschrieben habe, decken aber keinesfalls die Reichhaltigkeit des kulturellen Erbes Europas ab. Es gibt auch die Götter der slawischen Völker und die Götter Griechenlands und Roms. Für einige Leute sind dies die Götter, an die sie sich natürlicherweise wenden.

In einigen Ländern gibt es Richtungen des Heidentums, das man als das ursprüngliche Heidentum dieses Landes bezeichnen könnte, und für viele Heiden ist es selbstverständlich, daß sie sich diesen Gottheiten und ihrem Pfad zuwenden. In den englischsprachigen Ländern ist die Situation weniger klar. Die Britischen Inseln z.B. waren über Jahrtausende das Ziel einwandernder Völker. Ihre Einwohner sind eine Mischung aus Kelten, nordischen Völkern, Germanen und Pikten, zu denen in den letzten Jahren noch afrikanische, afro-karibische und asiatische Völker gekommen sind. In früheren Jahrhunderten hat uns der Pioniergeist unserer nordischen Vorfahren und die Wanderlust der Kelten in viele andere Länder gebracht, deren Völker und Umwelt von unserer eigenen sehr verschieden waren. In der Neuen Welt und in Australien siedelten wir verpflanzte Völker an, die von Einwanderungswellen anderer Europäer, Afrikaner und Asiaten gefolgt wurden. Um unsere Götter zu entdecken, müssen wir uns Zeit nehmen, über die verschiedenen Göttergesellschaften und Gottheiten zu meditieren, um jene herauszufinden, die uns am stärksten ansprechen. Dennoch ist es nicht so, daß nur wir unsere Götter auswählen. Sie müssen auch uns auswählen. Einige von uns mögen sich zu Gottheiten hingezogen fühlen, deren Tempel und Mythen mit unserer eigenen Landschaft verbunden sind; manchmal fühlen wir uns zu den Göttern unserer Vorfahren hingezogen; manchmal sprechen andere Götter zu uns. Viele Menschen in der ganzen Welt verehren die ägyptischen Gottheiten, deren Archetypen im kollektiven Unbewußten so stark sind, daß sie vielen Menschen spontan in Visionen und Träumen erscheinen.

Für einige erscheint eine Synthese verschiedener heidnischer Glaubensvorstellungen, die aus dem Reichtum des kulturellen Erbes von uns allen schöpfen, für die moderne Welt am passendsten. Viele Anhänger der heidnischen Bewegungen halten an ihren eigenen Traditionen fest, doch bei öffentlichen Feiern nähern sie sich einander an, um zu begründen, was vielleicht eine Religion der Zukunft werden könnte: ein neues Heidentum, das durch vielfältige Ströme des Denkens bereichert wird. Die verschiedenen heidnischen Pfade können als Flüsse angesehen werden, die eine Quelle als Ursprung haben. Diese Flüsse fließen durch verschiedene Landschaften und nehmen verschiedene Farben an, je nach der Erde, durch die sie fließen; doch am Ende kehren alle in das eine Meer zurück. Philip Carr-Gomm, Leiter des *Order of Bards, Ovates and Druids*, schreibt über Druidentum und Wicca:

> Vielleicht brauchen wir unsere Zugehörigkeit als Hexen oder Druiden nicht mehr zu polarisieren und können uns statt dessen erlauben, einen Sinn für das Gemeinsame zu entwickeln, der uns befähigt, beide Traditionen auf eine Weise zu entdecken, die uns hilft, einen Pfad zu

> schaffen, der für uns einzigartig ist und der viele Arten des Seins erforscht, die die beiden Wege verbinden. Vielleicht bewegen wir uns auf eine Zeit zu, in der wir wieder die Anhänger der Alten Religion sein können, der alten Wege und des geheimen Glaubens.[1]

Sobald wir eine Verbindung zu unseren Göttern hergestellt haben, müssen wir unser Verständnis der Alten Götter stärken. Wir müssen ihre Mythologie studieren und uns entscheiden, wie wir uns ihnen vorstellen wollen. Wir müssen nicht nur die geschriebene Liturgie anderer übernehmen, sondern wir müssen auch unsere eigenen Rituale und Gebete entwickeln, so daß unsere Spiritualität zu einem lebendigen, immer wachsenden Schatz in uns wird.

Einige Ideen für die thematischen Schwerpunkte der heidnischen Feste sind in Kapitel 11 enthalten. Weitere Ideen über das Feiern des Jahreszyklus können aus den Büchern, die im Quellenführer angegeben sind, bezogen werden. Die nötigen Schritte sind:

1. Die entsprechenden jahreszeitlichen Mythen zu lesen;
2. Einige Zeit im Freien zu verbringen und zu beobachten, was in der Natur und im landwirtschaftlichen Zyklus geschieht;
3. Sich Zeit zu nehmen, um zu meditieren und/oder das jahreszeitliche Thema zu feiern, so wie es für unser Leben von Bedeutung ist – vielleicht durch Gebete oder Anrufungen, die an die entsprechenden Gottheiten gerichtet werden.

Letzteres können wir gemeinsam mit anderen oder alleine tun; wir können es an speziell geweihten, heiligen Orten durch die traditionellen Riten tun, oder indem wir uns in unser Wohnzimmer setzen oder durch den Wald laufen. Wichtig ist, sich eigens dafür Zeit zu nehmen, die Götter und die sich immer erneuernde Lebenskraft zu verehren, und unseren Geist für eine Weile von den alltäglichen Notwendigkeiten abzuwenden, die den größten Teil unseres Lebens bestimmen.

Die Annäherung an unsere Götter durch Meditation und Gebet

Dies ist nicht leicht. Viele von uns, die sich auf den heidnischen Weg begeben, bauen ihr spirituelles Leben von Anfang an auf, oft mit nichts anderem als der eigenen Intuition und dem Kontakt zu den Göttern, die uns führen. Auf diesem einsamen Pfad können sich viele von uns anfangs etwas verloren fühlen. Sie sind inspiriert, auf die spirituelle Suche zu gehen, aber unsicher, wo sie anfangen sollen. Um vorwärts zu kommen, brauchen wir Selbstvertrauen und die Sicherheit, daß der Weg da ist, wenn wir ihn suchen. Marian Green schreibt:

> Die uralten Tore sind wiederhergestellt und die Schlüssel sind jedem zugänglich, der die Geduld, den Mut und den Willen hat, sie zu finden. Die ältesten Götter haben sich nie von unserer Welt zurückgezogen, wir haben uns vor ihnen hinter die falschen Grenzen der uninspirierten religiösen Lehren und festen Dogmen zurückgezogen.[2]

Um unser Heidentum zu entwickeln, müssen wir die Tore wieder öffnen. Jedes spirituelle Training beruht darauf, reine Kanäle der Kommunikation mit der Anderswelt aufzubauen. Dies kann nur durch regelmäßigen Kontakt mit ihr erreicht werden. Für jeden von uns ist es schwierig, regelmäßige Übungen durchzuführen, und es ist doppelt so schwierig, wenn wir unser Heidentum allein praktizieren. Familie, Arbeit und Fortbildung liegen alle im Wettstreit um unsere Zeit und Aufmerksamkeit. Wie sollen wir da noch eine Verpflichtung unterbringen?

Wenn unser Heidentum stark sein soll, muß es ein Teil unseres alltäglichen Lebens werden. Ein bemerkenswerter Unterschied zwischen der westlichen und der östlichen Annäherung an die Religion ist das Ausmaß in dem sich Hindus, Moslems und Buddhisten – auf völlig unbewußte Weise – jeden Tag Zeit nehmen, um ihre Götter zu verehren. Im Osten ist es nicht ungewöhnlich, wenn Leute auf der Straße stehenbleiben, um zu beten. Das gleiche Verhalten würde im Westen Aufsehen, Gelächter und Verärgerung hervorrufen: Das geschäftige Leben, das wir führen, darf nicht durch Leute gestört werden, die sich auf den Bürgersteig werfen. Die offene Zurschaustellung der eigenen Religiosität ist in den meisten westlichen Ländern nicht üblich, und Heiden rufen auch nicht dazu auf; aber wenn wir unser Heidentum ausüben wollen, ist es wichtig, daß wir uns jeden Tag ein kleinwenig Zeit nehmen, um in bewußte Verbindung mit unseren Göttern zu treten. Dies heißt nicht, daß wir komplizierte Zeremonien ausführen müssen, noch heißt es, daß unsere unbewußte Verbindung nicht da ist, wenn wir unserem alltäglichen Leben nachgehen; aber unser spirituelles Leben ist eine junge Pflanze. Sie muß sorgsam genährt werden, besonders am Anfang, wenn sie in einem feindlichen Klima wachsen soll.

Wie andere Glaubensrichtungen befürworten viele heidnische Wege die tägliche Meditation als Weg, sich den Göttern zu nähern. Heiden sprechen oft vom Konzept der Zentriertheit. Dies bedeutet, in sich selbst zu ruhen und der inneren Stimme zuzuhören, dem höheren Selbst – dem Göttlichen in uns, das mit dem Göttlichen außerhalb von uns in Verbindung steht. Diese Zentriertheit ist eine Form des Gebets; denn Gebet besteht für Heiden nicht darin, die Götter um etwas zu bitten, sondern es ist ein Zusammensein mit unseren Göttern. Wir können sie um Hilfe oder um Führung bitten, doch ist das nicht der Hauptzweck der Übung. Ein Odinist schreibt:

> Odinisten rufen in ihren *inveita* (Anrufungen) die Aesir an, damit sie in Gedanken auf sie zugehen, so wie sie selbst nach den Aesir streben. Durch wachsendes Verständnis wird Ganzheit erlangt, eine Einheit mit den Göttern, die uns helfen, unsere Probleme zu durchdenken und herauszufinden, wie sie gelöst werden können.[3]

Sich während des Tages Zeit zu nehmen, um sich zu zentrieren und in Kontakt mit dem göttlichen Geist zu treten, der das Universum durchdringt, ist wie einen Freund zu besuchen. Oft sind keine Worte nötig. Die bloße Gegenwart eines weisen Freundes erfrischt uns, klärt unsere Gedanken und festigt uns in unseren Absichten.

Das Leben nach heidnischer Ethik

Wenn wir uns Heiden nennen wollen, müssen wir als Heiden leben. Der heidnische Ethos ist in diesem Buch dargestellt worden, aber unser Verhalten kann manchmal weit von den Idealen der Harmonie, Liebe und Ehre abweichen, für die das Heidentum steht. Um unseren Sinn für Ethik zu entwickeln, müssen wir uns selbst, unser Verhalten und unsere Motive in rücksichtsloser Ehrlichkeit erforschen. Wir müssen auch genug Selbstliebe aufbringen, um uns zu vergeben, wenn wir unsere Ideale nicht erreichen, und den Mut, es noch einmal zu versuchen. Einige heidnische Wege empfehlen, sich Zeit zu nehmen, um die Vorgänge des Tages und unsere Rolle darin zu untersuchen. Ein spirituelles Tagebuch hilft dabei. Am Ende des Tages, zur Zeit unserer Reflexion, überlegen wir, wie wir an die Aktivitäten des Tages herangegangen sind und ob unsere Handlungen zentriert waren, d.h. ob sie aus unserer Mitte gekommen sind, die allein weiß, was in Übereinstimmung mit dem größeren Guten steht.

Entscheiden, ob wir einer heidnischen Gruppe beitreten wollen

Heiden führen ihre Verehrung oft allein aus; entweder aus Notwendigkeit oder weil sie es so wollen. Einige Heiden ziehen es vor, ihrem Weg allein zu folgen und nehmen an keinen religiösen Zusammenkünften teil. Sie kommunizieren mit der Natur in ihren Wäldern und Feldern und folgen den Pfaden ihrer Ahnen. Obwohl sie möglicherweise einen individuellen Lehrer suchen, verspüren sie nicht das Bedürfnis, andere zu treffen oder einer Gruppe beizutreten. Andere können, nachdem sie sich entschieden haben, daß sie Heiden sind, das Bedürfnis entwickeln, sich mit anderen Leuten, die ihre Ansichten teilen, zu treffen und ihre Gedanken auszutauschen. Viele Leute finden das schwierig. Sie mögen versucht haben, mit Freunden oder ihrer Familie über ihren Glauben zu sprechen, und wurden zurückgewiesen, stießen auf Unverständnis oder wurden ausgelacht. An diesem Punkt können sie sich sehr isoliert fühlen und werden sich vielleicht an eine heidnischen Organisation wenden, um zu fragen ob sie der einzige Heide auf der Welt sind. Dieses Gefühl ist unter den Pionieren, die neues spirituelles Land erkunden, durchaus gewöhnlich. Marilyn Ferguson schreibt in ihrem Buch *The Aquarian Conspiracy*:

> ...Wenn sich ein Paradigma verschiebt, stellen sich die Leute, die die neuen Ideen annehmen, oft vor, sie seien isolierte Individuen, die gegen die Strömung schwimmen. Sie sind erstaunt, wenn sie entdecken, wie viele Leute ihnen zustimmen – manchmal genauso heimlich wie sie selbst.[4]

Heiden führen religiöse Rituale durch, weil sie ihrer Auffassung nach damit die Götter erfreuen. Die Verehrung mit anderen erfüllt darüber hinaus aber auch einen sozialen Zweck. Gruppenrituale sind ein gemeinsames Darstellen der religiösen Mythen. Sich mit anderen zusammenzufinden, um unsere gemeinsamen spirituellen Glaubensvorstellungen zu erkennen, schafft einen Sinn der Gemeinschaft zwischen Heiden und ein Wissen, daß wir nicht allein sind. Dies kann uns die Kraft geben, zu unserem Glauben zu stehen und ihm in einer manchmal feindlichen Gesellschaft den Weg zu bahnen.

Wenn wir uns entscheiden, uns mit anderen treffen zu wollen, kann dies oft gar nicht einfach sein. Es gibt offene religiöse Versammlungen und diese nehmen auch beständig zu, doch zur Zeit sind sie auf wenige Orte begrenzt. Woanders entsteht der Kontakt zu anderen Heiden gewöhnlich durch eine nationale heidnische Organisation, durch eine örtliche Diskussionsrunde oder einen Verein, durch die man dann eine Einladung zu einem Treffen erhalten kann. Zeitschriften enthalten oft Listen von Veranstaltungen und Gruppen, bei denen man teilnehmen kann, um den heidnischen Pfad eingehender zu erkunden. Es kann sein, daß es an einigen Orten keine Gruppen gibt, doch gibt es nationale Organisationen, die durch Fernkurse, Seminare, Konferenzen usw. helfen können.

Sich für eine bestimmte heidnische Tradition entscheiden

Wenn wir einer bestimmten heidnischen Tradition folgen wollen, können wir mit einer geeigneten Gruppe oder Organisation Kontakt aufnehmen und uns um eine Aufnahme bemühen. In einigen Traditionen mag dies nicht erforderlich sein. Der Schamanismus z.B. wird meist allein praktiziert, auch wenn man anfangs unter einem Lehrer lernen und sich zu bestimmten Zeremonien treffen kann. Der persönliche Kontakt zu anderen auf einem bestimmten Pfad kann jedoch sehr hilfreich sein. Ein Großteil des Heidentums beruht auf mündlicher Überlieferung und kann durch das geschriebene Wort nicht vermittelt werden. Es kann z.B. schwierig sein, Rituale und Zeremonien zu entwickeln, wenn man noch nie an welchen teilgenommen hat, es sein denn, man ist in dieser Hinsicht besonders begabt.

Eine Gruppe zu finden kann nicht einfach sein. Die heidnischen Pfade sind keine missionarischen Religionen und bekehren nicht. Die meisten Heiden glauben, daß jeder, der ernsthaft Kontakt zu einem bestimmten Pfad sucht, zur richtigen Quelle hingezogen wird. Das Heidentum ist daher ein Pfad für die Ausdauernden. Es bietet keine einfachen Antworten und hat zur Zeit auch nicht genügend Mittel, um seine Anhänger zu unterstützen. Dennoch existieren Gruppen, und mancher mag glücklich sein, eine geeignete Gruppe vor der Tür zu finden. Wenn dies nicht der Fall ist, können wir aus Büchern lernen, und einige Traditionen bieten auch Fernkurse an, um denen zu helfen, die keinen Zugang zu lokalen Gruppen haben. Einige Anregungen sind im Quellenführer am Ende dieses Buches finden.

Wenn du dich entscheidest, um Aufnahme in eine bestimmte heidnische Tradition anzusuchen, kann dies eine Zeit des Trainings und des Lernens erfordern, und es ist möglich, daß du dich einer formalen Einführungs-

oder Initiationszeremonie unterziehen mußt. Ob dir dies offensteht, kann von deinem Alter abhängen. Einige heidnische Pfade glauben, daß das Beschreiten eines bestimmten religiösen Weges eher eine Berufung ist, ein Antworten auf den Ruf der Götter, und dies ist etwas, das wir nicht tun können, bevor wir erwachsen sind.

Wie kannst du entscheiden, ob eine Gruppe für dich richtig ist, nachdem du zu ihr Kontakt aufgenommen hast? Es gibt zwei Hauptkriterien: Respekt und Sympathie. Respekt bedeutet jedoch nicht einseitigen Respekt für die Gruppe und ihre Leiter, wenn sie solche hat. Respekt bedeutet beiderseitigen Respekt. Sind die Leute in der Gruppe an dir als Individuum interessiert und bereit, sich deine Ansichten anzuhören? Erscheinen die Leute in der Gruppe emotional stabil? Sei vorsichtig mit jenen, die behaupten, mystische Kräfte zu besitzen, aber deren eigenes persönliches Leben ein völliges Chaos ist. Mystische Vision allein kann einem Einsiedler in einer Höhle nützlich sein, aber sie reicht nicht aus, um eine heidnische Gruppe zu leiten, deren Mitglieder in der realen Welt leben müssen. Diese persönlichen Kriterien mögen weit von dem ersten Anliegen, einer Gruppe beizutreten, entfernt sein, das beinhaltet, sich mit anderen zu treffen, um die Mysterien der Götter zu feiern und möglicherweise, aber nicht notwendigerweise, Wissen und Ausbildung durch jene zu erhalten, die mehr Erfahrung auf dem Pfad haben. Dennoch, Gruppen können mit der Persönlichkeit und den adäquaten oder inadäquaten Eigenschaften ihrer Mitglieder und Leiter stehen oder fallen.

Einer Gruppe beizutreten heißt, eine Gruppe von Leuten zu finden, zu denen wir passen. Wie in allen Religionen können sich skrupellose Menschen als spirituelle Lehrer ausgeben, um andere auszubeuten. Es ist wichtig, daß wir unseren gesunden Menschenverstand gebrauchen, wenn wir eine spirituelle Gruppe auswählen, genauso als würden wir eine Gruppe von Leuten auswählen, mit denen wir arbeiten oder befreundet sein wollen. Dies ist besonders wichtig, wenn wir jung und in der Welt unerfahren sind. Es ist besser, ein allein praktizierender Heide zu sein, als zu versuchen, einer Gruppe beizutreten, in der du den Mitgliedern nicht vertraust und und keine harmonische Beziehung zu ihnen aufbauen kannst.

Sympathie ist das zweite Kriterium, das beachtet werden muß, wenn man eine Gruppe auswählt, um ihr beizutreten. Es ist möglich, die Feste mit einer Gruppe zu feiern, deren Mitglieder du respektierst, die du dir normalerweise aber nicht als deine Freunde aussuchen würdest. Oft sind heidnische Gruppen in bezug auf Alter, Bildung, Beruf und Interessen sehr gemischt. Dies kann eine Quelle der Kraft sein, wenn verschiedene Mitglieder ihr Wissen und ihre Lebenserfahrung in die Gruppe einbringen. Wenn du Heiden aus deiner Umgebung triffst, dann erschrecke nicht, wenn sie alle in Lederjacken herumlaufen, Computerfreaks oder New-Age-Anhänger sind, und du bist es nicht. Finde heraus, was hinter der oberflächlichen Erscheinung liegt, und es kann sein, daß das, was du mit ihnen gemeinsam hast, die äußeren Unterschiede aufwiegt. In einer Atmosphäre des gegenseitigen Vertrauens zu feiern kann zu tiefer Freundschaft und Sympathie zwischen Menschen führen, deren Wege sich normalerweise nie gekreuzt hätten.

Die Gründung einer heidnischen Gruppe

Wenn du keine heidnische Gruppe in deiner Gegend finden kannst, kannst du deine eigene gründen. Wenn du eine Gruppe gründest, kann der Rat anderer von großem Wert sein. Diesen kannst du bei den nationalen Organisationen erhalten, die für einen bestimmten heidnischen Weg stehen, oder bei Dachorganisationen, die allgemein die Interessen des Heidentums vertreten. Wenn du den Weg beschreitest, deine eigene Gruppe zu gründen, gibt es eine Anzahl praktischer Probleme. Der geeignete Versammlungsort ist eines davon. In den Sommermonaten kann sich deine Gruppe im Freien treffen und feiern, aber in einer verregneten Januarnacht macht dies nicht so viel Spaß. Wenn kein Gruppenmitglied zu Hause einen passenden Raum hat, kann es sein, daß du einen Raum mieten mußt. Den meisten Ortsbehörden stehen Räume in Bibliotheken usw. zur Verfügung. Andere Organisationen wie Studentenverbindungen und New-Age-Zentren besitzen vielleicht Räume, die sie für Jahresfeste vermieten würden.

Der nächste Punkt sind die Mitglieder. Anfangs wird deine Gruppe wahrscheinlich klein sein. Es kann sein, daß du eine Gruppe von Freunden hast, die deine Interessen teilen. Einige von euch können sich bei einem Treffen einer örtlichen heidnischen Diskussionsgruppe entschließen, eine Gruppe zu bilden, um gemeinsam die Hauptfeste zu feiern. Es kann sein, daß jeder, der an der Gruppe interessiert ist, eine ähnliche heidnische Ausrichtung hat – sei es Schamanismus, Göttinverehrung, keltische Mysterien oder was auch immer. Dies vereinfacht die Dinge. Es kann aber auch sein, daß ein Mitglied ein angehender Odinist ist, ein anderes eine göttinorientierte Frau, die sich nicht sicher ist, ob sie mit Männern arbeiten will, und wieder andere würden gern einem Wicca-Coven beitreten, doch gibt es keinen. Einige mögen Rituale in der alltäglichen Kleidung feiern wollen, andere mögen zur Natur zurückkehren und ihre Kleidung in alle Winde verstreuen wollen, und wieder andere mögen sich eine schöne schwarze Robe mit Kapuze vorstellen, von der deine göttinorientierte Freundin denkt, sie sehe satanisch aus. Wie kannst du diese Probleme bewältigen?

Außer vor Verzweiflung an dieser ersten Hürde aufzugeben, ist die offenkundige Antwort die, daß es keine einfachen Lösungen gibt, sondern nur eine schwierige – den Kompromiß. Wenn du eine eklektische heidnische Gruppe bildest und du selbst Anfänger bist, kannst du der Gruppe nicht deine Ansichten und deinen Ethos aufzwingen. Was sich bilden muß, ist ein Konsens, ein notwendiger Kompromiß, der dich jedoch in die Lage versetzt, die Gruppenarbeit zu beginnen. Dies ist auf keinen Fall leicht. Die psychologische Literatur ist voll von Texten über die Komplexität der Dynamik kleiner Gruppen.

Kompromisse zu schließen ist einer der Nachteile der Gruppenarbeit und der Grund, warum viele Leute entscheiden, daß Gruppen nichts für sie sind. Sie vertreten eine feste Ansicht, von der sie glauben, daß sie richtig ist, und sie wollen in bezug auf ihre Ideen keine Kompromisse eingehen. Solche Ansichten müssen respektiert werden. Westliche Menschen, und speziell westliche Heiden, sind meist Individualisten. Selbst Anhänger derselben Tradition werden in ihrer Interpretation dieser Tradition nicht völlig übereinstimmen. In positiver Hinsicht ist es jedoch eine schöne Seite der Gruppenarbeit, wenn man lernt, mit anderen auf bedeutungsvolle Weise in tiefgreifenden spirituellen Aufgaben zusammenzuarbeiten. Wir können die größten Druiden, Hexen oder Schamanen der Welt sein, aber wenn wir nicht mit anderen Menschen in Beziehung treten können, welchen Nutzen haben wir dann für die Welt?

Was in einer Gruppe nötig ist, ist nicht völlige Konformität der Ideen, sondern Hingabe. Um eine Gruppe zu bilden, die auf einer spirituellen Ebene arbeitet, ist es nötig, daß sich die Mitglieder regelmäßig treffen. Einige Gruppen mögen in der Lage sein, sich wöchentlich zu treffen. Andere können berufliche und/oder familiäre Verpflichtungen haben, die dies unmöglich machen. Sich alle zwei Wochen zu treffen funktioniert jedoch recht gut und ist häufig genug, damit sich die Mitglieder kennenlernen und einen Gruppengeist aufbauen können.

Die meisten heidnischen Gruppen wollen die Jahresfeste feiern. Einige Gruppen können auch die Vollmonde feiern wollen. Es ist gut, diese genau an ihrem jeweiligen Tag zu feiern, doch wenn die Mitglieder nicht in unmittelbarer Nähe wohnen, kann es in der Praxis einfacher sein, einen bestimmten Tag der Woche auszuwählen und an diesem festzuhalten. Die Mitglieder können dann ihre anderen Verpflichtungen danach ausrichten. Die meisten Heiden finden es annehmbar, die Feste und Vollmonde zum nächstmöglichen Termin zu feiern. Ebenfalls wichtig ist, daß sich die Mitglieder für einen zeitlichen Rhythmus ihrer Treffen entscheiden, der praktisch ist. Viele Gruppen beginnen sehr ehrgeizig und treffen sich jede Woche, um dann schnell ihren Antrieb zu verlieren. Besser ist es, einen weniger ehrgeizigen Plan zu verfolgen, den die Leute einhalten können.

Was kann eine Gruppe tun, wenn sie sich trifft? Nicht alle Treffen müssen ernste Anlässe der Verehrung sein. Einige Treffen können zum Beisammensein, zum Lesen, für Diskussionen, zur Meditation oder für Traumreisen abgehalten werden, oder, wenn die Gruppe Magie ausübt, um bestimmte magische oder divinatorische Techniken vorzustellen. Auch wenn es keine erfahrenen Ritualpraktiker in der Gruppe gibt, wird jeder ein wenig Wissen über irgend ein Thema einbringen können, und die Wissensgebiete jedes einzelnen Mitglieds werden sich von denen eines anderen unterscheiden. Dies ist eine geeignete Basis für einen Selbstunterricht und die gemeinsame Aneignung von Wissen und Fertigkeiten.

Es kann sein, daß sich niemand kompetent genug fühlt, um als Lehrer aufzutreten, doch können sich verschiedene Leute abwechseln, um die Gruppe bei einem bestimmten Thema zu leiten, während andere die entsprechende Literatur studieren und ihre Forschungsergebnisse in die Diskussion einbringen können. Auf diese Weise tragen alle zur gemeinsamen Weiterentwicklung bei und lernen voneinander. Es ist z.B. für eine Gruppe möglich, sich selbst über die keltische Tradition zu unterrichten, indem zwei Mitglieder die irischen und die walisischen Götter studieren und dann gemeinsam über keltische Mythologie berichten. Ein anderes Mitglied könnte die Runen studieren und eine Divinationstechnik vorstellen. Wieder andere könnten ein Ritual zu Ehren einiger der Götter und Göttinnen eines bestimmten Pantheons entwickeln. Das Ritual kann bei der ersten Ausführung ein wenig holprig wirken, aber wenn die Leute etwas mehr mit der Form vertraut werden und das Ritual verändert haben, so daß es glatter abläuft, werden seine Energie und seine Kraft zunehmen.

Unser Heidentum auf diese Weise zu entwickeln, unterscheidet sich nicht sehr von der Arbeit eines allein praktizierenden Heiden. Der große Vorteil ist jedoch der, daß es die Faulheit und Trägheit überwinden hilft. Wie wir alle wissen, ist es sehr schwer, allein zu lernen, wenn wir für unsere Kinder sorgen, arbeiten, für unsere Weiterbildung lernen und all die anderen Aufgaben bewältigen müssen, die wir uns in der Welt gestellt haben. Der Vorteil des Lernens in der Gruppe besteht darin, zu wissen, daß wir unseren Teil beitragen müssen, wenn sich andere Leute auf uns verlassen können sollen, was einen zusätzlichen Anstoß darstellt.

Gruppenvisualisationen und Traumreisen sind ebenfalls eine wichtige Aktivität. Um ein bedeutungsvolles Ritual zu leiten, das nicht nur eine theatralische Vorführung der Hauptteilnehmer ist, ist es nötig, daß jeder am Ritual auf einer inneren Ebene teilnimmt, nicht nur durch die äußeren Worte und Handlungen. Selbst wenn Menschen aus der Perspektive verschiedener Traditionen arbeiten wollen, kann es für die Gruppe gut sein, ihre eigenen Öffnungs- und Schließungsrituale zu entwickeln, die den verschiedenen Göttergesellschaften und Traditionen angepaßt werden können. Eigene Öffnungs- und Schließungsrituale verleihen der Gruppe ein Gefühl der Zusammengehörigkeit und der Identität. Es ist dies eine Art zu sagen: »Das sind wir und das ist unser Ort. Das ist es, was wir hier tun wollen.«

In einer neu gegründeten Gruppe können sich natürliche Gruppenleiter herauskristallisieren, denen die anderen Gruppenmitglieder gern erlauben, eine organisierende Rolle zu übernehmen. In einer eklektischen Gruppe jedoch, in der kein Mitglied das Mandat des Leiters hat, kann dies ein schwieriges Problem sein. Was die Gruppe braucht, um zu überleben, ist nicht so sehr ein Leiter, als vielmehr Leute die bereit sind, die Verantwortung für einen Aspekt der Gruppenaktivität zu übernehmen, und jemand mit genug Menschenkenntnis, der dazu fähig ist, andere Leute davon zu überzeugen, diese Verantwortung freiwillig zu übernehmen.

Am Anfang ist es gut, ein organisatorisches Treffen abzuhalten und zu entscheiden, was die Gruppe braucht, um sich selbst zu organisieren. Braucht sie eine Kasse, um einen Raum zu mieten, vielleicht einen Vortragenden einzuladen oder Kerzen und Räucherwerk zu kaufen? Kann sich die Gruppe selbst organisieren, indem die Mitglieder abwechselnd verschiedene Dinge mitbringen und zur Verfügung stellen? Es ist wichtig, daß die Großzügigkeit einiger Leute nicht als selbstverständlich angesehen wird, da ansonsten Unmut aufkommen kann, der zerstören kann, was eine erfolgreiche Gruppe hätte werden können. Wenn sich die Gruppe immer in Sarahs Wohnung trifft, sehen es die Mitglieder dann als selbstverständlich an, daß sie für die anderen auch den Ritualplatz aufräumt, hinterher abwäscht, Kerzen, Räucherwerk und vielleicht sogar den Wein bereitstellt? Wenn das so ist, wird die Gruppe nur kurzlebig sein. Gruppen müssen realistisch den Einsatz abschätzen, der in Begriffen von Zeit, Aufwand und Geld nötig ist, und sicherstellen, daß die Last gleichmäßig verteilt ist. All diese Probleme können gelöst werden, vorausgesetzt, die Gruppe wendet Zeit und Anstrengung auf, um sowohl Treffen zu organisieren als auch Rituale und Feste zu feiern und zu lernen. Ein vierteljährliches Diskussionstreffen ist nützlich, um zu besprechen, wie es der Gruppe geht. Sind wir mit dem, was wir bisher gemacht haben, zufrieden? Was wollen wir als nächstes tun? Arbeitet jeder mit, wie er sollte? Wie können wir entscheiden, ob eine neue Person der Gruppe beitreten soll? All diese Angelegenheiten sind an sich weltlicher Natur, aber die Fähigkeit, mit der wir lernen, sie zu bewältigen, wird entscheiden, ob wir eine kreative Gruppe haben, die uns nicht nur mystisches und spirituelles Wissen lehrt, sondern uns auch zeigt, wie wir besser mit anderen Leuten umgehen können – etwas, das uns in der äußeren Welt genauso hilft wie in der inneren.

Heiden in der Öffentlichkeit

Ob wir einer Gruppe beitreten oder nicht, eine Entscheidung, die jeder Heide treffen muß, ist die, wie offen er sich zu seinem Heidentum bekennen will. Willst du an die Öffentlichkeit treten? Dich als Heide zu deklarieren wird das Interesse der Leute wecken, und sie werden dir über deinen Glauben Fragen stellen wollen. Einigen Leuten gefällt es, sich damit auseinanderzusetzen, während andere es vorziehen, ihren Glauben für sich zu behalten. Doch je mehr Leute bereit sind, an die Öffentlichkeit zu gehen, desto mehr Leute werden Heiden kennen und verstehen und ihren Glauben als Teil des normalen Spektrums spiritueller Glaubensrichtungen in unseren multikulturellen Gesellschaften ansehen.

Leuten über unseren religiösen Glauben zu erzählen, wenn sie uns danach fragen, ist etwas völlig anderes als diesen Glauben zu predigen. Wann immer wir eine Wahrheit entdecken, die für uns gilt, ist es sehr verführerisch zu versuchen, andere von ihrer Richtigkeit zu überzeugen. Dies kann jedoch sehr kontraproduktiv sein. Es gibt nichts Schlimmeres als das stumpfsinnige Versprechen der »geistigen Wiedergeburt«, und es ist anderen gegenüber beleidigend und arrogant, ihren Glauben lächerlich zu machen, während man seinen eigenen anpreist. Marian Green warnt:

> Religiöse Spinner sind die schlimmsten von allen, und jeder, der herumzieht und irgendeine weithergeholte kosmische Wahrheit predigt, wird großen Widerstand ernten. Es kann sein, daß du tatsächlich irgendeine herausragende Information über irgendeine direkte Botschaft Gottes erlangt hast, aber das gibt dir nicht automatisch das Recht, sie von der Dächern der Häuser zu schreien und zu erwarten, daß dir geglaubt wird.[5]

Wie offen du über deinen Glauben sprechen willst, hängt natürlich auch von deiner Arbeitsumgebung ab. Wenn du im Musikgeschäft arbeitest, können etwas exotische Interessen – wie die Haltung einer Tarantel als Haustier – durchaus obligatorisch sein. Wenn du Banker bist, kann es jedoch als Unzuverlässigkeit interpretiert werden, wenn du als seltsam oder exzentrisch giltst, und das Ende deiner Karriere bedeuten. Viel hängt auch davon ab, wo wir leben. In großen, multikulturellen Städten erwecken Heiden überhaupt kein Interesse. In kleinen konservativen Gemeinden als Heide aufzufallen kann dazu führen, daß man ausgestoßen wird oder Schlimmeres erlebt.

Dazu kommt noch das heikle Problem der Kinder. In der letzten Jahren haben gewisse protestantische Gruppen in Verfolgung ihrer eigenen perversen Ziele versucht, die heidnische Bewegung zu zerstören und Heiden als Kindesmißhandler und Teufelsanbeter zu brandmarken. Dies ist sowohl für heidnische Eltern als auch für jene, die als Kinderbetreuer arbeiten, ein Problem. Generell haben Leute mehr Angst vor Dingen, die sie nicht kennen und verstehen. Heidnische Eltern sind oft der Meinung, daß es weniger Probleme bringt, mit den Lehrern ihrer Kinder über ihren Glauben zu sprechen, als wenn die kleine Rachel eines Tages zur Schule geht und sagt: »Mama und Papa haben mich Samstag mitgenommen und wir sind mit den Hexen um den Kessel getanzt.«

Noch ein Faktor in der Entscheidung, wie öffentlich wir über unser Heidentum sprechen wollen, ist die Richtung, der wir angehören. Für Hexen sind die Probleme größer als für Heiden anderer Pfade. Hexerei kann mit Satanismus verwechselt werden. Die Öffentlichkeitsarbeit über moderne Hexenkunst hat viel erreicht, um falsche Vorstellungen auszuräumen und der Öffentlichkeit begreiflich zu machen, daß dies eine heidnische Religion und kein antisozialer Kult ist. Dennoch bereitet das Wort »Hexe« noch immer Schwierigkeiten und hat schon so manche sensationslüsterne statt ernste Publizität bewirkt. Viele derer, die dem Weg der Weisenkunst folgen, benutzen das Wort Hexe nicht, weil es zu viele Mißverständnisse mit sich bringt. Für einige Leute sind die Bezeichnungen »weise Frau«, »weiser Mann«, Schamane, Priester oder Priesterin treffendere Beschreibungen ihrer religiösen Praxis. Andere, widerstandsfähigere Leute glauben, daß es Zeit ist, das Wort Hexenkunst zu rehabilitieren und die Menschen über seine wahre Bedeutung aufzuklären.

Wie wir an dieses Problem herangehen, bleibt eine Entscheidung des Individuums, und obwohl das Heidentum in den letzten Jahren durch christlich-fundamentalistische Kampagnen angeschwärzt worden ist, nimmt das Verständnis zwischen Heiden und freier denkenden Christen beständig zu. In letzter Zeit sind Konferenzen für Heiden und Christen abgehalten worden, die den Anhängern der beiden Glaubensrichtungen die Gelegenheit gaben, ihre Ansichten auszutauschen und einen gegenseitigen Respekt aufzubauen. Dies heißt nicht, daß die Anhänger aller Religionen dieselben Ansichten entwickeln sollen, aber es bedeutet, daß wir voneinander lernen können und daß die Einsichten, die wir aus unseren jeweiligen Systemen gewonnen haben, das spirituelle Leben des jeweils anderen bereichern können. Heiden haben auch an multikonfessionellen Konferenzen teilgenommen, wo jene, die anderen religiösen Wegen folgen, erfahren konnten, daß die heidnische Weltsicht, obwohl sie anders ist, mit allen spirtuellen Pfaden gemeinsame Ziele hat. Durch die zunehmende Verbreitung des Heidentums begegnen christliche Geistliche mittlerweile auch Heiden, die ihren Dienst als Krankenpfleger oder Studentenberater versehen, und es entstehen zwischen ihnen Beziehungen, die von beiderseitiger Freundschaft und Respekt getragen werden.

Viele Christen erkennen jetzt, daß die Verbrechen und Perversionen, derer die Hexen beschuldigt wurden, erstaunliche Ähnlichkeit mit jenen besitzen, die allen verfolgten Minderheiten angelastet werden, und tatsächlich haben die Christen selbst vor langer Zeit darunter gelitten. Michael Perry, Erzdiakon von Durham, eine der ältesten christlichen Kathedralen, schreibt in seinem Buch *Gods Within: A Critical Guide to the New Age:*

> Die europäische Hexenjagd des Mittelalters erblühte in der Phantasie einer babytötenden, kannibalistischen, inzestiösen, orgiastischen und teufelsverehrenden Gemeinschaft. Aber die Verfolgungen der Christen in den frühen Jahren unseres Zeitalters wurden aus ähnlichen Fehlin-

formationen und Ängsten genährt. Ihre Gegner brachten die Behauptung in Umlauf, daß die Christen einen abstoßenden Initiationsritus praktizierten, bei dem sie Babys ertränkten, und daß sie auf ihren Treffen, nachdem sie Menschenfleisch gegessen und das Blut eines Toten getrunken hatten, sich dem hingaben, was sie Liebesmahle nannten, bei denen der Wein frei unter den Männern – und anwesenden Frauen – floß (Zwinker, Zwinker).[6]

Während rationale Christen in der Lage sein mögen, ein Verständnis für die heidnische Religion zu entwickeln, gibt es viele, die sich der automatischen Reaktion hingeben und entweder aus Unwissenheit oder absichtlich die üblen Mythen über die Ausübenden des Heidentums weiter verbreiten. Michael Perry zitiert einen Leitartikel der evangelischen Zeitschrift *Prophecy Today*, der den Hexen unterstellte, daß sie mit magischen Mitteln versucht hätten, Familienleben und Ehe besonders von Christen zu untergraben. Wie Michael Perry anmerkt, scheint dies nicht sehr gut zum Grundsatz »Solange es keinem Schaden zufügt, tue was du willst« zu passen. Der Artikel behauptete dann, daß die Entdeckung einer Amsel, die ein oder zwei Meilen von einem britischen Flughafen entfernt von einem Baum hing, ein »klarer Beweis für Hexerei« sei und den Geist des Piloten durcheinander gebracht haben könnte, was dann zur Kegworth-Katastrophe vom Januar 1989 führte. Michael Perry kommentiert sarkastisch:

> Ich denke, es ist leicht möglich, daß telepathische Aktivität die Gedanken des Piloten durcheinandergebracht haben könnte, obwohl es als unwahrscheinliche Hypothese erscheint. Aber eine tote Amsel mit Hexenkunst in Verbindung zu bringen (wo besonders Wicca jede Form des Opfers ablehnt), zeugt von einem völligen Mißverstehen dieser Kunst. Landarbeiter können einen toten Vogel als Vogelscheuche an einen Zweig gehängt haben, oder krankhafte Charaktere können das kleine Geschöpf behandelt haben wie leichtfertige Jungen Fliegen behandeln, aber solchen Leuten weitreichende, psychische Kräfte zuzutrauen, ist extrem unwahrscheinlich und hat sicherlich nichts mit Hexerei zu tun...[7]

Wenn wir die vielfältigen Reaktionen in Betracht ziehen, die Heiden hervorrufen, müssen wir für uns selbst entscheiden, wie offen wir uns zu unserem spirituellen Glauben bekennen wollen, doch müssen wir auch erkennen, daß es für jene, die unseren Fußstapfen folgen, um so einfacher sein wird, je mehr über die wahre Natur des Heidentums bekannt ist.

Die Botschaft des Heidentums

Heide zu werden ist auf einer Seite leicht: Wir können ohne Anerkennung oder Autorisierung von irgend jemand anderem Heide werden. Auf der anderen Seite ist es schwer. Die unterstützende Infrastruktur ist bis jetzt viel lockerer als in anderen Religionen. Das Heidentum ist nicht für die Schwachbesaiteten, sondern für jene, die dazu bereit sind, Verantwortung für sich selbst und ihre eigene spirituelle Entwicklung und Ausbildung zu übernehmen. Dies kann oft entmutigend sein, und wir werden viele Fehler machen und oft versagen, doch spielt dies keine Rolle, wenn wir den Mut haben, in der Verfolgung unserer Ziele voranzuschreiten. Es gibt nur eines, das wir brauchen, und das ist Hingabe. Der deutsche Mystiker, Dichter und Denker Johann Wolfgang Goethe schrieb:

> Bis jemand voller Hingabe ist, gibt es immer ein Zögern, die Möglichkeit sich zurückzuziehen, immer Untauglichkeit. In allen Handlungen, die Initiative und Schöpfung betreffen, gibt es eine elementare Wahrheit, deren Mißachtung unzählige Ideen und hervorragende Pläne tötet: daß sich in dem Moment, in dem man sich fest verpflichtet, auch die Vorsehung bewegt. Alle möglichen Dinge erscheinen, um einem zu helfen, die sonst nie erschienen wären. Die Entscheidung ruft einen ganzen Strom von Ereignissen hervor, der zu deinen Gunsten alle Arten von unvorhergesehenen Zwischenfällen, Begegnungen und materiellen Hilfestellungen mit sich bringt, von denen sich kein Mensch erträumt hätte, daß sie dieses Weges kämen. Was immer du tun kannst, oder träumst, daß du tun kannst, fange es an: Kühnheit hat Genie, Macht und Magie in sich – beginne es jetzt!

1. Philip Carr-Gomm, »Witches and Druids«, in *The Cauldron: Pagan Journal of the Old Religion*, Nr. 68, S. 4 f.
2. Marian Green, *The Path Through the Labyrinth*, S. 62 f.
3. The Odinist Committee, *This is Odinism: Guidelines for Survival*, S. 15.
4. Marilyn Ferguson, *The Aquarian Conspiracy*, zitiert in Michael Perry, *Gods Within: A Critical Guide to the New Age*, S. 1.
5. Marian Green, *The Path Through the Labyrinth*, S. 137.
6. Michael Perry, *Gods Within: A Critical Guide to the New Age*, S. 69.
7. Michael Perry, *Gods Within: A Critical Guide to the New Age*, S. 13.

15
Heidentum im 21. Jahrhundert

Der Zukunft entgegen?

Um unsere Götter verehren zu können, brauchen wir einen Planeten, auf dem wir leben können! In den heidnischen Lehren tragen die Zyklen der Schöpfung die Saat ihrer eigenen Zerstörung in sich. Da die Schöpfung ein zyklischer und sich immer erneuernder Prozeß ist, muß die gesamte Schöpfung unweigerlich in der Zerstörung enden, um Platz für neues Leben zu schaffen. Alle materiellen Dinge sind vergänglich. Die Schöpfung ist allmählichem Verfall wie auch periodischen Umwälzungen unterworfen. Sogar das mineralische Leben ist, wie wir heute wissen, demselben unausweichlichen Prozeß unterworfen. Die nordisch-germanische Tradition lehrt, daß Yggdrasil, der Baum des Lebens, der den Kosmos, wie wir ihn kennen, symbolisiert, eines Tages zerstört werden wird. Die Kräfte der Zerstörung sind immer am Werke. Vier Hirsche (oft glaubt man, diese stehen für die vier Winde) fressen an seinen Blättern; zwei Ziegen fressen seine Rinde; die Schlange Nidhögg, »Nager von unten«, frißt an seiner Wurzel und untergräbt den Baum. Wenn die ihr zugeteilte Lebensspanne abgelaufen ist, wird die mächtige Esche umgeworfen. Die Schöpfung beginnt, erreicht ihren Höhepunkt, nimmt ihren Abstieg und fällt dann auseinander oder wird zerstört:

> Am Anfang war Raum und Dunkelheit und Ruhe,
> Älter als die Zeit und von den Göttern vergessen.
> Die See des unendlichen Raums war die Quelle allen Seins;
> Leben erhob sich darin wie eine Flut in der klanglosen See.
> Alles wird dorthin zurückkehren, wenn die Nacht der Götter anbricht.[1]

Die Schöpfung erreicht einen Punkt, an dem sie sich nicht mehr erhalten kann, und die Manifestation zieht sich in sich selbst zurück.

In der nordisch-germanischen Tradition ist die Zerstörung der Welt als Ragnarök bekannt. Dies ist eine Zeit voller Angst, in der alle Grenzen überwunden werden, alle Loyalität zerbricht und alle Moral verschwindet. Die Kräfte des Chaos werden freigesetzt, um das Schlimmste zu bewirken:

> Brüder kämpfen und bringen sich Tod.
> Brudersöhne brechen die Sippe.
> Böse ist die Welt. Ehebruch überall,
> Schwertzeit, Beilzeit, Schilde bersten,
> Windzeit, Wolfzeit, bis die Welt vergeht,
> Nicht einer will den andern schonen.
>
> Mimirs Söhne erheben sich,
> Es lodert der mittlere Stamm,
> Gellend ertönt das Gjallarhorn,
> Ins erhobene Horn bläst Heimdall laut,
> Odin murmelt mit Mimirs Haupt.
>
> Yggdrasil Stamm erzittert,
> Die Esche, noch steht sie,
> Es ächzt der alte Baum,
> Wenn der Riese wird befreit
> Die Unterwelt erbebt,
> Wenn Surts Flamme ihn verschlingt.[2]

Viele würden sagen, daß wir bereits daran sind, in diese zerstörerische Phase der Gesellschaft einzutreten. Hier wird sie von einer modernen Schriftstellerin, die über die nordisch-germanische Tradition schreibt, beschrieben:

> Die Gesellschaft erreicht einen kritischen Punkt. Alles, was in der Vergangenheit aufgebaut wurde, bricht zusammen. Die soziale Struktur löst sich auf und führt zur Wolfszeit der Habgier und zur Beilzeit des Krieges. Nichts ist sicher.Die Nacht wird zum Tag. Der Tag kann nicht mehr von der Nacht unterschieden werden. Konfrontation, Terror und Chaos herrschen in Midgard. Die Feuer von Muspellheim verwüsten die Erde, Wasser überschwemmt das Land. Die alte Ordnung vergeht.[3]

Ragnarök bringt die Rückkehr des Fimbulwinter, des »mächtigen Winters«, eine Zeit der eisigen Kälte und Leblosigkeit, die drei Winter lang andauert. Einige sehen in der Beschreibung der Ragnarök eine Zerstörung jener Art, wie sie geschehen würde, wenn eine nukleare Explosion großen Ausmaßes Staubteilchen aufwirbeln würde, die die Sonne verfinstern. So furchteinflößend dies auch klingen mag, die heidnische Mythologie glaubt nicht, daß das Universum ein für allemal geschaffen wurde; noch daß es für immer untergehen wird. Darin unterscheidet sich der Glaube der der indo-europäischen Völker – sowohl der westlichen als auch der östlichen – von der Schöpfungsmythologie des Nahen und Mittleren Ostens. Für Heiden beginnt nach jeder Phase einer Zerstörung der unerbittliche Prozeß des Lebens von neuem.

Obwohl das Heidentum lehrt, daß unser Planet, der Körper der Gaia, wie unser eigener Körper unweigerlich älter werden, verfallen und sterben wird, heißt das nicht, daß die Menschen diesen Prozeß beschleunigen sollten. Der Planet ist in der Lage, uns und unsere Erben für Millionen von Jahren zu erhalten, und wir wollen sicherstellen, das er das tut. Der Mensch als Spezies ist ein Opfer seines eigenen Erfolges. Wir haben die meisten unserer natürlichen Feinde wie andere Tiere und Krankheiten besiegt (obwohl die Krankheiten zurückschlagen), und wir haben uns in einem solchen Maße überzüchtet, daß wir zu einer Bedrohung für das Ökosystem der Welt geworden sind. Es ist wesentlich für das menschliche Wohlergehen, daß wir uns nicht darauf verlassen, daß uns die Natur in unsere Schranken weist, sondern daß wir uns selbst einschränken und lernen, im Gleichgewicht mit dem Rest der Schöpfung zu leben. Wenn wir dies nicht tun, zerstören wir unseren Planeten.

Macht es etwas aus, wenn wir unseren Planeten zerstören? Ja! Auch wenn das Ende unausweichlich sein mag, brauchen wir unseren Tod nicht zu beschleunigen. Ragnarök mag ein interessantes Spektakel sein, wenn man es von anderen Sonnensystemen aus beobachtet – das größte Rockkonzert aller Zeiten auf diesem kleinen Planeten am Ende der Galaxis – aber wir wollen nicht, daß die Show zu früh beginnt. Jenen von uns, die die Darsteller sind, wird es nicht viel Spaß machen. Noch wird es unseren Kindern, unseren Kindeskindern oder den Generationen danach Spaß machen. Laßt uns den letzten Akt so lange wie möglich hinausschieben. Die Akte davor sind es wert gesehen zu werden!

Die lebende Gegenwart

Die Botschaft des Heidentums ist es, Liebe, Weisheit und Erleuchtung in der Welt zur Manifestation zu bringen, indem wir uns wieder jenen Dingen zuwenden, die wir verloren haben – die Weisheit unserer älteren Götter. Wie der Lachs des Wissens in der keltischen Mythologie müssen wir zu den Laichgründen unserer Ahnen zurückkehren. Um diese Reise zu bestehen, müssen wir vom Baum des Wissens essen. In der keltischen Mythologie ernährt sich der Lachs des Wissens von Haselnüssen. Die Nuß ist ein wichtiges Symbol, weil sie die Essenz des Baumes enthält, der eines Tages daraus hervorgehen wird. Indem wir die Nüsse der Weisheit essen, wird unser innerer spiritueller Baum genährt, und in der Erde verwurzelt kann er den Himmel erreichen und berühren. Das Heidentum hat viel mit der Mystik gemeinsam, die von Aldous Huxley in seinem Buch *The Perennial Philosophy* beschrieben wird. Es ist eine spirituelle Philosophie, die:

> ...das letzte Ziel des Menschen in das Wissen um den immanenten und transzendenten Grund allen Seins legt.[4]

Es ist die Aufgabe des heutigen Heidentums, jenen, die seine Wege suchen, das innere Wissen, das Licht, die Energie und den Frieden zu geben, mit denen wir unser Leben in Harmonie miteinander und mit der gesamten lebenden Schöpfung leben können, und die ewigen Fragen der Menschheit zu beantworten: »Wer bin ich? Was muß ich tun, um gut und ehrenhaft zu leben? Was bedeutet das Mysterium des Lebens und des Göttlichen?«

Während des dunklen Zeitalters der letzten Jahrtausende wurde die Wahrheit des Heidentums vor uns verborgen – begraben unter den Trümmern unserer verlassenen Tempel, versteckt unter den Kirchen eines anderen, fremden Glaubens. Jetzt schallt der Ruf von der Regenbogenbrücke Bifröst zwischen den Welten herab. Laßt uns erheben und diesem Ruf folgen:

> Der Fenriswolf Roms verschlang den Älteren Glauben.
> Laß den Älteren Glauben in den Herzen
> Seines Volkes wiedergeboren werden,
> So daß wir die Göttin und den Gott verehren,
> Die in den Schönheiten der Natur manifestiert sind,
> In den Seelen von Frau und Mann,

In den ewig kreisenden Sternen,
Und jenseits all dieser Dinge
Im versteckten Haus des Geistes;
Daß wir uns wieder erheben
Und die ewige Flamme der Wahrheit,
Die solange gelöscht war, wieder entzünden;
Daß wir uns erfreuen können, mit Gesang und Lied,
Mit Gedicht und Geschichte,
Und wieder den Spiraltanz des Lebens und des Todes tanzen.
Wir werden erblühen und stark werden,
Um stolz auf unsere Welt,
Unsere Gesellschaft und unsere Errungenschaften zu sein,
Und uns selbst vor dem Abstieg in den Wahnsinn zu schützen,
In den uns die Verfolgung des Materialismus
Und die unwürdige Doktrin der Überlegenheit des Menschen
Über alle Geschöpfe geführt haben.
Aller Glaube kommt von innen,
Und alle Wahrheit wird im Kelch des Herzens
Und im Tempel des Geistes gesucht und gefunden,
In den tiefen Orten des Waldes,
Wo das Sonnenlicht den blätterübersäten Boden mustert,
Und wo nur der Gesang der Vögel ist,
Um das Schweigen der Seele zu durchbrechen.
Dort werden wir unsere Götter finden,
Unter Baum und Blatt und gebogenem Ast,
Unter Himmel und Wolke, bei Wind und bei Regen,
Wiedergeboren durch die immer wiederkehrende Sonne,
Der Phoenix aus der Flamme.[5]

1. Dion Fortune, *The Sea Priestess,* S. 129 f.
2. Edda, *Völuspa* oder »Die Prophezeiung der Seherin«, Verse 37-39 (Siehe die Übersetzungen von K. Simrock und F. Genzmer).
3. Freya Aswynn, *Die Blätter von Yggdrasil: Runen Götter, Magie, Nordische Mythologie & Weibliche Mysterien,* S. 87.
4. Aldous Huxley, *The Perennial Philosophy,* zitiert in Michael Perry, *Gods Within: A Critical Guide to the New Age,* S. 22.
5. Vivianne Crowley, Beltane 1992.

Heidnischer Quellenführer

Wo man Informationen, Bücher, Unterstützung und Führung finden kann

Im folgenden habe ich Bücher, Zeitschriften und Organisationen aufgelistet, die dir helfen können, mehr über das Heidentum zu erfahren. Die Listen sind auf keinen Fall vollständig. Es gibt viele tausend heidnische Quellen, so daß es nicht möglich ist, sie alle anzuführen. Wenn du jedoch ein paar Zeitschriften kaufst, wirst du feststellen, daß in ihnen andere Zeitschriften, Bücher und Organisationen angegeben sind, an die du dich wenden kannst. Die meisten Zeitschriften enthalten auch Listen von Gruppen und Veranstaltungen, die es dir ermöglichen, herauszufinden, was in deiner Gegend los ist.

Alle heidnischen Organisationen und Zeitschriften müssen mit wenig Geld auskommen, daher solltest du nicht erwarten, eine Antwort zu bekommen, wenn du keine Briefmarken mitschickst. In deinem eigenen Land schicke am besten einen selbstadressierten Umschlag mit Briefmarke, um die Bearbeitungskosten zu decken. An Überseeadressen schicke zwei Internationale Antwortcoupons. Du kannst sie in jedem Postamt kaufen und sie können auf der ganzen Welt in Briefmarken umgetauscht werden. Schicke keine Schecks in deiner eigenen Währung an Überseeadressen. Die Kosten für ihre Einlösung sind normalerweise höher als der Wert des Schecks. Bitte schreibe auch deine Adresse auf jeden Brief, falls die Briefe und Umschläge getrennt werden.

Die Zeitschriften und Organisationen in dieser Liste gibt es schon seit einiger Zeit, und die angeführten Adressen sind relativ beständig. Alle Organisationen sind verschieden ausgerichtet und können sich mit der Zeit auch entwickeln und verändern; daher ist die Aufnahme in die Liste nicht notwendigerweise eine Empfehlung. Der Suchende muß sie für sich selbst bewerten. Die Preise der Zeitschriften und die Mitgliedsbeiträge der Organisationen wurden nicht angegeben, da sie sich notwendigerweise ändern werden, aber die Organisationen selbst werden in der Lage sein, dir gültige Einzelheiten zuzusenden. Wenn keine relevante Organisation in deinem Land aufgelistet ist, schreibe an eine der Hauptorganisationen in England oder den Vereinigten Staaten. Diese sollten in der Lage sein, dir mit internationalen Kontakten zu weiterzuhelfen.

Es kann sein, daß du nicht alle Bücher auf den Regalen deiner örtlichen Buchhandlung findest, aber alle Buchhandlungen können für dich Bücher bestellen. Denselben Service gibt es auch in den Büchereien der meisten Länder. Wenn du herausfindest, daß einige der Bücher nicht mehr gedruckt werden, wende dich an esoterische Buchhandlungen, die eine Second-Hand-Abteilung haben. Diese Buchhandlungen werben oft in den einschlägigen Zeitschriften.

Wenn du eine heidnische Gruppe oder Organisation leitest, die nicht mit den Hauptgruppen, die hier aufgelistet sind, in Verbindung steht, kann es sein, daß du mit ihnen Kontakt aufnehmen willst, um Netzwerke und Kontakte zu fördern.

Allgemeines Heidentum

Literatur

Margot Adler, *Drawing Down the Moon: Witches, Druids, Goddess-Worshippers and other Pagans in America Today*, Beacon Press, Boston, 1986. Ein Überblick über das nordamerikanische Heidentum und Wicca mit ausführlichen Listen von Organisationen und Zeitschriften.

Prudence Jones und Caitlin Matthews (Hrsg.), *Voices from the Circle: The Heritage of Western Paganism*, Aquarian, 1990. Sammlung heidnischer Texte.

Pagan Federation, *The Pagan Federation Information Pack*, Pagan Federation, London, 2. Ausgabe, 1992. Eine nützliche Einführung in das Heidentum.

Ace of Rods, BCM Akademia, London WC1N 3XX. Heidnische Kontaktzeitschrift .

Cauldron, erhältlich bei Mike Howard, Caemorgan Cottage, Caemorgan Road, Cradigan, Dyfed, SA43 1QU. Ein heidnisches Journal der Alten Religion und eine der ältesten heidnischen Zeitschriften.

Cercle du Dragon, Moira, 20 avenue du General de Gaulle, 24660 Coulountiex-Chamiers, Frankreich, ist eine französische Organisation für Heidentum und Wicca, die auch die vierteljährliche Zeitschrift Moira herausgibt.

Cheiron, c/o Gramarye, Meadow Close, Bagworth, Leics, ist eine Briefgruppe für behinderte und ältere Heiden.

Gates of Annwn, BM Gates of Annwn, London WC1N 3XX, ist eine heidnische Kontaktzeitschrift.

Green Circle, P.O.Box 42, Bath, BA1 1ZN, organisiert Diskussionsgruppen in England für jene, die Heiden und andere esoterisch Interessierte treffen wollen. *Green Circular* ist eine Zeitschrift, die von Mitgliedern bezogen werden kann.

Hoblink, Box 1, 13 Merrivale Road, Stafford, ST17 9 EB, ist ein Netzwerk für homosexuelle und bisexuelle Heiden. Es gibt einen Rundbrief für Mitglieder.

Irish Pagan Movement, The Bridge House, Clonegal, County Wexford, Eire, ist eine heidnische Organisation und ein Netzwerk für Irland. Sie gibt auch die Zeitschrift *Pagan Life* heraus.

Norwegian Pagan Federation, P.O.Box 1814, Nordnes, 524 Bergen, Norwegen, ist ein Informationsnetzwerk, das mit Kontakten für Heidentum und Wicca in Norwegen und anderen skandinavischen Ländern helfen kann.

Pagan Federation, BM Box 7097, London WC1N 3XX, ist die größte und älteste europäische Organisation für Heidentum und Wicca. Sie veranstaltet eine jährliche Konferenz, lokale Gruppentreffen und vermittelt Kontakte in Europa und der ganzen Welt. Sie gibt ein sehr informatives vierteljährliches Journal heraus, *Pagan Dawn,* und hat eine nützliche Informationsbroschüre, die grundlegende Fakten über modernes europäisches Heidentum enthält (*The Pagan Federation Information Pack*). Es gibt auch eine Informationsbroschüre über Wicca (*Wicca Information Pack*). Die PF betreibt auch einen Buchversand.

PaganLink, 25 East Hill, Dartford, Kent, ist eine englische heidnische Netzwerkorganisation, die Heiden untereinander und mit heidnischen Gruppen in Kontakt bringt.

Pagan Spirituality Movement, c/o Vivianne Crowley, BM Deosil, London WC1N 3XX, unterstützt die Entwicklung der heidnischen Spiritualität. Vorträge und Workshops.

Pagan Voice, 13 Barnstaple Walk, Knowle, Bristol, BS4 1JQ, ist eine englische Monatszeitschrift, die viele Veranstaltungen und Gruppen auflistet. Nützlich, um Kontakte zu lokalen Gruppen zu finden.

Quest, BCM-SCL Quest, London WC1N 3XX, ist eine der ältesten Zeitschriften für Heidentum und Hexenkunst. Eine jährliche Konferenz wird ebenfalls organisiert. Die Herausgeberin Marian Green ist eine gut bekannte heidnische Lehrerin, die Workshops und Fernkurse anbietet.

Gruppen und Zeitschriften in den Vereinigten Staaten und Kanada

Circle, P.O.Box 219, Mount Horeb, WI 53572, ist eine der heidnischen Hauptorganisationen in den Vereinigten Staaten. Sie organisiert heidnische Veranstaltungen, unterstützt Kontakte und Netzwerke und gibt *Circle Network News* heraus, ein sehr nützliches und informatives Journal für Naturspiritualität, das auch einen Buchversandservice anbietet. Es gibt ein Heiligtum auf dem Lande, Versammlungen, einen Beratungsdienst und viele andere Aktivitäten. *Circle* ist eine gesetzlich anerkannte Kirche für Schamanismus und Wicca.

Church of All Worlds, P.O.Box 212, Redwood Valley, California 95470, ist eine heidnische Organisation, die Land besitzt, durch ihre Suborganisation *Forever Forests* ökologisches Bewußtsein fördert und die Zeitschrift *Green Egg* herausgibt. Versammlungen werden organisiert.

Earth Spirit Community, P.O.Box 365, Medford, Massachusetts 02155, fördert Netzwerke für Heidentum und Wicca in der Midatlantic-Gegend und veranstaltet Workshops, Vorträge und ein jährliches Festival.

Earth Spirit Pagans, P.O.Box 26476, Colorado Springs, CO 80936, fördert heidnisches Bewußtsein.

From the Heart, c/o K. Hinds, 2357 Loraine St NE, Atlanta, GA 30319, ist ein Rundbrief für heidnische Eltern.

Gay and Lesbian Pagan Coalition, P.O.Box 26442, Oklahoma City, OK 773126-0442, gibt die Zeitschrift *Festive Circles Update* mit persönlichen

Kontakten und Kontakten zu Gruppen und Organisationen heraus.

Harvest, P.O.Box 378, Southborough, MA 01772, ist ein informatives neuheidnisches Journal.

MerryMount Messenger, 1016 E El Camino Real, Box 458, Sunnyvale, CA 96087, ist der Rundbrief der *Thomas Morton Alliance* für heidnisch-spirituelle Politik.

Mid-West Pagan Council, P.O.Box 313, Matteson, Illinois 60442-0313, ist ein Zusammenschluß heidnischer Gruppen im Mittleren Westen, der ein jährliches heidnisches Festival veranstaltet.

New Moon New York, P.O.Box 1471, Madison Square Station, New York 10159, ist eine heidnische Netzwerkorganisation, die offene Feste veranstaltet und *Our Pagan Times* herausgibt.

Pagans for Peace, P.O.Box 2205, Clearbrook, BC V2T 3XB.

Pagan Prisoners, P.O.Box 1510, Ellicott City, MD 21041, gibt einen kostenlosen Rundbrief für heidnische Gefangene heraus.

Pan-American Indian Association, Nocatee, FL 33864-0244, arbeitet daran, das Stammeserbe in der ganzen Welt wiederzubeleben und gibt eine Zeitung heraus.

Panegyria, P.O.Box 73, Index, Washington 98256, ist ein Journal für Veranstaltungen im pazifischen Nordwesten.

Gruppen und Zeitschriften in Australien und Neuseeland

Church of All Worlds, P.O.Box 408, Woden, ACT 2606. (*Siehe Eintrag unter Vereinigte Staaten.*)

Current Australian Pagan Literature Index, G.P.O.Box G498, Perth 6001, listet Zeitschriftenartikel zu heidnischen Themen auf.

Elemental, Box 1028, Strawberry Hills, NSW 2012, ist ein heidnischer Rundbrief aus der Gegend um Sydney.

Oracle, c/o The Book and Candle, 86 Victoria St West, Auckland City, ist ein heidnischer Rundbrief aus Neuseeland.

The Pan-Pacific Pagan Alliance, P.O.Box A486, Sydney South, NSW 2000, ist die Kontaktorganisation für alle Zweige des Heidentums in Australien und Neuseeland. Die Zeitschrift ihrer Mitglieder listet Gruppen und Kontakte auf, und die PPPA kann in allgemeinen heidnischen Angelegenheiten beraten. Auch gibt es Informationen über die jährliche australische Wicca-Konferenz und die Zeitschrift *Pagan Times*, die über G.P.O.Box G498, Perth, WA 6001 zu beziehen ist.

The Pan-Pacific Pagan Alliance, 516 Huon Road, South Hobart, Tasmania 7000.

The Pan Pacific Pagan Alliance, 21 Nelson Street, Helensville, Neuseeland.

Shadowplay, P.O.Box 343, Petersham, NSW 2049, ist eine Zeitschrift für Heidentum und Wicca.

Göttin und weibliche Mysterien

Literatur

Zsuzsanna Budapest, *Grandmother Moon*, HarperSanFrancisco, 1992. Jahresfeste und Vollmondrituale aus aller Welt.

Zsuzsanna Budapest, *The Holy Book of Women's Mysteries*, Harper and Row, 1990. Wichtiges Buch über die feministische Religion.

Marija Gimbutas, *The Language of the Goddess*, Thames and Hudson, 1989. Wichtiges Buch von führender Archäologin.

Esther Harding, *Women's Mysteries Ancient and Modern*, Shambhala, 1990. Einsichtsvolles Buch von gut bekannter jungscher Therapeutin.

Janet McCrickard, *Eclipse of the Sun: An Investigation into Sun and Moon Myths*, Gothic Image, Glastonbury, 1991. Wichtiges Buch über Sonnengöttinnen und positive weibliche Energie.

Caitlin Matthews, (Hrsg.), *Voices of the Goddess*, Aquarian Press, 1991. Sammlung von Texten über die Göttin.

Monica Sjöö und Barbara Mor, *The Great Cosmic Mother*, Harper and Row, 1981. Klassischer Text über die Göttin.

Starhawk, *The Spiral Dance: A Rebirth of the Ancient Religion of the Great Goddess*, Harper and Row, San Francisco, 1979. Einflußreiches Buch über wiccaorientierte Göttinreligion (dt.: *Der Hexenkult als Urreligon der Großen Göttin: Magische Übungen, Rituale und Anrufungen*, Bauer, Freiburg 1985).

Gruppen und Zeitschriften in Europa

The Fellowship of Isis, Clonegal Castle, Clonegal, Enniscorthy, Eire, bietet weltweite Kontakte, Vorträge und Ausbildung in der Religion der Göttin an. Veröffentlicht auch *Isian News* und hält eine jährliche Konferenz in London ab. Es gibt eine Anzahl Zentren, die eine Ausbildung zur Priesterschaft der Göttin anbieten.

From the Flames, 42 Mapperley Road, Nottingham, NG3 5AS, vierteljährliches Journal über radikale feministische Spiritualität.

Matriarchy Research and Reclaim Group, Cloverley House, Erwood, Builth Wells, Powys, LD2 3EZ, ist ein Netzwerk göttinorientierter Frauen, die ein Interesse an weiblicher Spiritualität teilen. Sie bieten Kontakte zu Gruppen, eine jährliche Konferenz und einen Rundbrief an.

Sirius, P.O.Box 428, Denbigh, Clwyd, LL16 4 AZ, ist eine monatliche Zeitschrift des *Centre of Vesta.*

Gruppen und Zeitschriften in den Vereinigten Staaten

Reclaiming, P.O.Box 14404, San Francisco, California 94114. Zentrum für feministische Spiritualität, ein Kollektiv von Frauen und Männern, die daran arbeiten, Spiritualität und Politik zu verbinden. Workshops, Sommerprogramme, öffentliche Rituale, Rundbrief. Inspiriert durch die Arbeit von Starhawk.

SageWoman, P.O.Box 641, Point Arena, CA 95468, ist eine vierteljährliche Zeitschrift der Frauenspiritualität, die die Göttin in jeder Frau feiert.

Woman of Power, P.O.Box 2785, Orleans, MA 02653, ist eine Zeitschrift für Feminismus und Spiritualität.

Gruppen und Zeitschriften in Australien und Neuseeland

Pagan Women's Alliance, Arbour P.O.Box 109, Bangalow, NSW 2479, ist eine Netzwerkorganisation von heidnischen Frauen.

Gott und männliche Mysterien

Literatur

William Anderson und Clive Hicks, *The Green Man*, Collins, 1990.

Robert Bly, *Iron John: A Book about Men*, Element Books, Shaftesbury, 1991.

Joseph Campbell, *The Hero with a Thousand Faces,* Bollingen Series XVII, Princeton University Press, 1972.

John Matthews, *Choirs of the God: Revisioning Masculinity*, Mandala, London, 1991.

Robert Moore und Douglas Gillette, *King Warrior, Magician, Lover,* HarperCollins, 1990.

John Rowan, *The Horned God: Feminism and Men as Wounding and Healing*, Routledge Kegan Paul, 1987.

R. J. Stewart, *Celebrating the Male Mysteries*, Arcania, Bath, 1991.

Gruppen und Zeitschriften in Europa

Everyman, P.O.Box 459, Oxford, OX2 2YH, veranstaltet Workshops für Männer und veröffentlicht *Passages*, ein »Journal des Geschlechts, der Erde und der Seele«.

Gruppen und Zeitschriften in den Vereinigten Staaten

Changing Men, 306 N Brooks St, Madison, WI 53715, ist ein Journal für profeministische Männer.

Wingspan, Box 1491, Manchester, Maine 01944 ist ein Journal des männlichen Geistes.

Wicca und Hexenkunst

Literatur

Rae Beth, *Hedgewitch,* Hale, London, 1990, ist ein nützliches Buch für allein praktizierende Hexen.

Vivianne Crowley, *Wicca: The Old Religion in the New Age*, Aquarian, 1989, Einblick in die Spiritualität des Wicca. (dt.: *Wicca: Die Alte Religion im Neuen Zeitalter*, Edition Ananael, Bad Ischl 1993.)

Janet und Stewart Farrar, *Eight Sabbats for Witches*, Hale London, 1981, und *The Witches' Way*, Hale, London 1990. (Auch in einer amerikanischen Version als *The Witches' Bible* erhältlich.) Ausführliche Berichte über die Praxis des Wicca.

Janet und Stewart Farrar, *The Life and Times of a Modern Witch*, Piatkus, 1987. Einführung darüber, wie sich Wicca auf seine Ausübenden auswirkt.

Marian Green, *A Witch Alone*, Mandala, 1991, ist ein nützlicher Führer, um die Kunst als einzelner Ausübender zu praktizieren.

Julia Phillips und Matthew Sandow, *The Witches of Oz*, Children of Sekhmet Publications, Sydney, 1991.

(Siehe auch D. J. Conway im nordisch-germanischen Abschnitt.)

GRUPPEN UND ZEITSCHRIFTEN IN EUROPA

(Siehe auch Abschnitt über allgemeines Heidentum.)

Hole in the Sky, Postlagernd 13507, Berlin 27, Deutschland, kann über Kontakte im deutschsprachigen Raum informieren.

The House of the Goddess, 33 Oldridge Road, London SW12, ist ein Netzwerk von Gruppen, die die Göttin verehren und Hexenkunst und Schamanismus praktizieren. Bietet Seminare, Konferenzen, Rituale und Ausbildung.

The Wicca Study Group, BM Deosil, London WC1N 3XX, bietet Einführungsvorträge zum Thema Wicca an. Einführende Abendkurse in England und Schottland, Samstagsworkshops und Fernkurse. Die WSG hält auch Gastseminare und Konferenzen in anderen Teilen Europas ab.

Pagan Dawn, BM Box 7097, London WC1N 3XX, ist das vierteljährliche Journal der Pagan Federation.

Wiccan Rede, P.O.Box 473, Zeist, NL 3700 AL, Niederlande, ist eine englisch/holländische Wiccazeitschrift, die auch mit Kontakten in den Niederlanden helfen kann.

GRUPPEN UND ZEITSCHRIFTEN IN DEN VEREINIGTEN STAATEN UND KANADA

(Siehe auch Abschnitt über allgemeines Heidentum.)

Covenant of the Goddess, P.O.Box 1226, Berkeley, CA 94704, ist eine Vereinigung von Wicca-Covens, die einen Rundbrief veröffentlicht und eine jährliche Versammlung veranstaltet.

Hidden Path, Windwalker, Box 934, Kenosha, WI 53141, informiert über Kontakte zum gardnerischen Wicca.

Red Garters International, P.O.Box 162046, MH Sacramento, CA 95816, ist der offizielle Rundbrief der *New Wiccan Church*, die sich für die Verbreitung des traditionellen englischen Wicca einsetzt. Es gibt auch

Zweigorganisationen in anderen Staaten, und die Kirche beantwortet Anfragen zum Beitritt.

The Wiccan Church of Canada, 1556 Eglington Avenue, West Toronto, Ontario, N6E 2G9, ist ein Netzwerk von Wiccagruppen, das Training, Information und Jahresfeste anbietet. Es veröffentlicht auch eine Zeitschrift, *The Chalice and the Blade*, die über P.O. Box 1031, Adelaide St Stn, Toronto, zu beziehen ist.

Witches of Salem, c/o Crow Haven Corner, 125 Essex St, Salem, Massachusetts 01970. Ausbildung und Versammlungen. Wird durch die gut bekannte Laurie Cabot geleitet.

(*Siehe auch Wyrd Network im nordisch-germanischen Abschnitt.*)

GRUPPEN UND ZEITSCHRIFTEN IN AUSTRALIEN UND NEUSEELAND
(Siehe auch Abschnitt über allgemeines Heidentum.)

Magic Pentacle, Box 56-065, Dominion Road Post Office, Mount Eden, Auckland, Neuseeland, ist eine Zeitschrift für Wicca und Magie.

The Web of Wyrd, P.O.Box A486, Sydney South, NSW 2000, ist eine informative Zeitschrift für Wicca und Heidentum.

Schamanismus

LITERATUR

Lynn V. Andrews, *Medicine Woman*, Harper San Francisco, 1981. Die Reise einer Frau, um die Schamanin in sich zu finden.

Mircea Eliade, *Shamanism: Archaic Techniques of Ecstasy*, Willard R. Trask (Übers.), Arkana, London, 1989. Klassischer Text über Schamanismus in der Welt. (dt.: *Schamanismus und archaische Ekstasetechnik*, Rascher, Zürich 1956).

Michael Harner, *The Way of the Shaman*, Harper & Row, New York, 1980. Eine moderne Annäherung an die schamanische Praxis.

John Matthews, *The Celtic Shaman*, Element, Shaftesbury, 1992. Entwickelt Schamanismus in einem keltischen Zusammenhang.

Kenneth Meadows, *The Medicine Way*, Element, Shaftesbury, 1990. Informatives Buch über moderne Annäherung an den eingeborenen amerikanischen Schamanismus.

Gruppen und Zeitschriften in Europa

Dancing Wolf Initiative, 126 Parc-y-Dre, Ruthin, Clwyd, North Wales, LL15 0PH, bietet Workshops über zeitgenössisches Heidentum an.

Eagle's Wing Centre for Contemporary Shamanism, 58 Westbere Road, London NW2 3RV, Workshops, Training, Versammlungen in schamanischer Praxis, geleitet von Leo Rutherford.

Moonshine, 498 Bristol Road, Selly Oak, Birmingham, B29 6 BD, Zeitschrift mit schamanistischer Annäherung an das Heidentum. Auch Veröffentlichungen zum Thema Schamanismus.

Pathways, 28 Cowl Street, Evesham, Worcestershire, WR11 4PL, veranstaltet Kurse für zeitgenössischen Schamanismus und Handwerk wie das Bauen von Trommeln.

People on the Path, 64 Church Road, Richmond, Surrey, TW10 6LN, ist eine nützliche Vierteljahreszeitschrift mit Listen von Veranstaltungen.

Gruppen und Zeitschriften in den Vereinigten Staaten

Center for Schamanic Studies, P.O.Box 673, Beldon Station, Norwalk, Connecticut 06852, wurde von Michael Harner gegründet, um Workshops und Training in schamanischer Praxis anzubieten. Es gibt auch einen vierteljährlichen Rundbrief für Mitglieder.

Shaman's Drum, P.O.Box 2636, Berkeley, CA 94702, ist ein Journal für experimentellen Schamanismus, das vom *Cross-Cultural Shamanism Network* veröffentlicht wird und nützliche Artikel und Quellenlisten enthält.

Keltische Tradition und Druidentum

Literatur

Philip Carr-Gomm, *Elements of The Druid Tradition*, Element, 1991.

Nora Chadwick, The Celts, Penguin Books, Harmondsworth, 1970.

Jeffrey Gantz (Übers.), *The Mabinogion*, Penguin Books, Harmondsworth, 1976.

Tadhg MacCrossan, *The Sacred Cauldron: Secrets of the Druids*, Llewellyn, 1991.

Caitlin Matthews, *Elements of the Celtic Tradition*, Element, Shaftesbury, 1989.

(*Siehe auch Hilda R. Ellis Davidson im nordisch-germanischen Abschnitt.*)

Gruppen und Zeitschriften in Europa

Comardiia Druidiacta Armorica, c/o A. le Goff, Bothuan, Commana, 29237 Sizun, Frankreich, veröffentlicht einen Überblick über druidische Studien.

Council of British Druid Orders, 125 Magyar Crescent, Nuneaton, Warks CV17 4SJ, ist eine Vereinigung von Druidenorden, die über Kontakte zu Druiden informieren kann.

L'Eglise Druidique des Gaules, BP 13, 93301 Aubervilliers, Cedex, Frankreich, ist eine französischsprachige keltische Kirche, die auch Zeitschriften veröffentlicht, u.a. *Le Druidisme.*

Irmindade Celtiga, Apartado de Correos 228, 15080 A Corunna, Spanien, ist eine keltische Organisation in Spanien.

Caitlin und John Matthews, BM Hallowquest, London WC1N 3XX, bieten Training und Workshops zu keltischen und Göttinmysterien in England und in den Vereinigten Staaten an. Sie leiten auch einen Fernkurs.

Order of Bards, Ovates and Druids, 260 Kew Road, Richmond, Surrey, TW9 3EG bietet Ausbildung in Heilung, Divination, Mythologie, Geschichte und Folklore durch Fernkurse und Workshops an.

Gruppen und Zeitschriften in den Vereinigten Staaten

Ar nDraiocht Fein, Box 1022-X4, Nyack, NY 10960, ist eine druidische Gefolgschaft, die neuheidnisches Druidentum praktiziert, ein Journal herausgibt und Ausbildung im druidischen Weg anbietet.

Druidiactos, P.O.Box 472143, Garland, Texas 75047, bietet Informationen, Rat und Führung zur Praxis der keltischen Religion von heute. Veröffentlicht wird das Journal *Parios Andumni*, das man über den Herausgeber Taranucnos Esugenos, 2922 South Marvin Avenue, Tuscon, AZ 85730, beziehen kann.

GRUPPEN UND ZEITSCHRIFTEN IN AUSTRALIEN UND NEUSEELAND

Caer Witrin, P.O.Box 6160, Fairfield Gardens, Queensland 4103.
Druidiactos Australia, c/o P.O.Box A486, Sydney South, NSW 2000.

Nordisch-germanische Tradition

LITERATUR

Freya Aswynn, *Leaves of Yggdrasil: A Synthesis of Magic, Feminine Mysteries, Folklore*, Llewellyn, 1990. Einsichtsvolle Annäherung an die nordischen Mysterien von einer weiblichen Praktizierenden. (dt.: *Die Blätter von Yggdrasil: Runen, Götter, Magie, Nordische Mythologie & Weibliche Mysterien*, Edition Ananael, Bad Ischl 1994²)

D. J. Conway, *Norse Magic*, Llewellyn, 1990, ist eine nützliche Einführung in die nordischen Feste und in die Ausübung einer Magie, die mit Wicca und Göttinverehrung harmoniert.

Hilda R. Ellis Davidson, *Myths and Symbols in Pagan Europe, Early Scandinavian and Celtic Religions*, Manchester University Press, 1988, ist eine faszinierende, akademische Studie, die die oft vernachlässigten Ähnlichkeiten der religiösen Praxis dieser beiden großen europäischen Völker untersucht.

Odinist Committee, *This is Odinism: Guidelines for Survival*, 2. Ausgabe, Raven Banner Editions, London, 1983. Einführung für jene, die den nordischen Pfad suchen.

Nigel Pennick, *Practical Magic in the Northern Tradition*, Aquarian, 1989. Sehr nützlich für alle, die sich für heidnische Magie der nordischen Richtung interessieren.

Snorri Sturluson, *Die Edda*, Anthony Faukles (Übers.), Everyman Library, J. M. Dent London, 1987. Wesentliches Quellenmaterial. (Verschiedene deutsche Übersetzungen erhältlich).

Elsa-Brita Titchenell, *The Masks of Odin: Wisdom of the Ancient Norse*, Theosophical University Press, Pasadena, California, 1985. Schönes und inspirierendes Buch über die nordische Tradition aus einer theosophischen und spirituellen Perspektive. Mit Übersetzungen der wichtigsten Texte der Liederedda.

Gruppen und Zeitschriften in Europa

Asatruarfelag, c/o S Beinteinsson, Draghalsi, Borgarfirdi, Island, repräsentiert die Religion des Asatru in Island.

Freya Aswynn, BM Aswynn, London WC1N 3XX, ist eine Runenmeisterin und Völva der alten nordischen Tradition, die Seminare über Mythologie, Runen und magische Praxis abhält.

Odinism Today, BM Edda, London WC1N 3XX, bietet Führung für jene, die den nordischen Pfad suchen, sowie informative Richtlinien über die Gründung von Gruppen und die Leitung von Ritualen an.

Odinshof, BCM Tercel, London WC1N 3XX, ist eine eingetragene religiöse Wohlfahrtsorganisation, die die nordischen Götter verehrt. Sie bietet Kontakt zu Gruppen und einen Fernkurs an. Es gibt auch ein Naturschutzprojekt.

OR Briefing, BCM Runic, London WC1N 3XX, veröffentlicht monatliche Nachrichten über Asatru-Aktivitäten.

Gruppen und Zeitschriften in den Vereinigten Staaten und Kanada

Asatru Alliance of Independent Kindred, P.O.Box 961, Payson Arizona 85547, ist eine der größten Asatru-Gruppen in den Vereinigten Staaten und veröffentlicht die Zeitschrift *Vor Tru*.

Asatru Free Assembly, P.O.Box 1754, Breckenbridge, Texas 76024, fördert skandinavisches und deutsches Heidentum durch Netzwerke, die Zeitschrift *The Runestone* und ein jährliches Fest, das »Althing«.

Heritage et Tradition, CP 244, Succ.PAT, Montreal, Quebec H1B 5K3, ist ein französisch-kanadischer Asatru-Rundbrief.

Wyrd Network, P.O.Box 970, Amherst, MA 01004, arbeitet daran, die Trennung zwischen Wicca und Asatru zu überbrücken und nordische Gottheiten in das System des Wicca zu integrieren.

Yggdrasil, 537 Jones St #165, San Francisco, CA 94102, wird von *Freya's Folk* veröffentlicht und ist ein vierteljährliches Journal über heidnische Kultur.

Gruppen und Zeitschriften in Australien und Neuseeland

The Runic Guild, G.P.O.Box 2337, Canberra 2601.

Andere Traditionen

Literatur

Maija Gimbutas, *The Balts*, Thames and Hudson, 1963. Nützliche Einführung in die Welt der Balten.

Marija Gimbutas, *The Slavs*, Thames and Hudson, 1971. Nützliche Einführung in die Welt der Slawen.

Kati-ma Koppana, *The Finnish Gods*, Mandragora Dimensions, Helsinki, 1991. Einführung in die finnischen Gottheiten.

Kati-ma Koppana, *Snakefat and Knotted Threads: A Short Intruduction to Finnish Magic*, Mandragora Dimensions, Helsinki, 1990. Faszinierende Einsichten in die wenig bekannte Welt der finnischen Spiritualität und Magie.

Elias Löhnrot, *The Kalevala*, (Übers. K Bosley), Oxford University Press, Oxford, 1989. Wesentliches Quellenmaterial.

Gruppen und Zeitschriften in Europa

Für Kontakte zu finnischen Gruppen und Zeitschriften wende dich an Kati-ma Koppana, *Starlight Magazine*, P.O.Box 452, 00101 Helsinki.

Paganian Europe, 226024 Brivibas Street, 398-104 Riga, ist die Hauptorganisation der Heiden in Lettland.

Polish Nature Religion, National Conceptual Study Group, vl Grodekkiego 4 n. 37, 01-843 Warschau, Polen.

Romuva Vilnius, Elder Algis Jucevicius, Didzioji 11, 2000 Vilnius, organisiert Sommercamps und informiert über die Praxis der litauischen Religion von heute.

Gruppen und Zeitschriften in den Vereinigten Staaten und Kanada

Finn Heritage, P.O.Box 1675, San Luis Obispo, CA 93406, USA, ist eine Kontaktorganisation für die finnische Tradition in den USA.

Great Mother's Love Nature Center, P.O.Box 42, Fairfield, VT 05455, baltisches Studien- und Unterstützungsnetzwerk.

Romuva Kanada, P.O.Box 232, Station 'D', 4975 Dundas St West, Etobicoke, Ontario, M9A 4X2.

Romuva USA, P.O.Box 214, Athens, OH 45701, veröffentlicht das englischsprachige Journal der *Lithuanian Ethnic Church Romuva of the USA Inc.* und kann über alle Aspekte des litauischen Heidentums informieren.

Bibliographie

Adler, Margot, *Drawing Down the Moon*, Beacon Press, Boston, 1986.

Anderson, William und Hicks, Clive, *The Green Man*, Collins, 1990.

Andrews, Lynn V., *Medicine Woman*, Harper San Francisco, 1981.

Apuleius, Lucius, *Der goldene Esel* (verschiedene dt. Übersetzungen erhältlich).

Aswynn, Freya, *Leaves of Yggdrasil: A Synthesis of Magic, Feminine Mysteries, Folklore*, Aswynn, London, 1988, und Llewellyn, 1990. (dt.: *Die Blätter von Yggdrasil: Runen, Götter, Magie, Nordische Mythologie & Weibliche Mysterien*, Edition Ananael, Bad Ischl 1994[2]).

Auden, W.H. und Taylor, Paul B., *Norse Poems*, Faber and Faber, 1983.

Awolalu, J. O., »Sin and its Removal in African Traditional Religion« in: *Journal of the American Academy of Religion*, S. 275, 44 (2), 1976.

Awolalu, J. Omosade und Dopamu, P. Adelumo, *West African Traditional Religion*, Onibondje Press & Book Industries Ltd, Ibadan, Nigeria, 1979.

Bachofen J. J., *Myth Religion and Mother Right*, Bollingen Series LXXXIV, Princeton University Press, Princeton, NJ, 1967 (ursprünglich veröffentlicht 1926).

Beth, Rae, *Hedgewitch*, Hale London, 1990.

Bloom, William, (Hrsg.), *The New Age: An Anthology of Essential Writings*, Rider, London, 1991.

Bly Robert, *Iron John: A Book about Men*, Element Books, Shaftesbury, 1991.

Bourne, Lois, *A Witch Amongst Us*, Hale, London, 1979.

Bray, Olive, (Übers.), *The Elder or Poetic Edda*, Viking Club, 1908.

Budapest, Zsuzsanna, *Grandmother Moon*, Harper San Francisco, 1992.

Budapest, Zsuzsanna, *The Holy Book of Women's Mysteries*, Harper and Row, 1990.

Bullfinch, Thomas, *Bullfinch's Mythology*, The Modern Library, New York, o.J.

Campbell, Joseph, *The Hero with a Thousand Faces*, Bollingen Series XVII, Princeton University Press, 1972 (ursprünglich veröffentlicht 1949).

Carmichael, Alexander, (Übers.), *Carmina Gaedelica*, Edinburgh, Scottish Academic Press, 1972.

Carr-Gomm, Philip, *The Elements of the Druid Tradition*, Element, Shaftesbury, 1991.
Carr-Gomm, Philip, »Witches and Druids« in: *The Cauldron: Pagan Journal of the Old Religion*, S. 4 f., Nr. 68, Cardigan, 1993.
Castagne, J., »Magie et exorcisme chez les Kazak-Kirghizes et autres peuples turcs orientaux«, in: *Revue des etudes islamiques*, S. 60, Paris, 1930.
Chadwick, Nora, *The Celts*, Penguin Books, Harmondsworth, 1970.
Conway, D. J., *Norse Magic*, Llewellyn, 1990.
Cooper, Susan, *The Dark is Rising Sequence*, Penguin, Harmondsworth, 1984.
Crowley, Aleister, *Magick in Theory and Practice*, Castle Books, New York, o.J.
Crowley, Vivianne, *Wicca: The Old Religion in the New Age*, Aquarian, 1989. (dt.: *Wicca: Die Alte Religion im Neuen Zeitalter*, Edition Ananael, Bad Ischl 1993).
Crowley, Vivianne, »The Initiation«, in Jones, Prudence and Matthews, Caitlin, (Hrsg.), *Voices from the Circle*, Aquarian Press, 1990.
Crowley, Vivianne, »Priestess and Witch« in: Matthews, Caitlin, (Hrsg.), *Voices of the Goddess*, Aquarian Press, 1991.
Crowley, Vivianne, »Paganism«, in Button J. and Bloom W. (Hrsg.), *The Seeker's Guide: A New Age Resource Book*, Aquarian, 1992.
Crowley, Vivianne, »Women and Power in Modern Paganism« in: *Women as Teachers and Disciples in Traditional and New Religions*, The Edwin Mellen Press, New York, 1993.
Crowley, Vivianne, *Pagan Spirituality Handbook*, Pagan Spirituality Movement, London, 1994.
Davidson, Hilda R. Ellis, *Myth and Symbols in Pagan Europe, Early Scandinavian and Celtic Religions*, Manchester University Press, 1988.
Davidson, Hilda R. Ellis, *Gods and Myths of Northern Europe*, Pelican, Harmondsworth, 1964.
Davies, Robertson, *The Rebel Angels*, Penguin, Harmondsworth, 1981.
Diederichs Ulf (Hrsg.), *Germanische Götterlehre: Nach den Quellen der Lieder- und der Prosa-Edda* (Übers. von Felix Genzmer und Gustav Neckel), Diederichs, München 1984.
Easwaran, Eknath, (Übers.), *The Upanishads*, Arkana, London, 1988.
Eliade, Mircea, *Schamanismus und archaische Ekstasetechnik*, Rascher, Zürich 1956..
Farrar, Janet and Stewart, *The Life and Times of a Modern Witch*, Piatikus, 1987.
Farrar, Janet and Stewart, *The Witches' Way*, Robert Hale, London, 1984.
Farrar, Janet and Stewart, *Eight Sabbats for Witches*, Robert Hale, London 1981.
Ferguson, Marilyn, *The Aquarian Conspiracy: Personal and Social Transformation in the 1980s*, Paladin/Granada, 1982.
Fortune, Dion, *The Sea Priestess*, Star Books, Wyndham Publications, London, 1976.
Fortune, Dion, *Moon Magic*, Samuel Weiser, York Beach, Maine, 1978.

Frazer, Sir James G., *The Golden Bough: A Study in Magic and Religion*, Gekürzte Ausgabe, Macmillian, London, 1957 (ursprünglich veröffentlicht 1922).
Gantz, Jeffrey, (Übers.), *The Mabinogion*, Penguin Books, Harmondsworth, 1976.
Gardner, Gerald, B., *High Magick's Aid*, Atlantis Book Shop, 1949.
Gardner, Gerald, B., *Witchcraft Today*, Rider & Co, London 1954.
Gardner, Gerald, B., *The Meaning of Witchcraft*, Aquarian, Wellingborough, 1959.
Gimbutas, Marija, *The Language of the Goddess*, Thames and Hudson, 1989.
Gimbutas, Marija, *The Slavs*, Thames and Hudson, 1971.
Gimbutas, Marija, *The Balts*, Thames and Hudson, 1963.
Green, Marian, *A Witch Alone*, Mandala, 1991.
Green, Marian, *The Path Through the Labyrinth: The Quest for Initiation into the Western Mystery Tradition*, Element, Shaftesbury, 1988.
Harding Esther, *Women's Mysteries Ancient and Modern*, Shambhala, 1990.
Hardy, Jean, *A Psychology with a Soul: Psychosynthesis in Evolutionary Context*, Arkana, 1989.
Harner Michael, *The Way of the Shaman*, Harper & Row, New York, 1980.
Hillman, James, (Hrsg.), *Puer Papers*, Spring Publications Inc, Dallas, Texas, 1987.
Hollander, Lee M, (Übers.), *The Poetic Edda*, University of Texas Press, Austin Texas, 1962.
Hoyle, Fred, *Of Men and Galaxies*, Heinemann, 1965.
Hutton, Ronald, B., *Pagan Religions of the Ancient British Isles*, Basil Blackwell, Oxford, 1991.
James, William, *The Varieties of Religious Experience*, Collins, 1982.
Jones, Prudence und Matthews, Caitlin, (Hrsg.), *Voices from the Circle*, Aquarian Press, 1990.
Jung, Carl Gustav, *Gesammelte Werke*, Bd. 5, *Symbole der Wandlung*, Walter, Olten 1952.
Jung, Carl Gustav, *Gesammelte Werke*, Bd. 7, *Zwei Schriften über Analytische Psychologie*, Walter, Olten 1964.
Jung, Carl Gustav, *Gesammelte Werke*, Bd. 9/1, *Die Archetypen und das kollektive Unbewußte*, Walter, Olten 1976.
Jung, Carl Gustav, *Gesammelte Werke*, Bd. 10, *Zivilisation im Übergang*, Walter, Olten 1974.
Jung, Carl Gustav, »Synchronizität als ein Prinzip akausaler Zusammenhänge« in: *Gesammelte Werke*, Bd. 8, *Die Dynamik des Unbewußten*, Walter, Olten 1967.
Jung, Emma, *Animus and Anima*, Rascher, Zürich, 1957.
Koppana, Kati-ma, *The Finnish Gods*, Mandragora Dimensions, Helsinki, 1991.
Koppana, Kati-ma, *Snakefat and Knotted Threads: A Short Introduction to Finnish Magic*, Mandragora Dimensions, Helsinki, 1990.
Leland, Charles G., *Aradia: The Gospel of the Witches*, C.W. Daniel Company, 1974.

Löhnrot, Elias, *The Kalevala*, (Übers. K. Bosley), Oxford University Press, Oxford, 1989.
Lorimer, David, *Whole in One: The Near-Death Experience and the Ethic of Interconnectedness*, Arkana, London, 1990.
Luhrmann, Tanya A., *Persuasions of the Witch's Craft: Ritual Magic and Witchcraft in Present-day England*, Basil Blackwell, Oxford, 1989.
Macalister, R.A.S. (Übers.), *Lebor Gabala Erenn*, Dublin, 1938-1956.
MacCrossan, Tadgh, *The Sacred Cauldron: Secrets of the Druids*, Llewellyn, 1991.
Matthews, Caitlin, (Hrsg.), *Voices of the Goddess*, Aquarian, 1991.
Matthews, Caitlin, *Elements of the Celtic Tradition*, Element, Shaftesbury, 1989.
Matthews, John, *The Celtic Shaman, Element*, Shaftesbury, 1992.
Matthews, John, (Hrsg.), *Choirs of the God: Revisioning Masculinity*, Mandala, London, 1991.
Mattingly, H. (Übers.), *The Agricola and The Germania*, Penguin, Harmondsworth, 1970.
McCrickard, Janet, *Eclipse of the Sun: An Investigation into Sun and Moon Myths*, Gothic Image, Glastonbury, 1991.
McGregor Mathers, S. L., *The Qabalah Unveiled*, 1926, Nachdruck, Arkana 1991.
Meadows, Kenneth, *The Medicine Way*, Element, Shaftesbury, 1990.
Meyer Kuno, (Übers.), *The Instructions of King Cormac mac Airt*, Royal Irish Academy Todd Lecture Series, XV, Hodges, Figgis & Co, 1909.
Michelet, Jules, *La Sorciere*, P. Viallaneix, 1966 (ursprünglich Paris 1862.)
Miller Dusty, *Moonshine magazine*, Birmingham, Spring 1990.
Mone, F.J., *Anzeiger für Kunde der teutschen Vorzeit*, Jahrgang 8, Karlsruhe, 1939.
Moore, Robert und Gillette, Douglas, *King, Warrior, Magician, Lover*, Harper Collins, 1990.
Murray, Margaret, *The God of the Witches*, Oxford University Press, New York und Faber and Faber, London, 1970 (ursprünglich veröffentlicht 1931).
Murray, Margaret, *The Witch-Cult in Western Europe: A Study in Anthropology*, Clarendon Press, Oxford 1921.
O'hogain, Daithi, *Fionn Mac Cumhail*, Gill & Macmillan, Dublin, 1988.
Odinist Committee, *This ist Odinism: Guidelines for Survival*, 2. Ausg., Raven Banner Editions, London, 1983.
Pagan Federation, *Pagan Federation Information Pack*, Pagan Federation, London, 1992[2].
Pennick, Nigel, *Practical Magic in the Northern Tradition*, Aquarian, 1989.
Perry, Michael, *Gods Within: A Critical Guide to the New Age*, SPCK, London, 1992.
Rees, Alywyn und Rees, Brinley, *Celtic Heritage: Ancient Traditions in Ireland and Wales*, Thames and Hudson, 1961.
Ross, Anne, *Everyday Life of the Pagan Celts*, Carousel Books, Transworld Publishers Limited, London.

Rowan, John, *The Horned God: Feminism and Men as Wounding and Healing*, Routledge Kegan Paul, 1987.
Simrock, Karl (Übers.), *Die Edda*, Deutsche Buchgemeinschaft, Berlin 1927.
Sjöö, Monica und Mor, Barbara, *The Great Cosmic Mother*, Harper and Row, 1981.
Slater, Herman, *A Book of Pagan Rituals*, Samuel Weiser Inc., New York, 1978.
Spiegelman, J. M. und Vasavada, A. U., *Hinduism and Jungian Psychology*, Falcon Press, Los Angeles and Phoenix, 1987.
Starhawk, *The Spiral Dance: A Rebirth of the Ancient Religion of the Great Goddess*, Harper and Row, San Francisco, 1979. (dt.: *Der Hexenkult als Urreligon der Großen Göttin: Magische Übungen, Rituale und Anrufungen*, Bauer, Freiburg 1985).
Starhawk, *Truth or Dare: Encounters with Power, Authority and Mystery*, Harper and Row, San Francisco, 1990.
Stewart, R. J., »Living Magical Arts« in: *Imagination and Magic for the 21st Century*, Blandford, London, 1991.
Stewart, R. J.,*Celebrating the Male Mysteries*, Arcania, Bath 1991.
Stubba, *The Book of Blots: Ceremonies, Rituals and Invocations of the Odinic Rite*, The Odinic Rite, London, 1991.
Sturluson, Snorri, *Edda*, übers. von Anthony Faukles, Everyman Library, J.M. Dent, London, 1987.
Stutley, Margaret, *Hinduism: The Eternal Law*, Crucible, Wellingborough, 1990.
Titchenell, Elsa-Brita, *The Masks of Odin: Wisdom of the Ancient Norse*, Theosophical University Press, Pasadena, California, 1985.
Trikunas, Jonas, *Romuva USA*, Nr. 8, Sambariai 1992.
Valiente, Doreen, *Natural Magic*, Robert Hale, London, 1975.
Wallis, R. T., *Neoplatonism*, Duckworth, London, 1972.
Wehr, Demaris S., *Jung and Feminism*, Routledge, London, 1988.
Wilde, Lady, *Ancient Legends, Mystic Charms, and Superstitions of Ireland*, Ward and Downey, London, 1888, Nachdruck O'Gorman, Galway, Ireland, 1971.
Witt, R. E., *Isis in the Graeco-Roman World*, Thames and Hudson, 1971.
Worthington, Vivian, *A History of Yoga*, Arkana, London, 1982.

Index

Im selben Verlag erschienen:

Vivianne Crowley

WICCA

Die Alte Religion im Neuen Zeitalter

Hexenkunst und Hexenkult werden als älteste Religion der Welt betrachtet. Die jungsche Psychologin und Hohepriesterin des Wicca Vivianne Crowley zeigt in diesem Buch, wie das alte Wissen der Hexen auch für den modernen Menschen von Bedeutung ist und als undogmatische Religion des Neuen Zeitalters im täglichen Leben praktiziert werden kann.
Crowley beschreibt die Wurzeln des modernen Wicca-Kults, erläutert die drei Stufen der Initiation und geht dabei auf die Bedeutung von Magie und Ritualen ein, durch die das Individuum seine inneren Fähigkeiten entwickeln und in Einklang mit den Zyklen der Natur leben kann.
Anhand einer Fülle von Texten und Ritualbeispielen beschreibt Crowley den Weg der Hexe als Suche nach dem Selbst, als Individuationsprozeß im jungschen Sinn, durch den das Individuum sein wahres Potential verwirklichen und den eigenen Gott oder die eigene Göttin in sich selbst erkennen kann.
280 Seiten, kartoniert, ISBN 3-901134-04-2.

Freya Aswynn

DIE BLÄTTER VON YGGDRASIL

Runen, Götter, Magie, Nordische Mythologie & Weibliche Mysterien

Aus den Tiefen des kollektiven Unbewußten ruft die holländische Runenmeisterin und Völva der nordischen Tradition Freya Aswynn die Erinnerung an das spirituelle Erbe unserer eigenen vorchristlichen Kultur wach, deren esoterisches Wissen im Alphabet der Runen zusammengefaßt ist.
Neben Ursprung und Entstehung der Runen, ihrer esoterischen Bedeutung und praktischen Anwendung in Divination und Magie, Techniken tiefenpsychologischer Beratung und des Heilens mit Runen, geht Freya Aswynn auch auf die Beziehung zu den Göttern und Sagen der nordischen Mythologie ein, wobei sie im besonderen die Rolle der weiblichen Mysterien innerhalb dieser alten Tradition untersucht.
Aus ihrer eigenen Verbundenheit und langjährigen Erfahrung mit den Runen verleiht sie diesem alten Wissen in Verbindung mit modernem psychologischen und okkulten Gedankengut eine neue lebendige Kraft, die in ihrer schlichten, aber mächtigen Überzeugungskraft beispiellos ist.
256 Seiten, kartoniert, ISBN 3-901134-07-7.

Jan Fries

Visuelle Magie

Ein Handbuch des Freistilschamanismus

Visualisation, Imagination und Trance gehören zu den Grundpfeilern jeglicher magischen und schamanischen Praxis. Anhand von Techniken Austin Osman Spares und einfachen Visualisationsübungen, die den Zugang zur eigenen Vorstellungskraft eröffnen, zeigt der deutsche Natur- und Runenmagier Jan Fries, wie das Individuum seine visionären Fähigkeiten verbessern, seine inneren Sinne aktivieren und neue Arten des Trancebewußtseins entdecken kann.

Die praktische Arbeit mit Sigillen, Automatischen Zeichnungen und Mandalas wird dabei ebenso behandelt wie der Umgang mit Natur- und Tiergeistern, wobei der Schwerpunkt immer auf direkter Erfahrung, spontanem Ausdruck und der Freude an der magischen Arbeit liegt, durch die das Individuum den Kontakt zu seinem Tiefenselbst herstellen und aus sich selbst heraus seinen eigenen Weg schamanischer Praxis entwickeln kann.

Ein modernes und unkonventionelles Handbuch der praktischen Magie im besten Sinn!

192 Seiten, kartoniert, ISBN 3-901134-06-9.

Peter James Carroll

Liber Kaos - Das Psychonomikon

In seiner neuesten Arbeit verknüpft der Begründer der Chaosmagie, Peter J. Carroll, moderne Chaostheorie, die Erkenntnisse der Quantenphysik und Elemente der westlichen Magietradition zu einem illuminierenden Cocktail, der Erklärungsversuche für das Entstehen des Universums ebenso wie für das Funktionieren von Magie bietet und darüber hinaus einen umfassenden Einblick in die chaosmagische Praxis gibt.

In Teil 1, »Liber Kaos«, werden die Grundbegriffe der chaosmagischen Theorie sowie Pete Carrolls mathematische Formeln zur Beschreibung parapsychologischer Prozesse erklärt, während sich Teil 2, »Das Psychonomikon«, mit praktischen Aspekten wie Auramagie, den Techniken der »Manipulation des Geistes« und den »Farben der Magie« befaßt.

Weiters enthält dieser Band das magische Trainingsprogramm »Liber KKK« und »Liber Pactionis«, die Regeln des von Carroll gegründeten Ordens »Der Magische Pakt der Illuminaten von Thanateros«.

160 Seiten, kartoniert, ISBN 3-901134-05-0.

Stephen Flowers

Feuer & Eis

Die magischen Lehren des deutschen Geheimordens Fraternitas Saturni

Diese Monographie über die 1926 vom Berliner Okkultisten Gregor A. Gregorius gegründete Fraternitas Saturni enthüllt auf fesselnde Weise eines der dunkelsten und geheimnisvollsten magischen Systeme im westlichen Okkultismus des 20. Jahrhunderts.
Neben einem Überblick über die Geschichte der FS beschreibt dieses Werk den Pfad der saturnischen Einweihung, die astrologische Mystik der Saturn-Gnosis und die Lehren vom Demiurgen Saturnus-Luzifer als Beherrscher der dunklen Seite des Wassermannzeitalters. Die sexualmagischen Praktiken des »Yoga des dunklen Lichts« werden dabei ebenso behandelt wie die freimaurerartige Organisationsstruktur des Ordens.
In seinem umfangreichen Anhang enthält dieser Band weiters interne Logendokumente, Auszüge aus dem Briefwechsel zwischen Gregor A. Gregorius und Aleister Crowley sowie eine Auswahl der wichtigsten Rituale des Ordens, von denen einige erstmals der Öffentlichkeit vorgestellt werden.
180 Seiten, kartoniert, ISBN 3-901134-03-4.

Pascal Beverly Randolph

Magia Sexualis

Die sexualmagischen Lehren der Bruderschaft von Eulis

Dieses Werk des mysteriösen amerikanischen Abenteurers und Arztes Pascal Beverly Randolph (1825-1875), ursprünglich zum persönlichen Gebrauch für die Studenten der Bruderschaft von Eulis verfaßt, einer Gruppe von Magiern, die sich der wissenschaftlichen Erforschung des Okkulten widmete und mit Sexualität und Drogen experimentierte, gehört neben den Schriften von Eliphas Levi und Madame Blavatsky zu den bedeutendsten literarischen Dokumenten, die die okkulte Renaissance des 19. Jahrhunderts hervorgebracht hat.
Randolphs sexualmagische Schriften, in denen die Grundprinzipien magischer Schulung, Theorie und Praxis der Sexualmagie sowie talismanische Figuren, magische Spiegel u. a. beschrieben werden, beeinflußten die Lehren von magischen Orden wie Golden Dawn, O.T.O., Fraternitas Saturni und den tschechischen Magier Franz Bardon und können so als Schlüssel zum Ursprung der modernen Magie betrachtet werden.
160 Seiten, Leinen gebunden, ISBN 3-901134-02-6.